진순신 이야기 중국사 1

제1권

진순신 이야기 중국사

하·은·주~춘추 시대 ▶ 신화에서 역사로

• 진순신 지음 | 박현석 옮김 •

살림

차례

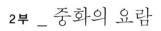

2부 _ 중화의 요람

신화에서 역사로

삼황오제

역사를 보는 자세

샌프란시스코 차이나타운의 언덕길을 걸으면서 생각한 것이 있다. 조금 전에 들은 이야기는 그 사회에 어떤 식으로 전해질까, 아니 그 이야기는 과연 전해질까, 그보다도 그 사회는 언제까지나 계속될 수 있을까, 하고.

그 이야기란 나이 든 중국계 2세가 한 이야기다. 그의 아버지가 할아버지를 따라서 미국에 이주하게 된 이유에 대해서였다. 그의 고향인 광동성 화현(花縣)은 태평천국(太平天國)의 최고 간부가 태어난 곳으로 청나라 정부가 반란자 우두머리의 땅이라며 주민들에게 혹독한 압박을 가했기 때문에 그 탄압을 견디지 못하고 고국 중국을 떠나게 되었다고 한다.

중국계 3세로 40대인 아들은 그 이야기에 약간 흥미를 느끼는 듯했으나, 다음 세대인 청소년들도 그 자리에 있었지만, 내가 보기에는 할아버지의 이야기에 전혀 관심을 보이지 않았다. 그들은 태평천국이 어떤 것이었는지, 약간의 지식조차도 가지고 있지 않은 것 같았다.

미국 시민이 된 젊은 중국계 사람들에게 워싱턴이나 링컨의 이야기 쪽이 태평천국에 관한 이야기보다도 훨씬 더 친근하게 느껴진다는 사실은 말할 것도 없다. 태평천국이라는 말을 들어본 적은 있으나 아마도 그 사건이 언제 일어났는지, 어떤 인물들이 등장하는지에 대한 그들의 지식은 틀림없이 의심스러운 것이리라. 1850년대에 일어난 커다란 사건이며, 가족의 가까운 조상들이 깊은 관계를 맺고 있음에도 그들의 가슴 속에서는 멀리 떨어져 있는 세상의, 아득한 옛날 일로 파묻혀 버렸다. 그것은 더더욱 희미해져서 결국에는 사라져 버릴 것이다.

중국인의 미국 이주는 대륙횡단 철도공사 때 비약적으로 늘었다. 그 미증유의 난공사를 수행하는 노동자로 당시 미국이 동원할 수 있었던 어떤 노동력에 비해서도 중국인이 더욱 높은 적정성을 가지고 있다고 인정되었기 때문이었다. 그래도 많은 희생자가 나왔다. 미국의 중국계 사회는 이 사실을 선명하게 기억하고 있다.

철도공사 관계 이주자들의 자손, 그 가운데서도 성공한 사람들이 불러들인 고향 사람들이나 친척의 자손들이 중국계 미국인의 상당 부분을 차지하고 있을 것이다. 다수파와 소수파의 차이도 있겠지만, 자손에게 전해지는 이야기로서는 태평천국 전쟁의 여파보다는 대륙횡단 철도공사의 서사시 쪽이 훨씬 더 강한 인상을 주는 것이다. 그것은 그들이 실제로 살고 있는 미국에서의 이야기이기 때문이다.

다음으로, 유학생으로 건너왔다가 미국에 정착하게 된 경우도 있다. 숫자는 그다지 많지 않지만, 그들도 나름대로 자손들에게 전할 이야기를 만들어 냈다. 중국계 미국인으로서 노벨상을 수상한 학자가 여럿 있다.

빛나는 천재는 그 사회의 자랑이며, 그들의 이름은 두고두고 먼 후세까지 전해질 것이다.

새삼스럽게 말할 필요는 없겠지만 어떤 분야에든, 성공한 사람들 뒤에는 실패한 사람들이 있기 마련이다. 실패한 사람들의 이야기도 반면교사로서 훈계용으로 전해질 것이다. 그러나 그것은 '게으르거나 나쁜 짓을 하면 저렇게 된다'는 식으로 추상화되어, 고유명사는 사라져 버리는 경우가 많다. 그럼에도 불구하고, 실패한 사람들 가운데 오래도록 그 이름이 기억되는 경우가 있는데, 아마도 굉장히 독특한 윤곽을 가진 인물이었을 것이다.

미국의 중국계 사회의 역사는 기껏해야 1백여 년밖에 넘지 않았다. 그래도 역사는 역사다. 짧은 만큼 그것이 기억된다면, 거기서 이른바 역사의 원형을 볼 수 있지 않을까?

그 계열의 자손이 많은 쪽, 그런 의미까지도 포함해서 세력을 가지고 있는 쪽, 그쪽에서 봐서 보다 강한 관심을 끄는 일이 주로 기록되는 법이다. 역사를 기록하여 그것을 남길 권리를 가지는 쪽은 다수파 혹은 승리자가 된다. 소수파 혹은 패배자에 대해서는 기록되는 경우가 드물거나 올바로 기록되지도 않는다. 역사를 생각할 때는 기록이 많이 남아 있지 않는 쪽의 흔적을 어딘가에서 찾아내려는 자세가 필요할 것이다.

기록 수단이 발달된 지금은 소수파라 해도 마음만 먹으면 어떻게든 기록을 남길 수가 있다. 글로 써서 남기는 방법 외에도 녹음하거나 영상으로 기록할 수도 있다. 그러나 그것이 무시되어 버리면, 마침내는 매몰되어 기록되지 않았던 것과 같은 결과가 되고 만다. 다만, 후세 사람이 그것을 발굴해 내려고 한다면 흔적으로서 발견될 가능성은 있다.

몇백 년이 흘러간 뒤, 그 샌프란시스코의 중국계 2세 노인의 말을 누군가가 발굴해 낼 수 있을까?

화석화된 중국 신화

신화라는 것은 그 신화가 살아 있던 시대보다 훨씬 더 지나서야 기록되는 것이 일반적이다.

기록은 일종의 정리이기 때문에 정리 과정에서 아무래도 원형을 잃고 만다. 우리는 우선 첫째로 왜 신화를 기록할 필요가 생겨났는지, 그 시대적인 배경, 특히 정치 정세를 고려해야 할 필요가 있다.

예를 들어서, 『고사기(古事記)』나 『일본서기(日本書紀)』에 기록된 일본의 신화는 왕실 및 국가의 기원을 설명하기 위해 구성된 것이라고 알려져 있다. 일본 고대사학자 쓰다 소우키치(津田左右吉, 1873~1961)는 제2차 세계대전 전에 이것을 8세기 초반에 집성된 '허구의 신화'라고 단정했는데, 그 때문에 물의를 일으켜 대학에서 쫓겨났다. 신화가 기록되었을 시기는 왕실과 국가의 기원을 설명할 필요가 있는 시대였다는 말이 된다.

분명한 목적을 가지고 구성되었기 때문에 앞뒤가 아주 잘 들어맞는 체계를 갖추고 있다는 점은 말할 것도 없다. 그것이 기록된 뒤, 정권은 여기저기로 바뀌긴 했지만, 전부 왕실권 안에서 일어난 일이었다. 건국을 설명한 신화를 변경할 필요는 없었다. 지역적으로도 제2, 제3의 정권이 동시에 존재할 여유가 없었다.

이에 비해서 중국의 신화는 앞뒤가 맞지 않고, 같은 종류의 것이 중복되기도 하는 등, 단편적인 것의 집합에 지나지 않는다고 한다. 체계가 결여된 신화라는 것이다.

중국은 땅이 넓기 때문에 각지에 정권이 동시에 병립하여 각각의 건국신화를 갖고 있었다. 그렇지만 그러한 지역 정권들은 끊임없이 흥망을 거듭했기 때문에, 그럴 때마다 신화는 함몰되어 버린다. 어떤 이유에선지 함몰을 면한 일부가 세상에 남겨지는 경우도 있었을 것이다.

신화는 역사를 반영한 부분도 가지고 있지만, 결코 전체를 반영하지는 않는다. 말하자면 단편적인 반영이다. 어떤 의도에 따라 허구로 조작될 수도 있기 때문에 신화에서 역사를 추구한다는 것은 어려운 작업이라고 할 수 있을 것이다. 그에 비하면, 고고학상의 발견은 극히 구체적인 역사 그 자체의 흔적이다. 그러나 흔적은 흔적이기 때문에 그것으로 역사 전체를 재구성한다는 것은 결코 쉬운 일이 아니다.

허구로 조작한다고 말했지만, 그 필요성이 제기됐다는 사실 그 자체가 역사를 푸는 중요한 열쇠가 된다. 예를 들어서, 일본의 신화가 기록된 것은 국가의 통일이 어느 정도 이뤄져서, 그것을 더욱 강화할 필요를 느낀 시대였음을 알 수 있다. 이미 8세기에 접어든 뒤였기 때문에 허구에 의한 조작의 조직성이 높았다는 것은 말할 나위도 없다.

중국의 신화는 일본의 그것처럼 국가 신화는 아니라고 한다. 그렇다고 중국에 국가 신화가 없었다는 사실을 의미하지는 않는다. 앞에서 이야기 했듯이, 그것은 넘쳐 날 정도로 많았을 테지만, 국가 신화란 국가와 운명을 같이하는 법이다.

중국에 통일국가가 출현했을 무렵에는 이미 제자백가의 시대가 지나고, 신화는 제가(諸家)의 경전 속으로 흡수되어 있었다. 경전은 사상의 전개와 그 설득을 목표로 하기 때문에 국가의 기원을 서술하려는 목적을 가지고 있지 않다. 중국의 신화에 국가 신화적 성격이 희박한 것은 당연할 것이다. 경전은 딱딱한 것이기 때문에 그 속에 갇혀 버린 신화는 생기를 잃기 쉽다. 화석화되어 버렸다는 평도 반드시 과장된 것만은 아니다.

똑같이 갇혀 있는 것이라 할지라도, 『초사(楚辭)』 등과 같은 문학적 작품 속으로 들어간 신화는 아직도 숨을 쉬고 있는 것처럼 느껴진다.

사마천이 본 건국 신화

신화가 곧 역사는 아니다.

옛날부터 중국의 역사를 이야기할 때는 삼황오제(三皇五帝)에서부터 시작했지만, 사마천(司馬遷)은 『사기(史記)』를 저술할 때 「오제본기(五帝本紀)」에서부터 시작했다. 삼황을 삭제해 버렸다. 그것을 역사로 인정할 수 없었기 때문이었으리라.

오제는 황제(黃帝), 제 전욱(帝顓頊), 제 곡(帝嚳), 요(堯), 순(舜)을 각각 말한다. 사마천은 황제부터 이야기를 풀어 가기 시작했는데, 그럼에도 불구하고 「오제본기」의 말미에서,

오래전부터 많은 학자들이 오제를 칭송해 왔다. 그런데 유독 『상서(尚書)』는 요 이후를 실었을 뿐이다. 그리고 백가가 황제를 이야기한 글은 아순(雅馴, 우아하고 이치에 맞음)하지 않다. 천신(薦紳, 지위가 있는 사람), 선생(지식이 있는 사람)은 이것을 말하기를 꺼린다.

라고 기록했다. 기원전 2세기라는 사마천의 시대에서조차 이치를 아는

정상적인 사람들은 황제에 대해서는 입에 올리지 않았다고 한다. 황제에 대해 기록된 것은 많지만 황당무계한 사실들이 많아, 그것을 전부 사실로 다룰 수는 없었다.

여기서 주목해야 할 것은, 사마천이 당시 지식인들처럼 덮어놓고 황제를 무시하지는 않았다는 점이다.

> 내가 『춘추(春秋)』, 『국어(國語)』를 보건대, 그것은 「오제덕(五帝德)」, 「제계성(帝繫姓)」을 발명(發明, 펼쳐서 밝히 함)했음이 분명하다. 생각건대, 단지 깊이 생각을 하지 않았을 뿐이다. 그 나타낸 바가 전부 거짓은 아니다.

라고 그는 쓰고 있다. 「오제덕」은 『공자가어(孔子家語)』 속의 한 편이며, 「제계성」은 『대대례(大戴禮)』 속의 한 편이다. 그 안에 황제에 대한 사실이 기록되어 있는데, 당시 유학자들은 이것을 정경(正經)이 아니라고 판단, 연구하여 전하려 하지 않았다.

그런데 사마천은 『춘추』나 『국어』와 같은 초일급 정경 속에 앞에서 이야기한 두 편의 기술이 인용, 혹은 참고되었음이 분명하다고 판단한 것이다. 유학자들이 그 두 편을 무시하려 하는 것은 깊이 생각하지 않기 때문이라고 비난했다. 깊이 생각해보면, 거기에 기록되어 있는 내용이 전부 허구라고 할 수 없다는 점을 알 수 있었다. 사마천은 그렇게 믿었기 때문에,

> 그 말의 가장 우아한 것을 골라 특별히 기술하여 「본기(本紀)」를 시

작하는 글로 삼았다.

이런 말로 「오제본기」를 맺었다.

황당무계한 이야기도 많지만, 그것을 체로 걸러서 일단 온당한 것이라 여겨지는 것만을 골라 『사기』의 권두에 두게 된 연유를 밝혔다.

사마천은 신화와 역사 사이에 황제를 두고, 거기에 역사의 '반시민권(半市民權)'을 부여하려 했던 것이라 여겨진다.

황제라는 명칭에서 오행설의 냄새가 짙게 풍긴다. 황제를 고대사상의 실존인물이라고 생각하는 사람은, 진무 천황(神武天皇, 일본 고대역사에서 전승상의 초대 천황-옮긴이)을 실존인물이라고 생각하는 사람보다 훨씬 적을 것이다. 황제는 전설상의 인물에 지나지 않지만, 거기에는 고대 제왕 중 누군가가, 그것도 복수의 누군가가 투영되어 있는 것이라 생각된다. 사마천은 그런 의미에서 황제에게 역사 세계의 반시민권을 부여했을 것이다. 일본의 진무 천황은 실재하지 않았다 하더라도, 야마토(大和) 왕조의 조상 중에 진무 천황에 투영된 인물이 있었다는 사실까지는 부정할 수 없지 않을까?

오제 다음으로 하(夏), 은(殷)이라는 왕조가 이어진다. 역사책에는 그렇게 기록되어 있지만, 이 두 왕조도 한동안은 신화에 지나지 않는다고 여겨져 왔다.

사마천은 『사기』 속에 은 왕조 제왕들의 계보를 나열해 놓았다. 그러나 대부분의 사람들은 그것은 신화시대의 허구에 지나지 않는다고 생각했다. 은이라 불리는 왕조가 존재했었다는 것을 역사적 사실이라고 인정하는 사람들도 사마천이 기술한 제왕의 계보는 믿지 않았다. 그런데

1899년부터 복점(卜占)에 쓰였던 갑골문자의 단편들이 출토되고, 그에 이어서 은허(殷墟)가 발굴 조사되면서 『사기』에 실린 은 왕조의 제왕들이 실존 인물이었다는 사실이 증명되었다.

은 왕조가 신화에서 역사로 자리를 옮긴 것은 금세기(20세기)에 들어서였다.

하나에서부터 열까지 모든 것을 의심하고 그 실존을 부정했기 때문에 '말살박사(抹殺博士)'라고 불렸던 학자들이 일본에 있었다. 중국에도 그런 부류의 학자들이 있는데, 그들은 의고파(疑古派)라고 불린다. 학문을 하는 자세로서 이것은 평가를 받아도 좋을 것이다.

사마천은 자신의 시대에서조차도 실존인물이라 믿어지지 않았던 황제를 전부 허구라고는 말할 수 없다고 보고, 『사기』의 권두에 그 사실을 적었다. 맹종적이지 않았다는 점에서 사마천의 자세는 일종의 의고파라 할 수 있다.

가장 오래된 신농

오제 앞의 삼황은 사마천도 그것을 역사로 인정할 수 없었던 듯 언급을 피했다. 『사기』의 이본(異本) 중에는 「삼황본기」부터 시작되는 것도 있지만, 그것은 사마천이 쓴 것이 아니라 당나라의 사마정(司馬貞)이 보충한 부분이다. 같은 성을 쓰는 친족이라고는 하지만 어쩐지 쓸데없는 짓 같다는 생각이 든다.

사마정은 포희(庖犧), 여왜(女媧), 신농(神農)을 삼황이라 하고, 그 외에도 천황(天皇), 지황(地皇), 인황(人皇)을 일컫는다는 설도 소개를 했다. 포희는 복희(伏犧)를 말하는 것인 듯한데, 삼황에는 아직 이설이 있어 여왜 대신 축융(祝融)을 넣은 것, 수인(燧人)을 넣은 것, 심지어는 황제(黃帝)를 넣은 것조차 있다. 이설이 많다는 점도 신화시대답다고 할 수 있지 않을까?

삼황오제라는 말에 익숙해져 있기 때문에 이것을 시간적 순서를 나타내는 것이라고 생각하기 쉽다. 사마천도 삼황보다는 오제 쪽이 그나마 역사에 가깝다고 생각했을 것이다. 그런데 오래되었다고 여겨지는 신들이 오히려 후대의 신이 아닐까 의심되는 부분이 있다.

이미 친숙하게 알려진 신들로 가득 차 있는 시대에는 새로운 신을 끼워 넣을 틈이 없다. 억지로 끼워 넣는다 할지라도 이질 분자임을 알 수 있기 때문에 그곳으로 녹아들지 못한다. 따라서 하는 수 없이 그다지 알려지지 않은 좀 더 오래된 시대에다 끼워 넣게 된다. 어차피 혼돈스러운 시대이기 때문에 그 위로는 얼마든지 섞어 넣을 수 있다.

새로운 신일수록 더 오래된 시대에 들어가게 되는 것을 '가상설(加上說)'이라고 하는데, 의고파인 고힐강(顧頡剛, 1893~1981, 중국 고대사를 전공한 북경대학 교수-옮긴이)이 주창했다. 일본에서도 에도(江戸) 시대에 도미나가 나카모토(富永仲基, 1715~1746, 고문학 학자-옮긴이)가 같은 설을 주장했다.

새로운 신들뿐만 아니라 다른 지역에서 온 신들도 끼어들 자리를 찾고 있었다. 비주류파의 신들은 자칫 오래전 시대에 자리를 부여받았던 것은 아니었을까.

오제와 삼황은 신구 관계에 있는 것이라기보다는 주류, 비주류로 파악하는 것이 더 좋을 것 같다는 생각이 든다.

삼황 중에서도 신농이 가장 잘 알려져 있다. 그 이름처럼 원래는 농업의 신이었던 것으로 여겨지며, 쟁기와 괭이를 만들어 그 용법을 가르쳐

주었다고 한다. 백초를 맛보아 의약을 찾아내고, 팔괘를 겹쳐서 육십사괘를 만들었다고도 하니, 의약과 역술의 신이기도 했다. 다섯 줄짜리 거문고를 만들고, 사람들에게 교역을 가르쳤다고도 사마정은 말했다. 음악의 신이기도 하고, 상업의 신이기도 했다.

일본에서도 약재상들은 신농을 섬겨 왔다. 오사카(大阪)의 약재상 거리인 도쇼마찌(道修町)에서는 신농은 수호신으로 여겨지고 있다. 예전의 한방의들은 동지(冬至)를 신농제(神農祭)라 부르며 친지나 지인들을 대접했다.

축제를 찾아다니는 유랑극단도 신농을 섬긴다. 노점상들의 집에는 신농의 모습을 그린 족자를 걸어 놓은 집이 많다고 한다. 흥행은 음악과 깊은 관계가 있으며, 점쟁이나 약장수는 축제 중에서도 가장 큰 구경거리였다. 더구나 낮에 장을 열어 교역하는 것을 사람들에게 가르쳐준 존재가 바로 신농이다. 이 중국의 신은 서민적인 노점상의 수호신이 되어 일본에서도 '신농 씨'라 친근하게 불려 왔다.

신농은 조용한 신이다. 그의 자손이 판천(阪泉) 들판에서 벌어진 황제와의 싸움에서 져서 천하를 잃었다고 『사기』의 「오제본기」에 기록되어 있다. 싸움에서 진 신의 조상이니 주류파였다고는 말할 수 없을 것이다.

『사기』 열전은 비폭력주의자인 백이(伯夷)와 숙제(叔齊)의 전기를 가장 앞부분에 두었다. 주(周)의 무왕(武王)이 무력으로 은나라를 치려고 하자 백이와 숙제가 간언했지만 받아들여지지 않았다. 주나라 천하가 되어서도 이 두 사람은 주나라를 섬기는 것은 떳떳치 못한 일이라 여기고, 수양산(首陽山)에 숨어 고사리를 캐서 먹으며 지내다 결국 굶어 죽고 말았다. 죽음이 가까워 오자 두 사람이 부른 유명한 노래가 있다.

저 서산에 올라 그 고사리를 캐네.

폭력으로 폭력을 대신하고도 그 잘못을 모르는구나.

신농, 우(虞), 하(夏)가 홀연히 죽었으니,

나는 어디로 돌아가야 하는가.

아아, 가야지, 목숨이 쇠했구나.

옛 성인들의 이름을 들고, 그와 같은 성스러운 사람들도 이제는 사라졌다고 한탄한 것이다. 성자로서 두 사람이 가장 먼저 든 것이 다름 아닌 신농이었다. 우란 순(舜)을 말하며, 하란 우(禹)를 말한다. 순은 평화주의적 통치자로 알려져 있으며, 우는 치수에 성공한 성인으로 알려져 있다. 두 사람 모두 폭력적인 색채는 거의 찾아볼 수 없다. 신농은 원래부터 그랬다. 비폭력주의로 일관한 백이와 숙제가 마음의 버팀목으로 삼았던 성자로 신농을 가장 먼저 꼽은 것은 어쩌면 당연한 일이다.

혹은 백이와 숙제가 속해 있던 부족이 신농을 신으로 섬기고 있었는지도 모른다. 어쩌면 역사에 미묘한 형태로 등장하는 백이와 숙제 두 사람이 신농과 같은 계열의 신이었을 가능성도 있다.

『사기』에 백이와 숙제는 고죽군(孤竹君)의 아들이라고 되어 있다. '고(孤)'는 '호(狐)'와 발음이 같고 '죽(竹)'은 '속(屬)'과 서로 통하니, 고죽이란 호족에 다름 아니라는 설도 있는 듯하다. 여우(狐)를 토템으로 한 부족일 것이다.

일본에서도 여우를 사자(使者)로 부리고 있는 이나리(稲荷)는 농업의 신이다. 중국에는 우가 결혼할 때 여우가 나타났다는 설화가 있는데, 중국 역사학자 고힐강은 이것을 남녀 교합에 여우가 관련되어 있다고 해석했다. 남녀 교합은 번식과 이어지기 때문에 농작의 풍작을 빌 때 여우가 연상되었을 것이다.

백이와 숙제가 몸을 숨겼던 수양산은 '견리호미(犬狸狐尾)'가 신으로 살았던 곳이라는 말이 전해진다. 4세기 초, 전국 시대 위(魏)나라 왕의 무덤에서 『급총쇄어(汲冢璅語)』라는 책이 발굴되었는데, 거기에 실려 있었다고 한다. 그 책은 지금 없지만, 곳곳에 인용되었기 때문에 상당 부분을 복원할 수 있다.

백이와 숙제가 여우를 사자로 부리던 농업신이었다면 틀림없이 신농 계열일 것이며, 일본의 이나리 신앙과도 관계가 있다고 생각된다. 일본의 이나리 신앙은 야마시로 국(山城國)의 귀화 호족인 하타시(秦氏, 120현의 백성을 데리고 온 도래계 씨족-옮긴이)와 깊은 관계가 있는데, 신앙 자체도 그때 같이 건너왔을 가능성이 있다. 이나리 신앙은 후에 진언 밀교(真言密教)와 합쳐졌다. 미나카타 구마구스(南方熊楠, 1867~1941, 생물학자·민속학자-옮긴이)는 이나리의 여우는 밀교의 다키니텐(吒枳尼天, 신통력을 가진 여성 야차신-옮긴이)이 타던 짐승이라고 해설했다. 신농 씨든, 이나리든 친근한 신은 국경을 초월하여 사람들로부터 사랑을 받는 법이다.

묘족의 홍수 전설

나는 중국 신강(新疆) 위구르 자치구 투루판의 초대소(招待所, 정부에서 운영하는 여관-옮긴이)에 있는 포도나무 시렁 밑에서 이 원고를 쓰기 시작했다. 투루판 분지는 해발이 -154미터로 절구 바닥처럼 생긴 곳인데, 당연히 여름에는 더위가 혹독하다. 날마다 40도가 넘지만 반지하식 방이나 포도나무 시렁 밑에서라면 그 무더위를 얼마간은 피할 수 있다. 비가 거의 내리지 않고 1년 내내 건조하기 때문에 무덥기는 해도 끈적끈적한 느낌은 없다. 이와 같은 지방에서는 지하에서 발굴되는 문물도 보존상태가 매우 좋다.

7세기 전반에 멸망한 고창국(高昌國) 귀족의 무덤이 지금의 투루판 성에서 서쪽으로 약 48킬로미터쯤 떨어진 곳에 있는데, 아스타나라고 불린다. 20세기 초반부터 고고학적인 발굴이 시작되었는데, 예를 들어서 오렐 스타인(Aurel Stein, 1862~1943, 영국 중앙아시아 탐험가-옮긴이)이 발굴한 문물은 영국과 인도로 옮겨져 그곳의 박물관에 전시되어 있다. 오타니(大谷) 탐험대(오타니 코즈이가 파견한 중앙아시아 탐험대-옮긴이)도 이 지역의 출토품들을 일본으로 가져갔다.

스타인이 발굴한 문물 중에는 유명한 채색견화(彩色絹畵)가 있다. 그것은 관을 덮을 때 쓰는 비단인데, 거기에 그려진 두 개의 인면용신도(人面龍身圖)는 복희와 여왜를 그린 것이라고 보는 것이 정설인 듯하다.

인면용신은 상반신은 인간, 하반신은 뱀 모양을 하고 있다고 하는 편이 더 정확할지도 모르겠다. 용이라면 날카로운 발톱이 달린 발이 있어야 할 터인데 그것이 보이질 않는다. 이 두 사람(혹은 두 개의 머리)의 하반신은 서로를 칭칭 감고 있다.

중국인 학자인 황문필(黃文弼, 1893~1966, 중국 고고학자-옮긴이)도 투루판 분지의 무덤에서 같은 디자인의 채색견화를 발굴했다. 나는 우루무치의 박물관에서 그 복제품을 본 적이 있다.

이것이 복희와 여왜라면, 형상으로 봐서 틀림없이 부부신일 것이다.

그러나 사마정의 「삼황본기」에는 그렇게 기록되어 있지 않다. 두 신 모두 사신인수(蛇身人首)라고 되어 있지만 여왜는 복희에 이어 왕위에 올랐는데, 복희 시대의 제도를 고치지 않고, 단지 생황(笙簧)이라는 악기만을 만들었을 뿐이라고 기록되어 있다.

복희 다음이 여왜라는 식으로 적혀 있으니, 시대에 차이가 있었다고 짐작된다. 그러나 제도를 거의 바꾸지 않았다는 점에 부부신임을 짐작케 하는 요소가 약간 있다.

투루판 채색견화의 복희와 여왜는 그 손에 규구(規矩)를 쥐고 있다. 컴퍼스와 자인데, 이는 설계를 하고 물건을 만드는 도구이니 두 신은 창조신이었을 것이다. 『초사(楚辭)』의 〈천문(天問)〉이라는 노래는 신화에 대해서 하나하나 의문을 던지는 형식을 취하고 있다. 그 속에는,

　　　여왜에게 몸이 있으니 누가 이를 만들었을까.

라는 구절이 있다.

창조주인 여왜가 황토를 뭉쳐서 인간을 만들었다고 알려져 있는데, 그렇다면 창조주인 여왜는, 사신인수라고는 하지만 그 '몸'을 가지고 있었으니 그것은 대체 누가 만든 것일까? 고대인들도 그 정도의 의문은 당연히 가지고 있었다.

여왜와 관련해서는 천지가 무너진 것을 고쳐 보수했다는 설화도 있다. 『회남자(淮南子)』의 「남명훈(覽冥訓)」에 다음과 같이 적혀 있다.

　　　먼 옛날에 사극(四極, 하늘을 떠받치고 있는 네 극의 기둥)은 부서지
　　고 구주는 찢어져 하늘은 전부를 덮지 못하고, 땅은 모두를 얹지 못
　　하고, 불은 함부로 일어 꺼지지 않고, 물은 가득 차 넘쳐흐르기를 그
　　치지 아니하고, 맹수는 전민(顓民, 양민)을 삼키고, 지조(鷙鳥, 맹금류)

는 노약자를 덮쳤다. 이에 여왜는 오색 돌을 불려 창천(蒼天)을 보수하고, 오(鰲, 큰 거북)의 다리를 잘라 그것으로 사극을 세우고, 흑룡(黑龍)을 죽여 기주(冀州)를 구제하고, 호회(芦灰)를 쌓아 음수(淫水, 홍수)를 막았다.

질서를 잃은 세계를 힘을 다해 노력을 기울여 원래대로 되돌려 놓았다는 것이다. 비록 보수라는 표현이 나오지만, 천지창조와 약간은 비슷한 점이 있다.

당나라의 시인 이하(李賀, 791~817)는 이빙(李憑)이라는 공후(箜篌, 하프)의 명수가 공후를 연주하는 모습을 형용하기를,

여왜가 돌을 다듬어 하늘을 보수한 곳,
돌은 깨지고 하늘은 놀라 가을비를 흘리네.

라고 노래했다. 하프의 연주가 너무나도 훌륭했기 때문에 여왜가 한 번 수리했던 돌이 다시 깨져서 거기로부터 가을비가 새어 나온다는 것이다. 참으로 상상력이 풍부한 이하다운 표현이다. 여왜의 '연석보천(鍊石補天)' 이야기는 당나라 사람들에게도 친숙했다. 씩씩한 남신이 아니라 여신이라는 점도 이 신화를 더욱 매력적인 것으로 만들어 준다.

창조주라고 하면 최고의 신이다. 그러나 앞에서도 말했듯이 삼황은 오제에 비해, 주류에서 멀어진 것 같다. 어떤 의미에서 비주류였던 것일까?

한마디로 말해서 '중원(中原)'의 신이 아니었다는 점이다.

중원이라는 말도 약간은 어렵지만, 스스로를 문명의 중심이라 주장하고, 그것이 통용되었던 그룹이 살던 지역이라고 해석해도 좋을 것이다. 중원이라는 말의 어감은 토지의 위치를 떠오르게 하지만, 토지에는 그다지 신경을 쓰지 않는 편이 더 이해하기 쉽다.

문일다(聞一多, 1899~1946)라는 학자가 있었다. 시인이기도 하고 고전 연구가이기도 했으며, 미국 유학 후에는 모교인 청화(淸華) 대학에서 교편을 잡기도 했다. 항일전쟁 중에는 전쟁을 피해 각지에서 운남으로 옮겨온 대학들을 통합한 서남연합대학(西南聯合大學)의 문학부장이 되었다. 전쟁이 끝난 후, 민주동맹에 참가했다가 우익의 테러로 세상을 떠난 인물이다. 이 사람이 쓴 〈복희고(伏犧考)〉라는 상당히 긴 논문이 있다. 거기에는 복희와 여왜가 묘족(苗族)의 조상이라는 사실이 논증되어 있다.

중국의 서남부에 사는 묘족과 요족(傜族) 사이에는 복희와 여왜에 관한 전승이 특히 많다. 그것은 운남의 곤명(昆明) 부근에 있었던 문일다의 흥미를 자극하는 과제였을 것이다. 〈복희고〉의 대부분은 1942년, 곤명에서 쓰였다.

묘족의 전승은 지역에 따라서 차이가 있지만 그 주된 내용은,

1. 오빠와 동생(혹은 누나와 동생)의 아버지가 뇌공(雷公)과 싸웠다.
2. 뇌공이 홍수로 공격을 했다.
3. 홍수 때문에 앞에서 이야기한 남매를 제외한 모든 인류가 전멸했다.
4. 남매는 부부가 되어 인류를 전했다.

고 되어 있는 것이 대부분이다.

세계 각지에 퍼져 있는 홍수 전설 가운데 하나라고 할 수 있다. 그렇다면 '노아의 방주'에 해당하는 것은 무엇일까를 살펴보면, 묘족의 홍수

전설에서는 대부분이 '호로(葫蘆)'다. 표주박을 말하는 것이다. 속이 비었고 물에 뜨니 아주 좋은 방주가 되었을 것이다. 수가 많지는 않지만 북이 방주 역할을 했다는 이야기도 전해진다.

복희는 포희라고 쓰인 경우도 있다. 사마정은 복희가 가축을 길러 그것을 포주(庖廚)에서 요리하여 신과 조상에게 제사를 지냈기 때문에 포희라 불리게 되었다는, 상당히 억지스러운 설명을 했다. '포(庖)'는 물건을 싸는 것이기 때문에 위대한 일을 의미하는 경우도 있다. 물건을 싸서 굽는다는 데서 요리 용어가 되었지만, 신의 이름으로 쓰일 때는 '위대한'이라고 해석하는 편이 좋을 듯하다.

'희(犧)'는 신이나 조상의 영혼에게 바치는 '산 제물'이다. 일본에서도 경사가 있을 때는 머리와 꼬리를 잘라 내지 않은 생선을 쓰는 것이 원칙인 것처럼 흠이 있어서는 안 된다. 고대에는 인간도 산 제물로 바쳐지곤 했는데 꼼꼼하게 점검해서, 예를 들면 치질이 있는 사람 등은 결함이 있는 것으로 생각해, 산 제물로 바치지 않았다. '희'에는 결함이 없는, 모든 것이 갖춰진 것이라는 의미가 있다. '위대하고 수려완미(秀麗完美)한 것'을 포희라 칭한 것이라 볼 수도 있다.

문일다는, 포희는 '포과(匏瓜, 조롱박)'와 관계가 있는 것이라고 생각했다. 그리고 왜(媧)는 '와(渦)', '와(窩)', '과(鍋)' 따위처럼 한가운데가 빈 것, 여성의 성기를 나타내는 것이라는 주장도 있다. 문일다는, 왜는 '과(瓜)'와 발음이 같고, 여왜를 '포왜(匏媧)'라고 적은 예도 있으니 이것 역시 '포과'가 틀림없다고 말했다. 문일다의 설에 따르면, 복희와 여왜는 결국 포과, 즉 표주박을 일컫는 것으로,

이름은 두 개지만, 사실 뜻은 오로지 하나.

라는 것이다.

육우(陸羽)는 『다경(茶經)』에서 차에 쓰는 국자를 '의(㰟)'라고 하고 표주박을 쪼개서 그것을 만든다고 했다. 표주박을 반으로 쪼개서 국자로 쓰는 것은 지금도 볼 수 있는 일이다. 의(㰟)와 희(犧)는 중국 발음이 같기 때문에 복희가 표주박의 화신이었다고 생각된다.

사마정에 따르면, 여왜는 '여희(女希)'라고 부르기도 했다고 한다. 복희는 복희(伏希)라고 쓰인 경우도 있다(『노사(路史)』 후기). 이런 식으로 설명하면, 복희·여왜 동일설은 더욱 신빙성을 얻게 되어, 같은 신격(神格)의 남성과 여성에 지나지 않는다는 생각이 든다.

쫓겨난 비주류 신

이런 고증을 번잡할 정도로 소개한 이유는 신화를 읽는 데는 여러 가지 해석 방법이 있다는 점을 미리 알아 두었으면 하는 바람 때문이다.

복희와 여왜가 묘족의 조상신이었다는 사실에는 거의 틀림이 없다. 오색 돌을 다듬어서 이상이 생긴 하늘을 수리했다는 이야기는 어딘지 모르게 패전의 뒤처리 같은 냄새가 풍긴다.

사극이 부서지고 구주가 찢어진 상태는 전쟁을 떠올리게 한다. 묘족의 전승에 따르면, 홍수 때문에 두 남매만이 살아남았다고 하는데, 그 홍수도 뇌공과 싸웠기 때문에 일어났다. 역시 전쟁이 일어나 생존자가 극히 적은 상태에 이른, 대패전의 기억이 전승에 반영된 것이라는 생각이 든다.

『사기』의 「오제본기」에 따르면, 삼묘(三苗)는 강회(江淮), 형주(荊州) 땅에 있었다고 한다. 황하(黃河)와 장강(長江) 사이이니 모두 중원 근처에 있었다. 요 시절에 삼위산(三危山)으로 추방되었고, 순 시절에 더욱 멀리 추방되었다고 한다. 현재 묘족은 주로 귀주성과 운남성, 즉 중국의 서남부에 살고 있다. 이른바 중원에서 까마득히 먼 곳이다. 문일다가 부장으로 있었던 서남연합대학의 문학부는 운남성의 몽자(蒙自)에 있었는데, 그곳은 지금의 묘족 자치현과 이족(彝族) 자치주에 둘러싸여 있는 지방이다. 말할 나위도 없이 고대의 추방은 패주(敗走)라는 형식으로 행해졌다.

중원적 견지에서 보자면, 복희와 여왜는 당연히 비주류였다고 할 수 있다.

홍수를 동반한 대혼란을 일으킨 전쟁이란 어떤 것을 말하는 것일까? 묘족의 전승에는 뇌공이 적인 경우가 많았다는 점은 앞에서도 이야기했다.

사마정은 여왜의 천하를 노리고 공공(共工)이 반란을 일으켰는데, 축융(祝融)이 그것을 평정한 것이라고 설명했다.

공공은 인면사신주발(人面蛇身朱髮)이라고 묘사되어 있다. 그의 신하인 상류(相柳)는 구수인면사신(九首人面蛇身)에 푸른빛을 띤 끔찍한 모습이었다. 기록된 신화들 속에서 공공은 그다지 좋은 신으로 묘사되어 있지 않다.

　　완우(頑愚)

라고 『신이경(神異經)』에 적혀 있는 것이 그중 한 예다. 그 외에도 『주어(周語)』에,

　　천하를 해치다.

라는 기록이 있다.

중원 세계에서 공공은 어지간히 미움을 받던 사람이었던 듯하다. 가끔 등장을 하나 언제나 악역만 맡았다. 그의 등장도 시기 따위와는 전혀 상관이 없다. 악역이 필요할 때면 언제라도 불려 나왔다.

여왜 다음으로 신농 씨의 천하가 이어지고, 8대 530년이 지나서 황제가 일어났다고 한다. 그 황제의 손자에 해당하는 전욱 시대에 공공은 그와 제왕의 자리를 놓고 다투다 패했다.

그것뿐만이 아니다. 요 시대에도 공공은 유주(幽州)에서 주살을 당했고, 순 시대에도 유주로 유배되었으며, 우 시대에도 공공은 또다시 추방을 당했다.

시대와는 상관없이 나타나서는 처형을 당하고 만다. 아무리 신화 속의 신이라지만, 천 년 가까운 세월에 걸쳐서 모습을 드러낸다는 것은 너무 집요하다. 이것은 공공을 조상으로 모시고 있는 부족이 끊임없이 중원 정권과 충돌을 했었다는 사실을 반영한 증거라는 생각이 든다.

공공을 토벌한 축융도 역시 여러 번 등장한다.

축융도 용이나 뱀의 형상을 한 신인 듯하다. '융(融)'이라는 글자에 '벌레(虫)'가 포함되어 있는데, 이것은 뱀이나 용을 나타내는 것이라 여겨진다.

공공이 홍수를 전략적으로 이용하는 물의 신이었다면, 축융은 불의 신이었다. 『회남자』와 『산해경(山海經)』에 종산(鍾山)의 신 '촉(燭)', 또는 촉룡(燭龍)이라는 이름이 나오는데, 촉룡이 곧 축융이라는 설이 유력하다.

불과 물의 싸움이니만치 틀림없이 치열했을 것이다. 그 덕분에 사람들은 커다란 피해를 입었다. 진 쪽에 그 책임을 물어,

천하를 해치다.

라고 비판한 것이다.

스승을 죽인 활의 명수

신화에 그 편린이 반영되어 있는 역사는 의외로 짧은 기간이었을지도 모른다. 신화를 정리할 때 상당 부분을 크게 늘렸을 것이다.

예를 들어, 복희와 여왜가 부부신임에도 불구하고 복희 다음이 여왜였다는 계보를 만들면 그 만큼 기간이 길어진다. 비주류의 신이지만, 가상설에 의해서 태고로 끌어올려진 삼황은 그나마 행복한 편이라고 할 수 있다. 공공처럼 신화의 바다를 오랫동안 표류해야 했던 신도 있었으니.

아마도 삼황은 조용했기 때문에 계보에 들어가는 일을 인정받았을 것이다. 난폭한 존재는 방황하는 신이 되어 버리는 것 같다. 사실은 그런 신들이 더 윤곽이 뚜렷해서 우리에게는 재미있게 여겨지지만.

공공은 축융에게 졌을 때 너무 화가 난 나머지 부주산(不周山)에 머리를 짓찧었다. 자포자기하는 마음이 들었던 것이리라. 그런데 부주산에는 천주(天柱)가 있었다. 공공의 돌머리에 박치기를 당해 천주가 그만 부러져 버렸다. 땅의 밧줄이 끊어졌기 때문에 하늘이 서북쪽으로 기울었다는 것이다.

이것은 중국의 지형이 서북쪽이 높아 하천이 전부 동남쪽으로 흐르는 사실에 대한 설명설화(說明說話)이기도 하다.

방황하는 신으로는 공공 외에 예(羿)를 들 수 있을 것이다. 예는 참으로 인간처럼 행동을 했기에 스사노오노미코토(素盞鳴尊, 일본신화에 나오는 신-옮긴이)와 어딘가 비슷한 면이 있다.

예는 활의 명수였다. 틀림없이 수렵민족이 섬겼던 신이었을 것이다. 또는 주변의 각 민족들까지도 기억을 하고 있는 수렵민족의 걸출한 수장이었는지도 모른다.

『회남자』에 따르면, 요 시절에 나란히 나타난 열 개의 태양이 오곡을 태우고 초목을 마르게 하여, 백성들은 먹을 것이 없었고 여러 가지 괴수들이 출현했다고 한다.

요의 명령으로 이 난국을 해결하기 위해 등장한 이가 활의 명수 예였다. 기대했던 대로 예가 아홉 개의 태양을 활로 쏘아 떨어뜨리고 괴수를 죽이거나 사로잡았기에 천지는 드디어 정상으로 돌아왔고, 만민이 모두 기뻐했다고 한다.

　　　만민 모두가 기뻐하며 요를 천자(天子)로 삼았다.

라고 하므로, 요가 천자로 인정받을 수 있었던 것은 예를 기용했기 때문이었다. 예는 요의 공신 중에서도 공신이었다.

『춘추좌전(春秋左傳)』은 예와 관련된 다른 이야기를 소개했다. 시대도 요 시절이 아니라 하나라 시절이다.

하나라의 국력이 기울어져 가기 시작할 무렵, 유궁국(有窮國)의 후예(后羿)라는 사람이 서(鉏)라는 곳에서 궁석(窮石, 하의 도읍에서 가까운 곳)으로 나가 하의 백성들을 지배하여 하나라 정권을 대신했다는 것이다. 그런데 그는 자신의 특기인 활만 믿고 민정을 돌보지 않았으며, 들판에서 짐승을 쫓는 즐거움에 빠져 무라(武羅), 백인(伯因) 등과 같은 어진 신하를 버리고 한착(寒浞)이라는 좋지 못한 인물을 재상으로 등용했다.

한착은 속으로는 아첨을 하고, 겉으로는 뇌물을 베풀며, 백성을 우롱하고, 주군인 예를 사냥의 즐거움에 빠지게 했다. 말할 나위도 없이 목적은 나라를 빼앗는 데 있었다. 예는 사냥에서 돌아오다 한착의 부하에게 죽임을 당했다. 한착은 그 시신을 삶아서 예의 아들에게 먹이려 했지만, 차마 아버지의 고기를 먹을 수 없었기에 아들은 굶어 죽고 말았다. 또 한착은 예의 처첩을 자신의 것으로 삼아 요(澆)를 낳았다.

요는 하나라의 중신이었던 짐관(斟灌), 짐심(斟尋) 두 사람을 제거했는데, 하나라의 유신인 미(靡)가 그 잔당을 모아 반란을 일으켜 한착을 공격, 멸망시키고 소강(少康)을 옹립했다. 소강은 제상(帝相)의 아들로 요 등을 공격하여 유궁국을 멸하고 하 왕조를 부흥시켰다.

『사기』의 「하본기(夏本紀)」에 따르면, 하의 태강(太康)이 사냥에 정신이 빠져서 예에 의해서 추방되었다고 한다. 태강은 소강의 할아버지의 형에 해당하는 인물이다. 공공만큼은 아니지만, 예도 요 임금 때와 하나라의 태강, 소강 시절 등 시대를 무시하는 것처럼 등장하고 있다. 방황하는 신이라고 할 수밖에 없다.

고대 활의 명수 중에는 이 외에도 봉몽(逢蒙)이라는 이름도 보인다. 예와 어깨를 나란히 했던 명수였던 것 같다. 『회남자』에도,

종일 말하면 반드시 성스러운 것이 있다. 백 발 중에는 반드시 예와 봉몽의 공(功)이 있다.

라는 말이 있다. 이것은 서툰 솜씨로도 여러 발을 쏘다 보면 맞힐 수 있다는 의미일 것이다. 하루 종일 떠들다 보면 가끔 훌륭한 말이 튀어나올 때도 있고, 화살을 백 발 쏘다 보면 그중에 한 발 정도는 예나 봉몽처럼 잘 쏘는 것이 나온다는 말이다.

활 쏘는 기술에서는 봉몽은 예의 제자였다고도 한다. 예에게 활 쏘는 법을 배운 봉몽은 이 세상에서 자신보다 뛰어난 사람은 오직 스승인 예 한 사람뿐이라고 생각했다. 천하제일이 되기 위해서는 예를 죽여야 했다. 이에 봉몽은 스승을 죽여 버리고 말았다.

『맹자(孟子)』 속에 그 이야기가 나온다. 맹자의 의견에 따르면, 스승에게 해를 가하는 봉몽 같은 인물을 제자로 받아들였으니까, 예에게도 분명 잘못은 있다고 단정한다.

그러나 예가 봉몽에게 살해되었다는 사실은 다른 문헌에서는 보이지 않는다. 앞에서 이야기한 『회남자』나 『장자(莊子)』, 『오월춘추(吳越春秋)』 등만 하더라도 활의 명수로 두 사람을 나란히 열거하고 있어도, 스승을 죽였다는 얘기는 등장하지 않는다.

예를 죽인 자는 바로 봉몽

이라는 속담이 있다. 믿는 도끼에 발등 찍힌다, 또는 물에서 건져 놓으니 보따리 내놓으라 한다는 의미로 쓰이고 있다.

『춘추좌전』에 따르면, 예는 자신이 재상으로 등용한 한착에게 살해를 당했다고 하니 믿는 도끼에 발등이 찍혔다는 사실에는 변함이 없다.

봉몽이 한착의 부하였고, 주인의 명령으로 스승을 죽였다는 해석도 가능하지만, 그래서는 앞뒤가 너무 잘 들어맞는다. 신화는 원래 앞뒤가 맞지 않는 법이다.

믿고 있던 사람에게 배신을 당한 것이 원형이고, 그것이 몇 가지의 이야기로 만들어졌다고 보는 것이 타당할 것이다.

배반당한 영웅

아홉 개의 태양을 쏘아 떨어뜨리고 여러 가지 괴수를 퇴치한 예는, 12가지 대업을 이룬 헤라클레스와 비슷하다. 그러나 같은 영웅이라도 예는 배신을 당한 영웅이다. 자신의 신하나 제자에게 살해를 당했다. 처첩을 신하인 한착에게 빼앗기는데, 이것을 처첩의 배신이라고 보기엔 너무나도 가엾지 않는가.

『초사』의 〈천문〉에는 예의 아내의 이름이 순호(純狐)라고 하였는데, 『회남자』에는 항아(恒娥)라고 되어 있다.

굴원(屈原, 기원전 4~3세기 무렵의 초나라 귀족)이 지은 것으로 알려진 〈천문〉은 우주에 대한 모든 의문을 하늘에 묻는 형식이다.

후한(後漢)의 왕일(王逸, 2세기 사람)은 굴원이 방랑할 때, 초나라 선왕들 묘 등의 벽에 그려진 그림을 보고 거기에 써 넣은 것이라고 〈천문〉의 성립 경위를 설명하고 있다.

물론 우리는 지금 그 벽화를 볼 수 없다. 어떤 그림이 그려져 있었는지는 거기에 써 넣었다는 시를 통해서 상상할 수밖에 없다. 어쨌든, 〈천문〉에서 예가 등장하는 장면을 소개해보자.

예는 어째서 해를 쏘았는가.

까마귀는 어째서 깃털을 떨궜는가.

예는 왜 태양을 쐈는가? 까마귀는 왜 깃털을 흩뜨리며 떨어졌는가?

중국에서는 태양에 삼족오(三足烏)가 살고 있다고 생각했다.

해 속에 준오(踆烏)가 있으며, 그리고 달 속에는 섬여(蟾蜍, 두꺼비)
가 있다.

라고 『회남자』에 실려 있다. 준오란 발이 세 개인 까마귀를 가리킨다.
　태양을 새로 보는 건 인도도 마찬가지다. 현대 힌디어의 Patang은 새 외에도 태양을 의미하는 경우가 있다. 그리고 연이라는 의미도 있는데, 크리슈나 신의 다른 이름으로도 사용되고 있다. 크리슈나는 태양신인 비슈누의 화신이기도 하다.
　새도 여러 종류가 있는데, 중국에서는 왜 까마귀를 태양과 결부시켰을까. 태양의 흑점설도 있는가 하면 까마귀의 습성설도 있다. 까마귀는 아침 일찍 어딘가로 날아갔다가 저녁에 둥지로 돌아온다. 그동안에는 모습을 볼 수 없기 때문에 태양에라도 갔다고 생각했을 것이다.
　앞에서 이야기한 왕일은 〈천문〉의 주석에서 『회남자』를 다음과 같이 인용했다.

　　요는 예에게 명하여 열 개의 태양을 쏘게 했다. 그중 아홉 개에 맞
　　았다. 해 속의 아홉 마리 까마귀는 모두 죽어 그 날개를 떨어뜨렸다.
　　이에 그 한 개를 남겼다.

　그러나 우리가 지금 읽을 수 있는 『회남자』의 내용은 이것과 다르다. 요가 명령을 한 것은,

　　위로는 열 개의 해를 쏘고, 아래로는 알유(猰貐, 괴수의 이름)를 죽여

라고 되어 있을 뿐, 아홉 개의 태양에 맞아 아홉 마리의 까마귀가 떨어졌다는 사실은 언급되어 있지 않다. 중국의 오래된 문헌은 송나라 때 인쇄술이 보급될 때까지는 필사로 전해졌다. 필사는 번거로운 일이다. 종이가 발명된 것은 서기 100년 무렵이었지만, '낙양의 종이 값을 올린다'는 속담이 있듯이 발명 후에도 그렇게 쉽게 손에 넣을 수 없었다. 목간(木簡)이나 죽간(竹簡)에 기록하던 시대가 상당히 오랫동안 계속되었는데, 그 무렵의 필사는 더더욱 번거로운 작업이었다. 지금이라면 문고본으로 호주머니에 쏙 들어갈 책이라도 목간에다 쓰면 소달구지 한 대 분량이 되어 버린다.

필사를 하면서 깜빡 잊고 건너뛰는 부분도 있었겠지만, 의식적으로 빼 버리는 경우도 있었을 것이다. 고지식한 유학자가 필사를 할 때는 내용이 말랑말랑한 부분이나 재미있는 부분만을 골라 생략하는 경향이 있었는지도 모른다.

'열 개의 해를 쏜다'만으로는 아무런 맛도 없고 멋도 없다. 원전은 아홉 개의 해에 맞아 아홉 마리의 까마귀가 깃털을 흩뜨리며 떨어졌다는 사실을 이야기했다. 이처럼 재미있는 부분을 빼 버리다니, 괘씸한 일 아닌가?

중국의 신화는 적어도 기록된 것에 한해서는, 단편적인 것이야 그렇다 치더라도, 생동감이 없다는 말을 흔히 듣는다. 필사를 할 때 생략한 게 한 원인일지도 모른다.

이야기를 〈천문〉의 예로 되돌리자.

제(帝)는 이예(夷羿)를 내려,

하민(夏民)으로 하여금 재앙을 고치게 했다.

어찌 그 하백(河伯)을 쏘고,

또 그의 낙빈(洛嬪)을 아내로 삼았는가.

　당시 하나라의 수장들이 민정을 살피지 않았기에 여러 가지 재앙이 있었던 모양이다. 『회남자』에 나오는 각종 괴수의 이름은 틀림없이 각지를 휩쓸고 다니던 비적(匪賊)들을 일컫는 것이리라. 무정부 상태에 빠진 데다 큰 가뭄도 있었던 듯하다. 열 개의 태양이 동시에 하늘에 나타났다는 것은 큰가뭄 외에 그 무엇도 아니다.

　상제(上帝)는 이것을 보고 어떻게든 하의 백성들을 재해에서 구해야겠다고 생각하고 예를 보낸 것이다. 혁명을 하라는 뜻이었다. 태양을 쏴서 가뭄을 해결하고 괴수를 물리쳐서 일단 질서를 회복했지만, 예는 쓸데없는 짓까지 하고 말았다.

　하백을 쏜 것이다. 하백은 강의 신인데, 강의 신에 대한 제사권을 가진 부족을 암시하는지도 모른다. 하천이 거칠어져서 넘치는 것은 하백의 책임이니 그를 토벌하는 일도 있을 수 있다. 거기까지는 괜찮지만, 예는 낙수(洛水)의 여신인 낙빈을 아내로 삼아 버렸다.

　낙빈은 하백의 아내였다고도 생각할 수 있다. 예는 하백을 쏘고 그 아내를 뺏은 셈이니 이는 용서받을 수 없는 행동이다.

　왕일은 흥미로운 주를 달아 놓았다. 하백은 백룡(白龍)의 모습으로 변해 물가에서 놀다가 예의 화살에 맞았다. 화살은 왼쪽 눈을 맞혔다. 하백은 곧장 하늘의 상제에게로 가서 호소를 했지만,

네가 그렇게 용의 모습으로 변했기 때문에 화살에 맞은 것이다. 예

에게는 죄는 없다.

고 도리어 꾸중을 들었다는 것이다.

낙빈은 복비(宓妃)라고도 불린다. 굴원은 〈이소(離騷)〉에서 그녀를 미모나 자랑하고 교만하며 매일 놀기만 하는, 예의를 모르는 미녀로 묘사했다.

후에 위(魏)나라의 조식(曹植, 192~232)이 〈낙신부(洛神賦)〉를 지어서 복비와의 환상적인 사랑을 노래했기에 이 신녀는 더욱 유명해졌다. 이것은 『문선(文選)』에도 수록되어 있는데, 인간세상의 남자와 이별을 할 때 소맷자락을 올려 눈물을 훔치는 순정적이고 이상적인 여성으로 묘사되어 있다.

조식은 『삼국지(三國志)』로 유명한 조조(曹操)의 아들로 위나라 문제(文帝)인 조비(曹丕)의 동생이다. 그는 형수인 견후(甄后)를 마음에 품고 있었는데 그녀는 문제의 노여움을 사서 죽음을 당했다. 황초(黃初) 2년(221)의 일이다. 〈낙신부〉는 그 이듬해에 지어졌다.

견후는 원래 원희[袁熙, 원소(袁紹)의 차남]의 아내였으나, 전쟁에 져서 조비에게 빼앗겨 그의 아내가 되었다. 사실은 조조도 그녀의 미모에 대한 소문을 듣고 그녀를 노리고 있었지만, 성을 함락시킬 때 장남인 조비가 한발 앞에서 성 안으로 들어가서 그녀를 손에 넣었다고 한다. 죽음을 받게 된 것은 질투에 미친 곽후(郭后)의 참언 때문이었다.

사람들은 〈낙신부〉를 읽으며 거기에 그려진 복비를 보고, 박복했던 견후를 함께 떠올렸을 것이다. 남편이 전쟁에 져서 그 적의 아내가 되어 버린 견후의 운명은, 남편 하백이 화살에 맞아 예의 아내가 된 복비의 그것과 비슷하다.

그런데 『회남자』는 예의 아내가 남편을 배신한 이야기를 싣고 있다. 여기서 그의 아내 이름은 복비나 순호가 아니라 항아로 되어 있다. 상아(常

娥)라고도 쓴다.

> 예는 불사약을 서왕모(西王母)에게서 얻었는데, 항아가 훔쳐 달로
> 달아나, 아쉽게도 잃었다.

예는 불로불사의 약을 달라고 곤륜산(崑崙山)에 살고 있는 서왕모에게 졸랐다.

신이 죽을 리가 없으니, 예는 아무래도 신의 명부에서 제외된 듯하다. 그 이유는 잘 모르겠다. 하백의 아내를 빼앗은 것이 신들의 사회에서 물의를 일으킨 것일까? 일설에 따르면, 그가 쏘아 떨어뜨린 아홉 개의 태양 전부가 상제의 아들이었기 때문에 상제가 그에게 호의적이지 않았다고도 한다.

신들의 사회에서 제적을 당한 예는 죽을 수밖에 없는 보통 인간이 되었다. 지금까지 신의 세계에 속해 있던 그에게 이것은 견딜 수 없는 일이었다. 어떻게든 불사의 몸이 되고 싶었던 그는 곤륜산으로 가서 불사약의 주인인 서왕모에게 "제게도 주십시오"라고 간청했다.

"이번 한 번뿐입니다"라며 서왕모는 오랜 친분이 있는 예에게 불사약을 건네주었다. 그런데 예의 아내인 항아가 그 약을 훔쳐 달로 달아나 버렸다. 예는 실망하여 의기소침했다고 전해진다.

이 배신에는 참으로 통렬한 부분이 있다. 성미가 우락부락하여 괴수 퇴치에서도 무시무시한 실력을 보여 줬지만, 원래 직정경행(直情徑行)한 호한이었다. 아내의 배신이 뼈에 사무치도록 아팠을 것이다.

아내인 항아에게도 틀림없이 할 말은 있었을 것이다. 하백의 아내인

낙빈(복비)과 사이좋게 지내고 있는 남편에게 의리를 지킬 필요는 없다고 생각한 것일까.

그런데 신들의 사회에도 남존여비 사상이 있었던지 항아의 행위도 용서받을 수 없게 되었다. 달로 도망친 항아의 모습이 두꺼비로 변해 버렸다고 한다. 달 속에 두꺼비가 산다는 얘기는 여기서 유래된 듯하다.

신들의 사회의 뜻이라고 했지만, 사실은 신화를 구전하는 사람들의 의사가 신화 속에 강하게 반영된 것이라고 생각된다. 남의 아내를 빼앗은 바람둥이인 예는 용서받을 수 없고, 본처의 배신으로 벌을 받았다. 그러나 남편을 배신한 항아도 완전범죄의 성립을 허용받지는 못했다.

예의 이야기는 매우 인간적이다. 삼황처럼 사신인수라든가 인신우수와 같은 모습이 아니다. 예의 용모에 관해 특별한 기술은 없지만, 평범한 인간과 크게 다르지 않았을 것이다. 불사약을 필요로 했으니 삼황처럼 신이 아니라 틀림없이 인간의 부류였다.

신의 세계에서 제적을 당했다는 이야기는, 예가 신화와 역사의 경계에 있었다는 사실을 암시하는 것은 아닐까.

본질적으로 예의 이야기는 아직 신화지만, 어딘지 모르게 역사의 냄새도 난다.

후예라는 이름을 보면, 후는 군주를 나타내는 것이니 원래는 지방의 수장이었을 것이다. 앞에서도 이야기했지만, 이예라고도 불렸으니, 이족(夷族)의 한 수장이었다고 여겨진다. 이(夷)란 중원, 즉 황하 중류에서 봐서 동쪽에 해당하는 지방을 가리키는 것이 일반적이다.

그렇다면 예의 이야기는 동쪽의 이야기가 아닐까 생각되지만, 태양을 쏘아 떨어뜨린 설화는 묘족 사이에서 지금도 전해지고 있다.

이하동서설

우리나라에서 이(夷)라는 말은 '양이(攘夷)', '이적(夷狄)'처럼 외국을 뜻하는 말이 되었다. 중국에서도 지금은 그렇지만, 태곳적에는 문명의 중심에서 멀다는 뜻은 있어도 외국을 가리키지는 않았던 듯하다.

『맹자』의 「이루편(離婁篇)」에,

> 순은 제풍(諸馮)에서 태어나 부하(負夏)로 옮겼고 명조(鳴條)에서 죽었다. 동이(東夷) 사람이다. 문왕(文王)은 기주(岐周)에서 태어나 필영(畢郢)에서 죽었다. 서이(西夷) 사람이다. 지역이 서로 1천여 리나 떨어져 있고, 세월이 서로 1천여 년이나 떨어져 있지만, 뜻을 얻어 중국에서 행한 일이 부절(符節)을 맞춘 듯하다. 앞선 성인도, 뒤따른 성인도 그 법도는 하나였다.

제풍, 부하, 명조는 모두 동방의 외진 지방의 이름이다. 맹자는 망설임 없이 순은 동이 사람이라고 말했다. 순은 실존 인물이 아니라는 설이 유력하지만, 중국에서는 예로부터 이상적인 성왕으로 여겨 오던 인물이다. 그런 성왕을 동이 사람이라고 말한 것을 보니, 이에 외국이라는 의미, 하물며 심하게 차별하는 뜻은 없었던 듯하다.

주나라의 문왕도 성왕이었다. 기주나 필영은 서쪽의 변경이다. 그랬기 때문에 맹자는 서이 사람이라고 했을 것이다.

순과 주나라의 문왕은 지리적으로 상당히 떨어져 있고, 시대도 1천여 년이나 벌어져 있다. 그런데도 뜻을 얻어 중국에서 행한 일은 두 사람이 서로 똑같았다. 여기서 이야기하는 중국이란 '나라의 안'-문명의 중심,

즉 국도(國都)를 의미한다.

맹자는 서이라고 말했지만, 일반적인 관용에서 보자면 이는 동쪽을 가리키는 경우가 많다. 동이, 서융(西戎), 남만(南蠻), 북적(北狄)이 전통적인 호칭이었다.

1832년 영국의 상선 애머스트 호가 금지 명령을 무시하고 상해(上海)에 입항했을 때 그 지방의 장관과 문서를 교환했다. 애머스트 호 쪽에서는 개항이 이익이 된다는 점을 설명했고, 지방장관 쪽에서는 대외무역은 광주(廣州)에서만 허용되니 빨리 물러가라는 내용이었다. 애머스트 호에는 성경을 한문으로 번역했을 정도로 중국어에 능통한 귀츨라프 목사가 타고 있었다. 지방 장관이 보낸 문서 속에 '이상(夷商)'이라는 표현이 있었는데, 애머스트 호 쪽에서,

　　　이(夷)는 상대를 차별하는 용어다.

라고 엄중하게 항의를 했다. 그에 대해서 상해의 장관은 '이'라는 글자가 반드시 상대를 차별하는 용어는 아니라는 사실의 증거로,

　　　맹자도 순을 동이 사람이라고 했다.

고 반론했다. 그러나 19세기 그 무렵에는 '이'라는 글자는 이미 완전히 상대를 차별하는 용어였다. 결국 상해 장관이 뜻을 굽혀 '이상'을 '해상(該商)'으로 고쳐 일을 마무리 지었다. 장관도 '이'가 고대에는 차별적인 용어가 아니었다는 점을 이해하고 있었다는 사실을 알 수 있다.

　　　이하동서설(夷夏東西說)

이라는 유명한 학설이 있다.

중국 역사학자 겸 언어학자인 부사년(傅斯年, 1896~1950)이 주장한 것이다. 정열적인 사람으로 5·4운동(1919) 때 북경 대학 학생이었는데, 운

동의 중심인물 중 한 사람이었다. 대학을 떠나 유럽에서 역사를 전공하고 귀국한 뒤, 대학교수와 연구소장을 역임했다. 국민당 정권이 대만으로 옮겨 갈 무렵, 대만 대학의 교장이었다. 당시 중국 대륙 각지의 대학생들 가운데 대만으로 옮긴 사람들도 상당히 있었는데, 그들은 대만 대학으로의 무조건 편입을 요구했지만, 부사년이 단호하게 거부하고 입학시험 실시를 강행했다는 사실로도 잘 알려져 있다.

대포라는 별명을 가지고 있던 부사년은 종종 사람들을 놀라게 하는 일을 했다. '이하동서설'도 그랬다. 대포라는 말에는 허풍쟁이라는 뉘앙스도 있는데, 그러고 보면 손문(孫文, 1866~1925)도 예전에는 '손대포'라고 불리곤 했다. 당시에는 청나라를 쓰러뜨리고 새로운 공화국을 만들자는 주장을 허풍이라고 느낀 사람들도 있었다. 그런데 결국 청 왕조는 무너지고 공화제 국가가 탄생했다. 부사년의 학설은 어땠을까?

황하 유역이 틀림없이 중국 문화의 고향이지만, 그것은 한 군데가 아니라 동과 서 각각에서 이질적인 문화가 일어났다고 보는 설이다.

스웨덴의 고고학자 앤더슨(J. Gunner Anderson, 1874~1960, 중국 이름은 安德生-옮긴이)이 1921년 가을에 하남성 민지(澠池) 현 앙소(仰韶) 촌에서 신석기시대의 유적을 발굴했을 때, 채도(彩陶)가 출토되었다. 그 이후부터 이 문화를 앙소문화라고 부르게 되었다.

1930년부터 그 이듬해에 걸쳐서 역사어언연구소(歷史語言研究所)가 산동성 역성(歷城) 현 용산진(龍山鎭) 성자애(城子崖) 유적을 발굴조사했는데, 흑도(黑陶)를 특징으로 하는 문화의 존재가 밝혀졌다. 이것을 용산문화라고 부른다.

역성현은 제남시(濟南市) 바로 옆이다. 제남시 관광의 포인트 중 하나는 황하 구경인데, 황하의 길이를 놓고 보자면 이 부근은 이미 하류라고 해야 좋을지도 모른다. 그리고 하남성의 민지현은 낙양시(洛陽)와 삼문협(三門峽)의 중간에 있다. 동쪽의 용산과 서쪽의 앙소는, 같은 황하 유역이라고는 하지만 동서로 600킬로미터나 떨어져 있다.

'이하동서설'은 이 두 개의 문화를 각각 이족과 하족의 것이라고 보았다. 황하 유역의 고대사는 이 두 부족의 접촉에 의해서 전개된 것이라고 생각했다. 지금까지 삼황, 오제, 하, 은, 주라고 기계적으로 종적 계보에 따라서만 역사를 연구하던 것을 횡적으로 펼쳐 놓았다고 할 수 있으니, 이 설은 방법론적인 면에서 커다란 공헌을 했다고 해야 할 것이다. 그러나 이 설은 채도는 하족, 흑도는 이족이라는 새로운 기계주의를 가져다 주었다는 느낌이 든다.

그 후, 유적 발굴조사 예가 많아져 자료가 풍부해져 감에 따라 고고학도 발전하게 되었다. 부사년이 '이하동서설'을 발표한 때는 1935년(『경축 채원배(蔡元培) 선생 65세 논문집』)이었다. 그 이후로도 중요한 발굴-묘저구(廟底溝)와 반파(半坡) 등-이 있었다. 앙소와 용산이 이질적인 문화라는 전제는 이미 무너졌다. 두 개는 기본적으로 유사한 문화라는 사실이 자세한 조사에 의해서 판명되었다.

용산문화는 앙소문화를 계승한 것으로 문화의 기반은 같은 것인데, 어떤 자극이 있어서 발전적인 계승이라는 형식을 취하게 된 것이다.

그렇다면 앙소적인 생활양식을 용산적인 것으로 바꾸게 한 자극은 무엇일까? 앙소 사람도 농경을 알고 있었지만, 거기에 어떤 획기적인 기술혁명이 전해진 것은 아닐지? 그 기술혁명의 원천이 황하유역의 동쪽이라고 불리는 지역에 있었던 것일지도 모른다.

앙소문화

넓은 대륙이기 때문에 중국 각지에서 개성 넘치는 여러 가지 문화가 발생했다는 것은 극히 당연했다.

그들 각 문화들이 지역적으로 서로에게 자극을 주고 한데 뒤섞여서 새로운 문화를 낳고, 그것이 더욱 넓은 지역에서 서로 영향을 주었다. 케임브리지 대학의 중국인 고고학자인 정덕곤(鄭德坤, 1907~2001)에 따르면, 초기 신석기시대까지 중국에는 북과 남 두 개의 문화가 있었으며, 그것이 황하 중류지역에서 한데 섞였다고 한다. 북방의 것은 건조지대의 세석기문화(細石器文化)이고, 남방의 문화는 삼림지대의 역박편문화(礫剝片文化)였다. 두 개의 문화가 공존하며 서로에게 영향을 주어 '새로운 시대의 서주(序奏)로 이끌었다'는 주장이다. 그 원류에 대해서는 아직 알려지지 않았다고 정덕곤 교수는 말했다. 새로운 문화란 앙소문화를 말하며, 용산문화가 그 뒤를 이었고, 그것이 최종적으로 은 왕조를 일으킨 소둔(小屯)문화로 교체된 것이다. 정덕곤은 '중국에서 역사시대의 문화 발흥은 황하 유역에서의 수천 년에 걸친 문화 혼합의 결과였다'라고 결론지었다.

'이하동서설'에 너무 집착하는 것 같지만, 각지에 부족이 할거하며 더욱 커다란 구역을 형성했을 터이나 문화의 혼합을 엄격하게 거부할 정도로 고립적이지는 않았다. 수천 년에 걸친 평준화 작업에 의해서 균일한 문화적 전통을 성장시킬 수 있는 기반이 만들어졌다. 보다 쾌적한 생활양식이 있는데 그것이 같은 기반 위에 있다고 여겨진다면, 망설이지 않고 그것을 받아들였을 것이다. 받아들이는 방법에 따라서는 본질까지 변형되었다고 의심이 가는 경우도 있었는지 모른다.

어쨌든 앙소문화는 역사시대의 개막을 알리는 중요한 것이다.

앙소유적은 앤더슨의 발굴조사 이후, 제2차 세계대전 후에도 중국 고고학자 하내(夏鼐, 1910~1985)에 의해서 재조사가 실시되었다. 그에 의해서 그곳은 채도뿐만 아니라 흑도, 회도(灰陶) 등의 혼합문화이며, 앙소문화라기보다는 오히려 용산문화 계열에 속한다는 사실이 판명되었다. 아이러니하게도 그 문화의 명칭에 지명을 제공한 지방의 유적이 실제로는 그 문화를 대표하는 예라고 할 수 없게 된 것이다.

앤더슨은 채도가 발견되었다는 현란한 사실에 눈이 어두워졌던 것 같다. 다른 것은 눈에 들어오지도 않았던 듯하다. 보이지 않는 것은 존재하지 않는다고 할 수 있다. 관심이 없는 것은 눈에 들어오지 않는 것이 인지상정이라고 해도 좋을 것이다.

거짓말 같은 실화가 있다. 동양학의 희대의 석학이라 불리던 미국의 라우퍼(Berthold Laufer, 1874~1934)가 중국에는 석기시대가 없었던 게 아닐까 생각했던 적이 있었다고 한다. 왜냐하면 석기시대의 유물을 발굴한 예가 전혀 보고되지 않았기 때문이었다.

중국인은 문명지상주의적인 면이 있어서 미개의 상태를 경시하고 있었다. 석기 따위를 사용하는 것은 야만인이므로, 그들을 자신들의 조상이라고는 인정하고 싶지 않았다. 그 증거를 눈앞에 들이대면 눈을 감아버렸을지도 모른다. 그런 까닭에 출토품이라도 청동기 등에는 눈을 밝혔으면서도 석기 따위에는 관심조차 갖지 않았다. 석기시대의 유물을 발굴한 예가 전혀 보고되지 않았던 것은 당연했다. 그 결과 석학의 명석한 두뇌를 고민에 빠지게 했다.

앤더슨이 앙소로 가기로 결심한 것은 조수인 유장산(劉長山)이 그 마을에서 돌도끼를 손에 넣었기 때문이었다. 채도로 유명해진 앙소지만, 발굴 동기는 '이것 봐라, 중국에도 석기시대가 있었다!'고 주장하기 위해 석기시대 유적을 조사하려 했다. 그런데 석기와 함께 채도가 출토되었기 때문에 그도 처음에는 고민했다고 술회했다. 사실 그런 예는 중앙아시아와 유럽 남동부에서도 있었지만, 당시 앤더슨은 그 사실을 모르고 있었다.

앤더슨은 중국에서 최초로 석기시대 유적을 발견한 사람이 되었다. 그로부터 10년이 지나 그가 저술한 『황토지대의 어린이들(Children of the Yellow Earth)』에도,

> 매우 명확한 앙소기(期)는 석기시대 말기 내지 금속시대 초기의 문화로, 순수한 신석기시대의 유적은 전혀 발견되지 않았다고 해도 좋을 것이다.

라고 되어 있다.

물론 그 뒤에 앙소보다도 더 오래된 신석기시대의 유적들이 차례차례로 발견되고 있다. 어쨌든 중국 석기시대의 존재가 오랫동안 의문시되고 있었던 점은 기억해 둘 필요가 있다.

채도의 출현은 앤더슨을 당혹스럽게 했지만, 동시에 그를 매료시키기도 했다. 그것은 아나우(중앙아시아)나 우크라이나 트리폴리에의 토기와 매우 흡사했기 때문에 그는 채도가 서쪽에서 전해진 것이라고 생각했다. 중앙아시아나 동유럽에서 전파된 것이라면, 틀림없이 천산(天山) 남로를 경유해서 감숙(甘肅)으로 들어왔을 것이라 추정했다. '채도의 길'을 더듬어 보기 위해서 그는 감숙으로 조사여행을 떠났다. 거기서 그는 상당한

수확을 얻었다. 수집한 채도를 연구하여 편년적 분류까지 했지만, 유감스럽게도 그것은 지금 뒤바뀌고 말았다.

왜냐하면, 1952년에 발견된 이후 1954년부터 1957년에 이르기까지 다섯 번에 걸쳐서 발굴 조사된 반파를 비롯해 수많은 앙소기의 유적에 대한 정확한 사실을 알게 되었기 때문이다. 방사성 탄소측정치라는 고고학의 신무기도 발명되어 시대 추정이 정확하고 쉬워졌다. 그 결과는 고 앤더슨 박사의 꿈을 깨는 것 같지만, 감숙의 채도는 서쪽에서 전해진 것이 아니라 동쪽에서 전해졌다는 사실이 분명해졌다.

반파는 섬서성 서안시(西安市) 교외에 있다. 물론 감숙의 동쪽에 있으며, 앤더슨이 조사한 감숙의 유적보다 오래되었다.

반파유적의 방사성탄소측정치는 6080년(±110년)에서 5600년(±105년)이다. 그에 비해서 감숙의 유적은 가장 오래된 것이 조가취(曹家嘴)의 4540(±100년)이고, 가장 새로운 것이 청강차(青崗岔)의 4030년(±100년)이었다. 같은 앙소문화지만 반파가 감숙보다 1천 년 이상 오래되었다.

감숙, 즉 황하 상류지역은 앙소문화의 변경지역이라는 사실이 지금은 분명해졌다. 황하 중류 지역의 근거지에서 용산문화에 압도되었을 때, 앙소문화가 서쪽으로 옮겨 갔다고 추측된다.

그러나 앤더슨이 채도의 원류를 서쪽에서 찾으려 했던 마음 역시 이해는 된다. 전후의 사정을 모를 때는 아무래도 천산 남로와 초원의 길을 생각하게 되는 법이다. 청동기의 경우도 마찬가지였다. 은대에 와서 갑자기 정교한 청동기가 출현했다. 치졸한 단계의 것이 거의 출토되지 않았다는 사실은, 어딘가에서 그 수준에 달한 상태로 전파된 것이라고 생각하면 앞뒤가 꼭 들어맞는다. 기술이기 때문에 소수의 사람들이 오는 것만으로도 충분하지, 반드시 대집단이 한꺼번에 밀려올 필요는 없다.

중국의 동쪽은 바다고 바다 건너편에는 고대문명세계가 없었으므로, 원류를 서쪽이라고 추정한 것은 당연했다. 특히 서구의 학자들은 티그리스 유프라테스 하류의 충적평야를 문명의 발상지로 생각하는 경향이 강하다. 또 문명이 전해졌다고 여겨지는 루트를 살펴서 더듬어 가는 것은 감동적이고 즐거운 일이기도 하다. 문명을 전파한 조상들에게 감동하고, 전파한 방법을 추리하는 데 재미가 있는 법이다.

중국의 고대문화가 티그리스 유프라테스 유역에서 전래됐다고 주장하고, 그것을 증명하는 것은 장대한 로망이다. 단편적인 증거 비슷한 것은 확인을 할 수 있지만, 중국 문화의 대부분이 전래되었다는 사실은 아직 증명되지 않고 있다. 프랑스에서 태어난 영국의 동양학자 라쿠페리(Lacouperie, 1845~1894,『중국인 점거전의 중국의 언어』저자-옮긴이)는 중국인 자체도 바빌로니아에서 이주해온 것이라고 설명했다. 그의 주장에 따르면, 여왜가 오색 돌로 하늘을 수리한 것도 바빌로니아의 무지개 민화와 관계가 있다고 한다. 그것은 물론 성경의「창세기」에 나오는 홍수 뒤의 신의 약속으로 등장하는 무지개와도 관계가 있다.

라쿠페리는 19세기 사람으로 북경원인의 화석 발견을 비롯한 그 이후의 고고학적 조사를 알 수 없었기 때문에 메소포타미아 중심론자였다는 점은 의심할 여지가 없다. 북경원인 화석 발견에 관계했던 앤더슨조차 채도에 대해서 서방 지향적인 자세를 보였다.

소둔문화

은허의 발굴 이후, 은 왕조의 존재가 확실해졌다. 그러나 지금까지 삼황오제는 물론 하 왕조가 실재했었는지조차도 확인되고 있지 않다.

은허는 하남성 안양(安陽)의 소둔이라는 곳에서 발견되었기 때문에 고고학에서는 그 문화를 소둔문화라고 부른다.

층을 이루고 있는 유적에는 앙소문화층 위에 용산문화층이 있으며, 다시 그 위층에 소둔문화가 있다. 소둔이 은이라는 사실은 분명하므로, 그 아래층에 있는 용산이 하 왕조 시대가 된다. 그러나 은허에서 은나라 왕의 묘가 발견되거나, 갑골문자가 발견되어 해독되거나 하는 일이 용산문화층에서는 아직 일어나지 않았기 때문에 그것을 하 왕조의 것이라고 간단히 말할 수 없다. 그저 은 이전 시대의 것이라고만 할 수 있을 뿐이다.

하라고 불리던 왕조가 실재했었는지 어땠는지는 모르겠지만, 사서에 하라고 기록되어 있는 시대의 일은 용산문화의 유적을 통해서 그 일면을 엿볼 수 있다. 그렇다면 용산문화보다 아래쪽에 있는 앙소문화는 어떻게 되는 걸까? 사서의 기술에 기계적으로 대입해보면, 그것은 오제 시대가 된다.

삼황오제 시대라고 해도 좋을 것이다. 앞에서도 이야기했듯이 삼황은 비주류였기에 다른 시대로 던져진 것에 지나지 않을 것이라 여겨지기 때문이다.

오제는 황제(黃帝)에서부터 시작되는데, 나머지 사제(四帝)는 모두 황제와 혈연관계가 있다고 기록되어 있다. 신빙성은 떨어지지만 역사는 그렇게 기록한다. 황제족(黃帝族)이라는 부족을 상정하면 이해하기 쉬울 것이다.

그 시조가 황제다. 부족을 통솔하는 수장은 당연히 부족 내에서 뽑는다.

대자연과 싸워서 어떻게 살아남느냐가 가장 중요한 문제였던 시대였다. 원시적인 씨족공동체사회였기 때문에 사유재산이라는 개념도 없었고, 수장 자리도 세습제는 아니었을 것이다. 능력 있는 사람을 글자 그대로 뽑았을 것이라 추측된다.

황하 수계 유역 근처에서 살던 그들에게 가장 커다란 골칫거리는 치수였다. 치수 공사를 잘하는 인물이 수장으로 뽑혔던 것 같다.

다른 부족과의 전쟁도 있었을 테니, 수장은 동시에 군대의 지휘관이 되기도 해야만 했다.

역사서에 그 이름이 등장하는 오제의 한 사람 한 사람이 실존인물이었는지는 의심스럽지만, 그 씨족의 역사 속에 몇몇 뛰어난 수장들은 있었다.

가장 앞에 있는 황제는 중국인의 시조와 같은 존재가 되어 후세 중국인들은 걸핏하면 "우리 황제의 자손은……"이 입버릇처럼 되어 버렸다.

그에 비해서 신화 속에 등장하는 황제는 윤곽이 그다지 뚜렷하지가 않다. 굴원은 〈천문〉에서 황제에 대해서는 언급하지 않았다.

황제에 대한 이야기는 전승된 것이라기보다는 만들어진 것이라는 느낌이 강하다. 시조라는 것은 대부분 그런 것인 듯하다. 책력을 만들고 백곡초목을 심었다는 등, 모든 일의 시작이 시조에게로 돌아가기 때문이다. 여러 가지 일들을 했다고 알려졌지만, 황제의 이미지는 뚜렷하게 눈에 띄지 않는다. 사마천도 황제에 대한 백가의 말은 그 문장이 다듬어지지 않았다고 한탄했다.

황제라는 이름부터가 그다지 개성적이지 않다. 오행설은 일상생활에서 흔히 접할 수 있는 소재 다섯 개를 늘어놓은 것인데, 그 순서는 목,

화, 토, 금, 수로 그 가운데에 토가 있다. 토덕(土德)에 의해서 천하를 얻은 헌원(軒轅)이 흙의 빛깔인 황(黃)을 그 이름으로 삼았다고 설명되어 왔다. 그리고 동서남북은 각각의 방(房)이 청, 백, 적, 흑이다. 오행설에서는 네 개의 방향에 중앙이 보태지는데 그 색이 바로 황이다. 황은 대지의 색이다. 어머니인 강은 황하여야 하며, 신성한 시조는 황제(黃帝)가 되지 않으면 안 된다. 지극히 단순한 논리지만, 그런 만큼 약간 싱겁다는 느낌이 든다. 복희, 여왜 혹은 예, 축융, 공공 등은 이름의 유래를 설명하기조차 대단히 어렵지만, 그렇기 때문에 보다 더 신화적이다. 황제라는 명칭은 신화의 세계보다도 경서(經書)의 세계라는 느낌이 든다.

황제의 업적 중에서 눈에 띄는 것은 두 번에 걸친 전쟁뿐이라고 해도 좋을 것이다.

판천(阪泉) 들판에서 신농 씨의 자손과 싸웠다.
탁록(涿鹿) 들판에서 치우(蚩尤)와 싸웠다.

『사기』는 이 두 번의 전쟁에 대해 이야기했다. 앙소문화 시대에도 부족 간에 치열한 전쟁이 있었던 것 같다. 앞에서도 이야기했듯이, 방황하는 신 공공은 황제의 자손들과 종종 싸움을 벌였지만, 그때마다 패전했다. 황제족의 천하는 반드시 안정된 것이 아니었고, 그 외에도 신농족, 치우족, 공공족 등과 같은 유력한 부족들이 존재했었다는 사실이 신화 속에 암시되어 있다.

치우도 눈길이 가는 신이다. 그 이름에 충(虫)이라는 글자가 있는 것을 보면 뱀이나 용이었는지도 모른다. 황제의 천하지배를 방해한 것을 보니,

대략 일본의 진무 천황에 맞섰던 나가스네히코(長髓彦, 일본 고대 역사에 나오는 전설상의 토호-옮긴이)에 해당되는 인물인 듯하다. 『서경(書經)』의 「여형(呂刑)」에,

치우는 처음으로 난을 일으켜, 나아가 평민에게까지 미쳤다.

고 쓰여 있다. 이 세상에서 처음으로 난을 일으킨 인물로 기록되어 있다. 치우가 난을 일으키는 본보기를 제공해서 일반 평민들까지 나쁜 짓을 하게 되었으므로, 형(刑)을 만들 수밖에 없었다고 기록되어 있다. 치우만 없었다면, 이 세상에 나쁜 짓을 하는 사람은 없었을 것이라는 말투이다.

치우는 구려(九黎)의 임금이었다고 한다. 『예기(禮記)』의 주석에 따르면, 치우는 삼묘(三苗)였다고 한다. 그렇다면 구려와 삼묘는 과연 같을까?

여(黎)는 검다는 뜻을 갖고 있다. 여와 묘가 같지 않다고 하더라도, 둘 모두 남쪽에 위치해 황제족과 대립했던 부족인 듯하다. 구나 삼이라는 숫자가 앞에 놓인 것을 보면, 부족을 구성하는 분자가 꽤나 복잡했던 모양이다. 치우는 아홉 개로 뿔뿔이 나뉘어 있는 여족을 규합하여 황제와 싸웠다고 여겨진다.

탁록 들판에서 싸울 때 치우는 커다란 안개를 만들어 황제의 군대를 괴롭혔다. 연막작전이었을까? 황제군은 안개 속에서 방향을 잃었지만, 지남차(指南車)를 만들어 방향을 알 수 있었다고 한다. 세상에서는 이것을 나침반의 등장이라 생각하고 있는 듯하다. 이때의 패전에서 치우는 살해당했다.

치우가 이끌던 구려는 패전 후에도 저항을 계속했을 테지만 일부는

포로로 잡혀 여민(黎民)이라 불렀다. 여민은 포로를 의미했는데, 후에는 일반서민을 여민이라고 부르게 되었다. 진(秦)의 '검수(黔首)'와 마찬가지로 머리가 검다는 데서 온 것이다. 서민은 관을 쓰지 않아 검은 머리카락을 그냥 드러내 놓고 있기 때문에 그렇게 불린다는 설도 있다. 라쿠페리는 바빌로니아에서도 서민을 '검은 머리'라고 부르는 것이 일반적이므로, 여민이나 검수라는 표현은 서방의 개념이라고 논했다.

구려는 원래 신농 씨, 즉 염제족(炎帝族)과 싸우고 있었는데, 염제족이 수세에 몰리게 되자 황제족에게 원조를 청했다고 한다. 구려를 물리친 뒤에는 황제족과 염제족이 동맹관계를 깨고, 판천 들판에서 세 번 싸운 끝에 황제족이 최후의 승자가 되었다.

치우는 불길한 신으로 여겨져 그의 이름을 붙인 별 치우기(蚩尤旗)는 전란의 조짐을 미리 알리는 흉성(凶星)으로 인식되고 있다. 흉(凶)이라는 글자가 나왔으니 말인데, 여족에게도 흉을 붙여 '흉려(凶黎)'라 부르게 되었다. 구려라는 것은 흉려에서 변화된 것이라는 설도 있을 정도다.

이와 같은 평가, 그리고 그런 이름을 붙이는 행위는 승리자 쪽에서 한 것이다. 패한 쪽의 말, 즉 그들의 신화는 전해지는 힘이 극히 약하게 될 수밖에 없다.

반파유적

신화가 역사를 어느 정도 반영하고 있는지는 모르겠으나, 적어도 황제 신화는 부족 간의 항쟁이 격렬했다는 사실을 분명하게 이야기해주고 있다.

지금으로부터 5천 년 내지 6천 년 전의 시대다. 당시 사람들의 생활은 앙소유적으로 어느 정도 엿볼 수 있다. 당연히 그 대표적인 것이 반파유적이다.

반파유적이 1952년에 발견되었다는 사실은 앞에서도 이야기했다. 최근에는 이런 종류의 지하유적은 대부분이 건설공사 때 발견되는 것 같다. 반파도 서안 제2발전소를 지을 때 발견되었다. 중요한 유적이기 때문에 건설 계획이 변경되어 발전소는 다른 장소에 세워지고, 그곳은 과학원 고고연구소가 맡아 발굴 조사를 했다.

현재 유적 위에 커다란 철(鐵) 우산을 쓴 건물이 만들어져 박물관으로 쓰이고 있다. 관람자가 박물관에 들어가면 유적을 직접 둘러볼 수 있다. 진열장 속의 출토품을 보는 것에 비해 이것은 훨씬 더 현장감이 넘친다.

유적의 면적은 약 7만 제곱미터다. 박물관은 서안시의 동쪽을 흐르는 산하(滻河) 강 동쪽 기슭에서 약 0.8킬로미터 떨어진 곳에 있으며, 강바닥보다 높이 9미터 정도 높은 지대에 있다.

거주지는 약 3만 제곱미터이지만, 그 중앙에 공공 집회장소가 있다는 점을 주목해야 한다. 집회소 바닥의 면적은 160제곱미터다. 거주지는 오랜 기간 사용되어 전기와 후기 두 개의 층으로 나뉘어 있다. 최고 전성기에는 200호 이상이 주거하고 있었던 것으로 보이며, 추정 인구는 500명에서 600명이었던 것으로 보인다.

주거지 주위에 위쪽 폭이 6~8미터 되는 도랑이 있는데, 이것은 말할 나위도 없이 방어용 호(濠)다. 이것을 넘어선, 이른바 교외구(郊外區)에 공동묘지와 곳곳에 가마터가 있었다. 공동묘지에 매장되어 있는 것은 성인이고, 어린이의 경우는 옹관에 넣어 거주지 안에 매장했다.

중국과학원 고고연구소는 반파유적에 관한 자세한 보고서를 제출했다. 모범적인 발굴보고서라 할 수 있는 뛰어난 내용이다.

어떤 사람들이 살고 있었는지 우리는 그것에 관심이 간다. 51구의 성인 남성의 유골을 조사해 본 결과, 신장은 평균 169.45센티미터였다고 한다. 두개골을 계측한 값에서 흥미로운 사실이 판명되었다. 이곳 주민은 몽골로이드인데 현대의 몽골로이드계열과 비교를 해 보면, 화남계(華南系)와 인도네시아계와 가장 가까우며, 다음으로 화북계(華北系)에 가깝고, 티베트 B계나 몽골계나 알라스카 에스키모계 따위와는 유사점이 전혀 없다고 보고되었다. 이것은 현대 몽골로이드 각 계열과의 비교이지만, 당시, 그러니까 신석기시대의 여러 계보들과 비교해 보면 인접한 감숙·하남계보다 인도차이나계와 더 유사하다는 것이다.

서안은 현재의 중국에서는 서북쪽에 속한다. 그러나 신석기시대의 서안-반파 주민은 현대의 남방인들의 골격에 보다 더 가깝다.

승리자 쪽에 의해서 전파된 신화의 해석에 이설을 세울 만한 하나의 근거라 할 수 있는 증거가 여기에 있는 것처럼 보인다.

치우는 구려를 이끌고 난을 일으키고, 황제가 그것을 토벌하여 격퇴한 것이라고 되어 있다. 그러나 난을 일으켜 구려의 거주민 지역으로 공격해 들어간 쪽은 황제족일 가능성도 있다. 구려가 원래 거주하고 있던 땅에서 쫓겨나 남방으로 옮겨 갔다면, 삼황오제 시대의 반파 사람이 현대의 남방인의 특징을 지니고 있었다는 설명도 가능해진다.

반파 사람은 기본적으로는 농민이었던 것 같다. 주식은 좁쌀이었던 듯하고, 그것을 가루로 만들어 찌거나 삶아 먹었던 것으로 보인다. 그 외에도 밤, 개암, 잣 등도 발견되었다. 돼지와 개를 가축으로 기르기도 했지만, 사냥도 상당히 했었던 듯하다. 동물은 뼈를 쪼개서 골수까지 먹은 흔적이 남아 있다. 가까운 하천에서는 고기잡이도 했었던 듯, 낚싯바늘과 그물의 추 등도 출토되었다.

방추차도 출토되었다. 직물이나 멍석에 무늬를 새긴 흔적을 찾아볼 수 있다고 한다. 반파 사람들은 상당한 예술가였다. 토기나 채도에도 무늬가 새겨져 있다. 전기의 것에는 동물무늬, 후기의 것에는 기하학무늬가 일반적으로 새겨졌다.

반파 토기의 무늬 중에서 주목을 끄는 것은 물고기를 모티프로 한 것이 많다는 점이다. 전기의 것은 사실적인 형태로 나타나지만, 후기로 갈수록 물고기는 서로 연결되기도 하고 혹은 분리되기도 하여 장식으로서의 새로운 모티프를 만들어 낸다.

인간의 얼굴이 그려져 있고 거기에 물고기가 붙어 있는 무늬도 있다. 인면어신(人面魚身)처럼 보이기도 한다. 인간의 얼굴에는 삼각형의 물건이 씌워져 있는데, 그것은 보관(寶冠)일까? 둥그런 얼굴의 빰과 이마에 삼각형 무늬가 있는데 이마의 그것은 눈썹일지도 모른다. 양쪽 귀에 해당하는 부분에서 잎이 달린 가지 같은 것이 뻗어 나와 있다. 눈은 부릅뜨고 있는 것과 감아서 한일자처럼 되어 있는 것이 있다.

1977년에 나고야 시 박물관 개관을 기념하여 열린 중화인민공화국 출토 문물전에서는 100점의 문물을 엄선하여 시대순으로 전시했다. 그 첫 번째가,

　　　채도인면어문발(彩陶人面魚文鉢)

이었다. 도록의 영문명은,

　　Basin with human mask and fish design

이라 적혀 있었다. 이는 반파에서 150킬로미터 떨어진 섬서성 임동현(臨潼縣)에 있는 강채(姜寨)유적에서 출토되었다.

강채 유적은 반파와 마찬가지로 앙소문화의 것인데, 강 동쪽 기슭의 대지에 위치해 있다는 점도 서로 비슷하다. 1972년부터 1974년에 걸쳐서 발굴되었다. 총면적은 5만 제곱미터로 반파보다는 조금 작다.

어린아이가 죽으면 옹관에 넣어 매장했다는 사실은 앞에서도 이야기 했는데, 그때는 구멍이 뚫린 도분(陶盆)으로 뚜껑을 하는 것이 일반적이었다. 이 인면어문발은 바닥에 조그만 구멍이 있고, 출토되었을 당시에는 옹관의 입구를 덮고 있었다고 한다.

그것이 출토되었을 당시의 상황으로 봐서 인면어문은 단순한 장식이 아니라, 어떤 의미를 가지고 있었을 것이다. 어린아이가 죽으면 조상신의 곁으로 가게 된다. 주발에 그려진 것은 그 길을 안내하는 자일까? 어쩌면 그것은 조상신 자체를 그린 것일 수도 있다.

반파 사람과 강채 사람 모두 물고기를 토템으로 하는 부족이었을지도 모른다. 인개류(鱗介類)라는 점에서 물고기는 용으로까지 이어진다. 물고기 토템은 용 토템의 분파 속에 포함되는 걸까?

치수에 실패해서 벌을 받았다고 하는 곤(鯀)은 그 이름에 어(魚) 변이 있는 것처럼 물고기와 관계가 깊은 신이었을 것이다. 그 곤의 아들로 치수에 성공하여 하 왕조의 시조가 된 것으로 알려진 우(禹)에 대해서는 『장자』에,

우는 편고(偏枯, 반신불수)다.

라는 말이 있으며, 『산해경』에는,

> 물고기가 있는데, 편고, 이름을 어부(漁婦)라고 한다.

라고 되어 있다. 이에 우를 어형신(魚形神)이라고 보는 설도 있지만, 약간
은 무리가 있다. 장자는 악당인 도척(盜跖)이 공자를 욕한 말이라며,

> 세상이 우러르는 자 황제보다 더한 사람이 없다. 황제조차 덕을 다
> 하지 못했기에 탁록 들판에서 싸워, 흐르는 피가 백 리에 이르렀다.
> 요는 자비롭지 못했고, 순은 불효, 우는 편고, 탕(湯)은 그 주인을 쫓
> 아냈고, 무왕(武王)은 주(紂)를 토벌했고, 문왕(文王)은 유리(羑里)에게
> 붙들렸다. 이 여섯 사람은 세상이 우러르는 자다. 이것을 깊이 논하자
> 면 모두 이(利)로써 진(眞)을 어지럽혀 굳이 그 정성(情性)에 반(反)했
> 다. 그 행위는 곧 심히 부끄러워해야 할 것이다.

라고 기록했다.

　공자 시대에 황제는 세상 사람들이 최고라고 생각하는 존재였지만, 그
래도 덕으로 치우를 다스리지 못했기에 탁록 들판에서 싸워 큰 피를 흘
리는 참사를 일으키지 않았는가, 하고 도척이 욕한 것이다. 그에 이어서
도척은 세상 사람들이 성인으로 받들고 있는 여섯 사람을 하나하나 부
정하고 모두 이욕 때문에 진정(眞情)이 어지러워져서 자신의 자연스러운
본성을 거스르게 된 것이라고 말했다. 그 말 중에 큰아들 단주(丹朱)를
죽인 요는 자비롭다고 할 수 없으며, 아버지를 추방한 순은 효자라고 할

수 없고, 우는 편고였으며, 은나라의 탕은 자신의 주군을 추방했고, 주나라의 무왕은 은나라의 주왕을 멸망시켰으며, 문왕은 갇힌 몸이 되었다는 말이다. 이 글의 문맥상 '우는 물고기였다'고 보는 것은 참으로 당돌하다. 편고는 역시 반신불수 상태를 말하는 것이리라. 우는 치수 공사에 지나치게 열중한 나머지 과로 때문에 결국 반신불수가 되었다고 한다. 그렇게 지나칠 정도로 일을 했으니, 자연스러운 본성을 거스른 것이라는 설명도 타당한 것 같다.

손발이 없는 물고기가 흐느적흐느적 헤엄치는 모습은 반신불수처럼 보이기도 하므로 물고기의 형상을 표현하는 데 적합하다. 하지만 편고는 곧 물고기라는 것은 설득력이 떨어진다.

미화된 성인 요와 순

요와 순도 이상적인 성인으로 만들어진 인물이라는 느낌이 든다.

요는 제위를 순에게 물려주었으며, 순은 우에게 물려주었다. 이것을 선양(禪讓)이라고 하는데, 정권교체의 가장 이상적인 모습으로 여겨져 왔다. 이상적인 모습은 완성이 됐지만 우 이후 제위는 세습되었으며, 그 이후 실질적인 선양은 한 번도 이루어지지 않았다. 억지로 선양을 강요한 적은 있었으나, 그것은 어디까지나 겉보기에 불과했다.

세습제도가 시작되었기 때문에 선양을 이상화할 필요가 생겼을 것이다.

세습은 사유재산이 늘어났기에 필요해진 것이다. 그 이전까지의 씨족 공동체 안에서의 생활은 사유재산에 의지할 필요가 없었다. 반파유적에서 볼 수 있는 것과 같이 거주지 중앙에 집회소가 있어서 대부분의 일을 거기서 해결할 수 있었다. 그다지 어려운 문제는 없었을 것이다. 홍수나 가뭄 등과 같은 자연재해와 다른 부족의 공격 외에는 문제다운 문제는 없었을 것이다.

제사를 주재하고 파종이나 수확 시기를 사람들에게 알리는 것이 제왕의 주요한 일이었다. 황제 신화에서 그 편린을 엿볼 수 있는데, 부족은 지역적으로 연합을 하게 되었고, 부족연합의 대수장이 제왕이라 불렸다. 그리고 각지의 수장이 바로 제후였다.

부족의 연합은 다른 부족과 전쟁할 때 강력한 군대를 만들기 위해 필요했을 뿐만 아니라, 대규모의 치수공사를 할 때도 역시 수많은 인력을 모을 필요가 있었기에 형성된 것이다.

대수장은 커다란 힘을 모을 수 있었으며 그것을 지휘할 수 있었다. 사유재산은 틀림없이 그런 힘을 가진 대수장 주변에서 생겨났을 것이다.

인간이 주요한 생산력이었던 시대였기 때문에 급격한 인구의 증가는 당연히 생산을 비약적으로 신장시켰다. 급격한 인구 증가의 예로는 전쟁에서의 승리에 의한 전쟁포로의 도입을 생각해볼 수 있다.

탁록 들판과 판천 들판에서의 대전쟁 이후, 치우에 속해 있던 구려의 백성 여럿이 포로가 되어 황제가 지배하는 부족연합에서 사역하게 되었다.

공통체 속에서의 생활 관습에 따라서 처음에는 전쟁포로도 공동체 전체의 공유물이 되었다. 그런데 전쟁에 의해서 획득한 것이기 때문에 공동체 속에서도 권리는 같을 수 없다는 생각이 생겨났다.

전쟁에 종군했던 사람과 그렇지 않았던 사람, 그리고 같이 종군했다 할지라도 눈부신 공적을 세운 사람과 그렇지 못한 사람 사이에서 포로에 대한 권리에 차이가 생겨났다. 그것은 곧 빈부의 차가 되었다.

드디어 공동체 속의 것은 특정한 누구의 것도 아닌 모두의 것이라는 생각이 무너지기 시작했다. 그것은 이전 형태의 공동체의 붕괴였다. 다시 말해서 새로운 시대가 시작된 것이라고 할 수 있다.

새로운 시대가 그렇게 간단하게 옛 시대를 대신할 수 있는 것은 아니다. 물론 서서히 그렇게 되었다. 현실은 진행을 하고 있지만, 의식이 그것을 따라가지 못한 경우가 적지 않았다. 그런 사람들이 현실을 인정하기 위해서, 그 대가로 옛 시대의 종언에 빛나는 무엇인가를 끼워 넣고 싶다고 생각했을지도 모른다. 그것이 인지상정이다.

요와 순은 그런 사람들에 의해서 매끈하게 다듬어졌다.

그와 같은 사람이란 반드시 당시의 사람들만을 가리키는 것은 아니다. 후세 사람들이 주역이었을지도 모른다.

그 시절에는 이러이러 했었는데, 그래서는 안 되는게 아닐까? 라며 역사를 되돌아보며 거부감을 느끼는 사람들도 많았을 것이다. 거부감을 잠재우기 위해서라도 세습제도 전에 이상적인 성인을 설정하고 정신적인 균형을 잡을 필요가 있었다.

의고파 학자였던 고힐강이 요순을 의심했던 것도 당연하다.

『시경(詩經)』 속에 요순의 이름은 전혀 언급되어 있지 않다.

『서경』에도 후대에 추가된 「요전(堯典)」, 「순전(舜典)」, 「고요모(皐陶謨)」는 당연히 제외되고, 다른 부분에서 요순의 이름은 한 번도 등장하지 않는다.

우리가 들을 수 있는 요순의 사적(事蹟)은 요가 곤(鯀)에게 명하여 치수를 맡게 했지만, 실패했기에 순이 우를 추천하여 훌륭하게 성공을 했

다는 것이다. 요는 순에게 선양을 했으니, 우는 두 사람의 신하가 되는
셈이다.

그 우는 『시경』과 『서경』 모두에 등장한다. 특히 『시경』에는 아홉 번이
나 등장하는데, 그가 요순의 신하였다는 얘기는 어디에서도 찾아볼 수
없다.

성인의 신하였고 그에 의해 천거되었다면, 그것은 우의 경력 중에서도
빛나는 부분일 것이다. 누구라도 상투적인 수식어처럼 그 사실을 말하고
싶어할 것이다. 그런데 우에 대해서 이야기할 때조차도 요순을 언급하지
않았으니, 더욱 이상하다고 할 수밖에 없다.

역사적 인물의 존재 이유

요와 순이 실재했던 성인이 아니라 후대에 만들어진 이상형이라 할지
라도 우리는 그것을 쉽게 지워 버리고 무시할 수는 없다. 왜냐하면 만들
어 낸 데에는 역사적 배경이 있으며, 고대인의 강한 뜻이 거기서 꿈틀거
리고 있기 때문이다.

요는 제곡(帝嚳)의 아들인 방훈(放勳)이니 유서 깊은 집안 출신이다.
『사기』에서는 '그 인(仁)이 하늘과 같고, 그 지(知)가 신과 같아 사람들이
그를 해처럼 따랐으며, 구름처럼 바랐고, 부유하면서도 교만하지 않았고,
존귀하면서도 타인을 얕보지 않았다'고 요를 칭송했다.

여러 가지 업적이 요의 것이라고 알려져 있지만, 그가 성인이라 불리
게 된 가장 커다란 사적(事績)은 적자(嫡子)인 단주가 있었음에도 불구하
고 그를 후계자로 지명하지 않았던 일이다.

요가 후계자 문제에 대해서 중신인 방제(放齊)에게 하문하자,

"적자인 단주 님이 개명(開明)하시기 때문에"라고 대답했다. 그러자 요는,

"안 된다. 그는 완흉(頑凶)해서 써서는 안 된다"며 물리쳤다. '완(頑)'은 덕의의 길을 따르지 않는 것이며, '흉(凶)'은 소송을 즐긴다는 뜻인 듯하다.

또 다른 중신인 환두(驩兜)는 공공을 추천했다. 공공은 자주 등장했던, 방황하는 신이다. 요는 공공의 인격에 문제가 있음을 들어 그 의견도 물리쳤다. 다음으로 중신인 사악(四嶽)이 곤을 추거했다. 곤은 요의 명령을 한 번 거스른 적이 있었기 때문에 요도 그다지 마음에 들지는 않았지만, 시험해보고 안 되겠으면 그때 그만두게 해도 늦지 않는다고 사악이 말하기에 시험 삼아 채용해 보았다. 그러나 9년이 지났는데도 치수의 실적은 오르지 않았다.

요가 재위한 지도 이미 70년이 지나 있었기 때문에 아무래도 후계자를 정해 두지 않을 수 없었다.

"귀척(貴戚, 임금의 인척이나 대신)이든 소원(疏遠)한 자든 은닉(隱匿, 은둔자)이든 상관없다. 모든 층에서 추천하기 바란다."고 했더니 그런 조건이라면, 하고 모든 사람들이 순을 추천했다고 한다. 같은 부족에 속해 있었겠지만 순은 결코 귀척이 아니었다.

아버지는 맹인이었고 거기다 '완(頑, 완고하고 욕심이 많은)', 어머니는 성의가 없고 잔소리가 심했으며, 동생은 오만했지만 순은 효심이 깊어 집안을 잘 아울렀다고 한다.

요가 시험 삼아서 자신의 두 딸을 순과 짝지어 줬더니 그녀들이 아내

의 도리를 다했기에 그가 보통 사람이 아니라는 사실을 알게 되었다. 3년 동안의 시험을 통과했기에 요는 순에게 정치를 맡기려 했지만, 순은 거절하고 즐거워하지 않았다. 그러나 마지막에는 그 청을 받아들였다.

요가 제위(帝位)에 있고, 순이 섭정을 할 때,

공공을 유릉(幽陵)으로 유배 보내 북적으로 바꾸고,
환두를 숭산(崇山)으로 추방해 남만으로 바꾸고,
삼묘를 삼위(三危)로 옮겨 서융으로 바꾸고,
곤을 우산(羽山)에 극(殛, 유패)하여 동이로 바꾸고,

라는 처분을 했다.

북적, 남만, 서융, 동이라는 중국의 '사이관(四夷觀)'이 여기에 나타나 있다.

만들어진 이야기라 할지라도 이것은 중요한 사실이다. 적, 만, 융, 이 등 중원에서 보면 변경에 있는 각 부족은 처음부터 변경에 있었던 것이 아니라 중원에서 추방되어 사방의 변경으로 가게 된 것이라 되어 있다. 이것은 요와 순의 실재, 비실재 문제와는 상관없이 유력한 각 부족이 중원 주변에서 멀리 떨어진 땅으로 옮겼다는 역사적 사실을 솔직하게 반영하고 있는 이야기다. 이 이야기가 언제 만들어진 것인지는 모르겠지만, 그 시대 사람들에게 있어서 이것은 상식이었다고 여겨진다.

그런데 성왕을 만들어 낼 필요가 있었다 하더라도, 한 사람이면 충분할텐데 어째서 요와 순 두 사람을 만들어 내야만 했을까? 성왕의 본존(本尊)은 어디까지나 순이고, 요는 순을 등장시키기 위해서 필요한 존재

였다고 생각된다.

씨족공동체시대에는 치수공사나 전쟁을 지휘할 수 있는 유능한 인물이 수장으로 뽑혔다. 사유재산제 시대로 들어서면서부터 수장은 당연히 세습되게 되었다. 세습제에서는 여러 가지 모순이 발생했고, 그럴 때마다 예전의 좋았던 시대를 떠올렸을 것이다.

덕이 있는 자, 즉 유능한 사람이 그룹을 지휘해야 한다는 생각은 세습제 시대로 접어든 후에도 틀림없이 밑바닥에 흐르고 있었다. 그 지하수는 특히 유교관계 사람들에 의해서 퍼 올려졌다.

유학자들이 요순을 만든 것은 아니다. 공자보다 전부터 요순은 이미 성왕으로 구전되고 있었다. 『논어』 속에서도 얼마 되지는 않지만 요순을 칭송하는 말을 여기저기서 볼 수 있다. 그러나 그것은 '위대하다……'라는 식의 칭찬의 말로 수식되어 있을 뿐, 구체적인 성업(盛業)에 대해서는 전혀 언급이 없다.

요순은 유학이 일어나기 전에 설화 속으로 들어갔지만, 그렇게 한 것은 유학적인 마음을 가진 사람들이었다.

정권은 사유화되어서는 안 된다.

그렇게 생각했던 사람들의 이상적인 성왕은 역시 적어도 두 사람이 필요했다.

유서있는 계보를 이었으면서도 계보를 무시하고 인물 중심으로 후계자를 선택한 성왕, 즉 요가 그중 한 사람이다.

또 다른 한 사람은 앞에서 이야기한 성왕으로부터 후계자로 선택된, 문벌은 없지만 주위의 기대에 걸맞게 훌륭한 업적을 쌓은 성왕, 즉 순이다.

요순은 쌍이 아니면 이야기가 완결되지 않는다.

아무리 이야기가 완결되었다 할지라도 만들어진 이야기이기 때문에 어딘가에 빈틈이 있기 마련이다. 그것은 오래전부터 지적되어 왔다.

『한비자(韓非子)』라는 전국 시대의 책을 출전으로 하는 '모순(矛盾)'이라는 말이 지금까지도 쓰이고 있다는 사실은 누구나 알고 있다. 이 말의 유래는 초나라의 무기상인이 창과 방패를 파는데 방패를 팔 때는,

이 방패는 견고해서 어떤 물건으로 찔러도 뚫을 수 없다.

고 말하고, 또 창을 팔 때는,

이 창은 날카로워서 어떤 물건이라도 뚫을 수 있다.

고 말하기에 한 사람이,

그럼 그 창으로 그 방패를 찌르면 어떻게 되지?

라고 묻자, 그 상인은 대답할 길이 없어 입을 다물어 버렸다고 한다.

그 익살스러운 이야기가 유명해져서 '모순'은 2천 수백 년이 지난 오늘날까지도 살아 있는 말로 쓰이고 있다. 그러나 『한비자』에 나오는 이 일화는 사실 곁가지에 불과했다.

한비자가 말하고 싶었던 것은 바로 요순이었다. 요와 순 모두 성왕이고, 앞에서 이야기한 것처럼 순은 요를 섬겼으며, 오랫동안 섭정을 맡았다.

요의 대신이었을 때 순은 농민들의 토지 분쟁, 어민들의 어장 분쟁 등

을 해결하고 장인들이 조악한 물건을 만드는 것을 바로잡았다고 한다.

당시 유학자들은 그런 이야기를 해서 덕치주의를 선전했다. 어떤 사람이 그런 말을 하는 유학자에게 물었다.

> "그때 요는 어디에 있었소?"
> "천자님으로 계셨다."

라고 유학자가 대답했다.

> 당신들은 요를 성스러운 천자라 말하고, 성스러운 천자가 위에 계시면 천하에 좋지 않은 일은 없다고들 말하오. 그런데 요 시대에 어째서 농민과 어민들이 싸움만을 일삼고, 뿐만 아니라 장인들이 조악한 물건을 만들었던 게요? 순이 성스러워서 덕으로 그것을 바로잡았다면, 요는 성스럽지 않았다는 말이 되오. 요가 성스러운 천자였다면, 순이 행한 덕화(德化)라는 것은 거짓이 되지 않소?

'어떤 사람'은 이런 말로 상대방을 꼼짝 못하게 만들었다.

한비자의 참뜻은 예로써 든 '창과 방패'에 있었던 것이 아니라, 유학자들이 공경하는 '요와 순'을 논파하려는 데 있었다.

민화같이 윤색된 전설

순의 이야기는 민화적이다. 아버지는 맹인이고, 어머니가 일찍 돌아가셨기 때문에 계모가 집안으로 들어왔는데, 이복동생과 함께 순을 괴롭

헸다. 그래도 순은 그들을 잘 섬겼고 그 때문에 유덕하다는 소문이 퍼져서 제왕의 두 딸을 아내로 맞이하게 되었다. 남성판 신데렐라 이야기라고 해도 좋을 것이다.

의붓자식을 괴롭히는 것은 고대부터 있었던 일로, 물론 괴롭힘을 받는 의붓자식에게 동정심이 쏠렸기 때문에 고통받았던 대가로 행복을 손에 넣게 된다는 이야기가 만들어졌다고 생각된다. 그와 같은 민간설화가 성왕 순을 만들어 낼 때에 도입된 것인지도 모른다.

순이 지붕에 올라가 일을 할 때 아버지가 밑에서 불을 질렀지만, 순은 두 손에 각각 삿갓 하나씩을 들고 새의 날개처럼 파닥여서 무사히 뛰어내렸다는 이야기가 있다. 아버지에게 우물을 파라는 명령을 받은 순은 위험을 예감하고 옆쪽에도 구멍을 팠는데, 아니나 다를까 아버지가 흙을 던져 넣어 그를 죽이려 했다. 순은 옆쪽 구멍에 숨었기 때문에 무사히 빠져나올 수 있었다는 이야기가 있다.

요와는 달리 순은, 황제족이기는 하지만 미천한 서민 출신이었다. 대수장 일족의 독점적인 세습제에 반대하는 데는 미천한 출신의 성자를 등장시키는 것이 가장 효과적이었을 것이다.

앞에서 이야기한 『장자』에 나오는 도척이 공자를 비난하는 대목 중에 '요는 자비롭지 못했고, 순은 불효'라는 말이 나온다. 그것에 대한 해석으로 요는 장남인 단주를 죽였고, 순은 아버지를 추방했기 때문이라고 되어 있다. 그러나 『사기』 등의 각종 문헌에 그와 같은 일은 기술되어 있지 않다.

요의 아들인 단주는 죽임을 당하지 않았으며 제후로 봉해졌다. 산서성 동남쪽에 고평현(高平縣)에 단주령(丹朱嶺)이 있는데, 그곳이 단주의 영지였다고 한다. 단주령 북쪽에 장자현(長子縣)이 있는데, 그 지명도 요의 장자가 제후로 봉해진 땅이라는 데서 온 것이라고 한다.

순은 아버지를 추방했다고 말했지만, 『사기』에 따르면, 그는 제위에 오른 뒤 천자기(天子旗)를 싣고 아버지인 고수(瞽叟)를 문안하러 찾아갔는데, 매우 공손했다고 기록되어 있다.

요순의 이야기를 유학자들과 같은 이상주의자들이 손을 대기 전, 아직 민화와 같은 분위기가 농후하게 남아 있었을 때는 아들을 죽였다거나, 아버지를 추방했다거나 하는 대목이 포함되어 있었는지도 모른다. 순박한 민화에서는, 그렇게 심하게 의붓자식을 괴롭힌 상대에게는 약간이나마 복수를 하는 장면을 생각하게 된다. 그렇지 않으면 듣는 사람이 승복하지 않을 테니.

『사기』의 요순 이야기는 두 사람의 성스러움에 손상을 주는 일화를 깎아 낸 뒤의 것이라 여겨진다.

『초사』의 〈천문〉에 순에 대해서 이야기한 것으로 다음과 같은 내용이 있다.

> 순은 슬픔에 잠겨 집에 있는데,
> 아버지는 어찌 홀로 두었는가.
> 요는 요(姚)에게 알리지 않고,
> 두 여자는 어찌 친하게 지내는가.

순은 계모, 이복형제의 괴롭힘을 받으며 집안에서 고립되어 슬퍼하고 있는데, 그 아버지는 어찌 그를 홀로 내버려 두었는가? 요는 두 딸을 순의 아내로 삼았는데, 그때 어째서 요(姚, 순의 성, 즉 순의 아버지)에게 그 사실을 알리지도 않았는가?

혼인을 할 때는 상대방 부모에게 그 사실을 알려야만 비로소 공인 되는 것이 전국 시대의 습관이었다. 태고에는 아직 그와 같은 가족제도가 확립되어 있지 않았기 때문에 결혼과 집안과의 관계가 느슨했던 게 아닐까? 전국 시대 사람인 굴원은 신화의 이 부분에 의문을 품었다. 맹자도 이 문제 때문에 고민했다. 왜냐하면 이것은 유가에서 성왕으로 우러르고 있는 요순에 관한 일이었기 때문이었다. 여러 가지로 생각한 끝에 맹자는 만약 요가 순의 아버지와 의논을 한다 해도 허락을 받지 못할 것이라는 사실을 알고 있었기 때문에 달리 방법이 없었던 것이라고 논했다.

순은 그 동생에게 복종했는데,
결국 그렇게 해를 가했다.
어찌 개, 돼지처럼 날뛰었는데,
그럼에도 그 몸에 위패(危敗)가 미치지 않았는가.

순은 이복동생에게까지 순종적이었지만, 동생은 그래도 해를 가했다. 동생이 개나 돼지처럼 비열한 짓을 마음껏 했는데도, 어떻게 해서 순은 해를 입지 않고 그 몸이 안전했을까?

〈천문〉은 묻기만 했을 뿐 답은 전혀 없으며, 그것은 읽는 사람에게 맡겨 두었다. 이 대목에 대한 답은 그다지 어렵지 않다. 두말할 나위도 없이 순이 지극히 성스러운 사람이었기 때문이다.

요가 두 딸을 순에게 시집보낼 때까지 순은 혼자였다고 〈천문〉에는 되어 있지만,『산해경』에 따르면, 순에게는 등비씨(登比氏)라는 아내가 있었고, 둘 사이에 두 딸이 있었다고 한다.

아버지에 대한 순의 자세와 또 아내 문제에 대해 서로 다른 이야기가 전해지는 것은 순이 원래부터 합성된 이야기의 주인공이었기 때문이다.

등비씨가 낳은 두 딸의 이름은 각각 소명(宵明)과 촉광(燭光)인데, 그녀들은 밤이 되면 빛을 발했다고 한다. 밤에 빛을 발하는 것은 달임에 틀림없다.

달의 아버지인 순은 태양이었다고도 생각할 수 있다. 그러고 보니 순의 아버지 고수(鼓瞍)는 장님이었는데, 이것은 암흑을 의미하는 것이라고 해석해도 좋을 것이다. 암흑에서 태양이 생기고 태양에서 달이 생긴다.

순의 이야기는 오제 중 한 명이자 황제의 증손자로 알려진 제곡(帝嚳)의 이야기와 비슷하다. 또『사기』에서는 이야기하지 않았지만,『산해경』에서는 이야기하고 있는 제준(帝俊)의 이야기와도 비슷하다. 제준의 아내 중 한 명의 이름이 아황(娥皇)인데, 그것은 순의 아내 중 한 명(요의 딸)의 이름과 완전히 일치한다. 제준의 자손 중에 공예에 뛰어난 의균(義均)이라는 사람이 있었다.『사기』에 따르면, 순의 부족한 아들 중에 상균(商均)이라는 사람이 있었다고 한다. 상(商)이라는 땅에 봉해졌기에 상균이라 불리게 되었지만 원래 이름은 의균(義均)이었다고 한다.

여러 계통의 이야기들을 끌어 모아 하나로 정리하려 하지만, 접착제가 약해지면 때로는 조각들이 흩어진다.

순은 스무 살에 효행으로 유명해지고, 서른 살에 요에 의해 등용되고, 쉰 살에 섭정이 되었다. 쉰여덟 살에 요가 죽고, 예순한 살 때 요를 대신해서 제위에 올랐다. 제위에 머물기를 39년, 남방 순찰을 하던 중 창오

(蒼梧) 들판에서 숨을 거둬 강남의 구의(九疑)에 묻혔다. 그것을 영릉(零陵)
이라 불렀다고 『사기』는 적고 있다.

그 지방은 악당이었던 순의 이복동생 상(象)이 봉해졌던 유비국(有庳
國)이었다고 전해진다.

현재 지명으로 말하자면 호남성 남부에 있으며, 광서성과 광동성 경
계 부근에 있는 영릉 지구다. 영릉 지구에 영원현(寧遠縣)이 있고 그 동남
쪽에 구의산(九疑山)이 있다. 아홉 봉우리가 있고 거기서 아홉 계곡이 흘
러나오는데, 사람들이 곧잘 길을 잃고 헤매기 때문에 구의산이라 불리게
되었다고 한다. 요즘 지도에는 '구의산(九嶷山)'이라고 되어 있다.

아홉 개의 봉우리 중에 순원봉(舜源峰)이라는 이름의 산이 있는데, 거
기서 나오는 계류는 순원수(舜源水)라 불리고 도현(道縣) 부근에서 소수
(瀟水)와 합류한다. 소수는 지금의 영릉현(零陵縣) 부근에서 상강(湘江)으
로 흘러들어 도도하게 동정호(洞庭湖)로 향한다.

순이 중원의 왕자(王者)였다고 한다면, 이것은 상당히 멀리까지 나간
셈이다. 지금 구의산 남쪽은 강화요족(江華瑤族) 자치현으로 소수민족의
거주지역이다. 5천 년 전에도 중원에서 쫓겨난 구려와 삼묘가 틀림없이
이 부분에 있었을 것이다.

순은 동이족 출신

순이 남쪽을 순수(巡狩)한 것은 어쩌면 군대를 이끌고 떠난 대원정이
었을 수도 있다. 또 순의 설화에 여러 부족의 이야기가 흡수되었는데, 그
중 남방의 것이 섞여 든 것이라고 생각해볼 수도 있다.

『산해경』에는 남방 황야에 위치한 질(戴)이라는 나라가 순의 후예라고 되어 있다. 일구지 않아도 먹을 것이 있고 짜지 않아도 입을 것이 있는 축복받은 땅으로 묘사되어 있다.

동이 사람이라 일컬어진 순은 남방과도 상당히 깊은 관계가 있다.

앙소 문화에서 나오는 힘으로는 기껏해야 중원만을 확보할 수 있었을 뿐, 황하 유역의 대수장이 장강을 넘어 멀리 창오까지 갔으리라고는 생각되지 않는다.

순이 제곡과 동일인물이라면 은의 시조가 되는 셈이다. 용산 문화를 거쳐 소둔 문화로 나아간 은이라면 상당히 넓은 지역을 영유, 복종시킬 만한 힘을 가지고 있었을 것이다. 그런 은이었으니, 시조 이야기를 만드는 데 그 속에 남방적인 요소가 가미되었다 해도 이상할 것은 없다.

순이 창오 들판에서 죽었다는 소식이 전해지자, 그의 두 아내는 서둘러 남쪽으로 향했다. 마음이 슬픔으로 가득해서 무엇을 보든 눈물이 흘러내렸다.

호남에는 대나무 숲이 많아 죽세공이 그 지방의 명산품이다. 그중에 얼룩무늬로 된 것이 있어 반죽(斑竹)이라 불리는데, 그것은 그녀들의 눈물자국이라는 말이 전해진다.

그녀들은 상강까지 와서 물에 빠져 죽었다. 너무나도 커다란 슬픔 때문에 몸을 던졌다고도 하고 배가 뒤집혔다고도 한다. 언니인 아황을 상군(湘君), 동생인 여영(女英)을 상부인(湘夫人)이라고 부르며, 굴원의 〈구가(九歌)〉 속에 무당이 그녀들의 영을 불러내 응수하는 장면이 노래로 묘사되어 있다.

동정의 서쪽을 보면 초강이 나뉘고,

물이 다한 곳, 남천에 구름 한 점 없네.

해는 떨어져 장사(長沙)에 가을빛 깊고,

모르겠구나, 어디서 상군의 명복을 빌어야 할지.

이것은 당나라의 이백(李白, 701~762)이 동정호에서 노닐 적에 지은 칠언절구로 『당시선(唐詩選)』에도 실려 있기에 우리 독자들에게도 친숙한 시다. 예로부터 문인묵객은 호남에서 노닐 때면 순의 두 아내를 그리곤 했다. 그 지방에서는 두 여성을 수신으로 모셔 제사를 지내고 있다.

전설상의 인물이라고는 하지만 중원의 대수장이 장강 남쪽까지 갔다고 하니, 중국 대륙을 무대로 한 문화의 혼합은 태곳적부터 활발했었음을 알 수 있다.

남방 주민인 삼묘와 구려도 원래는 중원 주변에 있었다. 그들이 주인공이 되어 만들어 낸 남방의 문화가 중원의 그것과 완전히 이질적인 것이었을 리는 없다.

신석기시대의 유적이 장강 유역 곳곳에서도 발굴되고 있다.

일례로 호북성의 '굴가령(屈家嶺) 문화'를 들 수 있다. 장강 유역이라고 했지만 그 지류인 한수(漢水) 유역으로, 무당산(武當山), 형산(荊山), 대별산(大別山) 등으로 둘러싸인 지역에서 신석기시대의 유적이 차례차례로 발견되었다. 하남성과 섬서성의 경계에 가까운 곳이라는 점으로 봐서, 그것은 당연히 앙소문화의 지역적 발전이라고 보아야 한다.

굴가령 문화의 가장 커다란 특징은 벼농사의 흔적이 있다는 점이다. 토기에도 특징이 있다. 지름이 0.9미터인 냄비, 다리의 높이가 0.4미터인

세발솥, 아가리의 지름이 0.5미터 이상인 항아리 등이 있는데, 두께가 1밀리미터에서 2밀리미터 정도로 얇다.

강소성 회안(淮安)의 청련강(靑蓮崗)유적은 앙소와 용산이 혼합된 문화를 보이기에 청련강 문화라 불리고 있다. 남경시(南京市)의 북음양영(北陰陽營), 묘산(廟山) 등 몇몇 지역에서 청련강 문화의 유적이 발굴되었다. 토기 주발의 모양, 점토(粘土) 물뿌리기, 채색기술 등은 앙소문화와 비슷하지만, 용산문화와 비슷한 것도 있다.

절강성 양저진(良渚鎭)에서 발굴된 유적은 양저 문화라 불리고 있다. 위치적으로 청련강 문화와의 관계가 밀접한 듯하다. 또 토기는 산동성 용산 문화와 유사점이 많은 것으로 알려져 있다.

사천성 무산(巫山) 대계진(大溪鎭) 유적의 것은 대계 문화라고 불리는데, 호북성 의창(宜昌)의 양가만(楊家彎)에서도 같은 유형의 유적이 발견되었다. 그러나 발굴된 것이 아직 적기 때문에 대계문화에 대한 연구는 지금부터가 시작이라고 한다.

장강 유역의 각 문화 중에서 가장 중요한 것은 벼농사라는 점이다. 제대로 된 논에서 재배했는지는 알 수 없지만 그 지방에서 기원전 2000년경부터 벼농사를 지었다면, 일본의 논농사 루트는 여기서 찾는 것이 자연스럽다.

앤더슨이 앙소촌의 유적을 발굴할 때, 토기 조각에서 쌀겨 흔적을 발견했다는 사실은 잘 알려진 이야기다. 이것은 스톡홀름의 전문 식물학자인 에드먼과 세델베르크가 확인했으므로 틀림없을 것이다.

지금까지 벼의 기원지로는 동인도의 저습지대가 가장 유력한 후보지였다. 『베다』의 찬가 속에 벼가 언급되어 있으니, 상당히 오래전부터 인도에 이 식물이 있었다고 볼 수 있다. 『베다』는 기원전 1500년 무렵에 성립되었다. 그러나 앙소는 그것보다도 전이다.

그런데 쌀겨가 발견된 앙소 부근은 벼농사가 불가능한 땅이라는 점이 문제가 되었다. 앤더슨은, 지금은 벼농사에 적합하지 않지만 4, 5천 년 전에는 그렇지 않았다고 해석했다.

인도 동부 이외에도 아삼에서 운남에 걸친 지역을 기원지로 보는 학자도 있다.

청련강 문화와 양주 문화의 방사성탄소 측정치는 4,700년에서 5,700년에 걸친 숫자를 나타낸다. 아삼, 운남에서 사천으로 들어갔을지도 모르지만, 옛날부터 중국에서 야생했을 가능성도 있다.

기원지야 어찌됐든 벼농사가 중국의 강남 지방에서 일본으로 전해진 사실에는 의심의 여지가 없다.

벼농사와 동시에 그에 따른 생활양식과 습관 등도 당연히 전해졌을 것이다.

왕조의 시작

중국의 개혁모델이 된 '대동의 세상'

삼황오제의 시대는 끝났다. 일본에서는 아직 조몬(繩文) 문화도 시작되지 않았을 시기다.

문헌에서 볼 수 있는 각 성왕들이 실존 인물인가 아닌가 하는 것과는 상관없이 삼황오제 시대는 씨족공동체의 태평성대였다. 수장이 되었다고 해서 특별히 개인적인 실리는 없었다. 모두를 위해서 허리가 부러지도록 일을 해야 했기 때문에 굳이 말하자면 득이 없는 자리였다. 따라서 수장의 지위를 쟁탈하는 일은 없었으며, 모두에 의해 추천된 사람에게 억지로 떠넘기는 형국이 되었다. 후세에서 보자면 유토피아라고 할 수 있을 것이다.

그런데 드디어 분배의 격차가 생기기 시작했다. 예를 들어서 전쟁 포로를 노동력으로 사용하게 되자, 전쟁의 지휘자나 전공을 세운 사람이 당연히 더 많은 몫을 차지하게 되었다. 말할 나위도 없이 대수장의 몫이 가장 많았다. 씨족공동체의 기초가 붕괴되고 세습시대로 들어가게 되었다.

물론 단번에 그렇게 된 것은 아니다. 서서히 그쪽을 향해서 나아간 것이기 때문에 앙소기(仰韶期)의 유적에서까지도 미미하게나마 빈부의 격차를 볼 수 있다. 그것은 무덤의 규모나 부장품의 많고 적음으로도 나타났다.

후세의 중국인들, 특히 유학자들은 유토피아 시대를 목표로 삼아야 할 상태로 보고, 그것을 '대동(大同)'이라고 불렀다. 대도(大道)가 행해졌던 차별 없는 평화로운 시대를 뜻한다.

중국에서 개혁을 목표로 삼은 사람들은 그 모델을 언제나 과거에서 찾았다. 복고는 곧 개혁이라는 사상이 정치뿐만 아니라 예술 분야에서도 당연한 것으로 여겨져 왔다.

청나라 말기의 개량주의자인 강유위(康有爲, 1856~1927)는 『대동서(大同書)』를 저술했는데, 그것은 점진적으로 태곳적 대동의 세계로 돌아갈 것을 주장한 책이다. 대동이 어떤 시대였는지 『예기』의 「예운편(禮運篇)」에 나타나 있다.

> 대도가 행해지면 천하를 공(公)으로 삼고, 현(賢)을 뽑고, 능(能)을 존중하고, 신(信)을 익히고, 목(睦)을 닦는다. 오직 자신의 부모만을 부모라 하지 않고, 오직 자신의 자식만을 자식이라 하지 않는다. 노(老)에게는 마칠 곳이 있고, 장(壯)에게는 쓰일 곳이 있고, 유(幼)에게는 자랄 곳이 있고, 긍과고독폐질(矜寡孤獨廢疾)인 자를 모두가 돌보는

곳이 있다. 남자에게는 분(分)이 있고, 여자에게는 귀(歸)가 있다. 화(貨)는 그것을 땅에 버리기를 싫어하지만, 반드시 자신이 저장하는 것은 아니다. 힘을 그 몸에서 내지 않는 것을 미워하지만 반드시 자신을 위해서 하는 것은 아니다. 이런 연고로 모(謀)는 갇혀서 일어나지 않고, 도절난적(盜竊亂賊)은 더욱 일어나지 않는다. 따라서 대문을 잠그지 않으니 이를 대동이라 한다.

세습이 시작된 하(夏) 이전이 대동의 세상이다. 이것을 설명해보면, 대도가 행해지면 '천하위공(天下爲公)'이 된다는 것이다. 천하를 공의 것이라 보고 사유화하지 않는다. 현자를 뽑고, 유능한 사람을 존중하여 쓰고, 신을 익히고, 서로 화목하게 지낸다. 따라서 사람들은 자신의 부모만을 부모라 여기는 것이 아니다. 누구나 노인을 대할 때는 자신의 부모처럼 섬긴다. 그리고 자신의 자식만 귀여워하는 것이 아니라 모든 아이들을 자신의 자식처럼 사랑한다. 노인에게 편히 눈 감을 수 있게 하고, 장년에게는 그 힘을 충분히 발휘할 수 있도록 하고, 궁(나이 들고 아내 없는 자), 과(나이 들고 남편 없는 자), 고(어리고 부모 없는 자), 독(나이 들고 자식 없는 자), 폐질(장애자) 등은 모두가 돌보게 된다. 남자에게는 직분이 있고, 여자에게는 시집갈 수 있게 한다. 재화를 버리는 것을 좋지 않게 여기지만 반드시 자신의 것으로 삼는 것은 아니다. 그것은 사회의 공유 재산이다. 힘을 충분히 발휘하지 못하는 것을 좋지 않게 여기지만 그것도 자신을 위해서 하는 것이 아니다. 따라서 모략 같은 것은 당연히 일어날 리가 없고, 물건을 훔치는 자도 없다. 그렇기 때문에 문을 잠글 필요도 없는 것이다. 이것이 대동의 세상이다.

손문은 휘호를 부탁받으면 곧잘,

　　천하위공

이라고 썼다. 말할 나위도 없이 혁명의 목표가 『예기』에서 말한 대동의 세계라는 사실을 의식하고 있었던 것이다.

　　전설상의 삼황오제 시대가 대동의 세상에 해당하고, 그 이후는 『예기』에서 말하는 소강(小康)의 세상이다. 우(禹), 탕(湯, 은의 시조), 주의 문왕, 무왕, 성왕, 주공 등 여섯 명 역시 성인이기는 하지만 소강의 세상의 성인이다.

　　소강의 세상에서는 더 이상 대도가 행해지지 않는다. 원시적인 씨족 공동체는 전부 해체되었다. '천하위공'이 이제는,

　　천하위가(天下爲家)

가 되었다. 천하는 공이 아니라 집안의 것이 된다. 대수장은 세습되기 때문에 그 집안이 대대로 천하를 독점하게 된 것이다. 자신의 부모만을 특별히 극진하게 섬기고 자신의 자식만을 특별히 귀여워하게 된다. 노인과 어린이에게 친절하기는 하지만 자신의 부모, 자신의 자식에게 하듯 하지는 않는다.

　　세급(世及)

이라고 한다. '세(世)'는 부모로부터 자식에게 전해지는 것, '급(及)'은 형에게서 동생에게로 전해지는 것을 말한다. 세급이 일반적인 것이 되면 지켜야 할 재산이 생기기 때문에 아무래도 성곽이나 구지(溝池, 호)를 만들어 굳게 지키지 않으면 안 된다.

　　예교(禮敎)와 법률이 필요해지게 된다. 가족제도, 계급제도가 정해지고 경계라는 것이 필요해지게 된다.

노력하는 것은 개인의 이익을 위해서이고, 지모를 짜낼 필요도 있으며, 전쟁도 할 수밖에 없다.

홍수 신화의 승리자 우

세습 왕조인 '하(夏)'의 시조는 우(禹)다.

『사기』의 「하본기」에 따르면, 우에게 세습 왕조를 세울 의사는 없었다고 한다. 자신을 보좌해준 익(益)이라는 사람에게 천하를 물려주었다. 그러나 우가 죽고 삼년상이 끝나자, 익은 제위를 우의 아들인 계(啓)에게 양보하고 기산(箕山)에서 은거했다고 되어 있다. 계는 현인(賢人)이었기에 천하의 인망을 얻었다고 한다.

뜻밖의 행운이 찾아오듯 세습을 한 것이 아니라 계 자신이 현명하고 유능했기에 실력으로 제위에 오른 형국이다.

우는 성자이기 때문에 대동의 세계를 소강의 세계로 만든 장본인이 되어서는 안 된다. 그도 선양의 전통을 지킨 사람이 되어야 할 필요가 있었다.

실제로 '하의 우'라는 호칭은 없었다. 계는 하의 계, 혹은 하후(夏后)라 불렸지만 우는 제우(帝禹) 또는 대우(大禹)라고 불렸을 뿐이다. 우가 하 왕조와 연관 지어진 것은 전국 시대 이후의 일이다. 의고파 사가 중에는, 우는 하와 관계가 없다고 주장하는 사람도 있다.

우가 빛을 발하고 있는 것은 왕조의 시조로서가 아니라, 치수에 성공하여 만민의 고통을 없앤 공적 때문이다. 홍수 신화의 주인공으로서, 우는 참으로 특이한 존재라고 할 수 있다.

홍수 신화는 세계 어디에나 있다. 노아의 방주는 가장 널리 알려진 얘기이다. 중국에도 묘족의 것으로 보이는 복희와 여왜의 홍수신화가 있다. 그중에서도 우가 특이하다고 한 것은 단지 홍수가 일어나 방주를 타거나 표주박을 타고 도망갔다는 이야기가 아니기 때문이다. 그 홍수를 다스린 것이다.

제우스의 형제인 포세이돈은 그리스 신화의 해신인데, 에노시키톤이라는 이름도 가지고 있다. 그것은 대지를 흔드는 자라는 뜻이다. 지진을 일으키면 대지에 균열이 생긴다. 그것이 배수구가 되어 홍수를 다스리게 되는 것이다. 우는 하천의 길을 열어 물을 이끌었으니, 포세이돈식 배수 신화와 비슷하다. 어쨌든 자연의 폭위에 대해 어찌할 바를 몰랐던 태고에, 인간의 힘으로 자연을 개조했다는 점에서 극히 인간주의적인 신화라고 할 수 있다.

우는 요로부터 치수를 명령받았지만 9년이 지나도록 성공하지 못했던 곤의 아들이다. 아버지 곤은 그것의 실패 때문에 우산(羽山)으로 밀려나고 말았다.

순은 우에게 치수를 명령했다. 우의 입장에서 보자면 그 사업은 아버지를 위한 복수전이기도 했다. 『사기』에 따르면,

> 몸을 지치게 하고 애를 끓이며 밖에서 보내기를 13년, 집의 문을 지나면서도 굳이 들어가지 않았다.

며 분투를 거듭한 끝에 결국 치수에 성공했다고 한다.

곤이 치수에 실패한 것은 무능했기 때문이 아닌 것 같다. 『산해경』이

나 굴원의 시 등에 나오는 곤은 용감하고 강직한 인물처럼 보인다.

굴원은 초나라 회왕(懷王)이 자신을 멀리했기에 불우한 운명을 한탄했는데, 그것은 그의 성격이 결벽, 강직했기 때문이었다. 자기 자신에 대해 노래한 〈이소〉에 다음과 같은 구절이 있다.

> 여수(女嬃)의 선원(嬋媛),
> 신신(申申)히 나를 타박하네.
> 말하기를 곤(鯀)은 행직(婞直)함으로 몸을 망쳐,
> 결국 우(羽) 들판에서 요절했다.

여수는 굴원의 여동생이다. 선원은 걱정하는 것을 말한다. 신신은 거듭 되풀이해서 말하는 것을 뜻한다. 굴원의 여동생이 걱정이 돼서 견디지 못하고 되풀이해서 굴원을 책망한 말은 다음과 같다.

> 곤(鯀, 곤(鯀)을 말함)은 행직했기 때문에 몸을 망쳐 결국 우산 들판
> 에서 요절하지 않았는가?

여동생의 말은 이후로도 계속되지만 이것으로 전국 시대에는, 곤이 강직해서 주군인 요와 타협하지 못했기 때문에 살해당한 것이라 생각했다는 사실을 알 수 있다.

『산해경』에 나오는 곤은 신의 불을 훔친 프로메테우스와 비슷한 점이 있다. 곤도 상제(上帝)가 소중히 여기는 물건을 훔쳤다. 프로메테우스는 인간에게 불을 가져다주었는데, 곤도 인간을 위해서 상제의 보물을 사용

하려 했다.

그 보물이란 '식양(息壤)'이라 불리던 물건이다. 그것은 한 줌의 흙인데 점점 불어나서 순식간에 산이 되고, 제방 등을 만들어 주는 것이다.

곤은 상제에게서 그것을 훔쳐 치수공사에 사용했다. 그러나 상제가 그 사실을 알아채고 만다. 식양을 빼앗겨 치수공사는 도로아미타불이 되고 세계는 다시 커다란 홍수에 시달리게 되었다. 프로메테우스가 코카서스의 산에 묶인 것처럼 곤은 우산에 갇혀 버리게 됐다. 프로메테우스는 헤라클레스의 도움으로 구출되지만, 가엾은 곤은 우산에서 목숨을 잃고 만다.

> 제는 축융으로 하여금 우교(羽郊)에서 곤을 죽이게 했다.

라고 묘사되어 있다.

축융은 방황하는 신으로 촉룡을 가리키는 것 같다는 사실은 앞에서도 이야기했다. 『회남자』에,

> 촉룡은 안문(雁門)의 북쪽에 있었는데 위우(委羽)의 산에 가려서
> 해를 보지 못했다. 그 신은 인면용신(人面龍神)으로 다리가 없었다.

라고 적혀 있다. 위우의 산이란 우산을 말한다. 곤은 우산에 유폐되었는데, 축융은 그곳의 토지신이었다.

곤은 죽었지만 3년이 지나도 시체는 썩지 않았다. 상제가 이를 두려워하여 보도(寶刀)로 그 시체를 잘랐더니 우가 태어났다는 전설이 있다. 황

룡(黃龍)으로 변했다고도 한다. 『국어』의 「진어(晉語)」에는,

변해서 황웅(黃熊)이 되어 우연(羽淵)으로 들어갔다.

고 기록되어 있는데, 이것은 '웅(熊)'이 아니라 '내(能)'라고 읽어야 하는 수
생동물이라고 주석을 달아 놓았다.

곤의 실패, 순의 성공

　대수장의 명령으로 치수공사를 시작했지만 실패한 인물이 있었다는
사실을 상상해볼 수 있다. 그 사람은 실패의 책임을 지고 처벌을 받았지
만, 사람들로부터는 동정을 받았을지도 모른다.

　『사기』에는 9년 걸려서도 공용(功用)을 거두지 못했다거나 물을 다스
리는 일은 잘해야 본전이라고 기록되어 있는데, 곤으로서도 최선을 다해
서 한 일이었을 것이다.

　상제의 소중한 보물인 식양을 훔쳤다는 것은, 오로지 흙을 쌓아서 제
방을 만드는 일에만 열중했다는 사실을 나타내는 것일지도 모른다. 제방
을 높이 쌓기만 해서는 수위도 그만큼 높아지기 때문에 일단 제방이 터
지면 재해는 한층 더 커진다. 그것이 상제의 분노라는 설화를 낳은 것이
라고 볼 수도 있다.

　전국 시대의 굴원 역시 곤에 대해서 동정적이었다는 사실을 앞에서
인용한 〈이소〉를 통해서도 알 수 있다. 굴원은 곤 역시 자신과 비슷해서
강직한 성격이라고 생각했기에 친근감을 갖게 된 것인 듯하다. 〈천문〉에

도 그와 같은 마음이 반영되어 있다.

> 홍(鴻, 홍수)을 다스릴 능력이 없었다면,
> 사(師, 사람들)는 어찌 그를 높였겠는가.
> 모두 말하기를, 걱정할 것 없다고,
> 어찌 시험해보지 않고 그것을 행했는가.

곤에게 홍수를 다스릴 능력이 없었다면 군신들이 어찌 그를 추천했겠는가? 모두가 그에게 맡기면 걱정할 것 없다고 말했으니, 그가 실패한 데에는 군신들의 책임도 있다고 변호하고 있다. 그리고 요는 시험도 해보지 않고 곤을 임명했으니 요에게도 책임이 있지 않은가? 이렇게 지극히 성스러운 자라 불리는 요까지도 은근히 비난하고 있다.

> 치구(鴟龜)가 물고 돌아다니는데,
> 곤은 어찌 들었는가.
> 순(順)에 따라 공을 이루려 했건만,
> 제는 어찌 처형했는가.

'치구예함(鴟龜曳衘)'이라는 네 글자가 예로부터 문제가 되어 여러 가지로 해석되어 왔다. 치는 올빼미 종류를 말한다. 올빼미와 거북이가 물고 돌아다닌다는 사실은 알 수 있지만, 그것이 무엇을 의미하는 것인지에 대해서는 의견이 분분하다. 치수에 실패해 처형당한 곤을 치구가 함부로 뜯어먹는데도 곤은 어찌 그것을 내버려 두었는가, 라고 해석해야 한다는 설도 있다. 주희(朱熹)의 설에 따르면, 치구가 도면을 그리듯 이끈 것을 곤이 그대로 했기 때문에 실패한 것이라고 한다.

곤은 순서에 따라서 단계적으로 치수를 완성하려 했는데, 요는 어찌 도중에 처형했는가? 그대로 공사를 계속했다면 성공했을지도 모르지 않는가? 굴원은 여기서도 요를 비난했다.

> 오래 머물게 해 우산에 있었다.
> 그것을 어찌 3년 동안 행하지 않았는가.
> 백우(伯禹)는 곤에 복(腹)했는데,
> 그것은 무엇으로 인해 변화했는가.

우산에 오래도록 구류시켜 놓고 어찌 3년 동안이나 형을 집행하지 않았는가? 『산해경』의 주석에 죽은 뒤에 3년 동안 썩지 않았다고 되어 있는데, 곤의 처형에 대해서도 여러 가지 전설이 있었던 모양이다. 그동안 우는 곤의 뱃속에 있었는데 어떻게 아버지와 달리 성자가 되었을까?

복〔腹, 혹은 팍(愎)〕은 낳는다는 의미이기 때문에 원문의,

백우복곤(伯禹腹鯀)

은 우가 곤을 낳았다는 말이다. 복을 '뱃속에 품다'라고 보는 것은 억지스러운 해석이다. 문일다(聞一多)의 『초사교보(楚辭校補)』에 이는 우와 곤이 뒤바뀐 것으로 사실은,

백곤복우(伯鯀腹禹, 백곤, 우를 낳다.)

가 옳다고 적혀 있다.

모아서 전서(前緖, 유업)에 임해,

드디어 고(考, 아버지)의 공을 이루었다.

어찌 처음에 이어 업을 물려받았는데,

그 계획이 같지 않았는가.

우는 아버지가 이루지 못한 사업을 모아 성취해 결국 아버지의 공을 이루었다. 같은 일을 이어받았는데도 어째서 누구는 성공을 하고 누구는 실패를 했을까? 계획이 다르기라도 했다는 것일까?

곤이 처벌을 받지 않고 그대로 일을 계속했더라면 성공할 수 있었을까? 굴원은 그 점을 이야기하고 싶었던 것일지도 모른다.

곤은 물고기 어(魚) 변이 붙어 있으니 틀림없이 물고기 모양의 신이었을 것이다. 거기에서 태어난 우는 그 이름에 벌레 충(虫)이 있는 것으로 봐서 뱀의 몸이나 용의 몸을 한 신이었다고 생각된다.

곤에게서 우로의 계승은 어딘지 부자연스러운 느낌이 든다. 굴원도 '부하이변화(夫何以變化, 어째서 그는 변화했는가?)'라며 의문을 제기했다.

우는 대우(大禹)라 불린 대성인(大聖人)이자, 하 왕조의 시조라는 화려한 존재다. 곤은 치수에 실패한 죄 때문에 살해된 신이었다. 조금만 더 시켰으면 성공했을지도 모르는데 순의 진언으로 처분된 것이다. 순은 요의 후계자가 되었다. 만약 곤이 치수에 성공했다면, 그가 요의 자리를 이었을지도 모른다. 나쁘게 말하자면 곤은 라이벌인 순의 모함에 빠져 버린 것이라는 의심을 품어 볼 수도 있다. 어쨌든 곤은 비운의 신이었다. 동정을 보낸 사람들도 적지 않았을 것이다. 우산에서 살해된 것으로 끝나 버리면 너무 가엾다. 그래서 빛나는 대우와 그에 이은 하 왕조를, 비극의 곤과 결부시켜 조금이나마 보상을 해주고 싶다고 누군가가 생각해낸 것이 아닐까?

곤은 신화 속의 패배자다. 패배자의 목소리는 지워지는 일이 많다. 그러나 그 목소리는 같은 비운에 처한 사람, 예를 들자면 굴원에게는 잘 들렸다. 굴원은 그를 위해서 그 목소리를 크게 하려 했던 것임에 틀림없다.

굴원의 시를 길게 인용해서 설명한 것은 태고사 속의 패배자의 목소리를 들어보고 싶었기 때문이다.

삼재 사상에 꿰맞춰진 성인들

우는 홍수신임과 동시에 창세신적인 면도 가지고 있다. 많은 것들을 그가 시작한 것으로 되어 있다. 그런데 주목해야 할 것은 예를 들어서 수레나 술이나 우물 등의 기술을 그 자신이 시작한 것이 아니라 그의 시대에 신하 중 누군가가 고안했다고 되어 있는 점이다. 수레는 해중(奚仲), 우물을 파는 것은 익(益), 술은 의적(儀狄)이 각각 그것을 실제로 만들어 낸 사람이라는 것이다.

분업의 관념이 신화 속에 들어갔을 것이다.

우물을 파는 것은 순의 설화에도 나오는데, 그것이 보급되면 거주지에 대한 제한이 큰 폭으로 완화된다. 강가 가까이에서밖에 살 수 없었는데, 거기서 떨어진 곳에서도 살 수 있게 되었으므로 주거(住居)라는 면에서 커다란 혁신이라 할 수 있다. 수레는 인간의 노력을 몇 배나 더 효율적으로 사용할 수 있게 한, 참으로 획기적인 기계화였다. 우가 구정(九鼎)을 주조했다는 설화도 인간이 금속을 이용하는 방법을 알게 되었다는 사실을 말해준다. 이와 같은 사실은 생산력의 비약적인 발전을 반영하고 있다. 분업이라는 관념도 필요성에 의해서 태어났을 것이다.

예전의 씨족공동체로는 유지를 해 나갈 수 없게 되었다. '천하위공'이 '천하위가'가 된 것도 자연스러운 이행이었다.

조금 전에 순과 곤이 라이벌 관계에 있었기에 모략이 있었던 게 아닐까 하는 억측과도 같은 생각을 말한 적이 있다. 만약 추측대로라면 대수장이라는 자리가 쟁탈의 대상이 될 정도로 가치 있는 자리가 되었다고 보아야 한다.

우는 요·순과 함께 유가의 성왕이다. 동시에 근대의 사가들에 의해서 이 세 성왕은 실재하지 않았던 환상의 성왕이라고 단정하기도 한다. 일본의 역사학자 시라토리 구라키치(白鳥庫吉, 1865~1942)는, 세 성왕의 전설은 삼재(三才) 사상이 가미된 것이라는 사실을 논증하고, 그에 의해서 만들어진 것이라고 결론을 내렸다. 삼재 사상이란 천·지·인 삼항(三項)을 세우고, 모든 것을 각각의 속성에 따라서 그 세 개 중 어딘가에 대입시키려는 사상이다. '재(才)'는 '작용'을 의미한다.

요의 주요한 사적은 백성에게 시간을 준 것, 천문의 관측이었다. 순은 부모에게는 효, 동생에게는 애, 아내는 그에게 정절을 지켰다. 주군인 요를 섬길 때는 현명한 사람들을 모아 적재적소에 등용하고 실패한 사람을 처분했다. 순의 주요한 사적은 인사(人事)와 관련이 있었다. 우는 말할 것도 없이 치수가 가장 큰 업적이었다. 준(準, 수평을 재는 도구), 승(繩, 직선을 재는 도구)을 왼손에, 규(規, 컴퍼스), 구(矩, 각도를 재는 자)를 오른손에 들고 분투를 거듭하다 결국 반신불수가 됐을 정도였다. 구주를 개척하고, 천하를 둘러보고, 구산(九山)을 다스리고, 구천(九川)을 끌어들인 것과 같이 그는 어디까지나 '지(地)'의 일에 일관했다.

틀림없이 세 왕은 천·지·인, 삼재에 부합된다. 삼재 사상에 바탕을 두고 만들어진 허상이라고 볼 수도 있다. 시라토리 구라키치의 설은 한학자인 하야시 다이스케(林泰輔, 1854~1922) 등이 반론을 제기하여, 1910년 전후에 학계에서 활발하게 논쟁되었다. 시라토리 박사의 중국고대사 비판은 세 왕을 부정한 것에 그치지 않았다. 하와 은의 역사라고 오늘날까지 기록으로 전해지는 것은 모두 만들어진 이야기에 불과하기 때문에 그것을 실제 역사라고 인정할 수는 없다고 단언했다.

은의 역사를 만들어진 것으로 보고 은 왕조의 실재를 의심하는 것이 당시에는 주류를 이루고 있었다. 그런데 은 시대의 유적에서 복편(卜片)이 출토되어 자주 발굴을 하게 되었는데, 1932년에서 1934년 사이에 행해졌던 발굴에서는 은의 궁묘(宮廟)와 능묘(陵墓)도 발견되었다. 대량으로 출토된 갑골문자에 의해서 그것이 기록으로 전해진 것─예를 들어서 사마천의 『사기』의 「은본기」에 기록되어 있는 것과 일치한다는 사실이 밝혀졌다. 갑골문자에 대해서 하야시 다이스케는 당장 달려들어 연구를 시작했으나, 시라토리 구라키치는 그다지 강한 관심을 보이지 않았다는 점이 흥미로운 반응이라고 할 수 있다.

이렇게 해서 은 왕조가 실재했었다는 점은 증명이 되었지만, 하 왕조는 아직 확인되지 않았다. 왕도(王都)나 왕릉으로 보이는 것이 아직 발견되지 않았다. 뒷받침해줄 만한 것이 없기 때문에 그 실재를 증명할 수가 없다. 하지만 그와 동시에 하 왕조가 존재하지 않았다는 사실도 증명할 수가 없다.

시기적으로 보면 용산 문화가 하 왕조 시대의 것에 해당한다.

1930년부터 그 이듬해에 걸쳐서 산동성 역산현(歷山縣) 용산진(龍山鎭)에서 발굴된 신석기시대 말기의 유적은 학계에 커다란 충격을 주었다.

출토된 토기의 특징에 따라서 앙소 문화가 채도 문화라고 불리고 있는 것처럼 용산 문화는 흑도 문화라고 불리는 경우가 있는데, 학문적으로는 그다지 적절한 명칭이라 할 수 없다고 한다. 용산의 흑도 중에는 그릇의 표면 전체가 검은 빛을 띠고 표면이 연마되어 아름답게 빛나는 것이 있다. 갈색 등을 띤 조제(粗製) 토기도 있지만, 그것은 일상생활에서 쓰인 것이고 검게 빛나는 것은 특별한 날에 썼던 것이라고 추측된다. 앙소의 토기는 돌림판을 사용하지 않았지만 용산의 것은 돌림판을 사용했다. 상당히 높은 기술인데, 토기를 굽는 데 필요한 산화와 환원의 원리도 알고 있었던 것으로 보인다.

앙소의 채도는 물고기 등의 무늬를 그릇의 표면에 많이 그려 넣었지만 용산의 흑도를 제작한 사람들은 표면의 장식에는 그다지 관심이 없었다. 그들은 오로지 안정되고 아름다운 모양을 만드는 데에만 전념했다. 여러 가지 모양이 있으며, 앙소에서는 그다지 볼 수 없었던 세 발 달린 '정(鼎)'을 많이 볼 수 있다.

　　쓸데없는 그림 같은 걸 그려 넣을 시간이 있으면, 표면을 좀 더 갈
　　고 닦는 편이 나을 거야.

용산문화 사람들의 미의식은 그런 것이었으리라. 아무리 아름다운 그

림으로 장식을 한다 해도 거칠거칠하면 쓰기에 불편한 법이다. 용산 사람들은 보다 더 실질적이었다고 여겨진다. 달걀 껍데기처럼 표면을 얇게 만드는 기술도 가지고 있었다. 도공은 이미 전문화되어 있었는지도 모른다.

농경기술도 앙소기보다 더욱 발달되었을 테니, 용산 사람들이 보다 더 농민적이었다고 할 수 있다. 생활을 하는 데 있어서 농경이나 목축, 수렵, 어로 등에 의존하는 비중에 변화가 생긴다. 농경기술이 향상되면 농경에 생활의 무게가 놓이기 때문에 수렵민적인 기질이 약간은 약해지게 된다. 보다 농민적이라는 말은 그런 의미에서다.

유목민이나 수렵민은 장식하기를 좋아한다. 옥외에서 격렬하게 움직이는 생활을 계속하다 보면 수수한 차림은 어울리지 않게 된다. 정착성이 강해지면 강해질수록, 즉 보다 농민적이 될수록 더욱 실질적이 되는 듯하다. 일본에서도 조몬 시대 사람들의 장식은 외향적이고 복잡하지만, 야요이(弥生) 시대가 되면 토기도 간결해지고 지나친 장식성도 사라진다.

고고학이 밝혀낸 환상의 왕조

『예기』에 대동의 세계에서 소강의 세계가 되면 성곽과 구지(溝池)를 만들게 된다고 기록되어 있다.

용산진 성자애 유적에서 앙소에서는 볼 수 없었던 누벽이 발견되었다. 앙소에서는 마을 주변에 호가 있었는데, 그것은 아무래도 야수의 공격을 막는 것이 가장 큰 목적이었던 듯하다. 인간이라면 나무를 베어서 바로 다리 같은 것을 만들어 건너올 수가 있다. 누벽은 야수도 막을 수 있지만 주요한 목적은 역시 사람의 침입을 막는 것에 있다.

성자애의 누벽은 폭이 13.8미터로 깊이 1.5미터의 도랑 위에 구축되어 있다. 누벽은 판축토(版築土)와 돌로 만들어졌으며, 잔존 부분의 높이는 약 3미터라고 보고되었다.

촌락 전체가 누벽에 둘러싸여 있었으니, 그야말로 후세 중국 성곽도시의 싹을 용산에서 볼 수 있다고 해도 좋을 것이다.

누벽 외에 앙소에서 볼 수 없었던 용산의 특색으로는 패기(貝器)의 등장이다. 성자애의 경우 그것은 주로 담수에서 잡히는 조개의 껍데기다. 낫 등의 농기구, 식칼이나 톱과 같은 공구, 화살촉 등의 무기 외에도 장신구도 조개로 만들어졌다. 또 그것이 그대로 용기로 쓰이기도 했다.

용산에서는 장신구까지의 단계였지만, 어쩌면 패기 혹은 가공하지 않은 조개 껍데기는 물물교환용으로 사용되었을지도 모른다. 장신구는 곧 교환 가능한 재산이 된다. 사유재산제 시대에 접어들었으니, 그것은 당연히 생각해볼 수 있는 일이다.

'재(財)', '화(貨)', '사(賜)', '증(贈)', '귀(貴)', '공(貢)', '자(資)', '매(買)' 등 재산과 관계되는 말에 조개 패(貝) 변이 많은 것은 조개가 통화였던 시대의 흔적이다. 조개가 용산에서 등장했다는 것은 매우 중요하다.

대동의 세계인 앙소에서도 무덤에서 다소나마 차이를 볼 수 있다는 점은 앞에서도 이야기했다. 반파에서는, 옹관에 매장했어야 할 어린아이를 사방에 목판을 댄 사각형 구멍에 매장한 예외적인 경우도 있었는데, 그 아이는 특별한 신분이었다고 추정된다.

소강의 세계인 용산에서 묘지의 규모에 차이가 생겼다는 점은 말할 나위도 없다. 반파에서는 호 바깥에 공동묘지가 있었지만, 용산의 묘지는 거주지 안에 있었다.

용산 계열의 유적에서 발견된 무덤의 유해는 대부분 하늘을 향해서 몸을 뻗은 채 매장되어 있지만, 엎드리고 있는 경우도 있다. 부신장(俯身葬)한 것은 어쩌면 노예일지도 모른다. 만약 그렇다면 평범한 촌민에 비해서 노예의 숫자가 극히 적은 단계였다고 말할 수 있다.

산동성 영양현(寧陽縣) 보두(堡頭)에 있는 용산 계열 유적의 발굴 보고 (1959)에 따르면, 120개 무덤의 규모에 상당한 차이가 있다고 한다. 큰 것은 길이가 4미터, 폭이 3미터나 되지만 작은 것은 유해가 간신히 들어갈 정도로 좁다. 무덤에는 돼지 등 동물의 두개골이 부장되는 것이 일반적인데 많은 것은 14개, 적은 것은 1개였다. 부장품으로는 여러 가지 용기, 빗, 비녀, 톱, 바늘 등 일상품이 있는데 역시 도기가 가장 많다. 물레를 사용하여 표면을 연마한 것인데 회색이 가장 많고 흑도는 10퍼센트 정도, 백도(白陶)는 8퍼센트, 채도는 6퍼센트라고 보고되었다.

부장품이 가장 많았던 것은 160점이었으며, 가장 적은 것은 하나도 없었다.

많지는 않지만 부부 합장도 볼 수 있었다. 원시적인 씨족공동체가 해체되고 사유재산에 의해 집이라는 관념이 드디어 선명해지기 시작한 것처럼 보인다.

용산기의 촌락은 고립되어 있지 않았다. 시야 속에 이웃 마을이 보일 정도의 간격이었으니 유사시에는 바로 연락을 취할 수 있었을 것이다.

용산 문화의 유적이 잇따라 발견되고 있다. 서쪽으로는 섬서, 남쪽으로는 강소, 북쪽으로는 요동반도에 이르고 있다. 시기적으로는 하 왕조기에 해당되는데, '하허(夏墟)'로 보이는 것은 아직 발견되지 않았다. 따라서 하 왕조가 실재했었는지, 지금으로서는 증명을 할 수가 없다.

하는 여러 번에 걸쳐서 수도를 옮겼다. 만약 하허가 발견된다면 역시 낙양 근처가 될 것이다. 하 왕조의 마지막 왕인 걸(桀)은 낙양을 서울로 삼고 있었다. 시조인 우는 숭산(嵩山) 부근을 본거지로 삼고 있었으니, 하남성 등봉현(登封縣)도 후보지 중 하나다. 우의 아들인 계는 제후들을 균대(均臺)로 불러 모아 커다란 잔치를 열었는데, 그것은 등봉현의 동남쪽에 있는 우현(禹縣)에 해당한다. 계는 하남 땅을 버리고 황하의 북쪽, 분수(汾水) 유역의 대하(大夏)로 옮겼다. 산서성 안읍현(安邑縣)에서 하현(夏縣)에 걸친 지역인 것으로 알려져 있다. 그것도 그렇게 기록되어 있는 것일 뿐, 하 왕조의 존재조차 의심을 받고 있을 정도이니 분명한 것은 물론 알 수가 없다. 하지만 '하허'가 발견될 가능성은 상당히 높지 않을까?

낙양에서 정주(鄭州)에 걸친, 이른바 중원의 정중앙 부근에 위치한 은대 유적의 아래층에서 발견되는 문화층을 하나라 때의 것이라고 보는 설도 있다. 낙달묘(洛達廟)와 언사이리두(偃師二里頭)의 유적 등이다. 궁전이라고는 볼 수 없지만 대저택의 흔적으로 보이는 것이 발견되었다는 보고도 있다. 빈부의 차가 더욱 커진 듯하다. 조그만 청동공구가 발견되었다는 사실은 주목할 만한 일이다.

1976년, 고고공작대(考古工作隊)가 산서성 하현 동하풍(東下馮)이라는 곳에서 고대 성보(城堡)의 유적을 발견했다. 방사성탄소 측정치는 3635년(±11년)이다.

『사기』는 『죽서기년(竹書紀年)』에 의거하여, 하는 우에서 걸까지 472년 동안이었다고 했다.

우를 제외하면 16제(帝) 13대다. 시기는 기원전 21세기에서 기원전 16

세기에 걸쳐서이니, 앞에서 이야기한 동하풍의 성보가 그 기간에 들어간다. 동하풍에서는 소량이지만 청동기와 함께 돌로 된 거푸집도 출토되었다.

하허에 한 걸음 더 다가선 것이라 말해도 좋을 것이다.

돌에서 태어난 계

하남성 등봉현에 숭산이라는 산이 있다. 중국의 성산 중 하나다. 오행설에서 온 것이겠지만, 중국의 성산은 오악(五嶽)이라 불리는데 동서남북과 중앙에 각각 자리 잡고 있다. 나라를 안정시키기 위해 천자가 순행하여 제사를 지내야 하는 곳으로 생각됐다.

동악(東嶽) - 태산(泰山, 산동성)

서악(西嶽) - 화산(華山, 섬서성)

남악(南嶽) - 곽산(霍山, 안휘성)

북악(北嶽) - 항산(恆山, 산서성)

중악(中嶽) - 숭산(嵩山, 하남성)

출전에 따라서 형산(衡山)을 남악에 넣기도 하고 서악에 넣기도 하는 등 약간의 차이는 있지만, 이것들이 중국의 성산이라 여겨지고 있다. 이것을 한 바퀴 둘러보면 고대 중원 정권의 판도를 거의 한 바퀴 둘러보는 셈이다.

산은 높이만으로 성스럽다고 할 수 있는 것이 아니다. 산세, 위치, 역사와의 관련성이 중요하다. 오악 중에서 가장 높은 항산조차 2천 17미터에 지나지 않는다. 중악인 숭산은 오악 중에서도 가장 낮은 1천 440미터라고 지도에 표시되어 있다.

곤은 숭백(崇伯)이라고 불리는데, 숭(崇)은 숭(嵩)을 말하는 것이니 숭산 일대의 수장이었을 것이다. 말할 것도 없이 그 아들인 우도 숭산과 깊은 관계가 있다.

숭산은 두 개의 산괴(山塊)로 이루어져 있다. 태실산(太室山)과 소실산(小室山)인데 각각 서른여섯 개의 봉우리를 가지고 있다고 한다. 전설에 따르면, 우에게는 두 아내가 있었는데 젊은 쪽은 소실산, 연장자는 태실산에서 살았다고 한다.

우의 아내는 제후인 도산(塗山) 씨의 딸이었다고 한다. 도산은 안휘성 회원현(懷遠縣) 부근으로 방부시(蚌埠市)의 약간 서쪽에 있으며 회하(淮河)에 면해 있다. 절강(浙江)이라는 설도 있지만, 바쁜 치수공사 중에 결혼을 했다고 하니 안휘설이 맞을 듯하다. 정신없이 일에 몰두했던 우는 결혼 나흘 만에 다시 치수공사에 나갔다고 한다. 신혼을 대상(臺桑)이라는 들판에서 보냈다.

그런데 우는 아내에게 보여서는 안 될 모습을 보이고 말았다. 험한 길을 가다가 우가 곰의 모습으로 변해 달렸다. 그것을 본 아내는 겁을 먹고 도망쳐 돌이 되었다. 그런데 그녀는 그때 이미 임신을 한 상태였다. 우가 그 돌을 보고,

　　　내 아이를 내놓아라.

라고 외치자 돌이 갈라지면서 아이가 나왔다. 그 아이가 계(啓)다. 계에는 '열다'는 뜻이 있다. 그는 돌을 열고 태어났기 때문에 그런 이름을 갖게 되었다.

그것이 숭산의 기슭이었다.

한나라 원봉(元封) 원년(기원전 110)에 무제(武帝)가 이곳에 와서 '하후계모석(夏后啓母石)'을 보았다. 그리고 이튿날 숭산에 올라 태실사(太室祠)를 증축하고 일대의 초목 채벌을 금하고, 산 아래 300호를 그 봉읍(奉邑)으로 삼는다는 조서를 내렸다.

> 계가 상(商, 음률)을 극빈(棘賓, 늘어놓다)하여,
> 구변(九辯), 구가(九歌)가 있네.
> 어찌 근자(勤子)가 어머니를 잡아,
> 그로 하여 갈라져 죽어 세상을 뜨게 했는가.

굴원은 〈천문〉 속에서 이렇게 노래했다.

우의 아들로 도산 씨가 낳은 계는 예악(禮樂)을 정리한 인물이라고 한다. 상은 궁상(宮商), 즉 음률을 말하는데 이것을 늘어놓아 '구변(九辯)', '구가(九歌)'를 만들어 사람들을 즐겁게 했다. 그렇게 근면한 아들이 어찌하여 어머니를 잡아가며 태어나, 어머니는 분열하여 죽어 이 세상을 마치게 되었는가? 성인이라 불리는 우, 예악을 만든 것으로 알려진 그 아들 계라 할지라도 그 인생이 만족스러운 것은 아니었다. 굴원은 불운한 사람이었는데, 완벽한 것이 없음을 여기서 한탄한 것이리라.

도산 씨는 아마도 태실산에서 살았을 것이다. 그 산에는 바위가 많은데, 그것도 한 덩어리로 이루어진 커다란 바위가 아니라 표면에 단편적으로 바위가 흩어져 있는 것 같은 느낌이다.

중악묘(中嶽廟)는 태실산 쪽에 있다. 이른바 도교의 도관(道觀)인데 고대 신앙을 이어받은 듯하다. 지금의 건물은 물론 후대에 지어졌다. 명과

청 시대에 지어진 것이 많고, 신고(神庫)를 지키는 4개의 철인은 송나라 때 만들어진 것이며, 정문 앞의 석조 옹중(石造翁仲, 문을 지키는 신)에는 동한(東漢) 원초(元初) 5년(118)이라는 기년(記年)이 있다.

산의 표면에 박혀 있는 돌을 가만히 보면 사람 같다는 생각이 든다. 거기에 서서 바라보고 있으면 도산 씨가 돌이 됐다는 전설도 그렇게 당돌한 것만은 아니라는 생각이 든다.

북위(北魏)의 태화(太和) 19년(495)에 인도의 승 발타삼장(跋陀三藏)을 위해서 효문제(孝文帝)가 소실산 기슭에 불사를 건립했다.

소실산록 총림(叢林)의 땅

이라는 위치였기에 그 절의 이름을 '소림사(小林寺)'라고 했다. 건립 후 얼마 지나지 않아 인도에서 달마대사가 찾아와 이 절에서 면벽 9년의 수행을 했다. 선문(禪門)의 발상지라고 할 수 있지만, 지금은 그 절에서 행해졌던 심신 단련을 위한 무술이 소림사를 더욱 유명하게 하고 있다.

중국에서 숭산이라고 하면 대략 일본의 아스카(飛鳥)시대에 해당될 것이다. 국가 역사의 새벽이라고 할 수 있는 시기에 무대를 제공한 곳이다.

중악묘의 대중문(大中門)에는,

배천작진(配天作鎭, 하늘에 배치하여 진호로 삼는다)

이라고 커다란 글씨로 적혀 있다. 그리고 그 왼쪽과 오른쪽에 '우주', '구첨(具瞻)'이라고 각각 새겨져 있다. 거기서 우주를 자세히 본다는 뜻이리라. 중원에 산은 적지 않지만 이 숭산은 하늘의 향구산(香久山)처럼 그곳에 올라서 나라를 둘러보는 곳이다.

후대 유학자들이 덧칠한 역사

실재했었다는 사실이 증명되지는 않았지만 중국사람들은 예로부터 하나라를 자신들의 첫 번째 왕조라고 믿어 왔다.

우는 동쪽을 순행하다 절강성 회계(會稽)에서 죽었다고 한다.

　회계의 수치

라는 말로 유명한 지역이다. 월나라 왕 구천(勾踐)은 오나라 왕 부차(夫差)에게 져서, 회계산에서 포위당하여 항복하고 말았다. 그때의 수치를 설욕하기 위해 노력하여 결국에는 복수를 했다는 얘기는 춘추 시대 말기의 일로 널리 알려져 있다. 우가 최후를 맞은 땅이라는 전설이 오히려 희미해져 버린 것 같다. 우는 여기로 와서 제후들을 만나 공적을 평가했다고한다. 말하자면 근무 평정(評定)을 한 셈이다. '회계'라는 지명은 거기에서온 것이라고 사마천은 『사기』 「하본기」의 말미에서 소개했다.

우가 죽은 뒤, 돌에서 태어났다고 하는 계가 제위에 올랐다. 하라는국호는 우가 처음으로 봉해진 나라의 이름에서 땄다고 한다. 그 후 전국적(全國的)인 정권은 시조가 처음으로 봉해진 땅의 국명을 국호로 사용하는 것이 관례가 되었다. 상(商, 은), 주, 진(秦), 한, 위, 진(晉), 수, 당, 송 모두이 관례에 따른 것이다. 몽골 정권은 특별히 어디에도 봉해진 적이 없었기 때문에 지명이 아니라 추상적인 가명(佳名)을 골라서 '원(元)'이라고 명명했다. 원에 의해서 하 이후의 전통이 무너진 셈이다.

계는 제위를 세습했지만 모든 일이 순조롭기만 하지는 않았다. 일족인유호(有扈) 씨가 복종하지 않았다. 지금까지의 전통을 무시한 세습이라는방법에 반대를 한 것이다. 전에부터 내려오던 관례를 깨려면 많든 적든 저항을 받게 마련이다.

이 첫 번째 난관을 계는 강경책으로 돌파했다. 세습에 반대한 유호 씨는 하와 같은 성인 사성(姒姓)이니 같은 계열의 부족이었다. 동족이니 자신들에게도 발언권이 있다고 생각했다. 계는 유호 씨를 공격해서 멸망시키고, 그들을 목노(牧奴)로 삼았다. 목노란 양치기를 말한다. 전쟁 포로를 노예로 삼는 것은 당연한 일이다. 노예를 늘리는 것이 부를 늘리는 확실한 방법이라는 사실도 알려져 있었다.

이 시대의 대수장은 부족연합의 의장이라는 성격을 가지고 있었다. 황제족, 신농(염제)족, 이족(夷族) 등이 부족연합을 구성하고 있었다. 같은 황제족 중의 사성 사이에서도 불만이 있었으니, 계열이 다른 부족의 불만은 그보다 훨씬 강했을 것임에 틀림없다.

계가 제위를 세습할 수 있었던 것은 아마도 강력한 군사력을 가지고 있었기 때문일 것이다. 그 무력으로 우선은 동족인 유호 씨를 제압했다.

부족연합의 대수장이 된다는 것은 그리 쉬운 일이 아니다. 자신이 강력한 무력을 쥐고 있어야 하겠지만, 그것보다 더 중요한 것은 인간적인 매력이었을 것이다. 무력은 세습할 수 있지만 매력은 그럴 수가 없다. 무력과 인간적인 매력 외에도 다른 무엇인가가 있었을 것 같은 느낌이 든다. 재산의 사적 소유제도가 시작된 뒤이니 제3의 힘은 경제력이었다. 물론 경제력은 무력의 배경이 되고, 무력은 노예 획득 등을 통해서 경제력을 배가시켜 주는 상관관계에 놓여 있었을 것이다.

세습이라는 새로운 체제의 시기가 무르익기는 했지만, 그것을 시작한 계는 이와 같은 힘을 갖춘 상당한 인물이었을 것임에 틀림없다.

지금부터 4천 년이나 전인, 문자가 아직 없었던 시대의 일이다. 우리는 얼마 되지 않는 자료, 그것도 정확도를 보장할 수 없는 자료를 근거로 추측을 해볼 수밖에 없다. 하에 대한 기록은 훨씬 더 후대의 것이다. 하의 뒤를 이은 은 시대에 관한 기록으로는 은허에서 출토된 갑골문이라는 최고 등급의 자료가 있다. 은허의 갑골문 중에 하 왕조에 대해 언급한 것이 없다는 점이 약간 마음에 걸린다.

정확한 것을 좋아하는 사람들은 하 왕조나 계와 같은 고유명사에 구애받지 말고 은 이전의 왕조, 세습제를 시작한 인물이라는 식으로 생각하기 바란다.

〈천문〉에는 계가 음률을 늘어놓아 예악을 정리했다는 얘기가 나온다. 그 외에도 계가 대목(大穆) 들판에서 구소(九韶)를 추었다고 이야기하는 기록(『산해경』과 『노사후기(路史後記)』의 주석)이 있으니, 가무음곡(歌舞音曲)을 좋아했던 사람인 듯하다. 주석가(註釋家)에 따르면, 구변(九辯)과 구가(九歌)는 우(혹은 하)의 음악이며, 구소는 순의 음악이었다고 한다. 후에 『초사』의 편명으로도 쓰였다.

음악은 사람의 마음을 온화하게 하여 바로잡아 준다. 원시의 황량한 시대에 음악은 특별히 소중했다. 공자도 음악을 중히 여겼다. 틀림없이 음악은 교화의 수단 중 하나지만 향락적인 요소도 가지고 있다. 계의 아들로 알려진 태강은 아버지로부터 향락적인 면을 물려받은 듯하다.

『사기』에 따르면, 계가 죽은 뒤 제위에 오른 태강은 사냥에 빠져서 민정을 돌보지 않았다고 한다. 돌에서 태어난 계는 새로운 체제를 강행했던 만큼 유능하고 강력하며, 아버지의 근면함을 물려받은 듯하다. 굴원으로부터 '근자(勤子)'라고 불렸을 정도였다. 유호 씨의 반항도 짓눌러 버렸다. 그러나 태강에게는 아버지와 할아버지와 같은 기량이 없었던 것 같다.

계는 제위에 머물기를 39년, 78세에 죽은 것으로 되어 있다. 40년도 채 지나지 않았으니 이제 막 새로 시작된 체제는 아직 그렇게 강화되지 않았을 것이다. 후계자가 그다지 유능한 사람이 아니었으니 여기서 파란이 일었던 것도 당연하다.

바로 여기서 방황하는 신인 예가 등장한다. 이예라 기록되는 경우가 있으니 틀림없이 이족의 통령이었을 것이다. 부족대연합 중의 중요한 구성원이었던 이족은 대수장에게 지위를 요구할 권리가 자신들에게 있다고 생각하고 있었다. 계가 강력한 지휘권을 쥐고 있는 동안에는 손을 댈 수가 없었지만, 그렇게 특출할 것도 없는 태강이 뒤를 이었기에 이족은 이를 기회라고 생각했다.

계가 숭산 부근의 하남 지방을 포기하고 강 북쪽으로 도읍을 옮긴 것은 이의 반항이 두려웠기 때문이라고 보는 학설도 있다.

활의 명수였던 예에 대해서는 앞에서 이야기했다. 그는 배신 때문에 멸망했다. 예에게 천하를 빼앗긴 태강이 죽은 뒤, 동생인 중강(中康)이 일어섰지만 천하를 회복하지는 못했다. 적은 예를 죽이고 한착이 이족의 통령이 되었다. 중강의 아들은 상(相)이고, 상의 아들인 소강(少康)의 시대가 되어서야 드디어 한착을 쳐서 멸망시키고 하 왕조를 부흥시킬 수 있었다.

요의 명령으로 괴수를 퇴치하고 아홉 개의 해를 쏘아 떨어뜨린 예가 4대 뒤인 하의 태강 시절에 다시 불쑥 나타났다는 것은 납득할 수 없다. 예에게는 신화상의 인물과 역사상의 인물이라는 두 가지 성격이 있다고 보는 궁색한 해석도 있다.

어쨌든 세습제도가 확립되기까지 여러 형태의 저항이 있었으며, 한때는 새로운 체제가 붕괴될 위험에 처했던 적도 있었다는 사실을 이 전설 속에서 엿볼 수 있다.

이것은 아무래도 유학자들의 입맛에 맞는 이야기로 꾸며진 듯하다. 여기에는 세습제가 되더라도 군주는 근면해야 한다는 교훈이 담겨져 있다. 태강은 100일 동안이나 정치를 내팽개친 채 사냥에 나섰기 때문에 일시적이나마 망국의 슬픔을 맛보지 않을 수 없었다.

추천에 의한 대수장으로는 대체로 뛰어난 인물이 선택되지만, 세습제 도에서는 어처구니없는 사람이 군주가 될 우려도 있다. 마음만 먹으면 무엇이든 할 수 있는 지위이기 때문에 군주에 대한 경고가 필요해진다.

태강이 사냥에 나가 돌아오지 않았기에 그의 형제 다섯 명이 어머니와 함께 낙수 북쪽에서 기다리며 〈오자가(五子歌)〉를 지었다고 한다. 『상서』에 수록되어 있는 〈오자가〉는 후세 유가(儒家)에서 만든 것일 테지만,

민(民)은 곧 나라의 본(本)이다. 본이 굳건하면 나라는 안녕하다.

라는 민본주의를 주장했다. 그리고 군주 된 자는 색을 삼가고 과도한 사냥과 술, 음악을 비롯하여 규모가 큰 조영공사도 피해야 한다고 했다.

소강이 하 왕조를 부흥시킨 뒤, 7대째에 공갑(孔甲)이라는 변변찮은 군주가 나타났다.

즐겨 귀신과 비교하고 음란을 일삼아 하후(夏后) 씨의 덕이 쇠했다. 제후가 이에 등을 돌렸다. (『사기』)

스스로를 인간의 모습으로 나타난 신이라고 생각하였다. 선거에 의해서 뽑던 대수장이 세습하게 되었지만, 어느 틈엔가 그것은 신으로부터

받은 것이라 여기고, 심지어 군주는 곧 신이라고까지 확대되었을 것이다.

암군(暗君) 공갑의 아들인 고(皐)는 재위 3년(일설에는 11년), 그 아들인 발(發)은 재위 7년(12년설, 13년설도 있음)으로 매우 짧았으며, 하 왕조는 급속하게 멸망의 내리막길로 접어들었다.

발의 아들인 걸(桀)이 드디어 등장한다. 은의 주(紂)와 함께 예로부터 폭군으로 쌍벽을 이루는 인물이다. 쌍벽이라기보다는 쌍둥이처럼 꼭 닮았다. 걸은 유시(有施) 씨를 토벌하고 말희(妹喜)라는 미녀를 얻는데, 주도 유소(有蘇) 씨를 토벌하고 미녀 달기(妲己)를 얻었다고 한다. 유시와 유소, 말희와 달기로 음까지도 비슷하다. 다음 왕조의 창시자라고도 할 수 있는 인물을 일단 잡았다가 석방했다는 점까지도 똑같다. 걸은 은의 탕을 불러들여서 하대(夏臺)에서 붙잡았다가 석방했으며, 주는 서백(西伯, 주나라의 문왕)을 유리(羑里)에 유폐했다가 사면했다. 너무나도 비슷하기 때문에 이것은 하나의 이야기를 억지로 나눈 것이 아닌가 하는 의심마저 받고 있다. 이것이 하 왕조 가공설의 한 근거가 되고 있다.

갑골 발견의 에피소드

근대 사학자들 중에는 은(殷)을 하와 한데 묶어서 가공이라고 생각한 사람들이 있었다. 그러나 은허의 발굴로 인해 은나라는 드디어 역사로 인정을 받게 되었다. 프랑스의 동양학자로 제2차 세계대전 말기에 나치스에 의해 학살된 마스페로(Henri Maspéro, 1883~1945, 프랑스 중국학자-옮긴이)가 『고대 중국』을 저술한 때는 은허를 처음으로 발굴하기 1년 전인 1927년이었는데, 은을 역사 시대의 시작으로 봤으니 과연 형안(炯眼)이라 할 수 있다.

은이라고 말하지만 은나라 사람들은 자신들의 나라를 '상(商)'이라고 불렀다. 시조인 설(偰)이 하남성의 상이라는 나라에 봉해졌기 때문이다. 그런데 기원전 13세기, 반경(盤庚)이 왕이었던 시절에 하남성 안양에 해당하는 은이라는 땅으로 천도했다. 그 이후로 왕조가 멸망할 때까지 270여 년 동안 은이라는 곳에 있었기 때문에 은이라는 이름으로 부르게 되었다.

현재의 중국에서는 '상'이라고 부르는 것이 일반적이다. 갑골문 속에 '상'이라는 글자는 있지만 '은'이라는 글자는 없다. 자신들이 부른 것이 상이고 은은 다른 사람들이 부른 것이라면 상이라고 하는 것이 옳을 것이다. 그러나 사마천의 『사기』 이후 은이라는 이름이 더 친숙해졌다. 우리나라에서도 은이라고 부르는 경우가 훨씬 더 많은 듯하니, 이 책에서도 주로 은이라는 이름을 사용하기로 하겠다.

하를 멸망시키고 그것을 은이 대신했다는 것은 중원 정권의 경우이고, 제후로서의 은은 오랜 역사를 가지고 있었다. 은의 시조인 설은 우를 보좌하여 치수공사에서 공적을 세웠다고 한다.

요가 제위에 있고 순이 섭정을 하던 때 우는 사공(司空)에 임명되었고, 설은 사도(司徒)에 임명되었다고 『사기』의 「오제본기」에 기록되어 있다. 사공은 토지와 민정을 담당하는 대신이며, 사도는 문교를 담당하는 대신이었다. 하와 은의 시조는 동료였다. 물론 이것은 전승에 지나지 않는다.

전승 가운데서도 설의 탄생에 얽힌 전승에는 흥미진진한 부분이 있다.

설의 어머니는 이름을 간적(簡狄)이라고 하는데 유융(有娀) 씨의 딸이었다. 그리고 제곡의 둘째 왕후였다. 제곡은 앞에서 말한 대로 황제의 증손자로 오제 중 한 사람인데 순과 같은 인물일지도 모른다고 한다.

간적은 세 사람이서 목욕을 하다가 현조(玄鳥)가 알을 떨어뜨리는 것을 보았다. 현조란 제비를 말한다. 간적이 그 알을 먹고 임신을 해서 낳은 것이 설이라고 전해진다.

은은 틀림없이 새를 토템으로 하는 부족이었을 것이다. 난생설화는 각지에 있지만 퉁구스족 등 동방 민족에게 많은데, 그것을 근거로 은의 동방기원설을 주장하는 사람도 있다.

하의 걸을 멸망시키고 은을 중원정권으로 삼은 탕(湯)은 설에서부터 헤아려 14대에 해당한다. 제후로서 지방정권이었던 시대의 은에게도 역시 쇠퇴(衰退)한 시대가 있었는가 하면 중흥의 시대도 있었다.

중흥을 시킨 사람은 상갑(上甲)으로 『사기』에 미(微)라는 이름으로 등장하는 인물에 해당하며 설에서부터 헤아려 8대째가 된다.

나중에 천하를 손에 넣었기 때문에 은은 제후시대의 전승을 후세에 전할 수 있었다. 은과 비슷한 정도의 제후가 여럿 존재했을 테지만, 중원정권으로 발전하지 못했기 때문에 그들의 전승은 대부분 유실되었다. 특히 은나라는 문자를 만들어 냈다. 갑골에 새겨진 문자로 은은 자신들의 기록을 남겼다. 중흥의 아버지인 상갑의 일까지 알고 있었는데, 그를 제사했다는 사실이 분명하게 기록되어 있다.

갑골이란 귀갑수골(龜甲獸骨)이라는 의미다. 거북의 껍데기나 동물의 뼈를 구워서 거기에 금이 간 것을 보고 점을 쳤다. 용산 문화 유적에서 이미 점을 칠 때 사용한 동물의 뼈가 발견되었다. 그것으로 은보다 앞선 시대에서부터 뼈를 구워 길흉을 점쳤다는 사실을 분명하게 알 수 있다.

그러나 안타깝게도 용산에서 출토된 동물의 뼈에는 문자가 새겨져 있지 않았다. 새기고 싶어도 아직 문자가 없었다.

무엇을 점쳤을까? 이것을 '정문지사(貞問之辭)'라고 한다.

금이 간 것은 무엇을 나타낼까? 점괘를 판단하는 것을 '요사(繇辭)'라고 한다.

은대가 되면 이것이 갑골에 문자로 새겨지게 된다. 그 가운데는 점이 맞았는지 틀렸는지, 결과까지 새겨 넣은 것도 있다. 이 모든 것을 '복사(卜辭)'라고 하는데 매우 귀중한 자료다.

동물의 뼈는 대부분 소의 뼈이기 때문에 귀갑우골(龜甲牛骨)이라 부르기도 한다. 견갑골(肩胛骨) 부분이 가장 많다고 한다. 거북의 껍데기도 등 껍데기보다는 배 쪽 껍데기가 더 많이 사용되었다. 지금까지 출토된 갑골은 대략 10만 조각으로 추정되고 있다. 커다란 것에서부터 불완전한 파편까지를 똑같이 한 조각으로 헤아린 숫자지만, 어쨌든 방대한 양이다.

갑골이 발견된 경위 역시 흥미로운 이야기라 할 수 있다.

1899년의 일이었다. 청일전쟁이 끝나고 5년이 지났다. 다음해에 의화단(義和團)사건이 일어나는데, 이 이야기에 등장하는 사람들은 그것 때문에 자신들의 운명이 크게 바뀔 것이라는 사실을 꿈에도 생각지 못했었다.

국자감 좨주(國子監祭酒)였던 왕의영(王懿榮, 1845~1900)은 산동성 복산(福山, 지금의 연대시) 출신인데 원적(原籍)은 운남성이었다. 광서(光緒) 6년(1880)에 과거에 합격하여 엘리트 코스를 밟았다. 청일전쟁 때는 출신지인 산동위해위방위(山東威海衛防衛)에 지원하여 나갔을 만큼 열혈남아였다. 1895년에 국자감 제주로 임명되었는데, 얼마 되지 않아 어머니가 돌아가셨기에 퇴관하고 복상(服喪)했다. 상을 마치고 막 복귀했을 무렵의 일이었다.

국자감은 최고학부로 그 장관을 좨주라고 칭했다. 이것은 6세기 중반 북제(北齊) 무렵부터 써 오던 이름이다. 국립대학 총장에 해당하는데 전국에 한 곳밖에 없었으니 그 지위에는 대단한 권위가 있었다.

당시 대관료는 막객(幕客)이라 부르는 개인 비서단(秘書團)을 거느리는 것이 일반적이었다. 왕의영의 저택에도 막객이 몇 명 있었는데, 주인의 위치가 위치였던 만큼 학문을 하는 사람들이 대부분이었다. 그 가운데 유악(劉鶚, 1857~1909)이라는 사람이 있었다. 강소(江蘇) 단도(丹徒) 출신이다. 자는 철운(鐵雲)으로 당시로써는 상당히 유별난 인물이었다.

전통적인 사서오경을 배우고 과거에 급제하여 관료가 되는 것이 당시 지식인층의 이상적인 인생항로였다. 그런데 유철운은 형의 영향도 있었기에 새로운 서구의 학문, 특히 이과계열의 학문에 흥미를 갖고 수학과 의학을 즐겼다. 상해에서 의사를 하다가 그것을 그만두고 실업가로 변신하기도 하고, 황하가 범람하자 하남으로 가서 순무(巡撫, 도지사) 오대징(吳大澂, 1835~1902)의 막객이 되어 치수공사에 노력하기도 하는 등 특이한 경력을 가진 사람이다.

오대징은 청일전쟁에서 처참하게 져서 비난을 받은 인물인데, 원래는 학문을 좋아하는 문관이었다. 그의 장기는 금석학(金石學)이었다. 청동기나 비석 등의 명문을 연구하는 학문이기 때문에 옛 문자에 정통해야만 한다. 오대징은 전서(篆書)에서도 당대 최고의 명인이었다.

유철운은 오대징의 막객을 한 적이 있고 다음으로 왕의영의 막객이 되었으니, 금석학과는 참으로 인연이 깊은 사람이라고 할 수 있다. 왕의영도 금석학의 대가였기 때문이다. 유철운도 금석학에 흥미를 갖고 연구했다.

왕의영은 말라리아라는 지병을 앓고 있었다. 퀴닌이 없었던 시절, 중국에서는 용골(龍骨)이 말라리아의 특효약이라고 믿고 있었다. 왕의영의 하인이 약방으로 가서 용골을 사 왔다. 그것을 가루로 만들어서 먹으면 된다는 것이었다. 우연이었을까? 호기심에서 유철운이 그 약을 보았는데, 용의 뼈라고 불리는 물건에 문자 같은 것이 새겨져 있었다.

금석학적 소양을 갖추고 있었기에 그것이 청동기에 새겨진 고대문자, 즉 금문보다 오래된 문자일지도 모른다고 생각했다. 그는 그것을 왕의영에게 알렸고 둘이서 연구를 하게 되었다.

유철운의 인생 유전

이상이 갑골 발견의 경위다.

우연의 산물처럼 보이지만 갑골이 세상에 나올 시기는 이미 무르익고 있었다. 유철운이 용골에서 문자를 발견한 해, 즉 1899년에 산동의 한 골동상인이 손에 넣은 갑골을 당시 호북 순무(湖北巡撫)였던 단방(端方, 1861~1911)에게 보냈다고 한다. 단방도 금석학에 흥미를 가지고 있던 인물이었다.

그 상인은 틀림없이 거의 공짜로 그것을 손에 넣어 별난 것을 좋아하는 대감에게 "얼마 전에 우연히 손에 넣은 약간 재미있는 것. 하찮은 것일지도 모르겠지만 특이하기에"라며 헌상했을 것이다. 금석학을 하고 있었기에 단방도 그것이 결코 하찮은 물건이 아니라고 짐작했던 모양이다. 공짜로는 받을 수 없다며 한 글자당 두 냥을 치렀다고 한다. 산동의 골동상인이 기뻐했다는 것은 말할 나위도 없다. 그것을 손에 넣은 하남 북부로 가서 글자가 새겨진 갑골 조각을 사 모았다.

북경에서도 유철운이 약국을 돌아다니며 갑골 조각을 사 모으기 시작했다. 용골이라고 이름은 거창했지만, 한 근에 6문전(文錢)밖에 하지 않는 싸구려 약재였다.

산지(?)인 하남성 안양현에서는 약간 고가로 팔리기 시작했기 때문에 증산(?) 태세에 들어갔다. 용골로 약방에 팔 때는 흠집이 없는 것이 비싸게 팔렸기 때문에 글자 같은 것이 새겨진 뼛조각은 그것을 깎아 냈다고 한다. 구매자는 더 이상 약종상이 아니라 골동상인으로 바뀌어져 있었다. 그것을 사들일 때도 한 글자당 얼마라는 식으로 계산을 했기 때문에 글자가 새겨져 있지 않은 것은 무가치한 것이 되어 버렸다. 이번에는 글자를 깎아 내기는커녕 아무런 흠집도 없는 뼛조각에 글자를 새겨 넣기까지 됐다. 위조를 전문으로 하는 사람들이 생겨났고, 그중에는 새기는 솜씨가 좋아 유명해진 사람까지 있었을 정도였다.

유철운의 『철운귀장(鐵雲龜藏)』이라는 저서가 있는데, 그 속에서 귀판 (龜板, 갑골을 말함)은 하남성 탕음현(湯陰縣)에서 출토된다고 말하고 있다. 그러나 이것은 골동상인에게 속은 것이다. 산지를 가르쳐 주면 구매자가 직접 산지로 사러 갈 우려가 있고 그렇게 되면 장사에 영향이 있기 때문이었다. 그랬기 때문에 일부러 다른 곳을 알려 주었던 것이다.

그 갑골은 사실 하남성 안양현 소둔촌에서 출토된 것이었다.

갑골이 세상에 나온 그 이듬해인 1900년에 의화단 사건이 발생했다. 산동성에서 일어난 배외적(排外的) 모임인데 이를 일반적으로 의화단이라고 불렀다. 각지에서 권법을 보여 주고 사람을 모아 단체를 만들었지만,

사건이 일어나기까지 통일된 조직으로 발전하지는 못했다. 소수민족 정권인 청은 민중이 조직을 만드는 것에 상당히 민감했기 때문에 모임을 엄금하고 있었다. 그러나 권법 연습이나 옥황대제 예배라는 둥 여러 가지 구실을 붙여 단체를 만들었다. 그 근간은 운하 항행선(航行船)의 뱃사람이었다고 한다.

배외, 국수적 성격이 강했던 의화단이 기독교 반대 운동을 일으켰다. 단체는 걸핏하면 정부로부터 탄압을 받았지만 이번만은 약간 달랐다. 외국을 싫어하는 서태후(西太后)를 비롯하여 보수적인 황족, 관료들이 의화단의 배외운동을 보호하려는 움직임을 보였다. 자신들이 공식적으로 하지 못하는 일을 의화단에게 시키겠다는 속셈이었다.

세력을 얻은 의화단은 기독교 교회에 불을 지르고 교회 관계자를 죽이고 철도와 전선 같은 외국 물건들을 파괴했다. 1900년 6월부터는 북경의 외국 거류민이 집단으로 피난해 있던 사관계(使館界)를 포위했다. 청나라 군도 이 포위에 참가했다.

8월에 8개국 연합군이 상륙하여 북경을 점령했다. 그 결과 청나라가 굴복하여 굴욕적인 신축화약(辛丑和約)을 맺었다는 것은 잘 알려진 사실이다.

서태후를 비롯한 청나라 정부 요인들은 8개국 연합군이 북경으로 밀려들자 가장 먼저 서안으로 피난했다. 이때 국자감 좨주인 왕의영은 단련대신(團練大臣)을 명받았다. 단련이란 민간에서 훈련을 받은 의용군을 가리킨다. 왕의영은 이때 권민(券民, 의화단원)보다는 일반 상민이 더 믿을 만하다는 의견서를 제출했다. 그러나 때는 이미 늦었다. 그는 의용군을 이끌고 동편문(東便門)을 지켰다. 조정이 이미 도망친 뒤였기 때문에 전의를 상실한 수비군도 흩어져 달아나고 말았다.

왕의영은 집으로 돌아가 목숨을 끊기로 했다. 의로써 살아갈 수 없게 되었다고 믿었기 때문이었다. 약을 먹었지만 숨이 끊어지지 않았기에 벽에 〈절명사(絶命詞)〉를 써 놓고 우물에 몸을 던졌다. 절명사는,

> 주(主)가 근심하면 신(臣)이 부끄럽고, 주가 모욕을 당하면 신이 죽는다. 그침으로 그 그칠 곳을 안다. 이는 이것과 가깝다고 할 수 있다.
>
> 主憂臣辱 主辱臣死 於止知基所止 此爲近之

라고 쓰여 있었다. 아내인 사(謝) 씨와 과부였던 며느리 장(張) 씨도 그의 뒤를 좇아 세상을 떠났다.

왕의영은 수입을 전부 금석, 갑골의 구입과 막객들의 급여로 썼기 때문에 유산은커녕 남은 것은 빚뿐이었다. 아들인 왕한보(王翰甫)는 빚을 갚기 위해 수집품을 처분했는데, 1천여 점이 넘는 갑골은 다행히도 막객으로 그것을 함께 연구했던 유철운이 사들였다.

8개국 연합군 점령하의 북경에서는 수많은 난민이 발생했다. 당시 유철운은 상해에 있었는데, 서둘러 북경으로 돌아가 사재를 털어 난민을 구제했다.

그런데 그 구제법이 후일 유철운에게 재앙을 가져다주게 된다. 그는 기가 막힌 방법을 생각해 냈다고 기뻐했을 것이다. 러시아 군 점령지역에 태창(太倉, 곡물창고)이 있었는데, 거기에 정부의 미곡이 대량으로 저장되어 있었다. 러시아 사람들은 쌀을 먹지 않기 때문에 전혀 손도 대지 않

은 상태였다. 유철운은 러시아 군과 교섭하여 아주 싼 값으로 그것을 매입하여 난민들에게 팔았다.

8년 뒤, 이 일이 문제가 되어 공미(公米)를 사적으로 팔았다는 죄로 그는 신강으로 유배되었다가 이듬해인 1909년에 우루무치에서 숨을 거뒀다.

그러나 유철운의 이름은 갑골복사의 발견자, 혹은 의화단사건 당시의 의협인(義俠人)으로보다도 중국의 근대문학사상의 별로서 더 잘 알려져 있다. 의화단사건 뒤 그는 『노잔유기(老殘遊記)』라는 소설을 연재하고 그것이 1907년에 상해에서 간행되었다. 노잔이라는 인물의 편력을 통해서 관료주의를 규탄한 것이다. 부패관리도 문제지만 청렴한 관리도 나라를 망친다고 지적했다. 청렴한 관리라면 인민을 구해야 할 필요가 있을 때에도 정부의 공미에는 손을 대지 않을 것이다. 5·4 문학개혁운동(1919) 이전에 백화문(白話文)으로 저술된 뛰어난 소설로 상당한 명문이다. 노신(魯迅)은 여기에 '견책소설(譴責小說)'이라는 이름을 붙였다. 사회의 병든 부분을 파헤쳐 관료주의를 공격했기 때문이다. 일본에서 말하는 '사회파(社會派)'에 해당될 것이다.

유철운의 『노잔유기』는 일본어로도 번역되어 있으며, 임어당이 영어로도 번역했다. 그는 중국문학을 논함에 있어서 피해갈 수 없는 중요한 작가 중 한 명이다.

왕의영, 유철운과 거의 동시에 갑골 조각을 손에 넣은 단방은 어떻게 되었을까? 그는 호북 순무(도지사)에서 호광 총독(湖廣總督)으로 승진, 유럽을 시찰하고 나서 입헌정치에 의한 청국의 소생을 꾀하려 했다. 양강 총독(兩江總督)이 된 뒤 1911년에 철로독판(鐵路督辦)으로 사천(四川)에 들어가 혁명운동을 강경하게 진압하려다 오히려 살해당하고 말았다. 신해혁명이 일어난 해였다. 전임 사천 총독인 조이풍(趙爾豊)이 북경으로 보낸 전보 속에 단방 같은 인물이 사천으로 오면, 사천의 인민은 중앙을 떠나 독립해 버릴 것이라는 내용이 있다. 사천으로 가기 전부터 조이풍에게 사천의 인민을 철저하게 탄압하고 수괴를 주살하라고 전보로 엄격하게 요구했다고 한다. 단방은 만주족이라는 입장도 있었지만 성격적으로도 과격한 인물이었던 듯하다.

갑골문 발견에 관여했던 사람들이 하나 같이 극단적일 정도로 과격한 성격의 소유자였다는 점은 여러 가지를 생각하게 한다. 갑골복사로 인해 3천 년 이전의 은의 역사가 드디어 빛을 보게 되었다. 그러기 위해서는 산 제물이 필요했던 것일까?

요리로 천하를 주무른 이윤

한편 은허에서 출토된 복사는 2백수십 년간에 걸친 기록이다. 앞에서도 이야기한 것처럼 안양현 소둔은 은 왕조가 그곳으로 천도해서 주(紂) 시대에 멸망하기까지 12대, 270여 년 동안 줄곧 왕도였을 것으로 생각된다. 그곳으로 천도하기 전의 은나라의 왕도는 아직 확인되지 않았다. 복사를 통해서 우리가 알 수 있는 은 왕조는 멸망한 해로 추정되는 기원전 1027년으로부터 2백수십 년을 거슬러 올라간 기간 동안이다. 은 왕조의 시조인 탕이 하를 대신해서 중원의 주인이 된 것은 안양으로 천도한 것보다도 300년 정도 전의 일이 아닐까 생각된다.

하에서 은으로의 정권교체는 굉장히 오래전의 일이기 때문에 자세한 내용은 물론 알 수가 없다. 신화적인 분위기를 띠고 있는 이야기가 전해지고 있을 뿐이다.

전승에 의하면 하와 은은 조상이 같지만, 계열이 다른 부족이었을 것이라 여겨진다. 그러나 서로의 생활양식에 커다란 차이가 있었을 것 같지는 않다. 하가 멸망하고 은의 천하가 되었지만 사람들의 생활이 송두리째 뒤바뀌는 일은 없었다.

틀림없이 하는 권력의 자리에 안주하여 수장이나 그 주변의 간부들이 타락했을 것이다. 사람들도 퇴폐했었을지도 모른다. 같은 기반의 생활권 속에서 보다 청신한 기풍을 가진 은이 힘으로 권력을 대신했다. 단절이나 혁신보다 계속이라는 느낌이 더 강했을 것이다.

나중에 이야기하겠지만, 은에서 주로의 교체는 흔히 '은주혁명(殷周革命)'이라 일컬어지듯 커다란 변혁이었다. 그것은 계속이라기보다는 단절이라는 느낌이 더욱 강했다. 그에 비해서 하와 은의 교체는 일종의 사회 발전 선상에서 일어난 일이었다.

은나라의 탕은 이윤(伊尹)이라는 명재상을 얻어 천하를 손에 넣고 천하를 경영했다고 한다. 중국사에서는 명군과 명재상이 짝을 이루는 경우가 자주 등장하는데 탕왕과 이윤이 그 시초일 것이다.

하의 시조라 일컬어지는 우에게도 고요(皋陶)라는 협력자가 있었지만, 순임금 시절에 두 사람은 동료였다. 후계자 경쟁에서 우가 이기고 두 번째였던 고요가 수장 보좌역을 맡은 것이니, 군신관계가 그렇게 엄격하지는 않았을 것이다.

그렇다면 탕을 보좌한 명재상 이윤은 어떤 인물이었을까?

『사기』에 따르면, 이윤은 처음부터 은의 탕왕을 섬기려 했던 것으로 되어 있다. 연줄이 없었기 때문에 유신(有莘) 씨의 잉신(媵臣)이 되었다. 잉신이란 여성이 시집을 갈 때 친정에서 데리고 가는 하인을 의미한다. 말할 나위도 없이 비천한 신분이었다. 그런데 유신 씨의 딸이 탕과 결혼을 하게 되었다. 이에 이윤은 원하던 대로 탕의 신변으로 접근할 수 있었다. 잉신이었으니 솥이나 도마를 메고 가서 요리하는 사람으로 일을 했다. 이윤이 만든 음식은 매우 맛있었던 듯, 탕이 그의 존재에 주목하는 계기가 되었다. 이윤은 이렇게 탕의 측근이 되어 왕도 실현을 추진하게 되었다.

> 정조(鼎俎)를 메고 자미(滋味)로 탕을 설복하여 왕도를 가게 했다.

는 재미있는 관계다.

그러나 『사기』는 이설도 실었다. 그에 따르면, 이윤은 처사(處士)였다는 것이다. 결혼하지 않은 여성을 처녀라고 하는 것처럼 아직 벼슬길에 오르지 못한 선비, 즉 재야에 있는 사람을 처사라고 했다. 현명했기 때문에 탕이 사람을 보내서 맞아들이려 했지만, 이윤은 바로 승낙하지 않았다. 사람이 다섯 번이나 오가고 나서야 드디어 탕을 섬기는 일에 동의를 했다는 설이다. 이쪽은 너무나도 흔한 얘기라 재미가 없다.

〈천문〉에서는 다음과 같이 노래했다.

> 성탕(成湯)은 동순(東巡)하여,
> 유신(有莘), 이곳에 이르렀다.
> 어찌 그의 소신(小臣)을 청해,
> 그리하여 길비(吉妃) 이를 얻었는가.
> 수빈(水濱, 물가)의 나무,

그의 소자(小子)를 얻었다.

어찌 이를 미워하여,

유신의 부인에게 잉(媵)하였는가.

아직 하를 멸망시키기 전의 일로 성탕(成湯)이 동방을 순력하다 유신국(有莘國)에 이르렀다는 것이다. 유신은 하남성 진류현(陳留縣) 부근에 있었던 나라라고 한다. 우의 어머니가 이 나라 출신이라는 설도 있다.

탕은 이 나라에 와서 이윤의 재능을 인정하고 그를 원했다. 여기서 소신(小臣)이라는 것은 대신(大臣)의 반대말로, 비천한 자리에밖에 있지 않았다는 뜻이다. 굴원의 이 시에 따르면, 소신이었던 이윤을 얻은 것이 먼저고 유신의 여성을 아내로 맞아들인 것이 그 후가 된다. 길비는 길한 왕비다.

이 나라의 공주를 얻으십시오.

라고 이윤이 권했을지도 모른다.

『여씨춘추(呂氏春秋)』나 『열자(列子)』 등에 따르면, 이윤의 어머니는 이수(伊水) 부근에 있었는데 임신을 했을 때 꿈에서 신의 계시를 들었다고 한다. 물에 절구가 떠 있으면 절대 뒤를 돌아보지 말고 동쪽으로 똑바로 달려가라고 했다. 다음 날, 절구가 보이기에 그녀는 계시에 따라서 동쪽으로 달리다 10리쯤 가서 이젠 됐겠지 싶었는지 뒤를 돌아보았다. 그러자 마을은 전부 물바다가 되고 그녀는 곧 한 그루 '공상(空桑)'이 되어 버리고 말았다.

공상이라는 것은 속이 빈 뽕나무를 말하는 것이리라. 뽕나무 잎을 따러 온 유신국의 여인이 공상 속에서 아기를 발견했는데 그것이 바로 이윤이었다.

물가(水濱)의 나무, 그의 소자를 얻다. 즉 이것은 위의 전설을 말하는 것이다.

홍수 전설 중에 박 속에 인간이 있었는데, 그것이 인류의 조상이 된다는 유형이 있다는 사실은 앞에서도 이야기했다. 박이든 방주든 속이 비어서 사람이 들어갈 수 있다. 공상이라는 것도 역시 홍수 전설의 일종이다.

이 기묘한 아기는 유신의 임금에게 바쳐진다. 유신의 임금은 그 아이를 포인(庖人), 즉 요리하는 사람으로 키웠다. 이윤이 요리의 명인이 된 것도 당연한 일이다.

이처럼 이상한 방법으로 태어난 아이는 불길하다 여겨진 것인지, 그다지 좋은 대우를 받지 못한 듯하다. 그런데 유신 씨의 공주가 시집을 갈 때 지참금의 일부로서 반노예의 신분으로 은나라에 들어갔다. 어쩌면 그와 같은 형식을 취하지 않으면 이윤의 이적이 정당화되지 못했던 것일지도 모른다.

이상한 방법으로 태어난 인물은 이상한 재능을 가지고 있는 법이다. 반대로 이상한 재능을 가진 인물은 평범하지 않은 방법으로 태어났을 것이라고 생각했는지도 모른다.

하늘을 이용하라

공상에서 태어났으니 이윤은 평범한 인물이 아니다. 어쩌면 이윤은 홍수신(洪水神)이었을 가능성도 있다.

신화학적 해석에 의하면 은나라의 탕은 태양신이었다는 설이 유력하다. '탕(湯)'은 '양(陽)'과 음이 서로 통한다. 그리고 〈천문〉에서도 태양이 뜨는 것을,

출자탕곡(出自湯谷, 탕곡에서 나와)

이라고 쓰고 있다.

『회남자』에는,

일출간양곡(日出干暘谷, 해는 양곡에서 나와)

이라고 묘사되어 있다.

이름으로 봐서 은 왕조의 시조 탕이 태양과 관계가 있다는 점은 틀림없다.

탕은 은 왕조의 시조지만 은 부족의 시조는 설이다. 설은 상에 봉해졌는데 탕에 이르기까지 여덟 차례에 걸쳐서 수도를 옮겼다고 한다. 농경시대가 되기는 했지만, 화전농업 단계에서는 땅을 자주 바꿔야만 했다. 그런데 천도를 할 때마다 부족의 인원이 늘어났다. 탕 시절에는 이미 대부족이 되어 중원정권을 위협할 정도로 커졌다고 생각된다.

그러나 팽창한 은 부족이 하 왕조를 대신하기 위해서는 다른 부족과의 연합도 필요했다. 유신국의 처녀를 아내로 맞았다는 것은 은의 수장인 탕이 동맹국을 늘렸다는 사실을 의미하는 것처럼 보인다.

신화로 해석해보면, 태양신을 섬기는 부족이 주로 홍수신을 섬기는

부족과 군사동맹을 맺은 것이라고 볼 수도 있을 것이다.

은은 힘으로 하를 쓰러뜨렸다. 그 최대의 공로자가 이윤이었다. 승리를 선언한 것이 이윤이었다.

『역사(繹史)』에 탕과 이윤의 협력에 대한 다음과 같은 이야기가 실려 있다.

폭군으로 알려진 하의 걸은 여색을 굉장히 좋아했는데, 민산국(岷山國)을 공략했을 때 민산국의 두 미녀를 손에 넣어 그녀들을 총애하게 되었다고 한다. 하나라 걸의 총비(寵妃)는 그 유명한 말희(妺喜)인데 밀려드는 세월의 무게를 견디지 못하고 용색이 떨어졌던 것인지도 모른다. 혹은 민산국의 두 미녀가 그녀보다 걸의 취향에 더 맞았던 것일까?

말희는 마음이 편치 않았다. 처음에는 민산국의 두 미녀를 미워했지만, 곧 자신을 돌아보려 하지도 않는 걸에게까지 원한을 품게 됐다.

『사기』에는 이윤이 탕을 섬기다 한때 하로 건너갔지만, 하의 도리에 어긋난 모습이 싫어서 다시 탕에게로 돌아갔다는 설도 소개되어 있다. 이윤이 하에 있었을 때 말희는 그를 알게 되었다. 말희는 걸에게 복수를 하기 위해서 은으로 돌아간 이윤과 내통을 했다고 한다. 국가 기밀에 해당하는 군대배치와 그 외의 중요한 정보를 은에 알려 주었다. 은이 하를 멸망시키는 데 있어서 말희의 정보가 커다란 역할을 했다면, 그녀는 하의 왕비이면서도 은 건국에 커다란 공을 세운 사람이 되는 셈이다.

이 이야기는 아무래도 아귀가 너무 잘 들어맞는다. 『역사』는 청나라 때 지어진 책인데, 위의 이야기는 『죽서기년(竹書紀年)』에 수록된 것이라며 인용했다. 『죽서기년』은 3세기 진(晉)나라 때 전국 시대의 고분에서 출토된 것인데 일찍이 유실되어 후에 위서가 만들어졌다. 따라서 말희의 내통설도 그다지 믿을 만한 것은 되지 못한다. 그저 하나의 흥미로운 삽화로 소개를 해봤다.

탕이 하의 걸을 공격할 때 민중에게 알리는 글을 발표했다. 그것은 『서경』 속에 「탕서(湯誓)」라는 제목으로 수록되어 있다. 아직 문자가 없었던 시절이었기 때문에 구두로 알려졌으며, 구전을 직업으로 하는 사람들에 의해서 기억되고 전승되다 후에 문자로 기록된 것이리라.

그에 따르면, 은의 부족 중에도 탕이 원정하여 하를 공격하는 것을 반대한 사람들이 있었던 듯하다. 탕은 그들을 설득하려 했다. 자신도 하고 싶어서 난을 일으키는 것이 아니라,

유하(有夏)는 죄가 많아 하늘이 명해서 이를 치게 했다.

라고 말했다. 하의 걸이 포학하고 죄가 많기 때문에 '하늘'이 이를 치라고 명령했다는 것이다. 하늘, 즉 상제가 명령했는데, 거기에 따르지 않으면 자신이 죄를 얻게 되기 때문에 토벌을 할 수밖에 없다고 설득하고 있다. 「탕서」 속에는 은나라 사람들의 반대 목소리를 언급한 부분도 있다.

지금 너희(은나라 사람들)는 그에 대해 말한다. 하에게 죄는 있지만 그것이 우리에게 어떻다는 말인가라고.

하의 걸은 죄가 많기는 하지만 그 때문에 고통을 받고 있는 것은 하의 백성들일 뿐, 우리 은의 백성을 어떻게 할 수는 없지 않은가? 우리와 상관없는 일이니 중요한 농사를 내팽개치고 전쟁을 할 필요는 없다. 너희

는 그렇게 말하지만……이라며 「탕서」는 계속 말을 잇고 있다.

이것으로 당시는 하의 천하였지만, 하나라 왕의 힘이 은에까지는 미치지 못했다는 사실을 알 수 있다. 제후의 나라는 하의 패권을 인정하고 있기는 했지만 상당한 독립성을 유지하고 있었던 듯하다.

하의 본거지가 산서성 안읍 부근이었다면, 은의 본거지인 박(亳)과는 400킬로미터 정도 떨어져 있었다. 걸 시대의 도읍은 낙양이었다는 설도 있는데, 그렇다면 둘 사이의 거리는 200킬로미터 정도밖에 되지 않는다.

폭정이 미치지 않았다면 그냥 내버려 두어도 상관없었을 것이다. 토벌군을 일으켰다는 것은 탕이 적극적인 인물이었다는 사실을 이야기해 주고 있다.

탕은 은의 백성에게 '호기'라고 설득을 했다.

하는 걸의 폭정 때문에 단결력이 떨어져 있었다. 세금이 너무 무거우면 사람들은 생업에 힘을 쏟지 않게 된다. 하나라 사람들은 걸을 해에 비유해서,

저 해는 언제 떨어질까.

라며 몰락을 기대하고 있었다. 이럴 때 공격한다면, 하의 백성들은 왕을 도우려 하지 않을 것이다.

나 한사람을 도와서 천벌을 행하라.

라고 탕은 은의 백성들에게 말하고, 마지막으로 여기에 힘쓴 사람에게는 상을 주고 외면한 자는 용서하지 않고 가족까지 몰살하겠다고 위협했다.

하늘의 명령을 받았다는 사상은 왕권의 절대화와 관련이 있다. 왕은 하늘의 뜻을 대행하는 사람이기 때문에 무슨 일을 해도 정당화된다. 원시 씨족 사회에서 수장은 유능하기 때문에 정치를 맡았다. 그러나 세습

제가 되면, 반드시 유능한 왕만이 계속 나오지는 않기 때문에 아무래도 '하늘'을 들먹여 흠을 감추려고 하는 법이다.

천명을 받았다, 아니 천명을 잃었다고 하면서 하늘을 활발하게 이용했다.

중국사 최초의 망국 왕조

제후(諸侯)가 사실상 독립에 가까운 위치에 있었다면, 여러 가지 연합에 의해서 여러 가지 모양의 세력 판도가 형성되어 있었을 것이다. 중심 정권인 하가 강력했을 때는 위협이 통했을 것이다. 그러나 힘이 약해지거나, 혹은 제후 가운데 의욕을 가진 적극적인 지도자가 나타나면 정권 유지가 어려워진다.

평판도 중요하다.

탕은 평판이 좋았다고 한다. 어느 날 탕이 밖으로 나가보니 들판에 새 잡는 그물을 사방으로 쳐놓고,

천하 사방에서 모두 내 그물로 들어와라!

라고 기도하는 자가 있었다.

아아, 이래서는 전부 잡혀 버리고 만다.

탕은 이렇게 말하고 세 방향의 그물을 거두게 한 뒤,

왼쪽으로 가고 싶어 하는 것은 왼쪽으로 가게 하라. 오른쪽으로 가고 싶어 하는 것은 오른쪽으로 가게 하라. 명령을 듣지 않는 자만 내 그물에 들어와라!

라고 빌었다. 제후는 이것을 듣고,

탕의 덕이 지극해 금수에게 미쳤다.

며 감탄했다고 한다. 탕이 진정으로 덕을 갖춘 수장이었는지, 혹은 연기로 그렇게 보인 것인지는 알 수 없다. 그러나 결단을 내려야 할 때 제후가 판단 기준으로 삼은 것은 세상의 평가였다. 예나 지금이나 변함없이 홍보전(弘報戰)이 중요한 것이다.

하와 깊은 관계를 맺고 있던 제후는 위(韋), 고(顧), 곤오(昆吾)였다. 다른 제후가 하를 버리고 하나둘 은의 탕 쪽에 붙었지만, 이 세 나라만은 마지막까지 하 쪽에 서 있었다. 탕은 그것을 차례차례로 무너뜨렸다.

후에 시황제를 낳은 진(秦)의 시조 비창(費昌)도 이 시대 사람이었다. 『사기』의 「진본기(秦本紀)」에는,

비창은 하의 걸 때에 하를 떠나 상으로 들어가, 탕의 어(御)가 되어, 걸을 명조(鳴条)에서 무찔렀다.

고 기록되어 있다.

어(御)란 마부를 말한다. 이 시대에는 말이 끄는 전차로 싸웠던 듯 마부는 제일선에 나서는 전투원이었다. 말할 나위도 없이 재상인 이윤도 전쟁에 참여했다.

하의 걸은 명조로 도망을 했고, 거기서 대패했다. 명조라는 땅에 관해서도 산서성 안읍현이라는 설과 하남성 정주의 동쪽이라는 설이 있다. 걸은 다시 패하여 도망치다 삼종(三㚻)이라는 곳에서 붙잡혀 남소(南巢)로 추방되었다. 틀림없이 지금의 안휘성 단호(單湖) 부근일 것이다. 걸의 마지막은 잘 알 수 없지만 근심 속에 죽었다고 한다.

전후 처리를 할 때 하의 사(社)를 옮기자는 의견을 탕이 물리쳤다고

한다. 사란 토지신을 모시는 사당으로 나라는 빼앗았지만 제사권까지 폐해서는 안 된다고 생각했다.

토지신뿐만 아니라 조상신에게도 손을 대서는 안 된다고 생각했다. 제사를 받지 못한 조상의 영이 커다란 재앙을 내릴지도 모르기 때문이다.

하의 제사를 계속하기 위해서도 하의 왕통과 관계가 있는 사람을 근절할 수는 없었다. 은은 하나라 걸의 후예들에게 제후의 자리를 주었다. 이것은 관용에 의한 조치라기보다는 하나라 조상들의 원령(怨靈)을 피하기 위한 조치였다. 원시 사람들의 신령에 대한 사고방식은 현대 사람들의 머리로는 상상하기 어려운 부분이 있다. 재앙을 피하기 위해서는 제사를 계속해야만 했는데, 조상신은 그 자손이 올리는 제사 외에는 받지를 않았다. 제사를 올리기 위한 기반으로 그 부족의 영지가 필요했다.

왕조가 곧 국가라는 견해에서 보자면, 하 왕조의 멸망은 중국 최초의 망국이었다. 이전에도 제후국의 흥망은 적지 않았을 테지만, 중심 정권의 그것에 비하면 규모가 훨씬 작아 망국이라는 표현은 어울리지 않을 것이다.

망국의 백성이 된 하의 부족은 좁은 토지를 부여받아 은의 지배를 받으며 유민으로서 괴로운 생활을 계속했다. 후에 은을 쓰러뜨린 주(周)도 전례에 따라서 은의 유민을 송(宋)나라로 옮겨 제사를 계속하게 했다. 이때 주는 하의 유민을 기(杞)에 봉했다고 한다. 기는 하남성 개봉시(開封市)에서 동남쪽으로 50킬로미터 떨어진 곳에 있는데, 지금은 기현(杞縣)이라고 불리고 있으며, 당시에는 역시 중원권에 속해 있었다.

약소 제후로 영토를 유지하고는 있었지만, 그것은 동정에 의해 주어진 것이었을 뿐 세상의 시선은 싸늘했다. 걸핏하면 조소의 표적이 되었으며,

때로는 어리석은 사람에 대한 이야기의 주인공이 되기도 했다.

'기우(杞憂)'라는 말은 오늘날에도 자주 사용되고 있다. 기나라 사람이, 하늘이 무너지지 않을까 터무니없는 걱정을 했다는 이야기가 『열자』에 실려 있다. 있을 수 없는 일을 걱정하거나 쓸데없이 앞일이 걱정돼서 고심하는 것을 기우라고 하는데, 이는 당시 사람들이 망국민인 기나라 사람들을 업신여겼을 것이라는 사실을 이야기해준다고 여겨진다.

공이 크니 신하로 삼을 수 없다

은의 건국에 가장 커다란 공을 세운 이윤은 흥미로운 인물이다. 어머니가 뒤를 돌아서 홍수를 보고 속이 빈 뽕나무가 되었고, 거기서 태어났다고 하니 홍수가 점지해준 아들, 혹은 홍수신으로 추측된다. 『안자춘추(晏子春秋)』에는 이윤의 모습이,

검고 짧은 봉두난발에 뺨에는 수염, 머리는 위가 크고 아래가 뾰족
하며 곱추에 목소리가 낮았다.

고 묘사되어 있다. 좋은 구석이라고는 어디에도 없다. 신분도 유신 씨의 잉신으로 부엌에 있었다고 하니 그리 대단하지도 않다. 그 묘사에서 어딘지 궁정노예 같다는 느낌이 엿보인다.

『여씨춘추』에는 탕이 이윤을 등용했을 때,

이(이윤)를 묘에서 불(祓)하고, 흔(薰)을 하는 데 환위(萑葦)로 하고,

태우는 데 관화(爟火)로 하고, 흔(釁)을 하는 데 희가(犧猳)로 하고

라는 기록이 있다. 대신으로 등용하는 데 묘에서 푸닥거리(祓)를 하고, 갈대(葦) 등을 태워 연기를 피우고, 제사용 불(爟火)을 피우고, 제물로 소(猳)를 잡는 것은 너무나도 엄숙하지 않은가?

이윤이 그만큼 중요한 인물이었기 때문에 그렇게 한 것이라고 생각할 수도 있다. 반대로 이윤이 신분적으로 너무나도 비천했기 때문에 그렇게 대대적인 행사를 해서라도 이전까지 그의 몸에 붙어 있던 '불상(不祥)'의 기운을 제거한 것이라고도 볼 수 있다.

하를 멸망시키고 은이 천하의 주인이 되었으며, 곧 탕이 죽고 외병(外丙)이 즉위했다. 탕에게는 태정(太丁)이라는 태자가 있었지만, 아버지 탕보다도 먼저 세상을 떠났다. 외병은 태정의 동생이다. 그러나 외병도 즉위한 지 3년 만에 세상을 떠나고, 다시 그의 동생인 중임(中壬)이 즉위했지만, 그도 4년 만에 세상을 떠났다.

이에 이윤은 일찍 세상을 떠난 태정의 아들 태갑(太甲)을 세워 제(帝)로 삼았다. 태갑은 탕의 적장손(嫡長孫)이다. 탕의 입장에서 보자면 참으로 온당한 계승이었지만 외병이나 중임에게는 아들이 없었을까? 상당히 복잡한 관계지만 기록에 제위계승 전쟁이 있었다는 말은 없다. 무엇보다도 주목해야 할 것은 『사기』의,

이윤은 곧 태정의 아들 태갑을 세웠다.

라는 표현이다.

태갑을 즉위시킨 것이 이윤이라고 말하고 있다. 이윤은 틀림없이 '킹메이커'였다.

그것뿐만이 아니다. 탕의 적장손인 태갑은 그다지 뛰어난 인물이 아니었던 모양이다. 명석하지 못하고 포학했으며 건국의 대제인 탕의 법을 따르지 않았기 때문에 3년이 지난 뒤에 이윤이,

이를 동궁(桐宮)으로 내쫓았다.

고 했다.

동궁이란 지명으로 탕이 묻힌 곳이다. 황제의 추방은 3년에 이르렀으며, 그동안 이윤이 정무를 보았다.

추방당했던 황제는 동궁에서 크게 반성한 듯하다. 과오를 후회하고 자신을 책망하고 선으로 돌아왔다. 이에 이윤은 태갑을 맞아들여 대정을 봉환했다.

반성을 하여 복귀를 허락받은 황제 태갑은 곧 죽고, 그 아들인 옥정(沃丁)이 즉위했다. 이윤이 죽은 것은 옥정 시절이었다. 이윤은 은의 도읍인 박(亳)에 묻혔다.

황제를 추방하기도 하고 복귀시키기도 했으니, 이윤은 보통사람이 아니었다. 죽은 뒤에도 은의 조묘에 모셔졌다.

조이윤(祖伊尹, 이윤을 조상으로 삼다).

이라고 『여씨춘추』에 기록되어 있는데, 은나라 사람들이 이윤을 자신들

의 조상과 같이 우러르고 기렸다는 표현이다. 씨족 의식이 강했던 시대에 피가 통하지 않은 사람을 조상처럼 섬기는 일은 어지간해서는 있을 수 없다. 명군과 명신이라는 관계만이 아니었을 것이다. 틀림없이 좀 더 강력한 고리로 연결되어 있었을 것이다. 이윤이 없었다면 은은 천하를 쥘 수 없었다고 짐작된다. 그리고 은나라 사람들도 그 사실을 잘 알고 있었을 것이다. 그렇게밖에는 달리 생각할 길이 없다. 공신을 조묘에 모시고 제사하는 것은, 이윤을 선례로 은에서는 곧잘 행해졌던 일이다. 그 이후의 예가 많다고 해서 이윤의 선례가 보통 일이 아니었다는 사실을 잊어서는 안 된다.

『여씨춘추』에 따르면, 이윤은 아무래도 탕의 명령을 받고 첩자로 하에 들어간 듯하다. 그런데 일단 탕을 섬기던 인물이 하로 옮겨가면 의심을 받게 된다. 그래서 이윤은 탕의 노여움을 사 달아나는 형태를 취한 것이다.

  그 믿지 못하겠음을 두려워하여 탕은 이에 스스로 이윤을 쐈다.

라고 묘사되어 있는데, 탕은 화가 나서 이윤을 죽이려고 활을 쏘는 시늉까지 했다. 이윤은 간신히 목숨을 건져 하로 도망친 것처럼 되었다. 연기가 아주 뛰어나지 않으면 안 되는 일이다.

하로 들어간 이윤은 단순히 정보를 모으기만 한 것이 아니었다. 총애를 잃은 말희를 자기편으로 끌어들였다. 왕조 심장부에 관한 중요한 정보를 모음과 동시에 내부 교란작전도 함께 펼쳤다. 하지만 이윤의 첩보활동이나 모략공작만으로 하가 멸망했다고는 볼 수 없다. 하의 멸망은 왕조 내부가 크게 병들어 있었기 때문이다.

이윤은 하에 3년 동안 있었다고 한다. 박으로 돌아온 이윤은 탕에게 자세히 보고했다. 이제 하 왕조의 명맥이 그리 길지 않다는 사실을 알게 되었다. 과감하게 일어나라고 권유한 사람은 틀림없이 하의 정세를 잘 알고 있던 이윤이었을 것이다.

탕은 이윤과 맹세하여 하를 반드시 멸하겠다는 의지를 보였다.

는 『여씨춘추』의 문맥으로 보아 탕과 이윤은 주종이라기보다는 맹우에 더 가까웠던 듯하다. 이윤의 아들인 이척(伊陟)도 재상이 되었는데, 황제인 태무(太戊)는 그를 보고,

불신(弗臣, 신하로 삼을 수 없다.)

고 말한 적이 있었다. 공적이 너무나도 크기 때문에 신하 취급을 할 수 없다는 말이다.

이윤이 오로지 지모만으로 탕을 보좌한 것은 아니었다. 그 아들인 이척까지 특별 취급을 받았다. 탕 시대였다면 천하를 손에 쥐게 된 것은 이윤 덕이었으니 고마워하는 마음을 잊지 않았다 해도 충분히 이해를 할수 있다. 몇 대 뒤의 황제인 태무 시대까지도 이윤은 빛을 발하고 있었다.

이윤의 배후에는 그를 지지하는 부족이 적잖이 있었을 것이다. 탕의 세력과 이윤의 세력이 서로 힘을 합쳤기에 하의 멸망과 은의 건국을 실현할 수 있었다고 생각된다.

반경의 중흥 정책

『사기』는 그 후의 은의 왕통을 자세히 기록했다. 아들이 뒤를 잇기도 했고, 동생이 후계자가 되기도 했다. 이 시대에 형제 상속은 반드시 변칙만은 아니었던 듯 싶다. 이윽고 제위 계승 싸움이 일어나더니 은의 국력은 점차 쇠약해져 갔다.

국력의 척도는 제후가 조정으로 들어오느냐, 들어오지 않느냐는 것이다. 제후가 국도로 인사를 하러 오지 않게 되면 국가의 활력이 약해졌다는 것을 알 수 있다. 통제력이 약해진 것이다.

탕이 건국한 지 2, 3백 년이 지나 은의 국력이 쇠하자 제후들은 조정을 찾지 않게 됐다. 그대로 둔다면 은은 멸망하거나 제후국 수준으로 떨어져 버릴 것이다.

그럴 때 중흥의 영주(英主)가 나타났다. 그의 이름은 반경(盤庚)이다. 탕에서부터 헤아려서 19대째 황제인데, 형제 계승이 많았기 때문에 세대로 따지자면 탕의 10대손인 듯하다.

은이 쇠퇴하기 시작한 것은 6대손인 중정(中丁) 때부터였다. 국력이 쇠약해졌는데도 황제를 비롯한 귀족들은 사치의 극을 달렸다고 한다. 반경은 과감하게 천도하기로 했다.

탕에서부터 반경에 이르기까지 10대에 걸친 동안 은은 다섯 번이나 수도를 옮겼다.

처음 수도였던 박의 위치에 대해서도 여러 가지 설이 분분하다. 지금의 안휘성 북부, 하남과의 경계 가까운 곳에 박현이라는 곳이 있다. 그러나 거기가 아니라 산동성 서부, 역시 하남성에 접한 부근에 위치한 조현

(曹縣)이 박이었다는 설도 유력하다. 낙양을 중원의 중심으로 본다면, 조현이든 박현이든 상당히 동쪽에 치우쳐 있다. 반경의 아버지인 남경(南庚)은 엄(奄)으로 천도를 했다고 하는데, 이는 공자의 출신지로 유명한 산동성 곡부(曲阜) 부근이라 추측된다.

은에는 아무래도 동방의 냄새가 감돌고 있다. 현조(玄鳥)의 알을 먹고 아들을 낳았다는 것은 난생전설의 일종인데, 이것은 동북에서 조선에 걸쳐서 많다고 한다. 그 때문에 은은 퉁구스 계열이라고 주장하는 설도 있다.

반경은 지금의 하남성 안양현 부근으로 천도했는데, 중원의 중심에서 상당히 멀리 떨어진 곳이다. 하남성에 속해 있기는 하지만 하북성 바로 옆으로 두 성의 경계에서 10킬로미터밖에 떨어져 있지 않다. 곡부에서 옮긴 것이라면 그것은 대이동이었을 것이다.

『사기』에 주민들이 이 이동을 한탄하고 슬퍼하며 원망했다는 기록이 있다. 정든 땅을 떠나는 것은 누구나 싫은 일이다. 더구나 새로운 도읍은 변경이나 다름없는 곳에 있었다.

반경은 무엇을 기대하고 그곳으로 천도했을까?

우선 생각할 수 있는 것은 인심일신(人心一新)이다. 이미 퇴폐의 기운이 가득 차 있었다. 과감한 수술이 필요했다. 하나에서부터 열까지 전부를 뜯어고쳐야겠다고 생각했을 것이다.

새로이 도읍으로 정해진 지방은 은이라 불리고 있었다. 탕이 시작한 왕조의 국호는 '상'이었지만, '은'이라고도 불리게 된 것은 그 때문이었다. 그 후로도 이 왕조는 2백수십 년 더 지속되었는데 그동안에는 천도를 하지 않았다.

이전까지의 사치와 퇴폐를 바로잡기 위해 초라한 초가집에서 살았다고 하는데, 이는 후세 사람들이 반경을 칭송하기 위해서 만들어 낸 이야기인 듯하다. 처음 이사했을 때는 가설주택에서 살았을지 모르겠지만, 반경은 장기적인 전망을 가지고 계획적으로 국도 만들기를 추진해 나갔을 것이다. 그랬기 때문에 두 세기 반 동안 더 이상 천도를 할 필요가 없었던 것이리라.

은나라 국도의 유적이 발견된 것은 한방약 '용골' 덕분이었다. 약재상은 기업 비밀이기 때문에 그 산지를 숨겼다. 새삼스레 말할 나위도 없이 그것이 귀중한 갑골문이라는 사실을 알고서는 연구자들은 열심히 출토지를 조사했다. 그렇게 해서 용골의 산지가 안양현 소둔촌이라는 사실이 밝혀졌다.

그것을 발표한 이는 나진옥(羅振玉, 1866~1940)이었다. 『은상정복문자고 (殷商貞卜文字攷)』라는 저서 속에서 그 사실을 밝혔다.

청나라 말기에 나진옥은 일종의 진보적 개량주의자였다. 농학사(農學社)와 동문학사(東文學社)를 열어 인재를 양성한 공적은 높이 평가할 만하다. 다른 한편으로는 금석문 연구가로도 일가를 이뤘다.

자금성의 내각문고(內閣文庫)에 명·청 시대의 공문서가 산더미처럼 쌓여 있었는데, 아무짝에도 쓸모가 없으니 태워 버리자는 의견이 나왔을 때, 그 필요성을 주장하여 소각을 막은 것이 그였다.

그는 또한 스타인과 페리오가 돈황에서 수많은 문물을 가져간 뒤, 아직 현지에 남아 있는 것을 북경으로 옮겨 보존했다.

신강의 우루무치에서 객사한 유철운의 갑골 조각 컬렉션도 이 무렵에 나진옥의 손으로 넘어갔다. 그는 1911년에 동생인 나진상(羅振常)과 처남인 범항헌(范恒軒) 두 사람을 안양현으로 파견하여 좀 더 많은 문물을 사들이게 했다.

그런데 그해는 신해혁명이 일어난 해였다. 10월 10일, 무창에서 일어난 봉기로 청나라는 맥없이 무너지고 말았다. 나진옥은 진보적 개량주의자이기는 했지만 혁명가는 아니었다. 오히려 청에 충성을 맹세한 인물이었다.

청나라가 붕괴되자 그는 유민이 되어 일본으로 망명했다. 돈황에 남아 있던 문물을 북경으로 옮길 때 일본에서 조사를 나온 나이토 고난(內藤湖南), 가노 나오키(狩野直喜), 오가와 다쿠지(小川琢治) 등과 친분을 맺었기 때문에 망명지는 교토(京都)가 되었다. 망명생활은 8년 동안 이어졌다. 계속 일본에만 머물지 않고 성묘를 위해 잠시나마 중국에 돌아간 적도 있었다.

손문 정권도 북양군벌도 특별히 이 학문에 열성적인 문인의 책임을 추궁할 뜻은 없었다. 나진옥은 자신의 뜻에 따라서 망명했다. 청나라의 마지막 황제인 부의(溥儀)는 천진(天津)에서 폐제(廢帝)의 삶을 살았는데, 나진옥은 귀국하여 그의 가정교사를 맡기도 했다. 그 자리에서 물러난 뒤에는 공화국 정부의 힘이 미치지 않는 여순(旅順)으로 가서 살았다. 머지않아 일본은 중국의 동북에 만주국이라는 괴뢰 정권을 세웠다. 부의는 만주국의 황제가 되었고 지난날의 선생이었던 나진옥도 불러들여 요직에 앉혔다.

나진옥은 말년에 여순에서 연구생활을 했지만, 일본인이 지배했던 만주국의 감찰원장 등에 취임했었기 때문에 중국에서의 평판은 그다지 좋지 않다. 그러나 은허의 장소를 밝혀내고 갑골문 연구에 선구자적 역할을 했다는 점, 문물을 보존, 정리했다는 점 등 그의 공적은 결코 작지 않다.

마침내 풀린 갑골문

나진옥이 갑골 조각의 출토지가 안양현 소둔촌임을 확인한 것은 1910년이었다. 그러나 신해혁명과 그에 이은 혼란 때문에 현지조사는 훨씬 늦어지고 말았다. 설령 혼란이 없었다 할지라도 당시에는 조사를 하고 싶어도 그럴 만한 인재가 없었을 것이다.

확인으로부터 18년이 지난 1928년에 설립된 중앙연구원 역사어언연구소는 예비조사를 위해 연구원을 안양으로 파견했다. 당시의 중앙연구원장은 북경대학장으로 있던 채원배(蔡元培, 1868~1940)였고, 역사어언연구소장은 '이하동서설'의 부사년이었다.

예비조사를 위해 파견된 동작빈(董作賓, 1895~1963)은 당시 광동의 중산대학 조교수로 있다가 자리를 옮긴 서른세 살의 젊은 학자였다.

은허의 발굴조사는 1937년 중일전쟁 발발 직전까지 계속되었다. 그런데 그동안에도, 1930년에 한 번 중단된 적이 있었다. 참으로 한심한 얘기지만, 그 경위에는 관료주의적인 주도권 다툼이 얽혀 있었다.

돈황의 예로 알 수 있는 것처럼 당시에는 귀중한 문화유산이 해외로 끊임없이 유출되고 있었다. 이에 정부는 각 지방에 대해서 문화재의 발굴을 엄금한다는 통지를 보냈다. 마침 그때 중앙정부 직속기관에서 발굴조사를 위한 인원을 보내왔다. 하남성으로서는 자신들에게 한마디 상의도 없이 자신들이 관할하는 토지에서 발굴이 행해진다는 사실에 거부감을 느끼고 있었다. 이에 앞에서 말한 통지를 근거로 조사를 저지하려는 자세를 보였다.

결국은 하남성에서도 조사원이 참가한다는 조건으로 발굴조사가 재개되기는 했지만 그 일 때문에 1년 동안 중단을 할 수밖에 없었다. 그러나 그 중단은 결코 공백이 아니었다. 연구소의 고고반(考古班)은 그해에 산동성 역성현의 성자애 유적을 발굴했다. 신석기시대 유적으로 용산 문화에 속한 것인데, 앞에서도 이야기했듯이 훌륭한 난각도(卵殻陶)가 출토되었으며, 복골 조각도 발견되었다. 물론 거기에 복사는 없었다. 어쨌든 고고반에게 성자애의 발굴은 굉장히 귀중한 경험이었다. 은허를 발굴하는 데 얼마나 큰 도움이 됐는지 알 수 없다.

원래 은허의 발굴은 갑골 조각 채집이 주요한 목적이었다. 갑골문은 선구자에 의해서 이미 상당한 정도까지 해독되어 있었다. 보다 많은 복사를 통해서 고대의 역사를 보다 자세히 알게 되었다. 그런데 성자애에서의 경험이 자극제가 되어 고고반 연구자들은 갑골 조각뿐만 아니라 유적 자체에도 관심을 갖게 되었다.

재개된 은허의 발굴에서 커다란 능묘도 발견되었고, 주거와 궁묘의 터도 확인되었다. 커다란 능묘에는 훌륭한 청동기와 옥기(玉器)가 부장되어 있었다. 그것을 노리고 무장 도굴단이 출몰하여, 연구소의 고고반은 생명의 위기까지도 느꼈다고 한다.

미국의 하버드 대학에서 고고학과 인류학을 전공한 양사영(梁思永)은 귀국 후 미리 정해진 일이라도 되는 양 연구소의 고고반에 참가했고, 곧 대장이 되어 발굴을 지휘했다. 그는 저명한 계몽사상가로 일본에 망명한 적이 있는 양계초(梁啓超, 1873~1929)의 아들이다. 은허의 능묘 발굴은 주로 양사영의 지도로 진행되었다.

양사영이 참가하기 전에는 동작빈과 이제(李濟, 1896~1979) 두 사람이 중심이 되어 조사를 했었다. 하남성 정부가 참가시킨 곽보균(郭寶鈞)은 후에 연구원으로 이적되었다. 워낙 인재가 부족했기 때문에 이제 막 대학을 나온 준재(俊才)가 현장에서 양사영의 지도를 받아 가며 일을 하기도 했다. 청화 대학을 나온 하내(夏鼐), 하남 대학을 이제 막 나온 유요(劉燿) 등과 같은 청년학도들이 활약했다. 유요는 윤달(尹達)이라는 이름으로 연구논문을 발표했다.

그 이전까지 중국에서의 고고학적 발굴은 대부분 외국인의 손에 의해서 이루어졌다. 앤더슨의 앙소 유적 발굴, 감숙에서의 채도 발굴 등이 그 예다. 내셔널리즘이 강해져서 외국인에게 중국의 땅을 독점적으로 발굴시키는 일은 없어졌다. 그러나 주구점(周口店)의 조사, 서북중국과학고사단(西北中國科學考査團)에서도 각각 앤더슨과 스벤 헤딘(Sven Anders Hedin, 1865~1952, 스웨덴의 탐험가-옮긴이) 등이 주요한 멤버로 참가했다.

같은 시기지만 은허의 발굴은 순수하게 중국인 학자들의 손에 의해서만 이뤄졌다. 대대적인 고고학적 발굴로는 이것이 처음일지도 모른다.

그러나 젊은 학도들의 쾌거도 중단될 수밖에 없었다. 1937년 7월 7일, 노구교(蘆溝橋)에서 울려 퍼진 총성이 삽시간에 중국대륙을 전화에 휩싸이게 했기 때문에 은허에는 신경을 쓸 수조차 없었다.

은허 발굴에 참가했던 윤달은 그날 남경에 있었다. 그는 〈용산 문화와 앙소문화의 분석〉이라는 열정이 담긴 논문을 막 탈고한 뒤였다. 그 논문은 앤더슨의 설에 대한 반론이자 도전이기도 했다.

> 앤더슨에 따르면, 앙소촌과 제가평(齊家坪) 두 유적에 대한 보고가
> 머지않아 인쇄될 것이라고 한다. 우리의 수많은 재료를 보고, 그가 그
> 과거의 의견을 바꾸기를 간절히 희망하는 바다.

이렇게 쓴 뒤 윤달은,

1937년 7월 7일, 남경 계명사(鷄鳴寺) 옆에서 거듭 옮겨 쓴다.

라는 말로 마무리를 지었다. 노구교사건에 대한 소식은 아직 전해지지 않았을 것이다. 그는 그때까지도 아직 자신이 쓴 날짜의 의미를 알지 못했다.

그 무렵, 일본의 지바(千葉) 시 이치카와(市川)에서 망명생활 10년째를 맞이한 곽말약(郭沫若, 1892~1978)은 처자를 일본에 남겨둔 채 단신으로 전화에 휩싸인 조국으로 돌아갈 결심을 했다. 그는 북벌군에 가담했다가 1927년에 장개석(蔣介石)의 백색테러를 피해 일본으로 도망했다. 나진옥은 귀국을 해도 목숨에 별 지장이 없는 망명이었지만, 곽말약의 목에는 현상금이 걸려 있었다. 곽말약이 국민당에게 쫓겨 일본으로 망명했을 때, 나진옥은 이미 교토에서의 망명생활을 마치고 귀국하여 천진에서 청나라 폐제 부의의 교사 생활을 하고 있었다. 그리고 곽말약이 유학생활을 할 때 나진옥은 아직 교토에 있었지만, 두 사람은 서로 연이 닿지를 않았다. 그러나 두 사람 모두 갑골문에 흥미를 가지고 있었다는 공통점은 기묘할 수밖에 없다.

나진옥은 금석학 때문에 관심을 가졌으나, 곽말약은 유물사관에 의한 중국의 고대사회연구 때문에 갑골문에 주목했다. 곽말약은 망명생활 중에 『갑골문자연구(甲骨文字硏究)』, 『은주청동기명문연구(殷周靑銅器銘文硏究)』, 『복사통찬(卜辭通纂)』 등의 역작을 남겼다. 그가 일본을 탈출한 때는 노구교사건이 일어난 1937년 7월 말이었다. 고대사회 연구를 일시 포기했다.

동작빈도 그 무렵 남경에 있었다. 상무인서관(商務印書館)과 출판계약이 되어 있던 『은허문자(殷墟文字)』 갑편(甲編)의 교정본을 살펴 보고 있었다. 갑골 조각을 탁본하고 그것을 사진으로 찍어 제판하기 때문에 쉬운 작업이 아니었다. 그는 자신이 쓴 서문의 교정까지도 마친 상태였기 때문에 이제는 출판될 날만 기다리면 된다고 생각하고 있었다.

바로 그럴 때 전쟁이 일어났다. 상무인서관의 공장은 상해에 있었는데, 일본군의 폭격, 그리고 점령을 당해 출판이 불가능하게 되고 말았다. 8월 중순에는 일본군의 남경 폭격도 있었다. 은허에서 출토된 갑골 조각은 남경에 있었는데 이것 역시 위험해졌기에 장사, 그리고 계림에서 곤명으로 이전을 했다. 3천 년 이상이나 땅속에 잠들어 있던 물건이었다. 딱딱한 껍데기나 뼈라 할지라도 상당히 약해져 있었다. 옮기는 것이 이 갑골 조각들에게 좋지 않으리라는 것은 두말할 나위도 없었다. 갑편에 실을 예정이었던 것은 이미 사진을 찍어 두었지만, 나머지는 정리할 여유조차 있지 않았다.

일본군의 상해 폭격으로 출판할 수 없게 된 갑편의 원고와 탁본은 2년 뒤, 다시 상무인서관과 계약을 맺어 홍콩에서 인쇄, 출판하게 되었다. 사진을 다시 찍어서 제판하기로 했다. 홍콩은 영국의 식민지였기 때문에 일본군도 손을 댈 수가 없었다.

그런데 1941년 12월, 일본은 미국과 영국에게 선전포고를 하고 순식간에 홍콩을 공격해 버렸다. 사실 『은허문자』는 그전에 출판되었다고 한다. 몇 권이 팔렸는지는 모르겠지만, 정가 120위안이라는 광고가 신문에 실렸었다고 한다. 전쟁을 피해 운남성으로 들어간 연구소는 전쟁 중이었기 때문에 예산이 극단적으로 한정되어 있었을 것이다. 정가 120위안에 홍콩에서 곤명까지의 항공 운송비 300위안을 낼 수 없었기에 저자도 함부로 주문을 할 수 없었다고 한다. 그 뒤에 일본군의 공격이 있었기에 그것도 역시 '환상의 책'이 되어 버리고 말았다.

지금 만약 홍콩판 『은허문자』 갑편이 나타난다면 골동적 가치를 인정받게 될 것이다. 어쨌든 갑편은 1948년에 드디어 출판되었다. 그 무렵 동작빈은 시카고 대학에 객원교수로 초빙되어 있었기에 거기서 서문을 다시 썼다. 10년 전의 서문이 쓸모없어졌기 때문이 아니라, 그에게 새로이 할 말이 있었기 때문이었으리라.

　　10년이나 출판이 늦어진 것은 누구의 책임인가?

라고 그는 그 서문에서 말했다.

을편의 분량은 갑편보다 4배 정도 더 많았지만 앞에서 이야기한 것처럼 전화를 피해 다니는 동안 훼손된 것이 많았다. 갑골 조각은 우선 아교로 고정시킨 다음 그것을 이어붙여서 정리 번호를 매겨야만 했다. 그것이 채 끝나기도 전에 옮기게 되었다. 덜컹거리는 길을 1천 킬로미터 이상이나 이동했으니 버텨낼 리가 없었다. 을편은 세 권으로 나뉘어 출판되었는데, 갑편에 비해 계통에 혼돈이 있다. 복원할 수 없는 것이 적지 않았다.

이 책이 국가 다난한 시대에 만들어진 것이라는 점을 이해해 주십시오, 라고 동작빈은 을편의 서문에서 말했다.

그는 전쟁 전에 『갑골문단대연구예(甲骨文斷代硏究例)』라는 귀중한 연구를 발표했고, 전쟁 중이라는 악조건 속에서도 은력(殷曆)을 복원하기 위해 연구하여 『은력보(殷曆譜)』 14권을 1945년에 출판했다.

중앙연구원은 전쟁 중에 곤명으로 옮겨졌고, 동작빈을 비롯해서 은허 발굴에 참가했던 연구원들도 대부분 그것을 따라서 갔다. 그러나 연구원을 떠나 연안(延安)으로 간 사람들도 있었다. 앤더슨에 대한 반론을 쓴 윤달도 그 가운데 한 사람이었다. 그가 자신의 대표작인 『중국신석기시대(中國新石器時代)』를 쓴 것도 1939년, 연안의 남가평(藍家坪)에서였다.

베일 벗은 은나라 역사

은의 역사가 그 베일을 벗기까지는 이와 같은 로망이 있었다. 여기서 말한 로망이란 가장 엄격한 의미에서의 로망이다.

안양현 소둔촌은 반경이 천도를 한 이후 멸망에 이르기까지, 2백수십 년 동안의 국도였다. 그러나 반경 시대의 복사는 발견되지 않았다. 은허에서 출토된 복사는 반경보다 한 세대 아래인 무정(武丁) 시대의 것이 가장 오래된 것이다. 반경 이후에 두 동생, 소신(小辛)과 소을(小乙)이 제위에 올랐고 소을의 아들이 무정이었다.

반경, 소신, 소을 시대는 거의 60년 정도였다고 생각된다. 이 60년 동안의 복사는 없다. 아직 발굴되지 않은 것이 아니라 처음부터 없었을 가능성이 더욱 높다. 무정 시대에 비로소 갑골문자가 형성된 것이라는 견해도 있다.

복사가 새겨진 갑골 조각이 발견되고 은허가 발굴되기 전까지, 『사기』에 기록된 은의 역사는 만들어진 것이라는 견해가 역사학계의 주류였다.

은은 3천 년 전에 멸망한 왕조다. 탕에서부터 주까지 17세대 30왕이었다. 『죽서기년』은 은이 496년 동안 천하를 유지했다고 했으며 『삼통력(三統曆)』에는 629년이라고 되어 있다.

까마득히 먼 옛날이다.

'세(世)'라는 글자는 '삽(卅)', 즉 30에서 왔다. 윗대가 죽고 가장이 자립하여 활약하는 기간을 평균 30년이라고 생각한 것이다. 17세대라고 한다면 510년이 평균치가 되는 셈이다. 그런데 은에는 형제 계승이 많았는데, 30왕 중 14왕이 형제 계승이었다. 장남과 막내의 나이 차이를 더한다면 1세대는 30년이 넘을지도 모른다.

사마천의 시대에서부터 헤아려도 1천 수백 년 전에 있었던 옛일이었다. 그 먼 옛날 서른 명의 임금들의 이름을 하나하나 들고 있으니,

어차피 만들어냈을 것이다.

라고 생각해도 어쩔 도리는 없다.

그런데 복사에 역대 왕들의 이름이 나와 있다. 은에는 제사를 중히 여기는 습속이 있었기 때문에 제사에 관한 복사가 적지 않다. 제사 이외에도 조상들의 이름이 나오는 경우가 있다. 치통으로 고생할 때 이는 아버지가 내린 재앙이 아닐까 하고 점을 친 경우도 있었다.

복사에 이름이 나오는 역대 왕들과 『사기』에 기록되어 있는 은의 왕통을 비교해보면 두 개가 거의 일치한다. 『사기』에는 즉위하지 않은 것으로 되어 있는데, 복사를 보면 즉위했을 것이라 여겨지는 왕이 둘 있다. 한편 『사기』에는 왕으로 되어 있는데, 복사에는 나오지 않는 인물이 셋 있다. 모든 복사가 발견된 것이 아니기 때문에 이 세 사람이 왕이 아니었다고는 단언할 수 없다.

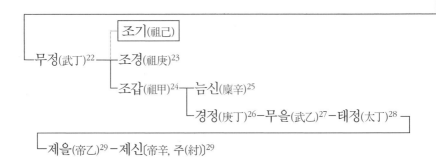

여기서 은의 왕통도(王統圖)를 살펴보기로 하겠다.

이것은 『사기』의 기술을 충실하게 반영하여 작성한 것이다.

복사와 대조해서 정정해야 할 명칭은 15대 옥갑을 강갑(羌甲)으로, 26
대 경정을 강정(康丁)으로, 28대 태정을 문정(文丁)으로 정정하기만 하면
된다.

『사기』에 왕으로서 빠져 있는 것은 ☐ 안에 들어 있는 두 사람뿐이다. 그런데 태정은 즉위하기 전에 죽은 것으로 기록되어 있고, 조기는 현신(賢臣)으로 기록되어 있다. 이름은 『사기』에도 실려 있다.

밑줄을 친 세 명은 『사기』에는 기록되어 있지만, 복사에서는 확인이 되지 않은 임금이다.

즉위 순서는, 복사에 따르면, 8대가 태무고, 9대가 옹기로 되어 있다.

『사기』에는 13대 조을이 하단갑의 아들이라고 되어 있지만, 복사에는 중정의 아들이라고 되어 있다. 그리고 『사기』에 17대인 남경은 옥갑의 아들이라 되어 있지만, 복사에는 조신의 아들로, 조정과 형제라고 되어 있다. 이것을 점선으로 정정하고 삽입할 필요가 있는 태정과 조기도 점선으로 표시해 보기로 하자.

오랜 시간이 흘렀음을 참작한다면 이 정도의 차이는,

　　거의 일치한다.

고 표현해도 상관없다.

복사의 발견과 은허의 발굴은 사마천과 『사기』의 신빙성을 재확인시켜 주었으며 그 명성을 더욱 높여 주었다.

무관촌 대묘의 발굴

제2차 세계대전이 끝난 뒤에도 중국에서는 내전이 계속되었으며, 국민당 정권은 패배하여 타이완으로 도망쳤다. 복사와 은허에 관계했던 학자들도 두 갈래로 나뉘었다. 이제(李濟)는 타이완으로 떠났으며, 동작빈도 미국에서 타이완으로 돌아갔다. 예전의 대장이었던 양사영을 비롯하여 하내, 윤달, 호후선(胡厚宣) 등은 대륙에 남았다.

중화인민공화국에는 과학원의 기구가 만들어져 곽말약이 원장으로 취임했다. 그 밑에 고고연구소가 설치되었는데 소장 하내, 부소장 윤달이 오랫동안 그 일을 맡았다.

양사영은 1954년에 용산 문화에 관한 논문을 발표했는데, 그해에 세상을 떠났다. 병상에 누워서도 애제자인 윤달의 논문을 읽었다고 한다. 그가 죽은 뒤, 과학원 고고연구소에서 『양사영 고고논문집(梁思永考古論文集)』이 발간되었다.

고고연구소는 1950년에 설치되었는데, 마치 기다리고 있었다는 듯 곧바로 은허 발굴 작업에 착수했다. 연구소 최초의 일은 이것이 아니면 안 되었다. 그리고 60일간에 걸친 조사 끝에 무관촌(武官村)에서 대묘(大墓)를 발굴하는 데 성공했다.

제2차 세계대전 이전의 발굴에서는 10기의 대묘와 1천여 기의 소묘가 발견되었다. 대묘는 틀림없이 제왕, 혹은 왕족 가운데서도 유력자가 매장된 것이라 추측된다.

하지만 발굴 후 얼마 지나지 않아서 전쟁이 일어났기 때문에 상세한 보고는 오랫동안 작성되지 못했다. 발굴 대장이었던 양사영은 대륙에 남았고 발굴 자료와 노트 등은 타이완으로 보내졌다.

이와 같은 발굴은 현지 조사 등의 작업이 끝나면 다시 메우기 마련이다. 전쟁 이후의 발굴에는 도면까지 들어간 보고가 있으며, 또한 모형 등도 만들어졌다.

은의 역대 왕들의 이름은 알고 있지만, 발굴된 왕릉으로 보이는 무덤에서 피장자가 판명된 것은 아직 한 기도 없다. 무기가 대량으로 출토된

1004호 묘가 전쟁을 자주했던 무정의 부덤이 아닐까 여겨지고 있지만, 그것도 한낱 추측에 지나지 않는다.

이 1004호 묘는 묘실의 면적이 320제곱미터다. 은묘(殷墓)의 묘실에는 아(亞)자형과 방형(方形, 사각형)이 있는데, 이것은 방형이었다. 면적밖에 보고되어 있지 않지만, 19미터×17미터 정도라고 추정해도 좋을 것이다. 동서남북으로 묘도(墓道)가 있는데 남묘도(南墓道)가 정면에 해당하는 듯 30미터나 되고 완만한 경사를 이루며 뻗어 있다. 나머지 동서북의 묘도는 각각 10미터다. 그런데 깊이가 13미터나 되기 때문에 남도 이외는 경사가 급한 계단으로 되어 있다.

묘실에는 곽실(槨室)이 만들어지고 거기에 관이 놓였다. 그런데 그 묘실 바닥에 구멍을 뚫고 거기에 개나 개를 데리고 있는 무장한 병사를 묻었다.

당시 사람들은 '고(蠱)'라는 것을 굉장히 두려워했다. 고라는 것은 사람에게 해를 주는 열독(熱毒), 악한 기운이라고 일컬어지고 있다. 기운이기 때문에 사람의 눈에는 보이지 않는다. 『설문(說文)』에는 책형(磔刑)을 받아 죽은 사람의 망령을 고라고 하는 경우도 있다고 기록되어 있다. 같은 망령이라 할지라도 원한을 품고 있으니 두려운 존재였다. 그러나 인간의 감각으로는 고의 접근을 막을 수가 없다. 그렇기 때문에 개의 비상하고 날카로운 후각에 의지하여 악한 기운이 다가오는 것을 감지해서, 병사로 하여금 그것을 막게 하려 했다.

인류는 예로부터 개를 가축으로 길러 왔는데, 제사나 푸닥거리를 할 때면 별 망설임 없이 개를 잡았다. 불(祓)이라는 글자의 '犮'은 원래 '개(犬)'에 칼(刀)을 더해 죽이는 모습을 취하고 있다. 여행을 떠나기 전에 수레로 개를 치는 의식도 자주 행해졌었다. 이것을 '발제(軷祭)'라고 한다. 이것은 『주례(周禮)』에도 기재되어 있는데, 견인(犬人)이라는 관리가 개를 관리하다가 왕이 문 밖으로 나설 때면 왕의 수레로 개를 쳐서 죽였다고 한다.

물론 개뿐만이 아니었다. 사람까지도 간단하게 죽였다. 복사를 읽어보면 제사 때에 동물을 제물로 삼았는데, 인간도 동물처럼 죽여서 제물로 삼았다는 사실을 알 수 있다. 그것도 강(羌)이나 남(南)이라고 불리는 사람들이 많았다. 강은 티베트 계열 사람인 것으로 여겨지며, 남은 남쪽의 부족인 묘(苗)까지 포함되어 있었을지도 모른다.

말할 나위도 없이 왕의 무덤에는 많은 사람들이 순장되었다.

1001호 묘에는 개를 데리고 있는 병사가 묻힌 요갱(腰坑)이 아홉 개 있었다. 2층 대 위에는 여섯 명의 순장자가 있었는데, 그중 5구는 관에 넣어져 있었다. 동이실(東耳室)에서는 관에 넣어진 것이 1구, 관이 없는 것이 4구 발견되었다. 틀림없이 이들 순장자는 왕 생전에 측근에서 섬기던 사람이었을 것이다. 남쪽의 묘도(墓道)에는 목이 잘린 유해가 59구 매장되어 있었다. 양손을 뒤에서 묶은 것도 있었다. 목은 묘실에서 가까운 곳에 한꺼번에 매장되어 있었는데, 그것은 73개 발견되었다고 보고되어 있다. 이 묘는 도굴 때문에 내부가 어질러져 있었기 때문에 머리와 유해의 숫자가 맞지 않는다. 머리는 현장에서 잘린 것이리라.

묘의 내부뿐만이 아니다. 1001호 대묘의 바깥쪽에도 순사자(殉死者)가 묻혀 있었는데, 68구의 유해가 발견되었다. 거기에는 22기의 순장묘가 있는데, 그 가운데 1기는 중형 무덤으로 안에 순사자의 유해 1구와 여러 개의 청동기가 놓여 있었다.

제2차 세계대전 이후 가장 먼저 발굴한 무관촌 대묘에는 2층 대 위의 동쪽과 서쪽에 41구의 유해가 있었는데, 그중 관 속에 들어 있던 것은 13구였다. 묘실의 동서 양쪽에 34개의 머리가 묻혀 있고, 남북의 묘도에는 말이 22마리 묻혀 있었다. 이 대묘의 묘도는 남북의 두 개뿐이었는데, 묘실의 경호를 위해서였는지 창을 든 무사가 각각 한 사람씩 묻혀 있는 것이 발견되었다.

전문가의 감정에 따르면, 2층 대 위 서쪽의 24명은 여성이고, 동쪽의 17명은 남성인 듯하다.

매장을 할 때 현장은 그야말로 아수라장이었을 것이다. 그 자리에서 목을 베었기 때문에 피가 흙에 스며든 흔적이 있었다고 한다. 무관촌 대묘 바깥쪽에도 목이 없는 순장자의 유체가 나란히 묻혀 있었다고 한다. 솜씨가 별로 좋지 않은 참수 집행자에게 걸린 것인지 턱 부분이 아직 붙어 있는 유해도 있었다고 보고되었다.

1개 군단을 생매장한 순장묘

은의 무덤은 '암묘(暗墓)'라는 형식의 것이었다. 지하에 아무리 장대한 무덤을 만들어도 지상에는 봉분도 묘비도 만들지 않았다. 후세에서 볼 수 있는 건조물은 더더욱 세우지 않았다. 오랜 세월이 흐르는 동안 그것이 유실되었을 가능성도 있지만, 적어도 그 흔적은 발견되지 않았다.

그렇다고 해서 은나라 사람들이 죽은 자를 중히 여기지 않았다는 것은 아니다. 지나치다 싶을 정도로 중히 여겼다. 대수롭지 않은 치통이라도 조상 중 누군가가 화가 나서 재앙을 내린 것이 아닐까 걱정하며 갑골로 점을 쳤다. 만약 그 결과가 조상의 영의 노여움 때문이라고 나왔다면 그 노여움을 풀기 위해서 성대한 제사를 치렀을 것이다.

그러한 제사는 묘 앞에서 거행되었을 것이다. 대묘의 바깥쪽에 순장자의 유해가 묻혀 있었다는 사실은 앞에서 이야기했다. 그것은 왕을 매장했을 때의 것이 아니라 그 후 제사 때의 제물이었는지도 모른다.

그토록 죽은 자의 영혼을 두려워했던 은나라 사람들이 어째서 묘표를 세우지 않았을까? 그것은 언뜻 이해가 되는 않는 일처럼 여겨진다. 그러나 죽은 자의 영을 끊임없이 의식하고 그 노여움을 사지 않도록 주의했기 때문에 표식 같은 건 불필요했다고 생각할 수도 있다. 표식은 무덤의 위치를 알려주는 물건에 지나지 않는다. 그런 것으로 무덤의 위치를 표시해야 할 만큼 은나라 사람들은 무덤을 소홀히 하지 않았다. 아침부터 밤까지 언제나 머릿속에서 떠나지 않는 것에 표시를 해 놓는다면, 그것이 더 이상하지 않을까?

은나라 사람들의 행동은 전부 점복(占卜)에 의해서 결정되었다. 점복이 전부였다고 할 수 있다. 그렇게 되면 모든 실권이 점복을 관장하는 사람의 손에 쥐어질 우려가 있다. 왕이 지배권을 확보하기 위해서는 우선 점쟁이들을 지배하지 않으면 안 된다. 그러기 위해서는 왕 스스로가 점복을 행해야만 한다. 중요한 일을 결정할 때 갑골을 구워 나타난 점괘를 판단하는 것은 왕의 몫이었다.

은나라의 왕은 일종의 법왕(法王, 사제장)이라 할 수 있을 것이다. 자연신과 조상신을 받들어 제사를 지내고 점복을 관장했으니 성직자임에 틀림없다. 또 다른 한편으로는 국가의 수장으로서 현실의 정치도 맡았다.

이와 같은 제정일치 체제에서 왕은 신성하여 범할 수 없는 자, 신 그 자체가 되어 버린다. 은나라의 왕은 인간의 형상으로 나타난 신이었다. 앞에서도 이야기한 것처럼 세습제의 모순이 나타나기 시작하면 오히려 왕을 더욱 신성화하는 법이다. 제사권, 점복권을 손에 쥐고 있기만 하면 더이상 무서울 것이 없다. 아무리 어리석더라도 왕좌는 안전하다고 할 수 있다.

그런데 죽은 자의 영혼을 그렇게도 무서워했던 은나라 사람들이 어떻게 그처럼 아무렇지도 않게 사람의 목을 벨 수 있었던 것일까? 만약 은나라 사람에게 이런 질문을 하면 은나라 사람들은,

응? 그게 인간이었어?

라고 눈을 둥그렇게 뜨며 놀랄 것이다. 그들에게는 인간의 부류에 들어가지 않는 인간이 있었던 것이다. 왕을 매장할 때 죽여서 무덤 안에 던져 넣는 것이 그런 인간들이었다.

달리 적당한 말이 없으니, 그저 노예라고 부르기로 하자.

무덤 속에 던져지는 것은 노예라는 수사법을 사용했다. 그런데 똑같이 목숨을 잃은 사람이라도 목이 잘린 자와 목이 그대로 붙어 있는 자가 있었다. 또 등 뒤로 손을 묶인 자와 묶이지 않은 자가 있었다. 관에 넣어진 자와 관이 없는 자가 있었다. 위를 향해 있는 자와 엎드려 있는 자가 있었다. 묘실 안에 넣어진 자와 묘도에서 살해된 자가 있었다. 노예에도 여러 종류가 있었다.

순사(殉死)라는 말을 사용했지만, 이 말에는 자신의 뜻에 따라서 주군에게 목숨을 바친다는 뉘앙스가 강하다. 은묘의 순장자는 손이 묶여 있거나 목이 잘려 있었으니, 결코 자신의 뜻에 따라서 죽은 것이 아니다. 그 사람들은 다른 사람의 뜻에 의해서 목숨을 잃은 것이다.

주군의 매장과 관련되어 목숨을 잃는 것뿐만이 아니었다. 궁전이나 종묘 등을 조영할 때는 전기(奠基)라고 불리는 지진제(地鎭祭) 같은 의식을 행했는데, 이때 땅 속에 묻는 것은 주로 개였지만 어린이를 사용하는 경우도 있었다. 전기가 끝나면 기단을 만드는데 초석을 놓을 때, 동물과 함께 인간도 묻혔다.

안양 소둔에서는 궁전의 기단의 흔적이 50여 개 발견됐다. 종묘였을 것이라 추정되는 건물의 앞뜰에 해당하는 곳에 하나의 군단이 그대로, 아주 정연하게 묻혀 있었다. 지휘관부터 병졸까지 포함해서 총 850명이었다고 한다.

무기는 물론 전차도 다섯 대 묻혀 있었다. 당시 전쟁에는 몇 마리의 말이 끄는 수레에 무사가 세 명 타는 전차가 쓰이고 있었다. 무사는 전차장, 마부 그리고 사수이다. 다섯 대의 전차는 각각 세 명의 승무원들과 함께 묻혀 있었다. 병졸로 보이는 사람들은 목이 잘려 있었다.

그 앞뜰에 군단 하나를 그대로 묻었으니 얼마나 중요한 건물인지 상상이 간다. 제정일치 체제의 국가에서 가장 중요한 건조물인 종묘가 아니었을까 하는 추리는 설득력이 있다.

종묘를 악령이나 고(蠱)로부터 지키기 위해 무기를 들고 무장을 한 군단 전원을 죽여 매장한 것이라 생각해도 좋을 것이다. 그렇다면 은나라에는 군대 안에도 노예부대가 있었다고 생각할 수밖에 없다.

이것은 국군이 아니라 전쟁에서 획득한 포로일 것이라는 설도 있다. 현대인들의 생각으로는 걸핏하면 사람을 함부로 죽이니 군대의 사기가 저하되어 나라를 지키는 데 도움이 되지 않았을 것 같은 느낌이 들기도 한다. 그리고 군대에서 반란이 일어나지나 않았을까 걱정이 되기도 한다.

또 한편으로는 석국의 포로이니 은의 종묘를 열심히 지켜 주지 않을지도 모른다는 생각이 들기도 한다. 완전무장을 하고 있으니 단순히 조상에게 바치는 제물이라고만은 여겨지지 않는다. 그러나 이런 생각 역시 현대인적인 발상일지도 모른다.

이 지하군단도 목이 없는 자와 있는 자, 엎드려 있는 자와 하늘을 보고 누운 자, 머리띠 모양 투구의 장식이 구리로 만든 방울인 자와 조개껍데기인 자(병졸은 목이 없어서 잘 모르겠지만 머리띠를 하고 있었다 할지라도 틀림없이 장식은 없었을 것이다), 참으로 각양각색이다.

노예 속에도 계급이 있으니, 그 숫자는 어마어마하게 많았을 것이다. 지하 피라미드인 왕묘를 만드는 데에도 엄청난 노동력이 필요했을 것이며, 말할 나위도 없이 그것은 노예들의 일이었다.

1955년의 조사 때 정주에서 은대의 유물이 판축(版築) 속에서 출토되었다.

판축은 이른바 고대의 시멘트 공법이라고 할 수 있다. 양쪽에 벽과 같은 것을 세워 위에서부터 황토를 넣은 다음 물을 붓고 공이 같은 것으로 두드려 굳혔다. 그리고 판(벽)을 떼어내는데, 이것이 마르고 나면 굉장히 단단해진다. 북경 교외의 관광지인 팔달령(八達嶺) 부근의 만리장성은 구운 벽돌로 쌓았는데, 시대적으로 보면 그것은 명나라 시대의 것이다. 고대의 장성은 대부분이 판축이었다.

얘기를 다시 돌려서, 은의 유물이 나왔기 때문에 그것은 은의 성벽이라고 추정되었다.

정주시의 성벽은 전국 시대에 만들어진 오래된 성벽을 후대에 다시 보수한 것으로 알려져 왔다. 그런데 은나라 때 만들어진 것을 전국 시대에 이용했고 보강했을 가능성도 생겨났다. 어쨌거나 물건이 나왔기 때문이다.

정주에 남아 있는 판축의 벽은 주위의 둘레가 7.2킬로미터나 된다. 중국 고고학자 안금괴(安金槐, 1921~2001)가 잡지 「문물(文物)」에 발표한 연구에 따르면, 1만 명의 노동자가 18년 꼬박 완성해야 하는 분량에 상당한다고 한다. 이것도 역시 노예들의 일이었다.

은은 반경이 안양으로 도읍을 옮기기까지 여기저기에 도읍을 만들었다. 지금의 정주는 10대인 중정 때 천도한 오(隞)가 아닐까 추정되고 있다. 중정은 반경보다 4세대 위이니 안양의 은허보다 100년 이상이나 오래된 은의 도읍이 되는 셈이다.

이 무렵부터 은은 다수의 노예를 가지고 있었으며, 노예가 사회의 주요한 생산력이었기 때문에 '노예제 사회'의 시대로 볼 수 있다.

제사와 술을 좋아한 은나라

지금은 원시 공산제사회, 노예제사회, 봉건제사회와 같은 시대구분이 일반적으로 사용되고 있다. 그 외에도 예를 들자면 석기시대, 청동기시대, 철기시대와 같은 시대구분도 있다.

은 시대부터 청동기가 출현했다. 그것도 극도로 뛰어난 청동기가 갑자기 나타난 느낌이 든다. 은 시대를 청동기 시대라 불러도 좋을 것 같지만 거기서는 역시 거부감이 느껴진다. 왜냐하면 은 시대의 청동기는 주로 제사를 위한 것이지 실용적인 도구라고는 생각되지 않기 때문이다.

이 시대 사람들의 생활은 주로 농경에 의존하고 있었다(물론 곽말약처럼 목축, 수렵 쪽에 더 비중이 있었다고 주장하는 사람도 있다). 그런데도 농기구에 청동기가 사용된 예는 극히 드물다. 청동은 귀중하기 때문에 농기구로 쓰기에는 아깝다고 생각했을 것이다. 그러나 무기로는 청동이 사용된 비율이 비교적 높다.

여기에는 은나라 사람들의 가치관이 반영되어 있다. 그들에게 있어서 무엇보다도 중요한 것은 제사였다. 제사를 위한 기구라면 아무리 귀중한 물건이라도, 물 쓰듯 써도 아깝지 않다고 생각했다.

무기도 중요했다. 그것은 전쟁의 도구이자 동시에 왕의 권력의 상징이기도 했다. 또 전쟁을 하면 포로를 잡아서 대량으로 노예를 만들 수 있었다. 노예의 노동력에 의존해서 생활했기 때문에 노예를 잡는 데 쓰이는 도구인 무기는 청동을 사용할 만한 가치가 있었다.

주요 산업인 농경이 중요했다는 것은 말할 나위도 없다. 석기로 만든 농기구보다 청동으로 만든 농기구가 훨씬 더 뛰어나고 능률적이라는 사실은 누구나 알고 있었을 것이다. 그런데도 청동으로 만든 농기구는 그다지 발견되지 않았다. 청동으로 만든 기구를 사용하면 한 사람이 두 사람분의 일을 할 수 있다는 사실을 알고는 있었지만, 두 사람분의 일이 필요할 때는 노예를 하나 더 데려오는 편이 더 빠르고 간단하다고 생각했다.

정주 판축 성벽의 노동량에 대해서는 앞에서도 이야기했지만, 안금괴의 계산은 황토를 채집하는 노동자 1천 명이 청동으로 만든 삽을 사용하고 2천 명이 돌삽을 사용하는 것을 전제로 한 계산이다. 그러나 이것은 어디까지나 계산 방법 중 하나에 불과하며, 실제로는 청동으로 만든 삽이 그렇게 보급되지는 않았을 것이다. 출토 상황으로 봐서 청동 농기구는 극히 적었다고 보는 편이 옳을 것이다.

은의 청동기는 제사용이었다고 보는 것이 타당할 듯한데, 그 종류의 다양함에는 놀라지 않을 수 없다. 식기, 주기(酒器), 수기(水器), 잡기(雜器) 등으로 크게 나눠 볼 수 있는데, 놀랍다기보다는 어이가 없을 정도로 주기의 종류가 많다. 술을 담는 그릇, 마시는 그릇 모두에 참으로 여러 가지 모양이 있다.

은나라 사람들은 제사를 좋아했을 뿐만 아니라 술도 좋아했던 듯하다. 조상의 영혼이나 자연신에게 술을 바친 뒤, 그것을 마셨으리라는 것은 분명한 사실일 것이다.

청동기는 은나라에 이어 주나라로 계승되었고, 춘추전국 시대에서 한나라 시대까지 제조가 계속되었다.

갑자기 나타난 청동기

은 시대에는 이와 같은 청동기, 청동무기 외에 타악기도 청동으로 만들어졌다. 구리거울이 출현한 것은 전국 시대 이후부터다.

'갑자기'라는 표현을 썼는데, 정말 그 표현이 꼭 알맞을 정도로 은의 청동기는 화려한 모습으로 등장한다. 어떤 공예품이든 치졸한 유년기와 같은 시기가 있으며 점점 경험이 쌓이고 개량이 더해지다가 기술이 향상되는 것이 일반적이다. 그런데 중국의 청동기는 최고의 것이 은 시대에 갑자기 출현한 것처럼 보인다.

어려운 문제를 해결하려고 할 때면 언제나 기발한 설이 등장을 한다. 산길을 한 걸음 한 걸음 걸어서 올라가는 것이 아니라 헬리콥터를 타고 정상까지 날아오르려는 것이다.

은 왕조는 멀리 서방 민족이 중원으로 침입하여 세운 정복 왕조로 청동기 제작 기술은 그들이 서쪽에서 가지고 왔다는 설이다. 일본 학계에도 이런 종류의 가설은 있었다. 대륙의 기마민족이 한반도를 거쳐 일본 열도에 도착해 지배층을 형성했다는 설이다.

서쪽에서 왔다면 기동력을 가진 기마민족이었을까? 틀림없이 당시 메소포타미아 평야에는 뛰어난 청동기 문화가 있었다. 수메르 왕의 묘는 규모가 은의 대묘와 거의 비슷하기 때문에 이것도 정복 왕조설의 한 근거가 되었다. 서방의 스키타이 민족은 중국의 고대사 여기저기에 의미 있어 보이는 그림자를 던져 놓았다. 스키타이는 기동력이 뛰어나기로 유명했다.

그러나 정복 왕조설에는 몇 가지 문제점이 있다.

메소포타미아에서 왔다면 틀림없이 이른바 실크로드를 통과했을 것이다. 실크로드라는 말을 넓은 의미로 해석해서 북방의 초원길까지도 포함시켜 보자. 그곳은 고고학적 조사의 처녀지가 아니다. 상당한 분량의 조사 보고가 행해진 곳이다.

그런데 그 지방에는 서아시아와 동쪽의 은의 청동기 문화를 연결해 줄 만한 흔적이 전혀 보이지 않는다. 예를 들어서 감숙에서 출토된 청동기는 구(釦)와 같은 조그만 것들뿐이며, 그것도 춘추전국 시대의 것으로 은이 멸망한 지 수백 년이나 지났다. 아무리 기동력이 좋다 할지라도 멀고 먼 길이었으니, 중간에 몇 개의 거점을 만들었을 것이다. 조금 더 뛰어난 청동기 문화의 유물이 그 지방에서 발견되어야 한다.

이런 의문에 대해서 정복 왕조를 주장하는 사람들은 "아직 발굴되지 않았을 뿐이다", "황하 중류에 이르기까지 매력적인 땅이 없었기 때문에 흔적을 남길 만큼 오래 머물지 않았다"라고 반론할 것이다.

정복 왕조가 청동기 문화를 가지고 왔다는 설은 청동기의 모양에서도 약점을 드러낸다. 은나라 청동기의 모양은 앙소 문화, 용산 문화의 석기와 토기를 원형으로 삼고 있다. 그 이전에 흙을 빚어서 만들던 것을 그대로 청동으로 만들었다. 서방에는 서방의 형식이 있는데, 은나라의 청동기는 그것을 이어받지 않았다. 정복 왕조로 지배층이 소수였기 때문에 다수인 토착 주민들의 기호와 타협을 할 수밖에 없었다는 설명은 참으로 궁색하게 들린다. 왜냐하면 은의 청동기는 실용품이 아니라 주로 제사용품이었기 때문에 피정복자의 취향 따위를 고려할 필요는 없었다고 생각해 볼 수 있다.

그렇다면 어째서 높은 수준의 것이 마법처럼 갑자기 출현했을까? 그것은 마법도 그 무엇도 아니며, 청동기가 안양에서부터 출토되기 시작했기 때문이다. 반경이 안양의 소둔촌으로 천도하기까지 은은 국도를 자주 옮겼다. 안양에 정착하기 이전부터 은에서는 청동기가 제작되고 있었다.

앙소 문화, 용산 문화, 소둔 문화라는 호칭과 비교 방법에 문제가 있다. 앞에서도 이야기했듯이, 앙소촌의 유적은 사실은 용산 문화에 가까우며, 학문적으로 앙소 문화라 불리는 것의 대표는 반파 유적이다. 앙소와 용산에서는 금속으로 된 단추 하나, 화살촉 하나 발견되지 않았다. 소둔에서 비로소 금속기가 나오기 시작했는데 그것은 훌륭한 청동기였다. 이미 완성 단계에 도달한 것이다. 기술적으로도 예술적으로도 높은 평가를 얻고 있다. 그렇기 때문에 갑자기 나타난 것 같은 느낌이 드는 것이다.

그러나 은의 청동기에는 그보다 앞선 시기가 있었다. 반경이 천도하기 전이니 안양 소둔촌에서는 출토되지 않을 것이다. 서방의 정복 왕조설에 대해서 중국 기원설을 주장하는 사람들도 논쟁 상대방과 마찬가지로, "아직 발견되지 않았을 뿐이다."라고 말할 수밖에 없었던 시기가 계속됐다.

제2차 세계대전 이후 드디어 청동기 중국 기원설을 뒷받침할 만한 발굴이 보고되었다.

지금의 정주시 부근이 지난날 은의 도읍이었던 오(隞)라는 주장은 앞에서도 소개했다. 은 왕조가 성립된 뒤 처음으로 천도한 곳이 바로 오였으며 중정 시대의 일이었다고 『사기』에 기록되어 있다. 반경의 천도보다 적어도 100년도 더 전의 일이었다. 그 정주 부근의 발굴 조사에서 청동기를 제작했던 공방의 흔적이 두 군데 발견되었다. 정주 시 북쪽에 있는 자형산(紫荊山)의 북쪽 기슭과 시의 남관(南關) 밖 철도에서 가까운 곳이다.

도가니, 거푸집, 연료로 삼았던 목탄, 제품 등이 거기서 발굴되었다. 도가니 안쪽에서는 동의 찌꺼기가 분명하게 확인되었다고 한다. 남관 밖의 공방터에서만 1천 개가 넘는 거푸집이 발견되었다.

정주의 청동기는 안양의 청동기에 비해서 모양이 안정적이지 못하다. 장식도 조잡하다. 오랫동안 기다렸던 안양보다 앞선 시기의 유적이 발굴되었다. 그런데 정주의 유물보다도 더욱 앞선 시기의 것이 있는 것 같다. 중국 기원설은 아직도 그 고리가 완전히 연결된 것 같지 않다.

여기서 주목해야 할 점은 형태나 장식, 혹은 기술이 조잡한 청동기가 발굴되었다 해도 그것을 바로 안양의 선행기라고 생각해서는 안 된다는 사실이다.

우리 현대인들은 역사를 생각할 때, 그 토대에 '진보'라는 관념을 깔고 있다. 시간의 흐름에 따라서 모든 것은 진보한다는 사고는 고쳐져야만 한다.

예를 들어서 중국의 청동기는 안양 시대의 것, 즉 은의 중기에서 후기에 걸친 것이 가장 뛰어났다. 그 이후부터는 퇴보했다. 은 왕조 다음은 주 왕조로 이 시대에도 많은 청동기가 만들어졌지만, 은의 그것에는 미치지 못한다.

조악한 청동기가 출토되면 '혹시 초기의 것일지도 모른다'며 흥분하게 되지만, 대부분은 은보다 훨씬 후대에 제작된 것이 많다.

다만 정주의 경우는 그 유적이 오(隩)의 것이라는 사실이 거의 확실하고, 골기(骨器)와 토기의 공방터도 발견되는 등 여러 가지 근거가 있기 때문에 안양보다 앞선 것이라고 봐도 좋을 듯하다.

금문의 고안

우리는 갑자기 뛰어난 청동기를 보게 되었는데, 그것과 마찬가지로 갑자기 상당히 높은 수준의 문자를 보게 되었다.

귀갑수골에 문자가 새겨진 것이 안양의 은허에서 출토되었다는 사실은 앞에서도 소개했다. 그런데 그 갑골문은 단순히 원시문자라고 부르기가 꺼려질 정도로 상당히 높은 단계에 도달한 문자다. 그림에서 발달한 상형문자의 단계를 훨씬 뛰어넘어서 표의문자의 단계에까지 들어서 있다.

딱딱하고 잘 썩지 않는 귀갑수골에 새겨졌기 때문에 후세에까지 남았다. 문자는 갑골문 이전에도 오랜 역사를 가지고 있었을 것이라 여겨진다. 오래 보존되지 않는 것에 문자를 표시했기 때문에 남아 있지 않았을 것이다.

갑골문의 최고 권위자였던 동작빈은, 문자를 발명한 것은 기원전 3000년 무렵의 신석기시대 사람들일 것이라고 추정했다. 은허에서 출토된 갑골문 중에서 가장 오래된 것도 기원전 1200년대의 것이다. 동작빈이 추정한 시대까지는 참으로 오랜 시간을 거슬러 올라가야만 한다.

오랜 세월에 걸쳐서 천천히 발달했다는 설과는 반대로 어떤 시기에 갑자기 문자 체계의 근간이 만들어졌다고 보는 견해도 있다.

문자는 갑골에라도 새겨 두지 않는 한 대부분은 흔적도 없이 사라져 버린다. 우리는 한나라나 당나라 사람이 쓴 문자조차도 거의 볼 수가 없다. 사마천은 목간과 죽간에 『사기』를 썼지만 원본은 남아 있지도 않다. 당나라 시절이라고 하면, 우리는 이미 고대라는 느낌을 거의 갖지 않지만, 그래도 당나라 사람이 직접 쓴 글은 매우 귀중하다. 이백(701~762)과 두보(712~770)는 글을 상당히 많이 썼을 텐데도 그 육필을 본 사람은 아무도 없다. 명필이었던 사람만은 비문 등을 부탁받는 경우가 있었기 때문에 돌에 새겨진 것이 남아 있는 경우가 있다. 그만큼 문자는 남기 어려운 것이다. 지금 우리들이 보고 있는 것은 인쇄가 발명된 송 이후의 책으로 천 년 이내의 활자에 지나지 않는다. 그래도 고서 애호가들은 송판(宋版)이라고 하면 마치 보물이라도 되는 양 애지중지한다. 돈황이라는 이름이 세계적으로 널리 알려지게 된 것은 그 벽화에 의해서라기보다는 수많은 불전과 그 외의 고문서가 발견되었기 때문이다. 인쇄술이 발견되기 전이었기 때문에 물론 전부가 육필이었다.

그 정도로 남기 어려운 것이기 때문에 문자의 역사를 추정하기란 지극히 어렵다. 문자에 비하면 기구류는 토기든 금속기든 쉽게 남는 편이라고 할 수 있다.

안양 이전의 청동기의 역사는 기껏해야 2, 3백 년쯤일 것이다. 300년이라는 것도 의심스럽다. 만약 있다고 한다면 반드시 출토될 것이다. 용산문화의 유적에서 한 조각의 청동도 출토되지 않았으니, 청동기의 역사는 문자에 비해서 상한선을 찾아내기가 쉽다고 할 수 있다.

200년 정도 만에 안양의 그 훌륭한 청동기가 만들어졌으니 긴 역사, 특히 시대의 변화가 빠르지 않았던 고대사 속에서 청동기는 단번에 발달했다고 표현해도 좋을 것이다.

동은 녹는 점이 낮고 다루기 쉬운 금속이지만 너무 부드럽다. 신석기 시대부터 도기를 구워 왔기 때문에 당시 사람들은 불로 물건을 만드는 일에 익숙해져 있었다. 흙을 굽다가 광석까지 구웠는데, 그것이 녹았다가 다시 굳는 현상은 우연한 기회에 일찍부터 발견했을 것이다. 동에 소량의 주석이나 납을 섞으면 굉장히 딱딱해지는 현상은 고대인에게는 거의 기적처럼 느껴졌을 것이다.

그 기적을 습득한 인간은 거기에 지혜를 더해 순식간에 청동기 예술을 꽃피우게 되었다. 떨어뜨려도 깨지지 않는 용기를 만들 수 있게 됐으니, 합금을 발견한 사람은 놀라움과 기쁨을 가누지 못했을 것이다. 그 흥분에 편승하여 기술은 놀랄만큼 발전하며 조형예술의 수준이 높아졌다고 상상할 수 있다.

청동기가 단숨에 발전했다는 설을 문자에 그대로 적용시킨 단기성립설도 완전히 부정할 수는 없을 듯하다.

사물의 형상을 간략화하여 선으로 나타내는 작업은 하나의 시스템에서 시작한다. 시스템이 있으면 숫자를 늘리는 일이나 조합하는 일은 그다지 어렵지 않다. 합금을 발견한 사람처럼 문자 시스템을 고안한 사람 역시 문자 만들기에 열중했을지도 모른다.

은허에서 출토된 갑골문은 무정(武丁) 시대 이후의 것들뿐이다. 반경, 소신, 소을의 3대, 약 50년 동안의 것은 없다. 그 3대에 해당되는 것이 전부 약재로 사용되었다고는 볼 수 없다. 한 조각쯤은 발견되었을 것이다. 현재 발견된 것만 10만 조각에 이른다고 하니.

무정 시대에 비로소 문자가 만들어졌다는 것은 약재설(藥材說)에 비하면 얼마간 설득력이 있다. 그러나 그 갑골문이 상당히 발달된 단계의 것이라는 사실을 설명할 수 없다.

갑골 조각에 새겨진 복사는 은 왕조의 정식 기록이 아니었다. 점을 친 내용과 그 길흉을 기록한 것에 지나지 않는다. 미신을 굳게 믿었던 은나라 사람들은 여러 가지 일들을 점쳤기 때문에 결과적으로는 일종의 기록이 되기는 했다. 그러나 정식 기록은 따로 있었던 듯하다.

그 사실이 다름 아닌 복사에 기록되어 있다. 문자를 기록하는 데에는 갑골 조각 외에도 비단, 나무, 대나무 등을 사용했다. 복사에 '책(冊)'과 '전(典)'에 대한 내용이 기록되어 있다. 나무나 대나무로 된 문자판(文字版, 혹은 文字板)이 하나의 실에 묶여 있는 모양이 '책(冊)'이다. 그리고 보다 중요한 문서는, 그 책을 두 손으로 받들고 있는 모양이 '전(典)'인데, 이 글자의 아랫부분은 손이 아니라 어떤 받침대일 것이라는 설도 있다.

당시는 책과 전을 소중히 보관했을 테지만 워낙 쉽게 썩는 것들이기 때문에 지금은 남아 있지 않다.

갑골 조각은 책이나 전에 비해서 중요도가 떨어지는 것이다. 귀갑이나 수골은 원래 점복을 위해서 사용되었다. 갑골에 조그만 구멍을 뚫은 뒤, 그것을 구워 금이 간 모습을 보고 길흉을 판단했는데 점을 친 내용이나 그 길흉은 말로 전달하면 그만일 뿐, 특별히 새겨둘 필요는 없었다. 이 점술은 용산 문화기부터 있었으며, 은허에서도 구운 흔적은 있지만 복사는 없는 갑골 조각이 출토된다.

반경 형제 3대는 점복을 하지 않았던 것이 아니라 단지 그것을 갑골에 새기지 않았을 뿐이리라.

그리고 틀림없이 무정이라는 왕은 기록하기를 좋아했던 것 같다. 거기다 주의 깊은 성격의 소유자처럼 보인다. 갑골 조각에 점을 친 내용과 그 길흉을 새겨 넣었다. 이전에도 그런 경우가 있었을 테지만, 그것은 특별한 경우이고 일반적으로는 새기지 않았다. 무정이 예외적인 일을 계속해서 시행했기 때문에 그것이 새로운 예가 되고 복사를 새기지 않는 것이 예외가 되어 버렸을 것이다. 책이나 전은 붓과 같은 것으로 기록했으니, 갑골에 새길 때는 다른 방법을 썼을 것이다. 도구는 날카로운 것이었고 새겨야 할 곳은 딱딱한 것이었다. 당연히 서체도 달라질 수밖에 없다.

문자의 합리화가 이뤄져 그 시대의 '새로운 문자'가 만들어졌다. 그러나 예전의 문자도 남아 있다. 같은 은 시대의 문자라 할지라도 청동기에 명문으로 새겨진 것은 예전의 문자였다. 갑골문에 대해서 그것을 금문(金文)이라고 부른다. 청동기는 명문과 함께 주조되는 법이다. 청동기를 만드는 틀은 흙으로 만들어지는데 갑골처럼 딱딱하지 않기 때문에 예전의 문자를 쓸 수 있었다.

금문과 갑골문의 예를 들어보기로 하겠다. 말할 나위도 없이 같은 은 시대의 문자였다.

청동기에 깃든 비장미

문자와 청동기 모두 오랜 전사(前史)를 가지고 있었을 테지만, 은의 어떤 시기에 집중적으로 발전했을 것이라 여겨진다. 어떤 시기란 반경의 천도 무렵이었을 것이다. 이와 같은 문화의 약동에는 정치적 안정이 뒷받침되어야 한다.

복사 속의 제사 등에 관한 기록을 면밀하게 고증한 동작빈은 은 왕조의 성립을 기원전 1751년, 반경의 안양 천도를 기원전 1384년이라고 보았다.

반경 시대에 관해서는 하나의 분명한 날짜가 기록되어 있다. 그것은 월식에 대한 기록이다.

반경 26년 3월 갑오 16일

복사에 따르면, 그날의 월식 때문에 왕에게 좋지 않은 일이 일어났다고 한다. 과거의 월식은 천문학에 의해서 그 날짜를 밝혀낼 수가 있다. 이 월식은 기원전 1373년 3월 27일에 있었다.

이 기록이 정확하다면, 반경은 기원전 1398년에 즉위했으며 재위 15년에 천도한 셈이 된다.

앞에서 이야기한 월식은 놀랍게도 국도인 안양에서는 볼 수 없었으며, 지방에서 올라온 보고를 기록한 것이다. 은 제국의 지배가 상당히 넓은 지역에까지 유효하게 미쳤다는 사실을 알 수 있다.

동작빈의 『은역보(殷曆譜)』는 전쟁 중에 저술한 그의 역작이다. 이 책에 따르면, 은나라 사람들은 1년의 길이를 365.25일이라고 산출해 냈다. 그들은 아주 정확하게 자연을 관찰한 것이다.

이와 같은 황금시대를 만들어 낼 수 있었던 것은 그것을 지탱할 수 있을 만큼 생산력이 충분했기 때문이었다. 바꿔 말하자면 노예의 힘이 문화를 낳은 것이다. 제국의 번영을 유지하기 위해서는 끊임없이 노예를 보충하고 늘려야만 했다.

청동기 예술의 직접적인 제작자는 틀림없이 노예였을 것이다. 유적의 공방터 등을 보더라도 그것은 일반적인 인간이 견뎌 낼 수 있을 만한 장소가 아니었다는 사실을 알 수 있다. 노예는 아무리 좋지 않은 환경에서라도 열심히 일하지 않으면 안 됐다. 그들이 살아남기 위해서는 자신이 도움이 되는 인간이라는 사실을 일을 통해서 증명할 수밖에 없었다.

제사가 있으면 인간이 살해되어 제물로 바쳐졌다. 그것도 상당한 숫자가. 도움이 되지 않는 노예는 동물처럼 살해되고 만다. 목숨이 아까우면 각각의 작업장에서 없어서는 안 될 인간이 되는 수밖에 없었다.

은의 청동기 예술은 목숨을 건 노예들의 기백에서 태어난 것이라는 느낌이 든다. 그 긴박감이 느껴지는 조형미에는 예사롭지 않은 무엇인가가 있다. 생명력이라기보다는 생존에의 욕구, 생존에 대한 주장이 표현되어 있는 것 같다는 느낌이 든다. 일정한 형식에서도 때로는 숨 막힐 정도의 밀도가 느껴진다. 안양기의 청동기는 세계 최고의 경지에 도달했다고 해도 무리는 아닐 것이다.

중국의 청동기는 세계 각지에 애호가들을 가지고 있다. 그들은 특히 은의 청동기를 높이 평가하고 있다. 그것을 감상할 때 마음에 전해지는 긴장감과 생명이 소용돌이치는 소리가 들려올 것 같은 느낌이 가장 커다란 매력이다. 수집가들은 돈을 아낌없이 써 가며 그것을 모은다.

은허의 대묘는 학술조사대가 정식으로 발굴하기 전에 도굴된 것이 적지 않았다. 고고반이 청동기를 발굴해 내면 그것을 노리는 강도단에 대비해야만 했다고 한다.

청동기의 명문은 귀중한 사료이기도 하다. 같은 청동기라도 명문이 있는 것과 없는 것은 그 가치가 상당히 다르다. 명문이 없는 청동기에 명문을 새겨 넣은 악덕 상인도 있었다고 한다. 그러나 청동기는 일반적으로 명문도 함께 주조되기 때문에 조각된 명문은 바로 구분해 낼 수가 있다.

그리스의 문명도 그렇지만 화려한 무대 뒤에는 인간으로 인정받지 못했던 사람들의 힘이 있었다. 은 제국의 영광도 노예를 빼놓고는 생각할 수가 없다.

반경의 다음 세대인 무정은 전쟁을 굉장히 많이 한 듯한데 노예가 부족했던 모양이다. 또는 문화가 제 홀로 너무나도 발전해서 당시 보유하고 있던 노예의 숫자만으로는 더 이상 지탱할 수 없게 된 것인지도 모른다. 조직적인 전쟁 외에도 근방에서 한가로이 양 떼를 몰던 목축민을 납치해 오는 경우도 있었다. 목축민은 대부분 강(羌)이라 불리던 사람들이었다. 강인(羌人)을 제물로 삼아 죽였다는 기록이 복사에 종종 나타난다.

고대에서 낭만만을 기대해서는 안 된다. 거기에는 가엾은 노예들의 한숨도 가득하다.

태고의 나날은 유유해서 변함없는 흐름처럼 보이는 법이다. 그러나 거기에도 끊임없는 변화가 있었다. 복사의 내용을 통해서 그 사실을 알 수 있는데, 다름 아닌 그 복사의 제작에도 서로 다른 경향이 있어서 시대에 따라서 다르게 나타난다.

문물제도에 대해서도 보수파와 개혁파가 교체되기도 하고 다시 부활하기도 했다. 예를 들어서 조상에게 지내는 제사도 보수파는 일일이 점을 쳐서 그 날을 결정했다. 개혁파는 역대 조상들을 제사하는 날을 미리 정해 두었다. 제사를 지내야 할 조상이 많기 때문에 각각의 제삿날을 미리 정해두는 편이 더 편리하다는 점은 말할 나위도 없다. 그리고 자연신에 대한 공식적인 제사를 폐지하고 조상신에게만 제사를 지냈다. 스케줄을 정해 두는 것은 진보라고 할 수 있지만, 역사가 반드시 진보의 편이라고는 할 수 없다.

개혁이 행해진 것은 조갑(祖甲) 시절부터였다. 동작빈의 편년에 따르면, 기원전 1271년부터다. 그런데 채 50년도 지나지 않아서 다시 보수적인 제도로 돌아갔다. 간신히 제사를 정리했는데 다시 원래대로 되돌아간 것이다. 보수파의 천하가 18년 동안 계속되다가 다시 개혁파의 제도가 부활했고, 은이 멸망할 때까지 약 96년 동안 그 제도가 시행되었다.

오랜 전통을 가진 제도는 그것을 개혁해도 반동이 따른다는 사실을 말해주고 있다. 그런데 원래대로 되돌려 놓고 보니 예전 제도의 불편함, 불합리성이 새삼스레 느껴졌기 때문에 다시 개혁된 제도를 채용하게 되었을 것이다.

오랜 구파의 시대, 신파 46년, 구파 18년, 신파 96년. 이 숫자를 바라보는 것만으로도 길고 긴 역사의 원칙 중 하나를 알 수 있을 것 같은 기분이 든다.

또 갑골문의 양식도 역시 시대에 따라서 다르다.

제1기-글자가 크고 대담하고 힘이 넘친다.

제2기-글자가 중간 정도의 크기가 되었으며, 세밀하고 정확하고 품격
    이 있다.

제3기-유약해졌으며 오자가 많다.

제4기-다시 힘이 넘치며 활기가 느껴진다.

제5기-글자가 작아졌으며 배치를 고려한 흔적도 보이고, 세심한 데까지 신경을 썼으며 섬세하고 우아하다.

이와 같은 차이도 인간의 예술 활동의 흐름, 그 운명이라고 할 수 있는 것을 반영하고 있는 것 같다.

창업 당시의 씩씩한 기운, 그것의 거친 기운을 적당히 깎아내 정리를 하는 기간, 머지않아 찾아오는 퇴폐기, 반성에 의한 부흥에 이은 성숙, 섬세해져 가는 시기.

이렇게 보니 모든 것이 유유하게 흐르는 것처럼 보이는 태고 시대에도 적잖은 기복의 역사가 새겨져 있음을 알 수 있다.

3천 년이라는 세월을 넘어서 그 역사는 현대의 우리와 통하는 점을 얼마나 많이 가지고 있는지. 우리는 마음만 먹으면 고대인들의 가슴에 울려 퍼지던 것을 자신의 몸으로 느낄 수 있다. 고대사는 단순한 골동품이 아니다.

동물무늬로 본 목축사회

형태라는 측면에서 은의 청동기는 앙소, 용산 두 중원의 전통을 이어받았다. 다리가 셋 달린 격(鬲), 그것의 변형인 정(鼎), 시루인 언(甗) 등은 신석기시대 유물을 통해서 우리에게 익숙해진 모양들이다.

생김새는 그것으로 납득을 할 수가 있지만, 청동기의 무늬는 이전까지의 토기의 무늬와는 이질적이라는 느낌이 든다. 용산의 흑도는 원래부터 무늬보다 광택을 더 중요시했던 것 같다. 표면에 무늬를 새기는 것에조차 거부감을 느꼈던 것처럼 보인다. 앙소문화의 채도의 무늬를 은의 청동기와 비교를 해보면, 아무리 들여다보아도 둘 사이의 연관성이 느껴지지 않는다. 채도에는 기하학 무늬가 많지만 동물 무늬도 적지 않다. 그런데 그것은 청동기의 무늬와 연결이 되지를 않는다.

재질이 다르니 거기에 더하는 장식의 질도 달라지는 것은 당연하다. 그렇게 생각하지만 청동기의 바탕무늬가 돌림무늬라는 점만이 간신히 채도의 소용돌이무늬와 연결될 뿐 나머지에서는 전부 위화감이 먼저 느껴진다.

청동기의 무늬에는 양식화된 것이 많은데 주된 테마는 동물이었다. 호랑이나 소, 혹은 양, 코끼리, 사슴 등의 동물 외에도 새, 물고기, 매미 등과 같은 곤충류까지 포함되어 있다. 사실적인 것도 있지만 양식화되어 있으며, 부분적으로 조합하여 실재하지 않는 괴수를 만들어 내기도 했다. 예를 들어서 청동기에 가장 많은 의장인 '도철(饕餮)'은 양식화된 소와 호랑이의 특징을 조합한 것이라 알려져 있다.

동물무늬를 많이 사용한 것은 동물과의 관계가 밀접해졌기 때문이었을까? 혹은 동물과 관계가 깊은 민족과 접촉할 기회가 많아져 그 영향을 받았다고도 생각할 수 있다. 은의 예술에 동물무늬가 풍부하고 다채롭다는 점은 은이 외래(주로 서방에서의) 정복 왕조였다는 설의 유력한 논거가 되고 있다.

농민은 특히 조심스럽고 우직하다. 그들의 예술은 아무래도 자연주의적인 리얼리즘이 근간이 된다. 한곳에 머물러 사는 농경사회에서 환상은 그 미의식에서 배제되기 쉽다. 소를 묘사할 때는 소를, 호랑이를 표현하려고 할 때는 어디까지나 호랑이를 그대로 충실하게 묘사하려 하는 법이다. 그 특징 중 하나를 추출해 내는 행위는 물론, 그것을 다른 동물의 특징과 조합하는 행위도 좀처럼 하지 않는다. 그것이 가능했던 것은 초원이나 삼림을 여기저기 떠돌아다니던 유목, 수렵민족이 아니었을까?

청동기에 나타난 동물 무늬는 은이라는 중원정권이 순수한 농경사회였던 것이 아니라 목축이나 수렵의 요소도 상당히 강하게 가지고 있었다는 사실을 암시하고 있는 것처럼 보인다.

복사를 내용별로 분류해 보면, 거의 절반 정도는 제사에 관한 것을 점친 것이다. 그 다음으로 많은 것이 사냥을 점친 것으로 제사의 3분의 1 정도에 해당한다. 그해의 수확을 점친 것은 사냥의 5분의 1 이하다. 물론 이것만으로는 수렵이 우선시되던 시대였다고는 말할 수 없다. 그해의 수확은 원래 1년에 한 번만 점을 치면 되는 성질의 것이다. 사냥의 성적은 사냥을 나갈 때마다 달라지기 때문에 점복의 횟수도 당연히 많아지게 된다.

제사를 할 때 제물로 바쳐지는 동물의 수도 후대에 비하면 이상할 정도로 많았다고 해야 할 것이다.

반경에 이르기까지 은은 자주 도읍을 옮겼는데, 이것은 유목적인 요소를 많이 가지고 있었기 때문이 아니었을까? 어느 정도 단계에 도달한 농경사회는 정착성이 강해서 사람들을 이동시키기가 그렇게 쉽지 않다.

곽말약은 『중국고대사회연구(中國古代社會硏究)』에서 은은 목축사회였다고 판단했다. 농업은 반경이 안양으로 천도하여 장기간 정주를 하면서부터 비로소 본격적인 산업이 되기 시작했다는 주장이다.

목축과 농업, 어느 쪽이 보다 더 확고한 사회기반이었을지 여러 가지로 논의되어 왔다. 현 상태로는 농업설이 유력하며, 목축설은 그 세력이 약한 듯하다.

그런데 농업설의 약점은 은 시대의 농업기술이 아직은 원시적인 단계에 있었기 때문에 은 제국을 지탱할 만한 저력이 될 수 없었다고 생각된다는 점에 있다. 은나라의 관개조직의 흔적은 아직도 발견되지 않았다. 우물이 있었는지조차도 알 수가 없다. 단지 신석기시대에 비해서 농구에 약간의 진보가 있었음을 확인할 수 있을 뿐이다. 가래가 등장했고 소를 사용한 쟁기도 복사 속에 기록되어 있다.

목축설을 주장한 곽말약도 은나라 사람들이 우경(牛耕)을 발명했다는 사실의 중요성을 강조했다. 소에게 끌게 한 쟁기는 유물로는 출토되지 않았다. 그러나 복사에 그 모양이 있으니 존재했던 것만은 틀림없는 사실이다.

지금 우리는 은의 많은 청동기를 실제로 볼 수 있으며 누구도 그 존재를 의심하지 않는다. 그러나 10만여 조각이 넘게 나온 갑골 조각의 복사 속에 금(金, 동을 금이라 칭하고 있었다. 철이 등장한 이후부터 동을 양금(良金), 철을 악금(惡金)이라고 구별해서 부르게 됐다)에 해당하는 자는 보이지 않는다.

복사에 나오지 않는 청동조차도 존재했었으니, 복사에 분명하게 나오는 쟁기가 없었을 리가 없다.

생산성이 별로 높지 않은 농경이 주요 산업이었다면, 비대해진 제국을 유지할 수 없었겠지만 그것을 국가조직으로 보충했다고 보는 견해가 있다. 조직이라는 것은 예상 밖의 힘을 발휘한다. 그 당시의 침략전쟁은 타산이 맞는 일이었던 듯하다. 무정은 전쟁을 자주 했는데, 국가 재정 상태가 좋지 않았던 모양이다. 전쟁이 많을 때, 사냥은 일종의 군사훈련으로 위정자가 중히 여기게 된다.

농업, 목축, 수렵 등 현대적인 분업관으로 고대를 보는 것도 논의를 어지럽게 하는 한 요인이 아닐까? 하늘의 날씨에만 의존하는 농경에만 오로지 의지할 수 없었기 때문에 민중은 가능한 일이라면 무슨 일이든 서슴치 않고 했을 것이다.

은 시대의 청동기에는 그 시대 민중들의 동물에 대한 본능적인 관심이 강했다는 사실이 나타나 있다. 아마도 은 시대의 사람들은 농민이라 불리는 사람들도 목축민적인 기질, 수렵민적인 기질을 농후하게 가지고 있었을 것이다.

노예제사회는 언제 끝났는가

갑골문에는 퍼즐과도 같은 요소가 있어서 추리를 좋아하는 사람들에게는 매우 흥미로운 대상이 된다. 그것을 푸는 사람에 따라서 해석이 달라지는 경우가 많다.

'중(眾)'이라는 글자를 갑골문에서는 다음과 같은 모양으로 나타낸다.

글자의 아래쪽 부분이 사람 세 명을 나타낸다는 것은 틀림없는 사실이다.

윗부분을 태양이라고 본다면 태양 밑에서 일하는 사람들이 되는데, 곽말약은 이것을 노예라고 해석했다.

그런데 윗부분을 눈으로 볼 수도 있다. '세 사람을 보고 있는 모양'으로 이것은 '많다'라고 해석할 수도 있다.

윗부분의 가운데 선이 빠져서 입구(口)가 되어 있는 경우도 종종 있다. 가장 밑에 있는 그림이 그것이다. 이것은 '읍(邑, 마을)'의 윗부분처럼 어떤 한정된 지역을 의미하는 경우도 있다. 그렇다면 '중'은 곧 마을사람들이 라는 의미로도 해석할 수 있다.

민주주의라는 말이 곧잘 사용된다. 그런데 이 '민(民)'이라는 글자는 인간의 발에 족쇄를 채운 모양이라고 보는 해석도 있다. 글자 속의 옆으로 뻗은 줄이 바로 다름 아닌 자유를 속박하는 족쇄다. 그렇다면 민도 역시 노예가 되는 셈이다. '민중'이라는 친숙한 말이 두 글자 모두 노예를 의미했었다니 블랙 유머처럼 들리지 않는가?

유물사관에서는 원시 공산제사회, 노예제사회, 봉건제사회를 역사의 필연적인 경과 단계라고 보고 있다. 그렇기 때문에 노예제사회라는 용어에 거부감을 가지고 있는 사람들도 적지 않다.

그러나 은의 역사를 이야기할 때, 우리는 이 말을 피해 갈 수가 없다.

노예는 훨씬 후대에까지 존재했었다. 그런데 노예제사회라는 것은 노예가 존재했을 뿐만 아니라 그것이 사회 생산력의 주요한 근원이기도 했던 사회를 가리킨다.

이 용어를 싫어하는 사람이라 할지라도 은 사회가 노예, 혹은 노예 상태에 있는 사람들의 생산에 의해서 움직이고 있었다는 사실을 부정할 수는 없을 것이다.

곽말약이 〈노예제 시대(奴隷制 時代)〉라는 논문을 쓴 것은 1952년의 일이었다. 이후 중국에서 노예제 시대 논쟁이 일었으며, 일본의 중국사학계에서도 활발히 토론되었다.

논쟁의 문제점은 노예제 시대가 있었는가, 없었는가 하는 게 아니었다.

그것이 존재했다는 사실은 대전제가 되고 있었다. 언제까지가 노예제 시대였는가 하는 점이 논쟁의 초점이었다.

은이 노예제사회 시대였다는 점에 대해서도 거의 문제가 없었다. 곽말약이 노예제의 하한선을 춘추와 전국 사이라고 논한 데 대해서 반대론이 대두했다. 전백찬(翦伯贊, 1898~1968)은 노예제 사회는 은에서 끝났으며, 서주(西周) 시대부터는 봉건제사회였다고 보고 하한선을 끌어올려야 한다고 주장했다. 중국에서 널리 읽히고 있는 범문란(范文瀾, 1893~1969)의 『중국통사간편(中國通史簡編)』에서도 서주를 봉건제사회의 개시로 보고 있다. 개중에는 노예제의 하한선을 곽말약의 주장보다 훨씬 더 끌어내려야 한다는 의견도 있다.

여기서 내 의견을 밝히자면, 노예제 시대는 역시 은에서 끝났으며 서주부터 봉건제사회가 시작한다고 보고 있다. 그리고 봉건제의 싹은 이미 은 시대에 있었으며, 그것은 상당히 강한 힘을 갖기 시작했다고 생각된다. 그러면서도 씨족사회의 분위기도 농후하게 남아 있었다.

복사를 통해서 은의 작위(爵位)제도를 복원하려는 연구도 진행되고 있는데, 그것을 보면 『상서』 등의 문헌에 기록되어 있는 것과는 약간 달라 보인다. 은에는 다음과 같은 여덟 개의 작위가 있었다고 한다.

부(婦), 자(子), 후(侯), 백(伯), 아(亞), 남(男), 전(田), 방(方).

이들의 꼭 절반에 해당하는 자, 후, 백, 남의 네 작위는 외국에서도 명칭으로 사용했다.

부는 왕의 아내에게 주는 작위였다. 일부다처제 시대였으므로 모든 처첩에게 이 위가 주어졌던 것은 아니었을 것이다. 무정에게는 60명의 처첩이 있었는데, 그중 세 명만이 부라는 칭호를 받았다는 사실이 밝혀졌다.

부는 자신의 영지를 받았으며 그곳을 다스렸다. 그러려면 왕의 곁을 떠나야만 한다. 바로 그랬다. 가장 사랑받는 몇몇의 젊은 왕비만이 도읍에 머물렀으며, 부는 일종의 봉건영주로 부임했다. 모계를 존중하던 씨족 사회 시대의 흔적을 거기서 느낄 수 있다.

자란 왕자를 말한다. 이 역시 모든 왕자가 자작이 되었던 것은 아니다. 자도 역시 부여받은 영지를 지배하기 위해서 도읍을 떠났다.

믿을 수 있는 것은 집안의 처자뿐이라는 생각이 지배하고 있었을 것이다.

후와 백은 거의 가족이나 다름없는 충실한 대신이나 장군에게 주는 칭호였는데, 그 영지는 대부분 변경에 있었던 듯하다. 그에 비해서 아는 도읍 부근에 영지를 가지고 있어 은 왕실의 울타리 같은 역할을 하던 영주였다.

남과 전은 농사감독관이었을 것이라 추측된다. 이것은 실제로 일을 했기 때문에 인원도 한정되어 있었을 것이다. 복사에도 가끔밖에 나오지 않는 작위다.

마지막 방이라는 것은 은 제국의 지배권외 부족의 수장에게 주던 칭호였다. 말하자면 위성국가적인 우호관계에 있는 부족의 원수라는 의미라 할 수 있을 것이다.

앞에서 이야기한 것처럼 부라는 작위를 여성에게 주었다는 것은 모계 사회 시대의 흔적일 테지만, 복사에서는 남자아이의 탄생을 '가(嘉)', 여자아이의 탄생을 '불가(不嘉)'라고 점쳤다.

여성을 존중하는 전통이 남아 있는 한편으로 여성을 경시하는 봉건제사회의 편린도 이미 나타나 있음을 엿볼 수 있다.

내 생각으로 노예제도 시대라는 것은 씨족공동체사회에서 봉선제사회로 넘어가는 다리였다고 짐작된다. 그것이 은이라는 시대의 참모습이 아니었을까? 양쪽 강 기슭에 있는 온갖 것들이 양쪽으로부터 이 좁은 다리로 몰려들고 있다는 느낌이 든다.

약탈 흔적이 발견된 정주 유적

갑골문을 하나 더 음미해 보기로 하겠다. '국(國)'이라는 글자다. 이것을 갑골문에서는,

뉴

이라고 쓴다. ╀은 무기(창)다. ㅂ을 무기로 지키는 것이 국가라고 생각했다는 사실을 알 수 있다.

ㅂ은 '중(衆)'에서도 나왔던 '읍(邑)'의 윗부분인 '어떤 일정 지역'을 나타내는 것이리라. 그렇다면 토지를 무기로 지키는 것이 국가가 되는 셈이다.

이 ㅂ을 사람이라고 봐야 한다는 설도 있다. '인구'나 '호구'라는 말에서도 알 수 있듯이, 생활하고 있는 사람을 '구(口)'라고 표현하는 경우가 있다. 그렇다면 주민을 무기로 지키는 것이 국가가 되는 셈이다.

여기서 우리가 알아야 할 것은, 갑골문 시절의 국(國)이라는 글자는 현대의 '혹(或)'이라는 글자 정도로밖에 보이지 않는다는 점이다. 후에 그 글자를 '큰 입 구(口)'로 감싼 것이 지금의 '국'이라는 글자다. 이 커다란

틀은 바로 성벽일 것이다.

안양현 소둔촌의 은허에서 성벽 같은 것의 흔적은 끝내 발견되지 않았다. 호의 흔적 같은 것은 발견되었지만 성벽은 없었다. 없었다는 것은 그것이 필요 없었다는 말과 같다.

여기서 떠오르는 것이, 정주성의 일부가 은 시대의 판축 성벽을 기반으로 하여 보수되었다는 사실이다.

4세대(아버지, 아들, 손자, 증손자) 후인 반경 이후 오랫동안 국도였던 안양에조차 성벽을 쌓지 않았다. 그런데도 중정 시대의 국도에 성벽이 있었다는 것은 아무래도 납득이 가질 않는다.

판축은 흙을 쌓아 만드는 것이다. 그 흙은 어차피 근처의 땅을 파서 그것을 쌓은 것이리라. 지난날 은의 국도였던 곳이었으니 은의 유물이 흙과 함께 성벽 속으로 들어가 묻히게 됐다 해도 조금도 이상하지 않다. 성벽은 후대에 만들어진 것이지만, 그 흙은 은 시대의 유물을 포함한 것이라는 설명으로 우리는 그럭저럭 납득할 수 있을 것 같다.

그런데 생각해보면, 100년이 지난 뒤 안양에조차 만들어지지 않았던 것이 어째서 정주에 만들어졌을까 하는 의문은 너무나도 현대인적인 감각에 기인한 것이 아닐까?

1만 명이 18년 동안에 만들었다는 계산에 우리 현대인들은 깜짝 놀라지만, 은나라 사람들에게 그것은 그다지 놀랄 만한 일이 아니었을지도 모른다. 일을 하는 것은 노예이므로 왕이나 대신들은 대수롭지 않게 생각했다. 필요하면 만들고 필요하지 않으면 안 만들면 그만이라고 생각했던 게 아닐까?

정주의 은의 유적은 약탈을 당한 흔적이 있다고 보고되었다. 오(隞)일 것이라 추정되는 은의 국도가 적의 습격을 받은 것이다. 혹은 내란이었을지도 모른다. 어쨌든 정계의 상황은 안정되어 있지 못했다. 성벽을 쌓을 필요가 없었다고는 할 수 없을 것이다.

이렇게 생각해본다 해도 나라에 해당하는 갑골문에 커다란 울타리인 '口'가 없었다는 점이 역시 걸린다. 정주의 은의 유적에서도 귀갑수골이 출토되었는데, 그중에 겨우 두 조각에서 문자가 발견되었다고 한다. 이 시대에도 이미 문자가 존재했었다는 사실을 알 수 있다.

정주의 유적 조사에서 약탈의 흔적이 발견되었다는 보고는 우리에게 『사기』의 「은본기」에 있는,

중정의 서(書)는 빠져서 전부 갖춰져 있지 않다.

라는 내용을 떠올리게 한다. 사마천이 『사기』를 기술했을 때, 은 역대 제왕의 기록은 거의 갖춰져 있었던 듯하다. 다만 중정에 관한 기록만이 빠져 있다. 어째서 빠졌을까? 틀림없이 전쟁 때문에 유실되었다고 생각된다. 은나라 왕들의 계보에서도 알 수 있는 『사기』의 신빙성은 상당히 높다고 할 수 있다. 그럼에도 불구하고 『사기』의 기술에도 잘못으로 인정되는 부분이 몇 군데 있다.

반경의 천도를 황하 북쪽에서 남쪽으로 옮긴 것이라고 했지만, 이것은 반대가 되어야만 앞뒤가 맞는다.

은 왕조가 실제로 지배했던 지역은 그렇게 넓지 않았을 것이다. 황하 중류 일대, 이른바 중원에 한정되어 있었다. 황하 만곡부(彎曲部)의 서쪽 지방은 물론 하류에 대한 영향력조차 의심이 간다.

하에 이어서 은이 계속 중원의 중심 정권이었다는 사서의 기록도 정확한 것인지 의심스러운 부분이 있다. 은은 중원의 한 제후에 지나지 않았지만, 힘을 축적하여 중심정권인 하를 쓰러뜨리고 그것을 대신했다.

중심 정권이란 상당히 넓은 직할령을 가지고 있고, 그 너머에 있는 제후들이 때때로 선물을 들고 인사를 하러 오는, 이른바 '입조(入朝)'를 하는 곳이다. 힘이 약해지면 제후들은 입조를 하지 않는다. 입조를 하지 않아도 토벌을 당할 우려가 없기 때문이다.

전에 은의 옛 수도였던 오에 습격을 받은 흔적이 있는 것으로 봐서, 제후는 입조를 하지 않았을 뿐만 아니라 힘이 없다고 판단되면 밀고 들어가 약탈을 했다. 그래서는 중심 정권이라고 할 수 없는 것이다.

탕은 이윤의 도움으로 강력한 중심정권을 수립했지만, 그의 자손들 중에는 그것을 유지한 시기도 있었고 유지하지 못한 시기도 있었다. 유지하지 못했던 시기는 일개 제후에 지나지 않았다고 볼 수 있다.

중정의 동생인 하단갑(河亶甲) 시절에 은은 쇠퇴했고, 그 다음인 조을(祖乙) 시절에 은은 다시 부흥했다고 『사기』에 기록되어 있다. 『사기』에는 하단갑이 상(相)이라는 땅에 거주했다고 기록되어 있는데, 형님인 중정의 도읍이었던 오가 적의 습격으로 파괴되었기 때문일 것이다. 하단갑 다음인 조을은 형(邢)이라는 땅으로 천도했다. 중정이나 조을 때에는 도읍을 옮기는 것을 『사기』에서는 '천(遷)'이라고 표현했는데, 하단갑 때는 '거(居)'라고만 했다. 상은 임시 국도에 지나지 않았던 것이다. 이 가주거 시대의 은은 최악의 상태로 천하를 지배하는 자의 풍격은 찾아볼 수 없으며, 조을 시대가 되어서야 간신히 부흥할 수 있었다.

제(帝) 양갑(陽甲)의 때, 은은 쇠했다.

라고 『사기』에는 기록되어 있다. 앞에서 은을 부흥시켰던 조을의 증손자에 해당하는 인물이다.

중정 이후 적자를 폐하고 동생이나 적자가 아닌 아들을 세웠기에 그들이 제위를 다퉈, 9대에 걸쳐서 어지러웠다. 『사기』에는,

이로 인해 제후들이 조(朝)하지 않았다.

라고 기록되어 있다. 도중에 조을의 부흥이 있기는 했지만, 은의 실상은 지방 수장, 즉 제후와 같았다.

그렇다면 그 시대에 은 이외의 중심 정권적인 정권이 있었을까?

그와 같은 흔적은 없는 듯하니, 아마도 은이 형식적으로는 중심 정권의 자리를 유지하고 있었던 듯하다. 유지를 하더라도 강력하게 유지를 하는 것과 간신히 유지를 하는 것 사이에는 커다란 차이가 있다.

제후는 인사를 하러 오지는 않았지만, 그렇다고 해서 은을 대신할 힘도 없었을 것이다. 『사기』에 특별히 기술했을 정도니, 양갑 시절의 은은 굉장히 쇠약해서 그대로 간다면 몰락 이외의 길은 없었던 것 같다.

이때 양갑의 동생 반경이 등장한다. 안양으로의 천도를 강행하고 뛰어난 지도력을 발휘하여 제국의 기초를 다시 다졌다.

반경을 새로운 왕조의 창시자로 봐도 좋을 것이다.

은도(殷道)가 다시 부흥하여 제후들이 내조(來朝)했다.

『사기』에 이렇게 기록되어 있는데, 반경은 은을 명실상부한 중원의 중심 정권으로 만드는 데 성공했다. 그리고 황금시대가 계속되었다.

훌륭한 청동기와 수많은 복사를 통해서 우리들이 알고 있는 은이 바로 이 시대의 은이다.

반경보다 두 세대 뒤, 제위로 따지자면 5대 뒤인 조갑(祖甲)은 음란했다. 그 때문에 은은 다시 쇠약해졌다고 한다. 어떤 종류의 음란이었는지 『사기』에는 구체적으로 기록되어 있지 않다. 그러나 복사를 통해서 판단해보면, 조갑은 제사를 정리하여 스케줄을 짠 신파(新派)가 대두했던 시기의 수장이었다.

오랜 전통을 중히 여기는 사람들의 눈에 중요한 제삿날을 일일이 점복으로 정하지 않고 제멋대로 정해 버리는 조갑의 방법이 '음란'하게 보였는지도 모른다.

개혁에는 언제나 혼란이 뒤따르기 마련이다. 갑골문을 통해서 살펴보면, 거친 부분이 정리되어 품격을 갖췄지만, 곧 후퇴하여 오자가 많고 대충 그저 그런 글자가 되어 버린 시기에 해당된다. 그러나 앞에서도 이야기했듯이, 이것은 일시적인 현상이고, 머지않아 힘찬 필체를 회복했다. 조갑의 손자인 무을 시대에 천도했었다는 내용이 『사기』에 나왔지만, 복사를 통해서 살펴보면 그것은 뭔가의 잘못인 것 같다. 무을기의 복사도 안양에서 대량으로 출토되었다. 나는 사마천을 좋아하고, 『사기』는 신빙성이 높은 역사서라 생각하고 있지만, 그래도 역시 그대로 믿어서는 안 된다.

조갑에 대해서는 『상서』처럼 인정(仁政)을 베푼 현명한 사람이었다고 평가한 문헌도 있다.

폭군의 대명사로 묘사된 '은주하걸'

　무을의 천도를 황하의 범람으로 인한 일시적인 것으로 볼 수도 있다. 그런데 사냥을 좋아했던 그는 여기저기로 멀리 나가는 경우가 많았던 듯하다. 그는 황하와 위수(渭水) 사이에서 사냥을 하다 번개에 맞아 죽었다고 한다. 황하와 위수 사이라면 안양에서 상당히 멀리 떨어진 곳이다. 4, 5백 킬로미터는 떨어져 있다. 왕 자신이 안전하게 그렇게 멀리까지 갈 수 있었다는 것은 역시 은의 위세가 상당해서 치안이 잘 유지되고 있었기 때문일 것이다.

　아무리 치안이 좋다 하더라도 번개에는 이길 수 없었다.

　무을은 할아버지인 조갑의 개혁을 예전의 관례대로 되돌린 인물이다. 개혁파인 조갑은 사실 굉장히 현명한 사람이었는데도 '음란'하다는 말을 듣게 된 것은 보수파가 사실을 왜곡했기 때문일 것이라고 생각된다. 그렇다면 예전의 관습으로 되돌린 보수주의자 무을은 칭찬을 받을 만하지만, 그의 인간상 역시 그다지 좋게는 묘사되어 있지 않다.

　『사기』에 따르면, 무을은 도리를 모르고, 우인(偶人, 인형)을 만들어 그것을 천신이라 부르며 그것과 박(博, 주사위와 같은 게임)을 했다고 한다. 인형은 게임을 할 수 없기 때문에 인간이 대신했는데, 천신이 지면 "뭐하는 거야, 천신 주제에……"라고 한껏 욕을 퍼부었다고 한다.

　또 가죽 주머니에 피를 채워 어딘가에 걸어 놓고 그것을 활로 쐈다고도 기록되어 있다.

　"나, 하늘을 쏜다!"며 큰소리로 웃었을 것이다. 유머감각이 뛰어난 사람이었던 듯하지만, 신을 한없이 두려워했던 은나라 사람들이 보기에 왕의 행동은 당치도 않았을 것이다. 따라서 번개에 맞아 죽은 것은 당연한 결말이라고 생각했다.

제사의 관습을 복잡한 옛 법으로 되돌린 인물에게 이와 같은 에피소드는 어울리지 않는다는 생각이 든다.

은의 역사에 손을 댈 수 있었던 후세 사람은 이 무렵에서부터 은이 쇠퇴했다고 하는 편이 여러 가지로 편했을 것이다. 무을이라는 왕은 털털하고 장난을 좋아하는 호쾌한 성격이었다. 약간 경솔한 면도 있었지만, 극악무도한 사람의 전주곡 역할을 떠맡게 되었다.

무을 다음으로 태정(太丁)이 왕위에 올랐다. 태정 다음으로 그 아들인 제을(帝乙)이 위에 올랐는데, 『사기』에는,

제을이 오르자, 은은 더욱 쇠퇴했다.

고 기록되어 있다.

제을은 할아버지 무을이 원래대로 되돌렸던 제도를 다시 개혁파의 그것으로 바꾼 인물이다. 보수파의 입장에서 보자면 일단 제거했던 신파를 복귀시킨 제을은 용서할 수 없는 인물이었다. 그랬기 때문에 '더욱 쇠퇴했다'며 은이 망한 책임이 그에게 있는 것처럼 이야기한 것이다. 복사를 통해서 살펴보면 제을 시절에 특별히 국운이 쇠망한 것 같은 징후는 보이지 않는다.

악하기 그지없는 사람으로 은이 멸망할 때의 왕이었던 주(紂)는 제을의 아들이었다.

제을에게는 아들이 셋 있었다고 한다. 순서대로 보면 미자계(微子啓),

중연(仲衍) 그리고 수신(受辛, 제신(帝辛))이었다. 수신 혹은 신이라고 불리던 막내아들이 바로 주였다.

제을과 황후 모두 장남인 미자계를 태자로 삼으려 했다고 한다. 인간 됨됨이가 뛰어났기 때문이었으리라. 그런데 태사(太史)가 법을 들어 그것을 반대했다. 정실의 아들이 있으면 첩의 아들을 세워서는 안 된다는 법이 있었기 때문이었다. 미자계의 어머니는 정실이 아니었다. 이에 황후의 아들인 막내를 태자로 세웠다.

명나라 말기의 사상가인 이탁오(李卓吾, 1527~1602)는,

> 주의 어머니는 성모(聖母)다. 태사는 현명한 태사였다. 하늘이 상
> (商, 은)을 망하게 함을 어찌 하랴.

라고 한탄했다.

주의 어머니는 황후이니 정실이다. 황후는 사랑스러운 자신의 아들을 태자로 세우려 하지 않고, 첩의 아들이지만 현명하고 유능한 미자계를 세우려 했다. 그랬기 때문에 이탁오는 주의 어머니를 성모라 불렀다.

황제와 황후의 뜻이라 할지라도 그것이 법에 어긋나는 것이었기에 의연히 반대를 한 태사는 훌륭한 신하였다고 할 수 있다.

성모와 현명한 재상이 있었음에도 은은 멸망하고 말았다. 하늘이 은을 망하게 한 것이니 어쩔 수 없다는 것이다.

그런데 미자계와 주는 같은 어머니에게서 태어난 형제라는 설도 있다. 미자계를 낳았을 때의 어머니는 아직 첩의 신분이었지만 정실이 된 후에 주를 낳았다는 것이다. 그렇다면 주의 어머니 역시 자신의 사랑스러운

아들을 태자로 삼으려 했던 것이니 반드시 '성모'라고 할 수는 없다.

은의 주는 하의 걸과 함께 '은주하걸(殷紂夏桀)'이라 불리며 전형적인 폭군으로 여겨지고 있다. 『사기』만을 살펴보면, 하의 걸이 어떤 행동을 한 폭군이었는지는 구체적으로 기록되어 있지 않다. 단지 덕을 닦지 않고 무력으로 백성을 다치게 했기에 백성이 그것을 견디지 못했다고만 기록되어 있다.

『사기』는 주의 포학함에 대해서는 훨씬 더 자세하고 구체적으로 기록했다.

자변첩질(資辯捷疾), 문견심민(聞見甚敏).

이처럼 사마천은 주의 자질이 원래는 뛰어났다고 했다. 말솜씨가 뛰어나고 결단도 행동도 민첩했다. 그리고 듣거나 본 것을 인식하는 능력도 빠르고 정확했다.

재능과 체력 모두 남들보다 뛰어나서 맨손으로도 맹수를 쓰러뜨릴 수 있을 정도였다.

명군으로서의 자질은 충분히 있었지만, 지나치게 자신만만한 구석이 있었던 듯하다. 뛰어난 지혜를 가지고 있었기 때문에 간언(諫言)을 하지 못하게 하는 재능이 있었다. 언변이 뛰어났기 때문에 자신에게 잘못이 있어도 말로 그것을 얼버무릴 수가 있었다. 신하에게는 자신의 재능을 자랑하고 천하에 대해서는 자신의 명성을 고자세로 과시했다. 자신보다 뛰어난 사람은 없다고 자만했었다고 한다.

이것이 사실이라고 한다면 참으로 역겨우리만치 자만심에 빠진 사람이다.

　유소(有蘇) 씨를 토벌했을 때, 그 왕이 주에게 미녀를 바쳤다. 그 여자
가 바로 달기(妲己)였다. 그 이후부터 주는 달기에 푹 빠져서 그녀의 말이
라면 무엇이든지 들어주었다. 그녀를 위해서 녹대(鹿臺)라는 누각에 재보
(財寶)를 모았는데, 그 때문에 세금이 많아졌다. 『사기』는 이것을,

　　부세(賦稅)를 무겁게 해서 녹대의 전(錢)을 채웠다.

라고 기록했다. 그 시대에는 화폐가 없었다며 후세의 사가가 문제로 삼
았던 부분이다. 사마천이 살았던 시대에는 이미 '전(錢)'이 있어서 그것이
재산의 단위가 되어 있었다. 따라서 너무 까다롭게 생각할 필요 없이 '전'
이 '재보'의 대명사로 쓰인 것이라고 해석해야 할 것이다.

　거교(鉅橋)라는 창고에 곡물을 채웠는데, 그것도 그녀를 위해서였다.
개와 말과 진귀한 동물들을 징발하고 사구(沙丘)에 있는 별궁의 정원과
건물을 확장하여, 그곳을 자연 동물원으로 만들어 버렸다.

　　만어귀신(慢於鬼神)

이라고 『사기』는 기술했다. 귀신을 얕잡아 본다는 뜻이다. 귀신이란 죽은
자의 망령으로 거기에는 조상들의 영도 포함되어 있다. 은나라 사람들은
특히 귀신을 숭경했다. 주는 그전통을 무시한 것이다.

　'주지육림(酒池肉林)', 즉 질펀하게 환락을 즐기는 모습을 표현하는 말
로 쓰이는 말이다. 이 말은 주의 고사에서 온 것이다. 사구에 있는 별궁

의 정원 안 연못을 술로 채우고 주위 나무에 고기를 매달고 남녀를 발가 벗겨 숨바꼭질을 시켰다는 것이다. 마음대로 먹고 마음대로 마시며 떠들 썩하게 놀아나던 나날이었다. 궁정음악가인 연(涓)에게 〈북리지무(北里之 舞)〉, 〈미미지악(靡靡之樂)〉이라는 음란한 음악을 만들게 하여 그것을 배경 음악으로 삼아 놀이에 한껏 빠졌다.

두말할 나위도 없이 현신을 물리치고 간신을 중용했다. 주가 측근으 로 등용한 것은 비중(費中)과 악래(惡來) 등과 같은 무리들이었다. 비중은 아첨의 명수였으며 악래는 참언(讒言)의 명수였다.

형인 미자계가 종종 간언을 했지만, 주는 그것을 듣지 않았다. 포기한 미자계는 국도를 떠났다.

미(微)라는 것은 나라의 이름이고, 자(子)는 작위다. 계(啓)가 그의 이 름이었다. 미는 위(魏)라는 설도 있다. 국도를 떠난 계는 틀림없이 자신의 영지인 미로 돌아갔을 것이다.

비간(比干)은 제을의 형제이니 주에게는 숙부인 셈이다. 비간은 미자계 와는 달리 항렬이 하나 위였기 때문에 거침없이 간언을 했던 탓일까, 화 가 난 주가 죽여 버렸다고 한다.

"성인의 심장에는 일곱 개의 구멍이 있다고 들었다. 어디 한번 확인해 보자."며 비간을 해부하여 그 심장을 꺼내 봤다는 사실이 『사기』에 기록 되어 있다.

기자(箕子)는 두려워 미친 척하고 노예가 되었지만, 주가 찾아내서 유 폐시켜 버렸다고 한다. 귀족이라 할지라도 정신이 이상해지면 노예로 만 들어 버리는 관습이라도 있었던 것일까?

주왕의 포학함은 집요하다 싶을 정도로 자세하게 묘사되어 있다. 그나마 『사기』는 이 정도에서 그쳤지만, 『열녀전(列女傳)』에는 주지육림과 성인의 심장을 해부한 것 모두 달기를 기쁘게 해주기 위한 것이었다고 기록되어 있다.

과유불급이라고 좋지 않은 일들을 이렇게 많이 늘어놓으면 오히려 '정말일까?'라며 의심을 사게 되는 법이다.

두말할 나위도 없는 사실이지만, 은을 멸망시킨 주(周)나라의 입장에서 보자면 주가 나쁜 사람이면 나쁜 사람일수록 자신들에게는 더욱 유리했을 것이다.

실상과는 다른 주왕의 참모습

포락지형(炮格之刑)이라는 것이 있다.

이것도 달기가 보고 싶다고 해서 주가 행한 처형방법이라고 한다. 구리기둥을 위에서부터 옆으로 기다랗게 매달아 놓고 거기에 기름을 바른 다음 그 밑에 불을 피우고 수형자를 그 위로 건너가게 한 처형 방법이었다. '포락(炮烙)'이라고 쓴 경우도 있는데, 횡목을 '격(格)'이라고 하니 틀림없이 포락지형(炮格之刑)이라고 쓰는 것이 맞을 것이다. 『열녀전』에 주석을 달았던 왕조원(王照圓)은 그렇게 말했다.

기름을 바르고 밑에 불을 피워 두었으니 뜨거운 것은 말할 나위도 없고 미끄러웠을 것이다. 미끄러지면 숯불 위로 떨어져 결국에는 타 죽고 만다. 그래도 수형자들은 작열하는 구리기둥을 건너서 어떻게든 살아남으려고 노력을 한다. 기어서 가야 할 테니 손과 발의 껍데기와 살 모두가 타서 뼈가 드러나게 된다. 그 필사적으로 노력하는 모습이 재미있을 것이라며 달기가 보고 싶어 했다고 한다.

　성인의 심장에 있다는 일곱 개의 구멍뿐만이 아니었다. 주는 무엇이든 그 안을 보고 싶어 했다. 임신부의 배를 갈라 그 안을 보려 한 적도 있었다고 한다. 기수(淇水)라는 강에서 노인이 강을 건너지 못해 어려움에 빠져 있는 모습을 보고 주가 그 이유를 묻자 측근이,

　　　노인은 골수가 무르지 못해, 차갑습니다.

라고 대답했더니,

　　　그렇다면 그 골수라는 것을 보기로 할까.

라며 노인의 무릎을 잘랐다는 얘기가 『수경주(水經注)』에 실려 있다.

　당시 은에는 서백창(西伯昌), 구후(九侯), 악후(鄂侯)라는 삼공(三公)이 있어서 그들이 국정을 보좌했다고 한다. 구후에게는 아름다운 딸이 있었는데, 주의 말을 듣지 않아 목숨을 잃었다. 뿐만 아니라 아버지인 구후까지 죽임을 당하고, 해(醢, 고기를 소금에 절여 만든 젓갈)로 만들어졌다.

　악후는 그 일로 주에게 간언을 했다가 목숨을 잃고 포(脯)가 되어 버리고 말았다. 서백은 그 말을 듣고 한숨을 지었는데, 그 사실을 밀고당해 유리(羑里)의 옥에 갇히는 신세가 되었다. 놀란 서백의 부하들이 미녀와 진기한 보물과 동물 등을 주에게 헌상하여 간신히 주인을 석방시킬 수 있었다.

　석방되어 나온 서백은 자신의 영지 중 일부인 낙서(洛西, 낙수의 서쪽)를

헌상하며 포락지형을 폐지하라고 간했다. 뇌물을 듬뿍 받은 주는 포락지
형을 폐지했다.

이렇게 늘어놓다 보면 아직도 더 남았는가 싶어 약간은 진절머리가
나기도 한다. 은의 주왕은 『사기』를 비롯한 각종 사서에 기록된 것처럼
과연 대표적인 폭군이었을까?

주 시절의 복사도 적잖이 출토되었다. 그러나 '달기'라는 이름이 있는
것은 한 조각도 나오지 않았다. 그리고 제사도 그 이전까지의 왕들보다
도 훨씬 더 열심히, 빠뜨리지 않고 지냈다는 사실을 알 수 있다. 귀신을
우습게 여기기는커녕 매우 경건한 왕이었다는 사실을 복사를 통해서 엿
볼 수 있다. 우리가 폭군으로서 듣고 있는 주의 모습은 실상과는 상당히
다른 것 같다.

노예제 시대의 특징 가운데 하나는 인간이 간단하게 처형을 당한다
는 점이다. 인간이 아닌 인간이, 그중에는 애초부터 살해당하기 위해서
태어난 사람들조차 있었다. 기우제를 지낼 때도 인간의 목숨이 필요했다.

봉건제 사회에 들어선 주나라는 은나라처럼 함부로 사람을 죽이지는
않았다. 무덤을 만들 때도 순장을 한 경우는 극히 드물었다. 그런 시대에
서 피비린내 나는 전대(前代)를 되돌아보고, 그 살육의 죄를 마지막 왕인
주 한 사람에게 전부 덮어씌운 느낌이 든다. 주도 역시 많은 사람을 죽였
을 테지만, 그것은 역대 왕들과 비슷한 수준이었을 것이다.

주 시절의 복사를 통해서 알 수 있는 것은 동방으로의 원정이 많았다
는 사실이다.

동방과의 전쟁에 정신이 팔려 있는 동안 서방의 주(周)나라가 배후를
쳤다는 것이 은 멸망의 진상일 것이다. 국력도 그다지 쇠한 것 같지는 않

다. 망국 후에도 상당한 힘을 가지고 있었다.

복사에 따르면, 주의 친정(親征)은 적어도 두 번은 있었다고 한다. 제1차 친정은 재위 10년 9월에서부터 이듬해 7월까지, 제2차 친정은 20년 5월에서부터 22년 6월 무렵까지였다. 주 시절 후반기의 복사는 유실된 것으로 알려져 있기 때문에 그 후 몇 번이나 원정에 나섰는지는 알 수가 없다. 동작빈의 『은력보』에 따르면, 은이 멸망한 것은 주가 즉위한 지 64년 뒤의 일이었다고 한다. 멸망한 정확한 연대는 알 수 없는 모양이다. 앞에서 말한 제2차 동방 친정 직후에 멸망했다는 설도 있다.

은의 청동기 가운데는 기년명(紀年銘)이 새겨져 있는 것이 적지 않은데, 그중에서 가장 늦은 기년은 주 25년이다.

은은 동방 출신의 부족이라는 설이 가장 유력하다. 자신의 출신지에 반항 세력이 있었으니 사태는 매우 심각했을 것이다.

방(方) 혹은 방방(邦方)이라는 것은 은에서 봐서 외국을 의미한다. 귀방(鬼方), 강방(羌方), 인방(人方), 호방(虎方) 등과 같은 말이 복사와 청동기에 자주 등장한다. 청동기 중에는 전공을 기념하는 성질의 것이 적지 않다. 주가 동쪽으로 친정을 나선 것은 인방이라는 나라를 치기 위해서였다. 인방은 회수 유역에서부터 해안지방에 걸친 지역에 자리하고 있던 상당히 커다란 세력이었다.

은허에서는 고래의 뼈와 조개 등도 출토되었다. 이것은 물론 은 국내에서는 잡을 수 없는 것들이다. 자안패(子安貝) 등은 귀중한 재보로 여겨졌다. '재(財)'와 '보(寶)' 모두 패(貝)자를 포함하고 있다는 사실로도 알 수 있다.

주가 인방으로 빈번하게 군대를 보낸 이유는 재보와 노예를 늘리기 위한 목적이었다고 추측된다. 아마도 그때까지 은의 약탈행위가 극심해서 인방도 더는 참지 못하고 반항했을 것이다.

은허에서 출토된 물건 가운데 '인방백(人方伯)'이라고 새겨진 인간의 두개골이 있었다. 인방 원정 때 죽인 인방의 수장의 머리일 것이라 생각된다.

새삼스럽게 말할 나위도 없이 전쟁은 백성들의 부담이 된다. 병사들도 거듭되는 동원에 불만을 품고 있었을 것이다. 청동기 하나만 봐도 알 수 있듯이 상층부의 생활은 사치의 극을 달렸는데, 그것을 지탱하기 위해서는 수익을 올릴 수 있는 일인 전쟁을 끊임없이 해야 할 필요가 있었다.

악순환이 거듭되어 주 시절에는 전쟁이 있는 상태가 일반적인 상태가 되어 버렸다. 은의 관심이 재보가 많은 동방에 쏠려 있었다면, 그동안에는 서방에 대한 방비를 소홀히 했을 것이다.

낙수와 이수 일대에는 소(召)라는 나라가 있었고, 더욱 서쪽에는 주(周)라는 나라가 있었다. 두 나라 모두 은의 패권을 인정하고 그 위성국으로서의 입장에 만족하고 있었다. 은이 강했기 때문에 복종한 것에 지나지 않았다.

주임금 시절에 주나라에 뛰어난 지도자가 나타났다.

은주 혁명의 날이 점점 다가오고 있었다.

거대한 일몰

은주의 토템 신앙

정치역학적으로 관찰을 해보면, 은나라가 멸망한 원인 중 하나는 동서에 대한 배려의 균형이 무너진 데 있는 듯하다. 동쪽을 너무 중히 여긴 탓에 서쪽을 소홀히 했다. 동쪽에 재보가 많았기 때문이었다. 자안패(子安貝)뿐만 아니라 사람도 동쪽에 더 많았을 것이다.

그렇다면 서쪽에는 재보가 없었을까? 은허에서 수많은 옥기(玉器)가 발견되었는데, 그것은 서방의 것, 즉 곤륜(崑崙)의 옥이 아니면 안 된다. 은허에서 출토된 것들은 수천 년 동안이나 흙 속에 묻혀 있었기 때문에 석회화(石灰化)되어 분석이 어렵다. 곤륜의 옥이라고 한다면, 지금의 신강 위구르 자치구 화전현(和田縣)을 흐르는 유른카슈(玉龍喀什) 강, 카라카슈(喀拉喀什) 강의 바닥에서 나오므로 멀리 서방에서 가져온 셈이 된다. 한편, 옥기는 신석기시대의 유적에서도 발견되고 있다.

'보(寶)'라는 글자는 옥(玉)과 패(貝)라는 글자로 이루어져 있다. 은의 입장에서 보자면, 이것은 동쪽과 서쪽의 귀중품이었다. 조개는 지금의 금화, 은화에 상당했으며, 옥은 지금의 보석에 상당했다. 옥의 산지는 굉장히 먼 곳이다. 이야기로는 들은 적은 있지만 곤륜산에 가본 사람은 아무도 없었을 것이다. 그에 비해서 동해 부근에 있는 자안패의 산지는 그다지 멀지 않다. 게다가 은의 입장에서 보자면 자신들의 출신지와 가까운 곳이었다. 자신도 모르게 군대를 보내고 싶어졌을 것이다.

중원의 중심 정권에서 보자면 황하가 활 모양으로 굽어 흐르며 위수와 합류하는 곳 너머가 '서(西)'인 셈이다. 그것도 기껏해야 하서(河西), 지금의 감숙성 부근까지만이 '세계'에 포함되었을 것이다.

복사에는 서왕모로 보이는 듯한 글자가 있다고 하는데, 태양신이었을 것이라 여겨진다. 해가 기우는 곳 너머 저편에 위치한 접근하기 어려운 신들의 땅이다. 현실의 서쪽 세계에는 주(周)가 있었는데 은의 위성국으로서 입조도 곧잘 했다. 주의 수장은 '서백(西伯)'이라는 작위를 받았다. 은나라 주 임금의 폭군 이야기 속에 박해를 받은 삼공 중 한 사람으로 등장한다. 한숨을 내쉰 탓에 유리에 유폐된 사람이다.

그렇다면 그런 서백이 다스리던 주는 어떤 나라였을까?

주도 건국신화를 가지고 있다.

그 시조는 후직(后稷)으로 이름은 '기(弃)'였다. 기(弃)는 '기(棄)'와 같은 글자로 그는 원래 버려진 자식이었다고 한다.

후직의 어머니는 유태(有邰) 씨의 딸로 이름은 강원(姜原)이었다. 그녀는 제곡(帝嚳)의 원비(元妃, 정부인)였다고 한다. 어느 날 들판을 거닐던 그녀가 거인의 발자국을 발견했는데, 왠지 마음이 즐거워져서 한번 밟아

보고 싶다는 생각이 들었다. 그래서 밟고 났더니 몸 안에서 갑자기 무엇인가가 움직이는 것이 느껴졌다. 마치 임신을 한 것 같았다. 한 것 같은 것이 아니라 실제로 임신을 해서 1년이 지난 뒤에 아이를 낳았다.

이상한 일이었기에 그녀는 상서롭지 못한 아이라 생각하고 거리에 버렸다. 그런데 말이나 소 등이 그곳을 지날 때 아이를 밟지 않으려 피해서 다녔다. 이에 숲속으로 데리고 갔더니 이번에는 산림을 지나는 사람들이 많아졌다. 그녀는 다시 도랑의 얼음 위에 아기를 버렸는데, 새들이 날아와서 자신들의 깃털을 깔아 주기도 하고 덮어 주기도 했다.

이를 이상히 여긴 강원은 아기를 거두어 기르기로 했다. 처음에는 버릴 생각이었기에 '기(弃)'라는 이름을 붙였다.

이 전설에 따르면, 기의 어머니인 강원의 남편은 제곡이다. 바로 황제(黃帝)의 증손자로 오제(五帝) 중 한 사람이라 여겨지고 있는 전설상의 인물이다.

여기서 은의 시조에 대한 전설을 다시 한 번 생각해볼 필요가 있다. 은의 시조인 설의 어머니는 간적이라는 사람으로 제곡의 둘째 비였다고 한다. 그녀가 현조(玄鳥)의 알을 먹고 설을 낳았다는 이야기는 앞에서 소개했다.

이상한 출생인데 은과 주 모두 그 시조의 아버지는 같은 제곡이라 되어 있다. 황제의 계열인 셈이다.

그러나 두 사람의 출생에 아버지는 관계가 없는 듯하다. 틀림없이 태곳적 모계 씨족사회에 대한 기억이 시조 전설 속에 남아 있었을 것이다. 당시는 아버지를 알 수 없는 사회였다. 훗날 정통관(正統觀)에 의한 계보가 필요해졌기 때문에 황제의 증손자이자 오제 중 한 사람으로 정통의 지위를 확보하고 있는 제곡을 끌어들인 것이다.

주는 은을 쓰러뜨리고 그것을 대신했다. 은의 전설에 손을 댈 수 있는 권력을 가지게 되었다. 양쪽의 시조 모두 제곡의 비에게서 태어났지만, 주의 시조의 어머니는 원비, 즉 정실이고 은의 시조의 어머니는 차비(次妃), 즉 둘째 부인이라고 격차를 두게 되었다. 이것은 신화를 부분적으로 탈취한 것이라 생각할 수 있다.

둘째 부인의 아들이라 할지라도 은의 시조인 설(契)은 믿을 만한 전승 방법에 의해서 전승되어 왔다. 은나라 사람들은 복사를 만들게 된 뒤에도 설을 잊지 않았다. 악(岳)과 하(河)와 함께 설을 제사했다는 사실이 복사에 기록되어 있다. 복사에서 말하는 악이란 숭산이고, 하란 황하를 일컫는다. 산천의 신과 함께 조상신도 제사를 지냈다.

정부인의 아들인 기, 즉 후직은 순 시절에 농사를 관장하는 관직에 있었다는 애매한 전설만이 있을 뿐이다. 같은 시기에 설은 문교를 관장하는 사도(司徒)라는 관직에 있었다고 한다.

후진국이었던 주는 그 전설도 그다지 풍부하지 않다.

그들의 시조가 제비 알을 먹은 어머니에게서 태어났다고 하는 은은 틀림없이 제비를 토템으로 하는 부족이었을 것이다. 그렇다면 거인의 발자국을 본 어머니에게서 시조가 태어난 주는 무엇을 토템으로 했던 것일까?

원시시대 중국 각 부족의 토템으로는, 동쪽의 해안선에 가까운 곳에서는 조류, 황하 중류의 중원지방에서는 수족(水族)—물고기, 용, 뱀, 그리고 서북지방에서는 짐승류가 많았다.

중국에서 제왕의 시조격인 황제(黃帝)는 여러 가지 전설을 흡수했는데,

웅(熊, 곰), 비(羆, 큰곰), 비(貔), 휴(貅), 추(貙), 호(虎, 호랑이)를 교화
해, 그들과 함께 판천 들판에서 염제와 싸웠다.

고 『사기』에 기록되어 있는 내용은 서북쪽의 각 부족을 이끌고 싸웠다
는 사실을 나타내고 있다. 비(貔), 휴(貅), 추(貙) 등은 우리에게 친숙하지
않은 이름인데, 호랑이나 표범과 비슷한 맹수로 추측된다. 그렇다면 황제
가 속해 있던 부족의 토템은 무엇이었을까? 판천 들판에서 이끌고 있던
여섯 짐승 부족의 우두머리였던 곰이 틀림없다. 『사기』 「오제본기」 마지
막 부분에,

따라서 황제를 유웅(有熊) 씨라고 한다.

라는 기록이 있다.

하의 시조인 우(禹)는 그 이름 속에 충(虫)이라는 글자가 포함되어 있
으니 용이나 뱀을 토템으로 하는 부족의 수장이었을 것이다. 그러나 그
아버지인 곤은 메기나 미꾸라지를 토템으로 하고 있었던 것 같다. 부자
(父子)라는 것은 일종의 의제(擬制)로 우 시절에 용이나 물고기 같은 수족
(水族)을 토템으로 하는 부족의 대연합이 있었는지도 모른다.

우가 도산(塗山) 씨의 딸을 아내로 맞아들인 후, 우가 곰의 모습으로
변한 것을 보고 도망친 아내가 돌이 되었고, 그 돌에서 계가 태어났다는
기묘한 설화를 앞에서 이야기했다.

우는 치수를 하는 데 있어서 곰을 토템으로 하는 서북쪽 부족의 힘
을 빌렸는지도 모른다. 도산 씨의 딸은 남편을 수족 대연합의 수장인 줄

알았는데, 곰족을 통솔하고 있었기에 깜짝 놀란 것이라고 해석할 수도 있다.

우의 아버지인 곤은 치수에 실패해서 죽었을 때, 누런 곰으로 변해 연못으로 뛰어들었다고도 전해지고 있다.

곰이 아니라 세 발 달린 자라를 의미하는 '내(能)'라는 설도 있다. 수족 계열의 신인데 갑자기 짐승으로 변신하는 것은 이상하다며 이야기의 앞뒤 내용을 맞추려 했던 것일까?

황하의 치수에는 그 상류에 살고 있는 수부족(獸部族)의 협력을 얻는 것이 바람직하다는 점은 말할 나위도 없다. 유능한 지도자라면 반드시 그들의 협력을 얻어야겠다고 생각했을 것이다. 그와 같은 인물이라야 비로소 커다란 정권의 창설자가 될 수 있었던 것이 아닐까?

중국 역사학자 손작운(孫作雲, 1912~1978)은 『시경과 주대(周代) 사회 연구』에서 주나라는 곰을 토템으로 하는 부족이었다고 설명했다.

토템의 이름은 그 부족의 금기가 되는 경우가 많은 법이다. 고대사회 연구에서는 상식으로 통하는 일인데, 은족(殷族)이 제비를 '현조(검은 새)'라고 부른 것도 그와 같은 맥락이라 할 수 있다. 그렇다면 강원이 그 발자국을 밟았다는 '거인'은 무엇이었을까? 거인 대신에 '대인(大人)'이라는 전승도 있다. 신이나 상제라 하지 않고 '거대한 인간'이라고 부른 것은 곰이 틀림없다는 것이 손작운의 주장이다.

선정을 베푼 고공단보

중국의 어머니인 강, 황하와 그 수계 주변에서 그녀의 아들과 딸들은 성장해 갔다. 중류의 하계(夏系) 사람들, 하류의 은계(殷系) 사람들, 그리고 상류의 주계(周係) 사람들이 번갈아가며 일어나 문명의 담당자가 되었다.

이 세 개의 커다란 계열에 여러 가지 요소가 더해져서 끊임없이 통합하려는 의사가 움직이고 있었다.

주나라 시조의 어머니는 강원인데, 강(姜)은 틀림없이 부족명이었을 것이다. 이 글자를 보면, 양을 토템으로 하는 모계씨족에서 발전한 부족이라는 사실을 알 수 있다.

강(姜)은 강(羌)이라고 쓰기도 한다. 강(羌)이라는 글자의 아랫부분은 변발을 나타낸다는 설도 있는데 티베트 계열이라는 것이 정설이다. 『춘추좌전』에,

강은 태악(太岳)의 후손이다.

라는 말이 있다. 태악이란 틀림없이 숭산일 것이다. 은은 황하와 숭산을 하악(河岳)의 신으로 섬겼다.

태고에 강과 산은, 그 지역의 실권을 쥔 자가 제사권과 함께 장악을 하고 있었다. 숭산은 낙양의 동쪽에 있는 중원의 산이다. 강족은 원래 중원에 있었는데 은에 의해서 서쪽으로 추방을 했을 것이다. 중원으로의 복귀를 꿈꾸는 강족의 소망은 언제까지고 사라지지 않은 듯이 보인다.

복사에는 강인(羌人)이 자주 등장한다.

강(羌)을 잡을 수 있을까?

라고 점을 친 것이 많다. 사냥에서 사냥물의 많고 적음을 묻듯 상인을 얼마나 잡을 수 있을지를 점친 것이다.

　　부(父) 정(丁)에게 우(又, 祐)하는데 서른 강(羌)을 칠까?

라는 복사도 있다. 아버지인 강정(康丁)의 제사 때, 서른 명의 강의 목을 베어야 하는 건지를 점친 것이다.

　　물론 붙잡아 온 강인들의 목을 잘라 조상신에게 바치기만 한 것은 아니었다. 노예로도 부리고 있었다는 사실을 복사를 통해서 알 수 있다.

　　강인들이 쉽게 붙잡혔던 것은 유목이라는 일의 성질상 소인수로 산재해 있었기 때문일 것이다. 목이 잘릴 우려가 있음을 알면서도 은의 세력권 가까이에 머물렀던 것은 중원 복귀에 대한 소망 때문이었을지도 모른다. 은이 천하를 쥐고 있던 시절, 강은 여러 가지 수난을 맛봐야 했다.

　　유목민족은 수렵민족과는 달리 여유롭고 조용하지만, 그래도 은에 대해서는 격렬한 복수심을 품고 있었다. 좋은 기회만 찾아오면 그들도 들고일어날 생각이었다. 주는 손쉽게 강인과 연합할 수 있었다.

　　주나라 시조의 어머니가 강 출신이라는 전설은 이 연합 때 생겨났을 가능성이 있다. 조상들을 연결시켜서 부족 연합은 그 힘을 강화한 것이다.

　　주나라의 신화는 후직의 자손이 일자리를 잃고 융적의 땅으로 도망했다는 사실을 이야기해 준다. 후직은 농업 장관이었는데, 하가 쇠퇴해 농업에 힘쓰지 않고 그 관직을 폐지해 버린 듯하다.

　　낙향을 했다는 그다지 명예스럽지 못한 이야기이니, 주나라의 조상이 영락했다는 것은 틀림없는 사실이다. 후직의 증손자 시절에 드디어 후직의 업, 즉 농업에 힘썼기에 그들이 살던 지방이 풍요로워졌다. 공류(公劉)라는 인물이 있었는데, 땅의 좋고 나쁨을 판별하여 농경파종에 힘쓰고 위수를 건너 남산(南山)까지 가서 재목을 구해 오는 등 생활이 향상되자, 각지에서 이주해 오는 사람들이 많아졌다.

주도(周道)의 흥함은 이때부터 시작됐다.

라고 『사기』의 「주본기(周本紀)」에 기록되어 있다.

사람들이 모여들어 '나라'다워졌기 때문에 빈(豳)이라는 땅에 도읍을 정한 것은 공유의 아들인 경절(慶節) 때였다.

『사기』는 경절의 8대 후에 고공단보(古公亶父)가 위에 올랐다고 말하며 그 계보를 늘어놓았다. 이것은 은나라 시절에 해당하지만, 그 시절의 주는 복사를 남기지 않았기 때문에 그 계보가 정확한 것인지는 확인을 할 수가 없다.

이 고공단보가 태왕(太王)이라 불리는 인물이었다. 훈육(薰育), 융적 등의 만족(蠻族)이 그 시절에 빈을 공격했다. 재물이 필요하다고 하기에 태왕은 그들에게 그것을 나눠주었다. 그래도 만족은 또 공격을 하려 했다. 땅과 백성이 필요하다는 것이었다. 백성들은 모두 화가 나서 싸우려 했지만 태왕은,

백성이 임금을 세우는 것은 자신들을 유리하게 하기 위해서다. 지금 융적이 공격해 들어오는 것은 땅과 백성이 필요하기 때문이다. 백성이 내 밑에 있든 그들 밑에 있든 무엇이 다르겠는가. 백성들은 나를 위해서 싸우려 하지만, 사람의 아버지나 아들을 죽여가면서까지 임

금의 자리를 지킨다는 것은 내게 견딜 수 없는 일이다.

라며 빈을 떠나 칠수(漆水), 저수(沮水)를 건너서 기산(岐山) 기슭의 주원(周原)으로 옮겼다고 한다. 처음에는 일족만을 데리고 갔는데, 빈의 사람들이 노인을 부축하고 유약자의 손을 끌어 거국적으로 태왕에게로 귀속했다. 뿐만 아니라 이웃 나라 사람들까지도 태왕이 인(仁)을 베푼다는 소리를 듣고 그곳으로 모여들었다. 그곳에서 태왕은 융적의 습속을 금하고 성곽과 가옥을 짓게 하고 촌락별로 나누어 살게 하고 관리를 임명했다.

그 주원이라는 땅의 이름을 따서 국호를 주라 칭하게 되었다.

태왕에 대한 이 이야기는 지나치게 이상적으로 꾸며진 듯하다. 고생스럽게 힘써 가꾼 농지를 간단하게 포기하는 일은 있을 수 없다. 주는 농업 장관을 시조로 한다는 이야기가 있었던 만큼 농업을 주력 산업으로 하는 나라였다. 정주 농민은 토지에 집착하는 법이다. 그러나 실상은 융적 등 만족의 압박에 끝까지 저항할 수 없었을 것이다.

봉건제도와 정략결혼

만족의 세력권 가까운 곳에 농업국을 만들었다가 무력에 의해 그 땅에서 쫓겨나 사방으로 유랑을 하게 된 경험은 참으로 귀중했을 것이라고 말할 수 있다.

기산 기슭의 주원, 이른바 기주(岐周)로 옮긴 후부터 태왕은 그 경험을 살려서 국가의 기반을 다지기 시작했다.

융적의 풍속(俗)을 얕보고

라는 내용이 『사기』에 있는데, 이는 그전까지 융적의 습속과 비슷한 생활을 했다고 자백하는 듯하다. 태왕은 말하자면 백성들의 생활개혁운동부터 가장 먼저 시작했다. 그것은 곧 의식개혁으로 이어졌다.

주원으로 옮기기 전에는 나라라고도 할 수 없는 조그만 집단에 불과했다. 그런데 짧은 기간에 강력한 정권으로 키워 결국에는 은을 쓰러뜨릴 수 있을 정도의 실력을 갖게 되었다.

그 힘은 어디에서 왔을까?

조그만 집단이었던 시절에도 주에는 역시 노예가 있었을 것이다. 융적의 공격을 받아 노예를 잃은 것일지도 모른다. 빈에서 기산 기슭으로 옮길 때 노예들은 도망을 쳤을 것이다. 패해 쫓겨 가는 주인에게 의리를 지킬 필요는 없다.

주원까지 함께 이동을 한 것은 일족을 비롯해서 대부분이 자유민(自由民)이었다고 여겨진다. 이 집단의 수장은 노예가 없는 정권을 만들 궁리를 해야만 했다.

토지는 수장의 것이며, 백성이 수장 대신 그 토지를 경작한다. 이른바 공전제(公田制)인데, 농민은 토지를 소유하지는 않지만 수확물을 수장에게 바친 뒤 자신의 몫도 어느 정도 챙길 수 있게 되어 있었다. 이것은 은에서도 부분적으로 행해졌던 '조(助)'라는 제도다.

그러니까 채찍 대신에 당근을 사용한 셈이다. 채찍으로 때려도 좀처럼 일을 하려 들지 않는 노예 대신 수당을 미끼로 사람들을 일하게 만든 것이다. '의욕'이 기폭제가 되어 눈에 띄게 생산성이 향상되었다. 거기에는 탄력을 더해 주는 요소가 작용했다. 좋은 성적을 거둔 자는 더 많은 분배를 차지할 수 있었다.

좁은 토지에서의 실험이 점점 확대되어 갔다. 주원에서 백성들이 좋은 생활을 하고 있다는 소문을 들은 사람들이 몰려들었고, 그들이 경쟁했기 때문에 더욱 커다란 효과를 거둘 수 있었다. 이것은 하나의 제도라고 말할 수 있다. 눈앞에서 일어난 성과에 주의 수뇌부들은 자신감을 얻게 되었다.

이렇게 해서 주는 노예제 사회가 발달하지 못했지만, 봉건제에 의해서 강대해질 수 있었다. 은의 입장에서 이것을 보면, 정해진 수순을 밟지 않고 이상한 수단을 이용해서 갑자기 두각을 드러내기 시작했다는 느낌이 들었을 것이다.

그렇게 기를 써 봐야 머지않아 쓰러질 것이다.

은은 이렇게 생각했겠지만, 주는 좀처럼 쓰러지지 않았다.

우리는 자신이 걸어온 길을 지나지 않으면 지금 자신이 서 있는 위치까지는 올 수 없다고 생각하기 쉽다. 그러나 길은 얼마든지 있다. 설사 길이 없는 곳이라도 얼마든지 지나갈 수 있다.

은도 강대해진 지방정권을 무시할 수가 없었기에 주의 수장을 중앙정부의 대신으로 임명하지 않을 수 없었다. 은으로부터 서백(西伯)으로 임명을 받은 것은 태왕 고공단보의 손자인 창(昌)이었다.

태왕의 아내는 태강(太姜)이었다. 말할 나위도 없이 은으로부터 괴롭힘을 받아 온 그 유목 부족이다. 여기서 생각할 것은, 주나라 시조의 어머니인 강원 역시 강족 출신이었다는 점이다. 주는 원래부터 강과 인척관계에 있었다. 그러나 이 이야기는 아마도 나중에 만들어진 것이 틀림없다.

태왕은 생각한 게 있어서 강족과 친척관계를 맺은 것이리라. 서로의 연합을 강화하기 위해서 예전부터 혈연관계가 있었다는 이야기를 만들어내었다.

태강은 아들을 셋 낳았다. 태백(太伯), 우중(虞仲), 계력(季歷)이다. 막내인 계력은 태임(太任)을 아내로 맞았다. 태임은 임(任) 씨의 딸인데, 임 씨도 상당히 유력한 제후 중 한 명이었다.

주는 봉건제라는 새로운 무기 외에도 정략결혼이라는 수단을 사용하여 세력을 더욱 확대시켰다. 태임은 창이라는 아들을 낳았는데, 아기를 낳을 때 붉은 참새가 단서(丹書)를 물고 산실 문에 앉는 '성서(聖瑞)'가 있었다고 전해진다.

　　내 자손 중에서 일어나 번창할 자가 있다면 그것은 바로 창일 것이다.

라고 태왕이 말했다고 한다. 성서보다는 강이라는 커다란 부족과 임이라는 유력 제후와 동맹을 맺게 되었기에 천하를 넘보는 것도 꿈이 아니라고 생각한 것이 틀림없다.

태왕의 손자인 창을 주의 왕위에 앉히기 위해서 미담을 만들어 낼 필요가 있었다. 왜냐하면 창의 아버지인 계력은 태왕의 막내아들이었기 때문이다. 어쩌면 그 무렵 막내가 상속을 하는 '말자상속' 제도가 있었는지도 모른다. 『사기』의 계보를 보면 누가 죽고 그 아들인 누가 위에 올랐다는 표현만이 반복되고 있을 뿐, 그 아들이 몇 번째 아들인지는 기록되어 있지 않다. 은나라의 주(紂)도 막내아들이었다. 여기에는 두 형이 정실의 아들이 아니라는 이유가 붙어 있다. 그러나 그 이유는 훗날 붙여졌을 공산이 크다.

후세 역사가들은 막내의 아들인 창이 주를 이어받았다는 사실에 당혹감을 느낀 나머지 성서 외에도 미담을 만들어냈다. 성자(聖子)인 창이 왕위에 오르기 위해서는 우선 그의 아버지인 계력이 위에 오르지 않으면 안 됐다. 그런데 계력은 막내이기 때문에 두 형이 양보를 하지 않으면 위를 물려받을 수가 없다.

두 형, 장남인 태백과 차남인 우중은 아버지 태왕이 계력을 위에 앉혀 창에게 그것을 물려주고 싶어 한다는 사실을 알고 집을 나가 버렸다.

그들은 서로 손을 잡고 형만(荊蠻)이라는 땅으로 갔다. 형만은 당시 주에서 봐서 훨씬 남쪽에 있는 곳이다. 발견되어 주로 되돌아가더라도 두 번 다시 주의 상속자 자리를 잇지 못하도록 하기 위해서 두 사람은 문신을 새기고 머리를 잘랐다. 융적 사이에서 만족에게 고통을 받은 때문인지, 주는 만족의 풍습을 좋게 보지 않은 듯하다. 문신이나 단발 등과 같은 만족의 풍습에 물들어 버린 사람은 더 이상 주의 수장의 지위에 오를 수 없었다. 그런 꼴사나운 모습으로는 무엇보다도 조상의 제사를 지낼 수가 없었다.

태백과 우중[일명, 중옹(仲雍)]은 형만의 땅에서 수장이 되었는데, 그곳이 오(吳)나라였다고 전해진다.

600년 후에 월(越)나라 왕 구천(勾踐)에게 멸망한 오나라 왕 부차(夫差)는 태백과 우중의 자손이 된다.

은에서 독립한 서백 창

은나라의 주 임금이 왕위에 올랐을 때 서방의 일개 제후국에 지나지 않았던 주는 드디어 창(昌)의 시대를 맞이했다. 태왕의 기대에 부응해서 창은 명군이 되었고 주의 국력은 증대했다. 은도 이 유력한 위성국의 수장을 그냥 내버려둘 수는 없었다. 서백이라는 작위를 내렸다.

서백 창은 동료 대신이 죽임을 당한 뒤 소금에 절여지고 포가 되었다는 소식을 듣고 한숨을 쉰 사실이 밀고당해서 감금되었다는 사실은 앞에서 이야기했다.

주 임금과 은나라의 악행을 만들어 내서라도 기록해 두지 않으면 주나라의 행동은 정당화되지 않는다. 창의 아버지인 계력이 은의 문정에 의해 살해되었다는 기술이 『죽서기년』에는 있지만, 사마천은 그 사실을 기록하지 않았다. 『제왕세기(帝王世紀)』에는 주(紂)가 인질이었던 창의 아들을 삶아 죽인 뒤, 그 국물을 창에게 마시게 했다는 얘기가 나온다. 앞에서도 이야기했듯이 주 임금의 악행은 상당 부분 걸러서 받아들일 필요가 있다.

은의 멸망은 주 임금의 폭정보다는 빈번한 출정 때문이었다는 사실은 앞에서 이야기했다. 은의 체제하에서 출정은 피할 수 없었다.

복사를 자세히 살펴보면, 주 임금 시절이 되자 조상들의 제사 때 인간을 죽여서 바치는 것이 격감한 것 같다는 사실을 알 수 있다. 주 임금이 그와 같은 무의미한 살육을 싫어했던 것일지도 모르지만, 노예가 부족해서 죽이기가 아깝다는 생각이 들기 시작했을 가능성도 있다. 노예의 숫자가 줄어든 것이 아니라 노예의 노동력을 필요로 하는 일이 늘어난 것이다. 그것은 왕족이나 귀족들의 생활이 화려해졌기 때문인 듯하다. 일단 생활수준이 올라가면 그것을 다시 낮추어 예전처럼 되돌아가기란 지극히 어렵다. 현상을 유지하는 것조차도 어려우며, 생활이 항상 향상되지 않으면 안 된다.

술의 소비량도 놀랄 정도로 증가했다. 술 때문에 은이 멸망했다는 설까지 있을 정도다. 술의 소비량은 문화의 척도라고도 하는데, 은의 문화가 향상된 것까지는 좋았지만 그것을 유지해 줄 노동력이 부족했기에 골머리를 썩었다.

사회가 노예제도를 채택하고 있는 한, 사람의 노동 효율을 끌어올린다는 것은 불가능하다. 채찍으로 때리지 않으면 일을 하지 않는데 지나치게 때리면 죽어 버린다. 채찍질을 늦출 수도 없다. 이런 상태에서는 아무래도 공포정치가 되고 만다. 공포정치 밑에서 활력이 생겨날 리가 없다.

주나라의 문화수준은 은나라에 비해서 훨씬 낮았다. 그러나 그 체제는 명쾌하고 활기에 넘쳤다.

서백 창도 전장을 오갔다. 견융(犬戎)을 정벌하고, 더욱 서쪽에 있는 밀수(密須)를 정벌했다. 그리고 기국(耆國)도 정벌했다. 뒤이어 동쪽의 우(邘)로 출병했으며, 세상을 떠나기 한 해 전에는 숭후호(崇侯虎)를 토벌했다. 숭후호는 서백을 주 임금에게 밀고한 제후라고 알려져 있다. 그의 영지는 섬서성 서안시 부근에 있던 풍(豊)이라는 곳이었다.

숭후호에 승리를 거둔 뒤, 주나라는 도읍을 기산에서 풍으로 옮겼다.

주나라의 출정은 은의 출정과는 달리 자신들 체제의 범위를 넓히는데 그 목적이 있었다. 포로를 잡아 노예로 삼지 않고 공전을 늘리고 그것을 경작시켰다.

이런 주나라의 움직임을 은나라의 주 임금은 그다지 중요하게 생각하지 않은 듯하다. 언제나 자신만만했던 주 임금은 주나라를 경계해야 한다고 충고해도,

천명은 내게 있지 않은가? 서백이 무엇을 할 수 있다는 말인가?

라며 문제 삼지도 않은 듯하다.

유능해서 오히려 자신을 과신했을 것이다. 그리고 단순히 무력만을 놓고 따져보면, 은이 훨씬 더 강대했다.

주 임금은 서백의 움직임을 무시하고 동방에서의 전쟁을 계속했다. 복사에 '인방(人方)' 원정에 대한 내용이 자주 등장하는데, 어떤 이유에서인지 『사기』에는 그것이 기록되어 있지 않다. 단지 주 임금이 간언을 듣지 않고 도리에 어긋나는 행동을 했다는 사실만을 거듭 이야기하고 있을 뿐이다.

주나라의 은나라 토벌 전쟁은 사실 빈집을 치는 것과 다를 바 없었지만, 주나라의 사관들은 그것을 숨기고 싶어 했을 것이다. 주나라의 입장에서 보자면, 주 임금이 군대를 이끌고 동쪽의 '인방'을 토벌하고 있었다는 사실은 그다지 알리고 싶지 않았을 것이다. 사마천의 시대에도 그것을 감출 수 있었던 것이리라.

만약 은허에서 복사가 출토되지 않았더라면, 역사의 숲에는 승리한 주나라의 목소리만이 가득 차 있었을 것이다.

서백 창은 은의 멸망을 보지 못하고 재위 50년 만에 세상을 떠났다. 후에 '문왕(文王)'이라는 시호로 불리게 되는 인물이다.

태자인 발(發)이 왕위에 올라 아버지의 사업을 물려받았다. 그가 주의 무왕(武王)이다.

주의 수장이 언제부터 왕을 칭했는지 정확한 시기는 알 수 없다. 그러나 왕이라고 칭한 순간부터 주는 은의 위성국임을 그만두고 독립했을 것이라 생각된다. 『사기』에는,

시인(詩人)이 말했다. 서백은 아마도 명을 받은 해에 왕을 칭했으며, 이에 우(虞)와 예(芮)의 송사를 판결했다, 라고. 그로부터 10년 뒤에 붕어했다.

라고 기록되어 있다. '시인이 말했다⋯⋯'라는 서술 형식으로 봐서 사마천도 의문을 가지고 있었다고 짐작된다. 또 이 부분은 사마천이 쓴 것이 아니라 후대 사람들이 덧붙였다는 설도 있다.

이 시인설(詩人說)에 따르면, 서백은 말년의 10년 동안을 왕이라 칭한 셈이 된다.

우·예의 송사란 그 두 지방의 사람들이 소송을 일으켜 서백의 재판을 받기 위해 주나라를 찾았다는 사실을 가리킨다. 우와 예 모두 상당히 넓은 지방이기 때문에 원래대로 하자면 그들의 소송은 은나라 왕에게 가져가야 할 사안이었다. 그런데도 주나라로 갔다. 그런데 그들이 주나라에 들어가 보니 경작을 하는 사람들은 서로 논두렁을 양보하고, 연장자를 존중하는 미풍이 있었다. 두 지방 사람들은 부끄럽게 여기고 돌아가 서로 양보를 했다고 한다. 따라서 서백이 직접 그 송사를 재판한 것은 아니다. 그러나 그런 소송 문제를 가지고 왔다는 것은 주의 수장이 이미 상당한 실력자의 지위를 굳혔다는 사실을 이야기해 주고 있다. 시대의 흐름은 이미 바뀌어 있었다.

은이 멸망한 해에 대해서는 여러 가지 설이 있는데, 그중 가장 빠른 것은 동작빈이 주장한 기원전 1111년이다. 기원전 1050년 무렵으로 보는 것이 가장 타당할 듯한데, 기원전 1027년이나 1028년까지 내려 잡아야 한다는 설도 있다.

밥 팔며 스카웃을 기다린 태공망

무왕은 위에 올랐다. 태공망(太公望)은 사(師)가 되었고, 주공 단(周

公므)은 보(輔)가 되었고, 소공(召公)과 필공(畢公) 등은 왕사(王師)를 좌우하여 문왕의 서업(緖業)을 닦았다.

『사기』「주본기」는 무왕이 즉위한 뒤의 수뇌부의 면면을 위와 같이 기록했다.

태공망은 너무나도 유명하다. 너무 유명해서 수많은 전설들이 전해 내려오기 때문에 오히려 더 알기 어려운 인물이 되어 버렸다. 『사기』에 원래 성은 강(姜) 씨이며, 조상 중에 여(呂, 하남성)에 봉해졌던 자가 있었기에 여를 성으로 여상(呂尙)이라 이름을 밝혔다고 기록되어 있다.

주의 성은 '희(姬)'인데, 시조와 태공의 아내가 강 출신이었다. 강은 주와 피로 맺어진 깊은 관계에 있었다. 어쩌면 태공망은 강부족의 대표였을지도 모른다.

『사기』도 그에 관한 여러 가지 전승을 소개했다.

가난하고 나이 든 여상은 낚시로 주의 서백에게 접근을 하려 했다는 것이다. 이것이 가장 유명한 일화이다.

어느 날 서백은 사냥을 나가기 전에 점을 쳤다. 은 정도는 아니지만 주에서도 역시 사냥과 그 외의 일들에 대해서 사전에 그 성적을 점치는 것이 일반적이었다. 그러나 주나라 사람들은 점복에 관한 것을 갑골 조각에 새겨 넣을 정도로 열성적이지는 않았다. 그날의 점복은,

얻는 것은 용이 아니다, 치(彲, 교룡. 뿔이 없는 용)가 아니다. 호랑이가 아니다, 큰곰이 아니다. 얻는 것은 패왕의 보좌관이다.

라고 나왔다. 오늘의 수확물은 천하를 제패하여 왕이 될 자를 보좌할 명신이라는 뜻이다.

과연 그날 서백은 위수 북쪽에서 낚시를 하고 있던 여상을 만났다. 미리 점복의 결과를 알고 있었기 때문에 서백은 이 사람일지도 모른다 생각하고 이야기를 나눠 봤더니 참으로 뛰어난 인물이어서 바로 데리고 돌아가서 '사(師)'로 삼았다는 것이다. 이때 서백은 매우 기뻐하며,

> 우리 선군 태공(太公)이 말씀하시기를, 참으로 성인이 있어 주로 올
> 것이다. 주는 그로 인해 흥할 것이라고 했다. 그대가 바로 그가 아닌
> 가. 우리 태공이 그대를 오래도록 기다렸다.

라고 말했다고 한다. 선군 태공이란 서백의 아버지인 계력을 말하는 것이리라. 그 무렵부터 성인이 주로 올 것이며, 그 사람으로 인해 주가 흥할 것이라는 말이 있었기에 태공은 오랫동안 성인의 출현을 기다려 왔다. 태공이 바랐다는 데서 여상은 태공망이라는 호를 얻게 되었다.

"혹은 이렇게 말한다"라며 같은 『사기』는 또 다른 전승을 소개했다.

여상은 매우 박식해서 예전에 은의 주 임금을 섬긴 적이 있었지만, 주가 무도했기 때문에 그곳에서 떠나 제후들에게 유세(遊說)했다는 것이다. 그러나 그의 재능을 평가해주는 제후가 없었기에 방랑을 하며 서쪽으로 가서 드디어 주의 서백에게 인정을 받게 되었다는 이야기다.

또는 이렇게 말한다.

여상은 처사로 해변에 숨어 살았는데, 주의 서백이 유리에 감금되었을 때 그 측근인 산의생(散宜生)과 굉요(閎夭)가 그에게 의논을 해 온 것

을 계기로 주나라와 관계를 맺게 되었다는 것이다. 주 임금은 미인을 좋아하니 천하의 미인을 골라 헌상하라는 계책을 가르쳐 주었을 것이다.

『전국책(戰國策)』에, 진의 시황제가 요가(姚賈)에게,

> 너는 감문(監門, 문지기)의 아들이고 양(梁)의 대도(大盜)로 조(趙)
> 에서 추방된 신하가 아니냐?

라고 묻자 요가가,

> 태공망은 제(齊)의 축부(逐夫), 조가(朝歌)의 폐도(廢屠), 자량(子量)
> 의 축신(逐臣), 극진(棘津)의 수(讎)라 하여 쓰지 않았다. 문왕이 이를
> 써서 왕이 되었다.

고 대답했다는 이야기가 실려 있다.

제는 지금은 산동성이다. 동쪽 바다의 사람이라고 하니 태공망은 산동반도의 연해에서 살았던 적이 있었던 모양이다. 축부라는 것은 아내에게 쫓겨난 남편을 말한다. 생활력이 없었던 것인지, 여자를 좋아했던 것인지 아내에게 타박을 받고 쫓겨난 경력이 있었다고 한다.

조가라는 것은 은의 국도로 우리가 지금 안양현 소둔촌이라고 부르는 곳이다. 예전에 태공망은 거기서 고깃간을 하고 있었다. 고기가 팔리지 않았던 것인지, 또는 다른 좋지 않은 일이 있었던 것인지 그 장사를 그만둔 듯하다.

자량이라는 것은 사람의 이름인데 어떤 인물이었는지는 알 수 없다.

자량의 부하가 된 적이 있었는데 거기서도 실수를 해서 쫓겨났다.

극진은 지명으로 지금의 하남성 연진현(延津縣) 부근인 것으로 알려져 있다. 수란 미움을 받는 자라는 뜻이다. 태공망은 거기서 어떤 좋지 않은 일이라도 했는지 사람들의 미움을 받아 아무도 고용해 주지 않았다. 그런 그를 문왕이 인정하고 등용하여 패업을 이루게 되었다.

그 외에도 『고사고(古史考)』처럼,

> 여망(呂望)은 일찍이 조가에서 소를 잡았고, 맹진(孟津, 지명)에서 밥을 팔았다.

라고 기록된 문헌도 있다. 은자와는 아주 거리가 먼 인물이었던 듯하다. 의외로 이런 모습이 실상에 더 가깝지 않을까?

여기서 탕을 도와 은의 건국에 커다란 공을 세웠던 이윤을 떠올리지 않을 수 없다. 공상에서 태어났다는 완전한 신화 속의 인물이다. 주 건국의 원훈이 된 태공망은 신화적인 분위기를 거의 가지고 있지 않다. 아내에게 쫓겨나는 등 인간미가 물씬 풍기는 인물이다.

이것은 500년이라는 세월의 차이에 의한 것이다. 또 은과 주의 다른 성격 때문이기도 하다. 은은 무슨 일에나 미신적이었지만, 주는 지극히 현실주의적인 나라였다. 그래도 이윤과 태공망은 보좌역을 맡은 명신으로서 비슷한 부분이 적지 않다.

두 사람 모두 주방과 관계가 깊은 사람이었다는 점이다. 이윤은 그 이상한 출생이 불길하다 하여 요리사에게 맡겨져 요리를 배우게 되었다. 태공망은 낚시에 관한 전설도 있지만 고깃간을 업으로 삼았던 시기도 있었다고 전해진다.

굴원의 〈천문〉에 다음과 같은 구절이 있다.

사망재사(師望在肆)	사망(태공망) 가게에 있었는데,
창하식(昌何識)	창(문왕)은 어찌 알았는가.
고도양성(鼓刀揚聲)	칼을 울리고 소리를 높였는데,
후하희(后何喜)	후는 어찌 기뻐하였는가.

훗날 사(師)라는 최고의 지위에 오른 태공망이 고깃간에 있다는 것을 문왕은 어찌 알았는가?

칼을 울린다는 것은 예전의 커다란 칼의 손잡이에는 방울이 달려 있었는데, 그것을 들어 올리면 소리가 난다는 사실을 말하는 것이다.

문왕이 친히 찾아왔을 때, 태공망은 가게에서 식칼을 들어 올리며 자신의 포부를 밝힌 듯하다. 소리를 높였다는 것은 천하를 취할 책략이라도 펼쳐 보였을 것이다. 그러자 문왕이 기뻐했다고 한다.

칼의 방울을 울렸다고 하니, 태공망은 소고기라도 다듬으면서 문왕에게 이야기를 했던 것이리라.

이윤은 자미(滋味, 맛있는 음식)를 만들어서 탕에게 접근했다고 한다. 이부분은 매우 비슷한 듯하다.

전승에서 상징을 찾으려는 사람들은 태공망이나 이윤이 주군에게 희생을 맹세하고 주군이 그것을 받아들인 의식을 거기서 발견하려 할 것이다.

신분은 낮지만 유능한 신하가 주군과 당당하게 이야기할 수 있다면, 그것은 무엇보다도 먹을 것에 대한 화제일 것이다. 혹은 취미, 예를 들자면 낚시에 관한 이야기가 될지도 모른다. 얘기를 나눌 기회가 있어야 비로소 상대방의 재능을 알게 되는 법이다.

창업기에 이윤이나 태공망처럼 신분이 낮아 보이는 사람들이 활약을 했다는 것은 주목할 만하다. 능력만 있으면 어떤 신분에 있는 사람이라도 재능을 발휘할 기회를 얻을 수 있는 것은 그 집단이 약동하고 있기 때문이다. 활력을 잃은 집단은 모든 것이 고여 있어서 아무리 재능이 뛰어난 사람이라도 묻혀 버리고 만다. 그런 상태로 천하를 취한다는 것은 있을 수 없다.

중국문화의 기원은 은인가, 하인가?

은은 쇠망하여 멸망한 것은 아니지만, 역시 난숙기(爛熟期)는 지난 상태였다. 퇴폐의 경향이 나타나고 있었다. 주 임금의 폭정이 어디까지 사실인지는 알 수 없지만, 완전한 무에서 만들어 낸 이야기는 아닐 것이다.

문화는 높은 곳에서 낮은 곳으로 흘러간다고 하지만, 높낮이에 대한 평가는 주관적인 것이다. 당시 은의 문화는 동방세계 최고의 것이었을 텐데도 그것을 인정하지 않는 사람들도 있었다. 아마도 그것은 기질의 문제였을 것이다.

섬서성의 주나라 본거지 부근의 고고학적 조사에 따르면, 용산문화의 상층부에 바로 주의 문화층이 퇴적되어 있다고 한다. 고고학 용어로 소둔 문화라 불리는 은의 문화층은 거의 찾아볼 수 없다. 주나라 사람들은 기질적으로 은의 문화가 맞지 않아 그것을 받아들이려 하지 않았던 것 같다.

융적들 틈에서 살아온 주는 연파 문화(軟派文化)의 채용이 치명적인 결과를 가져다 주리라는 사실을 본능적으로 느꼈을 것이다.

그러나 그것 이상으로 주는 은의 문화에 커다란 이질감을 품고 있었던 것으로 보인다. 선진문화라는 점은 인정하지만 자신들과 같은 코스를 달리고 있다는 느낌은 들지 않았다. 같은 코스라면 역시 따라잡아야겠다는 마음이 드는 법이다. 그곳은 자신들이 달려야 할 곳이 아니라는 직감 때문에 오히려 열등감을 품지 않았는지도 모른다.

지금 우리의 눈으로 보자면 태고의 안개에 휩싸여서 은과 주는 잘 구분이 되지 않는다. 그러나 당시의 입장에서 보자면 둘 사이는 전연 달랐다. 그것은 별세계라고 해도 좋을 것이다.

하와 은의 교체는 같은 트랙 위를 달리는 선수만 바뀐 듯한 느낌이다. 그러나 은과 주의 교체는 선수뿐만 아니라 트랙까지 바뀌었다.

왕국유(王國維, 1877~1927)는 중국 문화의 원류는 주에 있으며, 은의 문화는 후대 중국에 거의 전해지지 않았다는 견해를 갖고 있었다. 같은 땅 위에서 피어난 문화지만 그것은 거의 외국문화와 같다고 보고 있는 것이다.

극단적인 생각이지만 그것이 상당한 설득력을 가지고 있는 이유는 둘이 서로 다른 체제를 가지고 있었기 때문이다. 다른 씨에서 같은 꽃은 피지 않는다.

은과 주는 얼마나 달랐을까? 그 평가에 따라서 여러 가지 설이 생겨난다. 둘이 근본적으로 이질적인 체제를 가지고 있었다고 보는 사람은 노예제에서 봉건제로 이행되었다고 주장한다. 그렇게 큰 차이는 없다고 보는 사람은 커다란 틀에서는 주와 은 모두 같은 체제로 노예제 시대였다는 사실에는 변함이 없다고 단언하고 있다. 앞에서도 이야기했듯이 중국에서도 이것은 활발하게 논의되었다.

주나라가 봉건제였다는 설을 주장하는 사람들은 주의 무덤에 순장의 예가 극단적으로 적다는 사실까지도 하나의 근거로 들었다. 당시(1950년 대) 주의 고묘는 거의 160기 정도가 발굴되었는데, 순장을 한 무덤은 겨우 3기뿐이었고 순장된 사람들의 숫자도 6명에 지나지 않았다.

이에 대해서 주 노예제설의 선구자라 할 수 있는 곽말약은 주의 묘는 아직 왕릉이 발굴되지 않았다고 반론했다. 은허에서 발굴된 대묘는 왕이나 그것에 가까운 왕족의 묘라고 봐도 크게 틀리지 않을 것이다. 그것은 수많은 순장을 가지고 있었다. 그러나 지금까지 발견된 주의 무덤은 왕릉다운 것을 포함하지 않은 보통 사람들의 무덤이니 비교의 대상이 될 수 없다는 것이다. 듣고 보면 그것도 일리가 있는 말이다.

막연한 느낌으로 학설을 논해서는 안 된다. 따라서 나는 논하지 않고 단지 느낌만을 말해 두기로 하겠다.

은에서 주로의 교체는 무대가 완전히 바뀐 것 같다는 느낌이 강하게 든다. 속된 말로 표현을 하자면 사람을 홀렸던 것이 떨어져 나간 듯한 느낌이다.

신들의 세계였던 것이 인간들의 세계가 되었다는 표현을 쓸 수도 있을 것이다.

시대가 보다 더 가까워졌지만 주의 자세한 생활상은 은나라 때보다 더욱 알기 어려워진 일면이 있다. 그 이유는 주나라 사람들이 은나라 사람들처럼 복사를 남겨 주지 않았기 때문이다. 은허에서 출토된 10만여 조각의 복사는 왕실을 중심으로 한 것이지만, 생생하다고 해도 좋을 정도로 은나라 사람들의 생활을 전해주고 있다.

그러나 주나라 사람들은 상제(上帝)의 뜻에 은나라 사람들처럼 신경을 쓰지 않게 되었다. 여전히 복사를 행하기는 했지만 점을 친 내용이나 그 결과를 일일이 기록으로 남기지는 않았다. 은나라 사람들에게 있어서 복사는 절대적인 지시였지만, 주나라 사람들은 그것을 '적극 참고하겠다'는 정도로밖에는 받아들이지 않았다. 절대성이 상실되었으니 고생을 해 가면서 딱딱한 뼈에 새기는 수고도 생략되었다.

은나라 사람들은 신과 함께 생활을 했다고 해도 과언은 아니다. 사냥에 나갈 때조차도 점복을 했다. 은력(殷曆)은 10진법으로 열흘을 일순(一旬)으로 보았는데 다음 순의 길흉을 반드시 점쳤다. 병에 걸리거나 어딘가에 걸려 넘어져도 누군가의 저주 때문에 그렇게 된 것이 아닌가를 점쳤다. 비가 내릴지 바람이 불지, 눈이 내릴지 혹독한 더위가 찾아올지, 날씨에 관한 것도 전부 점을 쳤다. 생각해보면 은나라 사람들은 신들과 너무 가깝게 지냈다고 말할 수 있다. 귀신의 저주를 피하기 위해서 피 흐르는 제물을 헤아릴 수도 없이 바쳤다. 거기에는 인간까지도 포함되어 있었다.

인간이 신에게 너무 가까이 다가갔다고 말했지만, 가까이 다가가기 위해서는 여러 가지 절차가 필요했다. 그와 같이 번잡한 신과 인간의 관계 체계는 은나라 사람들이 오랜 시간에 걸쳐서 만들어 낸 것이었다. 간소한 생활을 하면서 오로지 농업에만 힘썼던 주나라 사람들이 보기에 그것은 이해할 수 없었다.

은의 후계자로서 천하의 주인이 된 주는 은의 모든 유산을 계승한 것이 아니었다. 주나라 사람들에게 있어서 신의 곁으로 그렇게 다가가는 것은 너무나도 눈이 부신 일이었으며 또 귀찮은 일이기도 했다. 주나라 사람들은 은나라 사람들의 종교체계는 받아들이지 않았다.

은나라 사람들에게는 그것이 전부였기 때문에 그것을 받아들이지 않았던 주나라 사람들은 은나라 사람들과의 접점을 가지고 있지 않았다.

점괘를 믿지 말고 노력을 해라

주가 은을 공격했을 때의 이야기로 되돌아가자.

문왕은 창업 도중에 세상을 떠났다. 나이는 알 수 없지만 치세 50년이라고 하니 상당히 나이가 많았을 것이다. 태자 발이 즉위하여 진용을 갖추었다는 사실은 이미 이야기했다. 그가 바로 무왕이다. 무왕은 즉위한 지 9년 뒤에 필(畢)로 가서 아버지 문왕을 제사했다. 문왕의 무덤이 필에 있었다.

그런 다음 맹진까지 나아갔다. 군사를 벌여 놓고 펼친 시위였다. 이때 수레에 문왕의 목주(木主)를 싣고 무왕은 자신을 태자 발이라고 칭했다. 목주란 위패를 말한다. 그것을 마치 살아 있는 것인 양 수레로 모셨다는 것은, 그 원정이 문왕의 뜻임을 나타내기 위해서였다. 무왕은 태자로서 아버지의 친정에 따라나선 것에 지나지 않는다는 형식을 취했다.

『사기』에 기록된 대로라면, 문왕은 서백으로 서방에 그 명성을 떨쳤으며, 말년의 10년 동안은 왕이라 칭하고 따르지 않는 자들을 쳐서 쓰러뜨렸다.

죽었다고는 하지만 그 이름은 제후와 각지 주민들의 머릿속에 강하게 남아 있었다. 선정을 베풀었기 때문에 흠모를 받았다. 그 이름에는 아직도 효력이 남아 있었다.

군대를 직접 지휘한 것은 태공망이었다. 그는 제후들에게 동원령을 내

리며,

늦게 도착하는 자는 베겠다.

고 엄포를 놓았다.

군은 맹진에서 황하를 건넜다. 맹진은 낙양 바로 옆에 있는 황하의 나루터로, 중국 역사 속에 그 이름이 자주 등장한다.

회조쟁맹(會朝爭盟)	조회에 모여 맹(맹진)을 다투니,
하천오기(何踐吾期)	어찌 내 기일을 밟았는가.
창조군비(蒼鳥群飛)	창조가 무리지어 날으니,
숙사췌지(孰使萃之)	누가 이를 모이게 했는가.
도격주궁(到擊紂躬)	이에 주의 몸(躬)을 치려 하는데,
숙단불가(叔旦不嘉)	숙단이 불가하다 했다.

제후들이 모인 장면은 종종 그림으로 그려진 듯했다. 굴원은 묘에서 그 벽화를 보며 그의 〈천문〉에서 이렇게 읊었다.

제후는 그날 앞다투어 맹진으로 모여들었다. 그렇게도 많은 군세가 어떻게 기일 안에 모여들 수 있었는지? 창조가 무리 지어 날고 있으니 이는 길조인데 누가 모은 것일까? 모두가 찾아와서 막 포학한 주 임금을 치려 하는데 숙단이,

이는 좋지 않다.

고 말한 것이다.

숙단은 무왕의 동생인 주공 단이다. 백(伯)은 나이 많음, 숙(叔)은 나이 어림을 의미한다.

『사기』에는 무왕의 배에 흰 물고기가 뛰어들어 그것을 잡아다 제사를 지냈다는 내용이 실려 있다. 이것도 길조다. 고대의 왕조는 각각 자신들이 숭상하는 색을 정해 두었다. 하는 검은색을 숭상했으며 은은 흰색을 숭상했다. 흑도문화가 하의 것이라고 주장하는 사람들은 그 근거 중 하나로 하가 검은색을 숭상했다는 사실을 들고 있다.

흰 물고기란 은의 상징이다. 그것이 무왕의 배 안으로 뛰어든 것이다. 마치 은을 마음대로 요리하십시오, 라고 말하고 있는 것 같지 않은가? 그 일로 주의 진중이 들끓었으리라는 것은 쉽게 상상해볼 수 있다.

강 상류에서 불이 일어 그것이 강을 따라 내려오더니 무왕의 진영 앞에서 붉은 새가 되었다. 이것도 길조다. 왜냐하면 주는 붉은색을 숭상했기 때문이다. 여기저기서 길조가 있었기에 주나라의 군대는 사기가 올랐다. 이때 맹진에 모인 제후가 800명이라고 한다. 공을 세워 새로운 정권에서 중용되기를 바라던 제후들은 모두 소리 높여,

"주(紂)를 쳐야 한다!"고 외쳤지만, 지금까지 있었던 길조를 '좋지 않다'고 판단하여 군대를 물리게 한 인물이 있었다. 굴원의 〈천문〉에는 주공단으로 되어 있지만, 『사기』에는 무왕 자신의 생각에 따라서 행한 것이라 되어 있다.

이것은 주의 제1차 은 토벌전이 실패로 돌아갔음을 반영한 전설일지도 모른다. 어쩌면 주의 지도부가 지나칠 정도로 신중했음을 이야기해주는 삽화일까.

연속해서 길조가 나타났기에 진영 내에 들뜬 분위기가 흘렀던 것이라고 생각해볼 수도 있다. 썩어도 준치라고 은의 힘을 무시할 수는 없었다. 그런데 은을 얕잡아 보는 기운이 감돌기 시작한 것이다.

이래서는 안 된다.

주공 단, 혹은 무왕은 그렇게 생각했을 것이다. 만약 그들이 은나라 사람이었다면 나타난 길조를 의심하려는 마음은 추호도 품지 않았을 것이다.

이 일화는 주나라 사람들이 전조나 점복, 주술 등을 철저하게 믿는 기질이 아니라는 사실을 말해 주고 있다. 특히 지도자가 그랬다.

주나라 사람들의 기질도 기질이지만 지도자가 그런 방향으로 백성들을 리드해 나갔다고 생각된다. 은의 경우는 반경이 강력한 지도력을 가지고 있었다고 알려져 있지만, 주의 무왕, 문왕, 주공 단과 같은 사람들은 정신적인 면에서도 사람들을 강하게 사로잡았다. 은의 수장들이라면 정신적인 면은 전부 신에게 맡겨 버렸을 것이다.

이윤과 태공망을 비교한 부분에서도 이야기했지만, 주나라 사람들이 보다 인간적이다. 점복이나 주술에 절대적인 신뢰를 두지 않는다면 그만큼 인간의 노력에 의지할 수밖에 없다. 주나라 사람들에게서 인간미가 물씬 풍기는 것도 당연한 일이다.

1세기의 사상가인 왕충(王充)이 저술한 『논형(論衡)』이라는 책의 「복서편(卜筮篇)」에 다음과 같은 이야기가 실려 있다.

주나라 무왕이 주 임금을 치려하기 전에 복서로 점을 쳐 보니 '대흉(大凶)'이라고 나왔다. 그러자 태공망은 시(蓍)를 밀어젖히고 거북의 등껍데기를 짓밟으며,

마른 뼈나 죽은 풀이 어찌 흉이라는 것을 알겠는가?

라며 문제 삼지 않았다고 한다.

시라는 것은 당시 서죽(筮竹)으로 썼던 식물의 이름이다.

이 책의 같은 항목에는, 이때 태공망은 "그런 것을 제사를 지내면 흉이다. 싸우면 이긴다"라고 말하고 억지로 군대를 움직여 결국 주에게 승리를 거뒀다고 기록되어 있다.

무왕은 일단 물러섰다가 2년 뒤에 다시 군사를 일으켰다. 다시 문왕의 주목을 받들고 대군을 동원하여 동쪽으로 향했다.

은에 무거운 죄가 있는데, 이에 철저하게 치지 않으면 안 된다.

무왕은 제후들에게 이렇게 알렸다. 이는 소집령이었다. 만약 군대를 이끌고 참가하지 않으면 나중에 토벌을 당하게 될 것이었다.

무왕이 동원한 것은 융차(戎車, 전차) 300승, 호분(虎賁, 사관) 3천 명, 갑사(甲士, 무장병) 4만 5천이었다. 대군임에는 틀림없지만 천하의 주인인 은을 쓰러뜨리기에는 터무니없이 부족하다는 느낌이 든다. 이는 주나라 군대만의 숫자일 것이다. 제후의 병사가 모이는 데 수레 4천 승이라고 되어 있으니, 군사는 대략 그 열 배에 이르렀을 것이다.

은의 주 임금은 70만의 병사를 내서 이를 막으려 했다. 천하를 다투는 싸움은 이렇게 해서 목야(牧野)에서 펼쳐졌다. 목야는 은허의 남쪽 외곽에 있다.

스스로 타 죽은 주왕

이때 무왕이 만든 '태서(太誓)'는 이른바 선전포고문이라고 할 수 있을 것이다.

지금 은왕 주는 그 부인의 말을 듣고 스스로 하늘에서 떠나고, 그 삼정(三正, 천·지·인의 정도)을 훼괴하고, 그 왕부모제(王父母弟, 친족을 말함)를 이적(離逖, 멀리함)하고, 그 조상들의 악(樂)을 끊어 버리고, 음성(淫聲)을 만들어서 정성(正聲)을 변란(變亂)하여, 부인을 이열(怡悅, 기쁘게 함)했다. 이에 지금 나 발(무왕의 이름)은 이를 삼가 천벌을 행한다. 힘쓰자, 부자(夫子, 제군). 두 번 해서는 안 된다, 세 번 해서는 안 된다.

토벌의 첫 번째 이유는 주가 여자의 말만 듣고 올바른 일을 하지 않는다는 것이다. 부인이라는 것은 달기를 말하는 듯하다. 음성(淫聲), 즉 음탕한 음악을 만든 것도 비난하고 있다. 음악도 여자를 기쁘게 해주려고만 했다는 점이 지탄의 대상이 되고 있다.

백성에 대한 이야기는 어디에도 나와 있지 않다. 자신들 제후국이나 부족이 압박을 받고 있다는 등의, 후세라면 당연히 개전의 첫 번째 이유로 드는 것도 여기에는 언급되어 있지 않다.

개전 직전의 맹세에 겨우,

포학간백성(暴虐干百姓, 백성에게 포학하고).

라는 내용이 있을 뿐이다. 겨우 다섯 글자에 불과한데 여기서 말하는 백성은 우리가 지금 사용하고 있는 백성과는 의미가 다르다. 현대 중국에서는 '노백성(老百姓)' 등과 같이 매우 일반적인 서민을 나타내는 말로 쓰이고 있다. 그러나 이 시절의 '백성'이란 왕을 모시고 있는 여러 가지 성을 가진 사람들을 의미하는 것이다. '백관(百官)'에 상당하는 말이라 할수 있다. 이 비난은 자신의 신하들을 괴롭혔다는 말과 같다. 일반 서민에 대해서는 여전히 언급을 하지 않았다. 서민이 고통을 당하는 것은 당연한 일로 그것은 비난의 대상이 되지 않는다고 한 것이다.

이때 무왕이 호소한 말 중에,

> 용(庸), 촉(蜀), 강(羌), 무(髳), 미(微), 노(纑), 팽(彭), 복(濮) 사람들이
> 여, 너희의 창을 올려라. 너희의 창을 세워라.

라는 내용이 있다. 이 호소에 등장하는 사람들은 전부 소수민족으로 당시는 만이(蠻夷)라며 차별을 받고 있었다.

무왕은 그들에게 기회를 준 것이라고 생각했다. "두 번 해서는 안 된다, 세 번 해서는 안 된다"는 말은 두 번, 세 번 찾아오지 않을 호기를 놓쳐서는 안 된다고 격려한 것이다.

> 바라건대, 환환(桓桓, 용맹한 모습)하기 호랑이 같이, 큰곰 같이, 승
> 냥이 같이, 교룡같이 상교(商郊)에서 하라.

라고 했는데, 당시에는 아직 토템의 풍습이 남아 있었는지도 모른다. 서북쪽의 각 부족들이 대체로 짐승을 토템으로 삼고 있었다는 사실은 이미 이야기했다.

격려뿐만이 아니다. 협박도 있었다.

> 너희가 힘쓰지 않는다면, 너희의 그 몸에 죽음이 있을 것이다.

열심히 하지 않으면 죽여 버리겠다는 협박의 말로 임전의 서(誓)를 맺었다.

이처럼 주나라 쪽의 일들만 기록되어 있는데, 그도 그럴 것이 패한 은나라는 이 전쟁에 대해서 자신들의 기록을 남길 수가 없었다. 아무래도

주나라의 기록에 의존할 수밖에 없다.

주(紂)의 사(師, 군단)가 많지만 모두 싸울 마음이 없어 마음으로 무왕이 빨리 들어오기를 바랐다. 주의 사는 모두 병(兵, 무기)을 거꾸로 쥐고 싸워 무왕에게 길을 열었다. 무왕은 그곳으로 달렸다. 주의 병은 모두 무너져 주를 배반했다. 달려 돌아간 주는 녹대에 올라 그 주옥(珠玉)을 머리에 이고 품에 품은 채 스스로 불에 타 죽었다.

목야에서의 싸움을 『사기』는 이렇게 간단하게 기록했다.

은의 주력부대는 노예 병사들이기 때문에 당연히 싸울 마음이 없었다. 뿐만 아니라 주나라의 무왕이 침략해 들어오면 자신들은 자유민이 될지도 모른다는 기대감을 품고 있었다. 그랬기 때문에 무기를 거꾸로 들고 싸우며 무왕을 위해서 길을 열어 준 것이다. 무왕은 그 길을 쏜살같이 달려 나갔으며, 주의 병사들은 궤멸하여, 주를 배반했다. 주는 이로써 끝장이라고 생각하고 달려 돌아가 녹대 위에 올라 주옥을 몸에 두르고 스스로 불 속으로 몸을 던졌다. 자부심이 강한 왕의 죽음이었다.

무왕에게 내린 천명

무왕은 제후들을 이끌고 은허로 들어갔다. 은의 백성과 백관들이 모두 교외로 나가 맞아들였다. 무왕은 군신에게 명하여,

상천(上天)은 휴(休)를 내렸다.

라고 그들에게 알리게 했다.

이 시대에 '휴(休)'라는 글자는 '희(喜)' 혹은 '경(慶)'이라는 뜻으로 사용되고 있었다. 『시경』 등의 고문헌에서 이 글자는 대부분 '천지휴(天之休)'나 '천휴(天休)'와 같은 용법으로 사용되어 왔다. 자신이 이처럼 주를 친 것은 은의 백성들에게도 하늘이 내린 경사가 된다는 의미다.

은나라 사람들은 모두 재배계수(再拜稽首)했다. 그에 대해서 무왕은 답배(答拜)했다. 항복을 받아들였다는 사실을 알린 것이다.

은허로 들어간 무왕은 주가 죽은 녹대라는 궁전으로 가서, 몸소 주의 유해에 화살을 세 발 쏘고 검으로 치고 황월(黃鉞)로 목을 베어 대백(大白)의 깃발에 매달았다.

그런 다음 무왕은 주가 총애하던 두 비에게로 갔다. 그 가운데 한 명은 틀림없이 달기였을 것이다. 『사기』의 「은본기」에는 무왕이 달기를 죽였다고 했지만, 「주본기」에는 총애를 받던 두 비 모두 목을 매달아 죽었다고 했다. 무왕은 두 여자의 유해에도 화살을 세 발 쏘고 검으로 치고 현월(玄鉞)로 목을 베어 그 목을 소백(小白)의 깃발에 매달고 진영으로 돌아갔다.

대백의 깃발, 소백의 깃발이라는 것은 주의 것이 아니다. 앞에서도 이야기했듯이 은나라에서는 흰색을 숭상했다. 대백, 소백은 은의 깃발이다. 주와 그가 총애하던 비 모두 자신들의 깃발에 그 목이 매달리게 된 셈이다. 참고로 주는 붉은 새가 날아오자 길조라고 기뻐했다는 이야기가 보여주듯 붉은 깃발을 사용했다.

목야에는 붉은 깃발과 하얀 깃발이 펄럭이고 있었을 것이다.

주의 목을 친 황월은 시퍼렇게 갈아 놓은 구리 도끼일 것이다. 현월은 검은 도끼인데 철제라고 해석되는 경우도 있었지만, 아직 철은 등장하지 않았으니 거뭇한 동, 혹은 옻이라도 바른 구리 도끼일 것이라 여겨진다.

그 다음은 입성식(入城式)이다. 이것도 엄숙하게 치러졌다. 이 의식을 치를 때 주의 중신들은 각자 역할을 분담했는데, 이때 태공망이 맡은 역할은,

> 제물을 끌었다.

고 기록되어 있다. 제사에 제물로 쓸 동물을 끌고 가는 역할인데, 대월(大鉞)을 쥔 주공 단이나 소월을 들고 무왕의 옆에 바싹 붙어 있었던 필공(畢公)에 비하면 그다지 중요하지 않은 것처럼 보인다. 그러나 그것은 우리가 현대인의 감각으로 보고 그렇게 생각하는 것일 뿐, 사실은 이것이 가장 중요한 역할이었을지도 모른다.

나는 중국의 서역을 여행하던 중에 유목민의 파오(이동식 펠트 천막)에 초대를 받아 음식을 대접받은 적이 있었다. 귀한 손님이 오면 주인이 양을 한 마리 잡아 그 고기를 내는 것이 카자흐족 등의 습관이라고 한다. 그때 도축한 양의 머리를 쟁반에 담아 주빈에게로 가져온다. 그러면 주빈은 그 양의 귀를 잡고 나이프로 그것을 잘라 내야 한다. 그 의식이 끝나지 않으면 연회는 시작되지 않는다.

그다지 기분 좋은 일은 아니지만 하나의 중요한 절차인 듯했기에 나는 양의 귀를 잡아 나이프로 잘라 냈다. 그때 깨달았는데 이는 결코 카자흐족 등 유목민들만의 습관이 아니었다. 지금은 한족들 사이에서 이러한 습관을 볼 수 없지만, 춘추전국 시대의 제후들이 회맹(會盟)을 할 때, 맹주가 제물인 소의 귀를 잡고 그것을 잘라 서약의 표시로 삼았다는 기록이 남아 있다. 옛문헌에서만 볼 수 있는 것이 아니다. 그 말은 요즘도,

> 소의 귀(牛耳)를 잡다.

는 표현은 어떤 그룹의 주도권을 잡는다는 의미로 쓰이고 있다.

그리고 원래 '취(取)'라는 글자도 왼쪽에 '이(耳)'가 있고 오른쪽의 '우(又)'는 손으로 잡으려 하는 모양과 똑같다.

제물로 쓰일 동물을 끌고 가는 일, 틀림없이 귀를 잡고 제단으로 끌고 갔을 듯한데, 우리가 상상하는 것 이상으로 중요한 임무였다.

다음으로 윤일(尹佚)이라는 자가 축문을 읽었다.

> 은의 먼 후손인 계주(季紂)는 선왕의 명덕을 진폐(殄廢, 끊어서 버림)하고, 신기(神祇)를 모멸하여 제사하지 않고, 상읍(商邑, 은의 도읍)의 백성들을 혼포(昏暴, 포학을 가함)했다. 이것이 장현(章顯, 밝혀짐)하여 천황(天皇), 상제(上帝)에게 들렸다.

여기서 무왕은 재배계수했고, 윤일은 계속해서 축문을 읽어 내려갔다.

> 대명을 받음에 있어서 은을 바로 하고 하늘의 명명(明命)을 받으라.

무왕은 하늘의 대명을 받아서 이에 천자(天子)가 된 것이다.

이전까지 천명을 받았던 나라는 은이었다. 무왕이 처음에 맹진까지 가다가 일단 되돌아왔을 때, 너희들은 아직 천명을 알지 못한다, 아직 좋지 않다고 말했다. 천명은 아직 은에 있기 때문에 싸워도 좋을 것이 없다는 뜻이다.

드디어 주는 천명을 받았다. 하늘의 명이 바뀐 것이다. 하늘은 명을 받은 자가 덕을 상실하면 그 명을 새로이 한다는 생각이 있었다. 다른 유덕한 자에게 천명을 내리는 것이다.

'혁명'이라는 말은 여기서 온 것이다.

축문을 읽은 윤일은 제사를 담당하는 관리였을 것이다. 무왕은 다시 재배계수하고 물러났다. 입성식과 천자에 즉위하는 의식은 이처럼 순조롭게 진행됐다.

목야의 싸움에서는 은나라 군대가 대부분 배신을 했기 때문에 그렇게 처참한 싸움이 있었던 것은 아니었다. 군대는 타격을 받지 않았으며 거교의 창고도 식량으로 가득 차 있었다. 웅장한 녹대의 궁전도 주가 불을 지른 것은 그 일부에 지나지 않았을 것이다. 거기에 쌓여 있던 재보도 거의 그대로 남아 있었을 것이다.

극단적으로 말하자면, 주 임금과 그가 총애하던 두 비만이 죽었을 뿐이었다.

거듭 말하지만, 은은 기력이 쇠해서 망한 것이 아니라 여력이 충분히 남아 있는 상태였다. 그 힘의 분산을 꾀하지 않으면 안 됐다.

일단 주의 아들인 녹보(祿父)를 제후로 봉하기는 했지만, 무왕은 감시를 위해 자신의 동생인 숙선(叔鮮)과 숙도(叔度)를 녹보에게 붙여 은의 옛 영토를 다스리게 했다.

녹대의 재보를 나누고, 거교의 식량 창고를 열어 빈민을 구제하고, 일곱 개의 구멍을 보기 위해 주가 해부했다고 하는 비간의 무덤에 정중하게 흙을 쌓아 올리고, 주 때문에 감금되어 있던 기자를 석방했다.

이 일련의 일들은 주 무왕의 이른바 '인정(仁政)'이었다.

그런 다음 무왕은 서쪽으로 개선했는데 도중에 이곳저곳을 들렀다. 신정권의 성립을 알리고 선무공작(宣撫工作)을 펼쳤다.

말할 나위도 없이 논공행상이 있었다. 공신, 모사를 각지에 봉했는데 수봉(首封), 즉 훈공 제1등은 태공망으로 그는 영구(營丘, 산동성)에 봉해졌으며 그 나라는 '제(齊)'라 불렸다. 태공망에게 그곳은 고향땅이었으니 아내에게 쫓겨난 '축부'가 금의환향한 것이다.

무왕의 동생인 주공 단은 곡부(산동성)에 봉해졌는데 그 나라는 '노(魯)'라고 불렸다. 이 나라는 후에 공자를 낳은 것으로 유명하다. 소공 석(召公奭)은 연(燕, 하북성)에 봉해졌으며, 은의 녹보를 감시하던 숙선은 관(管, 하남성), 숙도는 채(蔡, 하남성)에 봉해졌다.

그것뿐만이 아니었다. 고대 성왕의 자손들도 각지에 봉했다. 신농, 황제, 요, 순 등의 자손이 그때까지도 남아 있었는지는 의심스럽지만, 무왕은 인정을 베풀지 않으면 안 되었다. 순의 자손은 하남성의 진(陳)에 봉해졌다. 우의 자손, 즉 하의 후예가 이때 기에 봉해졌다는 사실은 앞에서 이야기했다.

방효유가 무왕을 옹호한 까닭

좋은 일들뿐인데 주나라의 기록에 의한 것이므로 그렇게 된 것은 당연한 일이다. 하와 은은 무력에 의해서 멸망되고 교체되었다. 그러나 주는 쇠미(衰微)해져서 어느 틈엔가 멸망한 왕조였다. 유명무실해서 단지 상징에 지나지 않았던 기간이 길었다. 의식적으로 주나라에 관한 좋은 내용을 훼멸하려 했던 세력은 없었다.

자신들의 모습을 이상적으로 그렸고 그것이 그다지 훼손되지 않았으니 문헌에만 의존하는 사람들이 주의 문화를 칭송하는 것도 당연하다.

그렇기 때문에 주나라야말로 중국문화의 원류라 여겨지게 된 것이다.

그런데 조금 전에 주로 『사기』에 의존해서 약술한 주의 은 토벌전의 경과 가운데 주나라를 찬미하는 사람들에게는 아무래도 마음에 걸리는 부분이 있다.

주의 무왕은 성왕이라 여겨지고 있다. 동생인 주공 단은 공자가 '꿈에 주공을 보지 못했다'며 정신의 쇠약함을 한탄했을 정도의 성인이었다. 공자는 지극히 성스러운 사람이라 여겨지고 있는데, 그런 공자가 흠모했으니 주공은 절대적인 인물이다.

은의 도읍으로 들어간 무왕이 이미 자살한 주(紂)의 유해에 화살을 세 발 쏘고 목을 잘라 깃발에 걸었다는 것이다. 뿐만 아니라 주가 총애하던 두 비에게도 같은 행동을 했다.

이는 참으로 무자비한 행동이었다. 무왕은 어째서 그런 행동을 했을까? 곁에 있던 주공은 어째서 그것을 말리지 않았을까?

명의 거유(巨儒)이자 제왕의 스승이었던 방효유(方孝孺, 1357~1402)는 영락제(永樂帝)의 찬탈에 저항하다 책형을 받아 죽으면서도 굴하지 않았던 인물이다. 그 방효유는 주와 그 두 명의 총비에게 가한 무왕의 잔학은 후세에 만들어진 것이라고 주장했다.

방효유에 따르면, 목야에서의 싸움조차도 무왕의 뜻이 아니었다고 한다. 무왕은 성인이기 때문에 싸움을 좋아할 리가 없다. 주(紂)의 반성을 촉구하기 위해서 군대를 보낸 것이며 주가 항복하면 틀림없이 100리의 읍(邑)을 주고 은의 종묘에 대한 제사를 계속하게 했을 것이라고 논했다. 무왕과 같은 성인이라면 주의 유해를 보고 틀림없이 애곡(哀哭)했거나, 주의 부하에게 명해서 정중하게 장사지내게 했을 것이라고 말했다.

그렇다면 『사기』에는 어째서 그처럼 기록되어 있을까?

> 이는 전국박부(戰國薄夫)의 망언이나 제동야인(齊東野人)의 말이
> 지, 무왕의 행동이 아니다.

라고 방효유는 단언했다.

방효유가 보기에 한의 유방(劉邦, 고조)이나 위의 조비(曹丕, 문제) 등은 '중재(중간 정도의 재능을 지닌 사람)'에 지나지 않는다. 그렇지만 유방은 진(秦)을 공격했을 때 자영(子嬰, 시황제의 아들)을 죽이지 않았으며, 조비는 후한을 찬탈하고 위(魏) 왕조를 세웠지만 후한의 마지막 황제인 헌제(獻帝)를 산양공(山陽公)으로 삼아 천수를 누리게 했다. 헌제는 조비보다도 훨씬 더 오래 살았다. 조조, 조비 부자는 악한 인물의 대표처럼 여겨지고 있다. 그러나 위나라에 의해서 폐위되어 공으로 격하된 헌제는 평생 황제와 같은 대접을 받았으며 황제밖에 쓸 수 없었던 '짐(朕)'이라는 일인칭까지도 사용할 수 있었다.

'중재'의 무리들도 이처럼 관용적이었는데 '성인'인 무왕이 죽은 자에게 그와 같은 모욕을 주었을 리가 없다.

사마천과 같은 사관들이 역사를 기술한 시대는 피비린내 나는 오랜 전국 시대가 끝나고 난 후였다. 여러 가지 이야기, 특히 전쟁에 대한 설화가 전국 시대에 자신들의 시대 분위기에 맞게 바뀌었다는 것이다. 유학자였던 방효유가 보기에 '의전(義戰)은 없었다'고 일컬어진, 전쟁으로 하루하루를 보냈던 춘추전국 시대 사람들은 정신적으로 천박한 인간, 즉 박부에 지나지 않았다. 그런 무리들이 흥미본위로 한 '망언'에 의해 유해를 모욕하는 이야기가 만들어졌다는 것이다.

너무나도 열렬하게 주를 숭배한 나머지 방효유의 말은 약간 독단적이

기까지 하다. 뜻을 굽히지 않고 절개를 꺾지 않았기에 목숨을 잃은 그였으니 그의 무왕 성인, 주나라 유토피아 신앙에는 조금도 흔들림이 없었을 것이다. 그는 그렇게 믿어 의심치 않았다.

그러나 흘러가는 시대 풍조에 따라서 먼 옛날의 설화에 어느 정도 변경이 더해지는 것은 부정할 수 없다. 방효유처럼 확고부동한 신념을 가진 사람의 눈에는 역사 전승 과정에서 그 왜곡이 더욱 잘 보였을 것이다.

난세를 살았던 사람들이 고대의 이야기를 듣고,

에이, 그렇게 한가로운 전쟁이 어딨어? 전쟁이란 그런 게 아니야.

라고 느끼고, 자신들이 '합리적'이라고 생각하는 줄거리로 고친다는 것은 있을 법한 얘기다. 다른 사람에게 하는 이야기라면 설득력이 있어야 한다. 설득력이란 같은 시대 사람들이 수긍할 수 있는 요소를 많이 가지고 있다는 뜻이다. 방효유의 설은 일개 유학자의 딱딱한 머리에서 나온 독단이라고만은 할 수 없다.

자부심이 강한 주 임금은 녹대에 불을 지르고 그 속으로 몸을 던졌다. 『사기』에도 그렇게 기록되어 있다. 그의 유해는 불에 탔을 것이다. 얼마나 탔는지에 따라서 머리를 자를 수도 그것을 깃발에 매달 수도 있었겠지만, 그대로 받아들이기 어려운 설화라는 느낌이 들기도 한다.

설화가 오랜 세월이 흐르는 동안 그 시대의 풍조에 영향을 받는다는 것은 방효유의 탁견이라고 할 수 있다. 그러나 그 설의 출발점이 주나라에 대한 절대적인 숭배, 그리고 성인 무류설(聖人無謬說)이라면 거기에는 역시 문제가 있다고 할 수 있다.

참고로 앞에서 들었던 〈천문〉 속의,

이에 주의 몸을 치는데 숙단이 불가(不嘉)라 했다.

는 내용을 해석함에 있어서 주의 몸(躬)이라는 말이 있으니 주의 유해를 쏘는 장면을 말하는 것이라는 설도 있다. 그렇다면 주공 단이 '불가'라고 한 것은 죽은 자에게 모욕을 가하려는 행동에 대해서 한 말이라고 해석할 수 있다.

무발살은(武發殺殷)	무발은 은을 죽이는 데,
하소읍(何所悒)	무엇을 근심하겠느냐.
재시집전(載尸集戰)	시를 싣고 모여 싸우는데,
하소급(何所急)	어찌 서두르느냐.

〈천문〉의 이 한 구절은 무왕인 발이 은을 죽였지만, 대체 불안해 할 것이 무엇이냐고 묻고 있다.

시라는 것은 유해를 말하는데 여기서는 목주, 즉 위패를 말하는 것이다. 망부 문왕이 은나라 토벌전의 주역임을 나타내기 위해서 무왕이 그 위패를 수레에 실었다는 사실은 앞에서 이야기했다. 망부의 지명도를 이용하려 했던 것이다. 그 때문이었을까. 제후들이 대거 몰려들어 목야의 싸움에서 대승을 거뒀다. 위패를 실었다니 망부의 장례가 아직 완전히 끝나지 않았다는 사실을 나타내는지도 모른다. 그런데도 어째서 그렇게 서두른 것일까?

〈천문〉은 분명한 해답을 제시하지 않았지만, 읽는 사람들 각자의 가슴에 각각의 추측이 생겨날 것이다.

'주의 무왕을 성인이라고 하지만, 뭔가 좀 이상해.'

마음속에 이런 의심을 품은 사람도 적지 않을 것이다.

'무엇을 근심하겠느냐?'라고 생각해봐도 은은 특별히 주나라에게 무력으로 압박을 가한 것은 아니었다. 그 무렵 은은 동쪽의 '인방'이라는 지역으로 원정을 나섰기 때문에 서쪽에 압력을 가할 여유가 없었다. 무왕이 특별히 근심할 것은 없었다.

왜 서둘렀을까? 은이 동방에 신경을 쓰고 있는 동안에 일격을 가해야겠다고 생각했기에 서두른 것이 아닐까?

선전포고의 이유로 가장 먼저 주가 부인의 말만 듣는다는 사실을 들었다. 현대인의 감각에서 보자면 그것은 타인의 집안일이니 참견할 일이 아니다.

　　그 조상의 사사(肆祀, 제사)를 버리고

라는 말이 무왕의 '서(誓)' 안에 있다. 이것도 다른 사람의 집안 사정이다. 그리고 은허에서 출토된 복사가 보여주듯 주는 선왕들에 비해서 제사에 더욱 열성적이었다는 사실은 앞에서도 이야기했다.

아무래도 핑계를 만들어서 출병한 것 같다는 느낌이다.

여기서 반드시 등장하지 않을 수 없는 것이 백이·숙제의 이야기다. 사마천은 『사기』 열전의 첫머리에 백이·숙제의 전기를 두었다.

백(伯)과 숙(叔)은 나이의 서열을 나타내는 것이며, 이(夷)와 제(齊)는 지방, 혹은 부족의 이름이다. 따라서 백이, 숙제는 고유명사라기보다 보통명사인 것 같다는 느낌이 든다. 실제로 그 외에도 백이라 불리는 다른 사람(신화 속에 등장하는 자는 다른 신이라고 해야 할까)이 자주 등장한다.

백이와 숙제의 전력에 대해서는 앞에서 살펴봤다. 이 형제는 서백, 훗날의 문왕의 넉을 흠모하여 멀리서 찾아온 것이라 전해지고 있다.

그들은 고죽군의 아들이었는데, 아버지는 동생에게 자리를 물려주고 싶어 한 것으로 알려져 있다. 아버지가 세상을 떠나자 동생은 형이 연장자이니 아버지의 뒤를 이어야 한다고 했으며, 형은 '아버지의 뜻이니 네가 뒤를 이어라'라고 서로 양보하며 결판이 나지 않았기에 두 사람 모두 도망을 친 것이다.

이처럼 형제가 서로 양보를 했다는 이야기가 주 태왕의 아들들 사이에도 있었다는 사실은 앞에서 이야기했다. 문왕의 아버지인 계력은 막내였는데, 두 형이 아버지 태왕의 뜻을 알고 있어서 형만의 땅으로 도망가서 문신을 새기고 단발을 한 것이라 되어 있다. 틀림없이 형제상속이나 막내상속 등처럼 후대와는 다른 여러 가지 제도가 당시에는 일반적으로 있었던 것 같다.

장자가 상속하는 시대가 오자, 설화에 나오는 계승 방법이 이상하다고 생각한 것은 당연했다. 태고에 그것은 당연한 일로 은에서는 형제상속이 일반적이었음은 복사를 통해서도 분명히 알 수 있다. 은나라 후기, 강정 이후에야 비로소 부자계승이 계속 되었다.

그 시대에는 정상적인 일도 후세에는 이상한 일이 되어 버리는 예는 얼마든지 있다. 나쁜 사람에 관한 것이라면 그 이상(사실 그 시대에는 정상)을 새삼스럽게 강조할 수 있다. 그러나 성인, 현인의 경우에는 그럴 수가 없다. 이에 아버지의 뜻을 살펴서 도망쳤다는 등의 약간은 부자연스러운 주석이 가해지고, 그 주석이 어느 사이엔가 설화의 본문으로 들어가게 된 것이리라.

여기서도 오래전부터 내려온 이야기는 후대 사람들의 감각에 맞게 첨

삭이 가해진다는 사실을 알 수 있다.

　백이와 숙제가 주나라에 가 보니 문왕은 이미 죽었고 무왕이 자리에 올라 동벌(東伐)을 시작하려 하고 있었다. 형제는 무왕의 말을 잡아끌며 간언했다.

> 아버님께서 돌아가시고 아직 장례도 끝나지 않았는데 전쟁을 하려
> 하십니까? 이걸 효라고 말할 수 있겠습니까? 주는 은의 신하가 아닙니
> 까? 신하가 임금을 시해하는 것을 인(仁)이라고 말할 수 있겠습니까?

　무공의 좌우에 있던 무리들이 이 두 사람을 죽이려 했지만 태공망이,

> 이 사람들은 의인이다.

라고 말하고 데리고 갔다고 한다.

　무왕이 은을 평정한 뒤, 천하는 주의 것이 되었다. 백이와 숙제는 이를 인정하지 않았으며 의를 지켜 주의 곡식(粟) 먹는 것을 떳떳하지 못하게 여기고 수양산에 숨어살며 고사리로 간신히 연명을 했다. 그러나 곧 굶어 죽고 말았다.

　문왕은 은에 의해서 서백에 임명되었다. 서쪽 방면의 총독이다. 틀림없이 은의 제후이자 그 신하였다. 신하인 이상 그 임금을 죽인다는 것은 분명 인(仁)에 어긋나는 행위다.

> 은은 덕이 없었다, 천명은 이미 은을 떠났다. 따라서 은은 더 이상
> 천자가 아니었다. 주는 더 이상 신하라고 할 수 없다.

　이것이 예로부터 주를 변호하는 사람들의 논거였다.

백이·숙제 고사에 감춰진 진실

　곡식을 먹지 않았다고 하는데, 주의 곡식을 먹지 않으면 고사리는 먹

어도 되는 것일까? 백이, 숙제의 이야기를 읽으면 누구나 이런 의문을 갖게 된다. 『고사고(古史考)』라는 책에,

> 들판에 부인이 있어, 이(백이, 숙제)에게 말하기를, 너는 의로워서 주의 곡식을 먹지 않는다. 이것(고사리)도 역시 주의 초목이다, 라고. 이에 굶어 죽었다.

라는 내용이 있다. 들판의 부인이니 어디서나 흔히 만날 수 있는 시골 아낙이다. 특별히 학문을 닦은 것도 아니지만 이 두 의인의 논리가 이상하다는 점을 깨달은 것이다. 이 이야기도 설화의 개변(改變)이다. 혹은 수선이라고 해야 할지도 모르겠다.

곡식은 주식이니 주식 이외의 것은 관대하게 봐줘야 한다는 변호론도 있다. 또 곡식이란 녹봉을 말하며 주 밑에서 벼슬을 하지 않았다는 뜻이라고 봐야 한다는 설도 있지만, 그렇다면 그 당시 많았던 처사와 다를 바가 없었으니 굶어 죽을 필요는 없었다.

조금 더 흥미로운 이야기가 있다. 앞에서 이야기했던 『역사(繹史)』속에 『열사전(列士傳)』에서 인용한 것이라며 실려 있는 이야기다.

> 무왕은 주를 쳤다. (백)이와 (숙)제는 따르지 않았다. 수양산에 숨어 고사리를 따 먹었다. 왕마자(王摩子, 인명. 사적 불명)는 산에 들어가 이를 힐난하며 말하기를, 너는 주의 곡식을 먹지 않는다, 그러나 주의 산에 숨어서 주의 고사리를 먹는다, 어찌 된 일인가? 이에 두 사람은 고사리를 먹지 않았다. 이레가 지나자 하늘이 흰 사슴을 보내 이들에

게 젖을 물렸다. 두 사람은 가만히 생각했다, 이 사슴을 먹으면 틀림 없이 맛있을 것이다, 라고. 사슴은 그 뜻을 알고 다시는 오지 않았다. 마침내 두 사람은 굶어 죽었다.

고사리뿐만 아니라 산도 주의 산이 아니냐는 것이다. 그 말을 듣고 두 사람은 수양산에서 나올 수는 없었지만 고사리는 먹지 않았다. 하늘이 불쌍히 여겨 흰 사슴을 보내 그 젖으로 두 사람을 보살피기로 했다. 그 런데 두 사람은 사슴을 보자 그 고기가 맛있을 것이라는 생각을 품게 되 었다. 신이 보낸 사슴이기 때문에 바로 두 사람의 마음을 꿰뚫어 보고 더 이상 오지 않게 되자, 백이와 숙제는 결국 굶어 죽었다.

의인을 비웃는 듯한 이야기다. 『열사전』은 한나라의 유향(劉向)이 지은 것인데, 이미 유실되어 그것을 인용한 문장을 여기저기서 볼 수 있을 뿐 이다. 우스운 이야기지만 극히 인간적이지 않은가? 앞에서 백이와 숙제 는 여우의 화신일지도 모른다는 설을 소개했는데, 만약 그와는 달리 인 간이었다고 한다면 『열사전』의 이야기는 함축성이 많다고 할 수 있다.

〈천문〉에 해석하기 어려운 구절이 있다.

경녀채미(驚女采薇) 경녀는 고사리를 캐고,
녹하우(鹿何祐)   사슴은 어찌 돕는가.

천하의 주희(朱熹)도 '이 문장은 미상'이라며 두 손을 들고 말았다.

왕일은 옛날에 고사리를 캐던 여자가 무엇인가에 놀라서 달리다 어떤 곳에 이르러 사슴을 얻었는데, 그 이후로 그녀의 집안이 번창한 것이라고 해석했다. 굴원이 조국인 초가 쇠약해져서 더 이상 하늘의 도움을 얻을 수 없게 됐음을 한탄하며, 예전에는 놀란 아낙조차 하늘의 도움을 받았는데, 라고 한탄한 것이라 보는 것은 참으로 역지스러운 해석이다. 〈천문〉은 벽화를 보고 그와 관련된 내용을 읊은 것이다. 〈천문〉에는 중국의 역사 중에서도 잘 알려진 백이, 숙제에 대해서 언급한 부분이 없다. 이것이 백이, 숙제에 대한 내용이라는 설을 주장하는 사람도 있다.

문일다는 '경녀'는 순서가 뒤바뀐 말이며, 경(驚)은 '경(警)'을 잘못 옮겨 쓴 것이라는 설을 『초사교보』에서 밝혔다.

'여경채미(女警采薇)'는 여자가 고사리를 캐는 사람에게 경고를 했다고 풀이 된다. 그래서 백이와 숙제는 고사리를 먹지 않기로 했는데 어찌 사슴이 나타나서 그들을 도운 것인가, 라고 이어지게 되는 것이다.

만약 이것이 올바른 해석이라면, 『고사고』와 『열사전』의 이야기는 처음부터 연결되어 있었던 것이라 여겨진다. 어쩌면 남존여비의 풍조 때문에 『열사전』에서는 시골 아낙이 모습을 감추고 왕마자라는 정체를 알 수 없는 인물이 등장했는지도 모른다.

중국인에게 있어서 백이, 숙제는 끊임없이 문제가 되는 인물이었다. 일본과는 달리 중국에서는 역성혁명에 의해서 왕조가 교체되는 일이 자주 있었다. 멸망한 왕조와 관계가 있었던 사람들은 어떻게 처신을 했어야 했을까? 이것도 중국 사람들의 습성 중 하나인데 과거의 예를 살펴서 그것을 생각하려 했다. 그러자면 백이와 숙제는 아무래도 피할 수 없는 문제가 된다.

주의 고사리니 주의 산이니 하는 것은 하나의 문제제기라는 성질을 가지고 후세에 삽입된 것이리라. 하늘이 보낸 흰 사슴은 구제를 기대하는 마음이 거기에 담겨진 것임에 틀림없다.

사슴을 먹고 싶다는 마음이 인 것은 하나의 해답이다. 그러나 이야기를 마무리 짓는 해답이 되어서는 안 되는 것이다. 어디까지나 굶어 죽는 것이 결론이다. 단지 그 결론에 이르기까지 인간적인 면이 조금도 없다면 너무 서글프지 않은가? 인간미를 느끼게 하는 관문이 하나 있으면 얼마간은 숨통이 트인 것 같다는 느낌이 들지 않는가? 역대 유신들 속에는 마지막 결론 직전에 옆길로 새서 인간의 냄새가 풍기는 관문으로 되돌아간 사람도 적지 않았을 것이다. 그들은 틀림없이 등 뒤에서 백이, 숙제가 굶어 죽기 전에 읊은 노래가 들려오는 것 같다는 느낌을 받았을 것이다.

중국 최초의 역성혁명

상대방이 천명을 잃었다고는 하지만 신하가 그 임금을 쳐서 멸망시킨다는 것은 예삿일이 아니다.

민심이 철저하게 주(紂)에게서 떠나 있었다고는 하지만, 주 무왕의 동벌이 아무런 저항도 받지 않고 진행되었다니 누구나 마음 한구석에 석연치 않음을 느꼈을 것이다.

약간 과장을 해서 말하자면, 그것은 도의적 우주의 균형을 무너뜨리는 것이다. 텅 비어 있는 저울의 한쪽에 무엇인가를 올려놓고 싶어진다. 백이, 숙제의 이야기는 사람들이 마음 한구석에서 몰래 꺼낸 것들을 모아 저울에 올려놓은 추라고도 말할 수 있다.

주 무왕은 혁명에 성공했다.

그러나 혁명은 하나의 결말인 동시에 하나의 시작이기도 하다.

혁명을 성공시키려면 거대한 힘을 모아야만 한다. 약간은 의견을 달리하는 사람이라 할지라도 아군 진영으로 끌어들일 필요가 있다. 사소한 차이는 무시하고 큰 뜻으로 뭉치지 않으면 힘의 결집은 이루어 낼 수가 없다.

혁명 도중에 사소한 차이는 일시적으로 묻혀 버리게 된다. 사소한 차이는 버려진 것이 아니라 어디까지나 남아 있는 것이다. 그러나 일단은 큰 뜻에 따라 뭉치는 형태를 취하지 않으면 안 된다. 크고 작은 것을 전부 합치면 헤아릴 수 없을 정도로 많은 혁명이 있었다. 성공한 것도 있고 도중에 와해되어 버린 것도 있다.

적어도 성공한 커다란 혁명에서는 커다란 힘이 집결되었을 것이다. 그 힘을 효과적으로 활용하기 위해서는 뛰어난 조직이 필요하다. 또 모은 힘을 흩뜨리지 않기 위해서라도 혁명의 중심은 관용적이어야만 한다.

역사는 단 한 번뿐일지 모르겠지만 역사의 패턴은 반복된다. 어이가 없을 정도로 자주 반복되는 법이다. 때로는 인간의 영지(英智)조차 믿을 수 없게 된다. 누구나 알고는 있지만 어찌해 볼 도리가 없는지도 모른다.

은나라의 탕은 저 멀리 역사의 안개 속에 있기 때문에 그가 멸망시킨 하의 존재조차 믿지 않는 사람들이 적지 않다.

그런 의미에서 주나라 무왕의 혁명은 중국사상 최초의 것이라고 해도 좋을 것이다. 그것에 대해 검토해보기로 하자. 그 패턴은 후대의 것과 마찬가지다.

문왕 시절부터 이야기를 시작해야 할 것이다. 그때 열심히 힘을 모았다. 문왕은 서백창이라고 불린 것으로 봐서 서방의 빛나는 별이었다. 그의 인기를 따를 자가 없었다. 그의 덕을 흠모하여 각지에서 사람들이 몰려들었다. 백이, 숙제도 그런 사람들이었다는 점은 앞에서 이야기했다. 소송도 그에게로 가지고 갔다. 소송을 가져갔던 우와 예도 문왕 진영에 가담했을 것이다.

우와 예의 소송을 기점으로 서백이 왕을 칭했다는 설도 있으니, 이 양쪽 지방에 영향력을 행사하게 된 후부터 자신감을 얻은 것일지도 모른다.

목야의 싸움에서 대승을 거두고 결국 대혁명에 성공하여 주의 천하가 되었다. 그리고 새로운 시대가 시작되었고, 새로운 문제가 생겨났다.

묻혀 있던 사소한 차이가 이젠 됐겠지 하며 지상으로 나왔다. 그것이 점점 커져서 더 이상 사소한 차이라고는 말할 수 없게 되어 버리는 경우도 있었다.

의견의 차이는 대화로 조정할 수 있을지 모르지만 세력 다툼은 그렇게 되지 않는 법이다. 의견은 개인적인 것이 많지만, 세력 다툼은 집단적인 것이다. 그 집단의 우두머리조차 집단의 의향을 감당하지 못하는 경우도 있다. 만약 우두머리가 집단의 의향에 크게 어긋나는 언동을 취하면 그가 거기서 추방될 수도 있었다.

주의 천하제패에는 만족(蠻族)이라고 불리던 각 부족들도 가담했다. 촉족(蜀族) 등은 특히 용맹했었던 것 같다. 그들은 부유한 은의 도읍을 약탈하여 그들의 몫을 받는 눈앞의 이익 외에도 신정권 밑에서 자신들의 지위 향상도 바라고 있었다.

강족처럼 복수심에 불타 올랐던 부족도 있었다. 그들은 자신들의 형제와 조상을 잡아다 동물처럼 죽인 은에 대한 증오심이 무엇보다도 앞에 서 있었을 것이다. 물론 부족의 이익도 고려했겠지만, 굳이 말하자면 그것은 부차적인 것인 듯했다. 적어도 촉족에 비하자면 이익만을 추구하겠다는 그런 단순한 것은 아니었다.

소공의 부족은 예전에 중원에서 커다란 세력을 가지고 있었던 듯한데 은 때문에 점점 후퇴할 수밖에 없었다. 은은 그들을 '소방(召方)'이라고 불렀다. 그들이 주에 가담한 것은 잃어버린 땅의 회복을 꾀했기 때문이었다.

주가 은을 치기 위해서는 중간에 소공의 세력권을 지나야만 했다. 소공과의 동맹은 패업 완성을 위한 필수조건이었다.

무왕이 은의 도읍에서 천자임을 선언하고 즉위식을 올렸을 때 소공석은,

　　　찬채(贊采)

라는 역할을 맡았다. '찬(贊)'이란 '거들어 들다'라는 뜻이며 '채(采)'는 '폐(幣, 비단)'를 말한다. 비단을 든다는 것은 중요한 일로 제물로 쓰일 동물을 끌었던 태공망과 쌍벽을 이루는 것이라고 말할 수 있다.

주의 무왕 밑으로 모여든 각 세력들은 각자의 의도를 가지고 있었으며 오로지 은을 쓰러뜨리겠다는 생각만이 일치했다.

강력한 지도력을 가진 무왕이 오래 살았다면 서로 다른 각 세력을 잘 제어했겠지만, 그는 일찍 죽고 말았다.

어떤 혁명에든 반드시 제2혁명이 수반되는 법인 듯하다. 메이지유신도 서남전쟁(西南戰爭)이라는 제2혁명을 피할 수가 없었다.

은주혁명에도 곧 제2혁명이 일어났다.

내분에 싸인 주 왕실

무왕이 죽은 뒤, 나이 어린 성왕(成王)이 즉위하고 무왕의 동생인 주

공 단이 그를 보좌했다고 한다. 그러나 실제로는 주공 단이 왕위에 오른 것이 아닐까 생각되는 점들이 있다. 당시의 제도에 대해서는 아직 잘 알려지지 않았지만, 주공 단은 단순한 섭정이 아니라 실제로 더 큰 권한을 가진 지위에 있었음이 틀림없다.

창업 직후의 중요한 순간에 어린 왕이 보위에 있다는 것은 불안하기 짝이 없다. 어렵게 이룬 패업이 무너질 가능성도 있다. 주공에게 권세욕이 전혀 없었다고는 할 수 없겠지만, 새로운 왕조의 앞날에 위기감을 느껴 스스로 통치를 해야겠다는 사명감에 불타올랐던 것이라고 봐야 할 것이다.

그런데 무왕의 동생이 주공만 있었던 것은 아니다. 은의 땅에서 주의 아들인 녹보를 감시했던 관숙선(管叔鮮), 채숙도(蔡叔度) 그리고 의장병을 지휘했던 숙진탁(叔振鐸), 즉위식에서 자(茲, 깔개)를 깔았으며 후에 위(衛)에 봉해졌던 강숙봉(康叔封) 등이 있었다.

『춘추좌전』에 따르면, 무왕이 천하를 잡은 뒤 각국에 봉한 형제는 열다섯 명이었다고 한다. 주와 같은 성인 희(姬)성, 즉 일족 중에서 영주가 된 사람은 마흔 명에 이르렀다. 영지의 규모는 다르지만 각자의 국익이 있는 법이다. 일족 사이에서의 힘의 역학 관계도 간단한 문제가 아니었을 것이다.

그랬기 때문에 주공은 더욱 강한 자세로 임하지 않으면 안 됐다. 그렇게 하지 않으면 주의 패업이 와해될 우려가 있었다. 무왕이 죽은 뒤 주가 위기에 빠졌다는 사실은 『상서』의 「대고편(大誥篇)」을 통해서도 알 수 있다.

여기서 『상서』에 대해 간략하게 살펴보기로 하자. 이것은 주의 사관에 의한 기록이다. 목야에서의 전투 때 무왕이 부하에게 내린 말인 '서

(誓)'도 포함되어 있다. 임금의 언사(言辭), 즉 조칙집(詔勅集)이라고 할 수 있다. 옛날에는 단지 '서(書)'라고만 불렸다. 당시 글로 표현되는 것, 즉 기록되는 것은 왕의 말뿐이었다. 그런데 후에 여러 가지 '글로 표현된 다른 것들'이 세상에 나왔기 때문에 한나라 무렵부터 다른 것과 구별하기 위해 존귀하다는 뜻에서 『상서』라고 부르게 되었다. 유가(儒家)에서 주를 이상적인 성대(聖代)로 보게 되었기 때문에 그 시대의 기록을 경전으로 여기게 되었고 후에는 『서경』이라고 불리게 되었다. 이것은 남송(南宋) 이후의 일이다. 그러나 다른 경서와는 성질이 다르기 때문에 여기서는 『상서』라 부르기로 하겠다. 진나라의 박사에 의해서 한나라에 전해졌는데 당시의 글자로 적힌 것을 『금문상서(今文尚書)』라고 부르며 33편으로 이루어져 있다. 후에 공자 자손의 집 벽에서 옛 글자체로 기록된 것이 발견되어 『고대상서(古代尚書)』라 불리게 되었다. 이전까지 없었던 25편이 있는데, 그것은 아무래도 후세의 위작인 듯해서 믿을 수 없다고 한다.

「대고편」은 금문, 고문 모두에 있어 믿을 수 있다. 그 서두에,

> 왕은 이렇게 말했다. 오오, 널리 너희 다방(多邦, 각국) 및 너희 어사
> (御事, 관료)에게 알린다. 불조(弗弔)한 하늘(비정한 하늘), 할[割, 해(害)]
> 을 우리 집에 내리기를 조금도 늦추지 않는다.

라고 실려 있다. 우리 집이라는 것은 주의 왕실을 말하는 것으로 내분이 있었음을 보여 주는 것이다.

여기서 말하는 왕이 어린 성왕을 말하는 것인지, 주공이 즉위하여 자칭한 것인지가 논의의 대상이 되고 있다. 나는 주공이 일단 즉위했다고

생각하고 있다. 그리고 7년이 지나서 성왕이 성장한 뒤에 왕위를 반환했다고 봐도 좋을 것이다. 단순한 섭정만으로 난국을 극복하기는 어려웠을 것이다.

『해국도지(海國圖地)』의 저자이며 중국 근대계몽사상가로서 막부 말기에 일본의 지사들에게 영향을 주었던 위원(魏源, 1794~1857)은 성왕이 상중에 있는 동안 주왕이 왕위에 있었다는 설을 내세웠다.

주공을 존경하여 성인으로 여겼던 후대의 유가는 그가 즉위했다면 찬탈이 되기 때문에 섭정설을 고수해 왔다.

애초부터 주공이라는 이름 자체가 이상하다. 주는 이미 천하의 주인으로 그 수장은 천자이자 왕이라 칭하고 있었다. 주의 작위는 공(公), 후(侯), 백(伯), 자(子), 남(男)이었다. 공은 최고 작위였다. 그 봉지는 지방이었고, 그 지방의 이름을 붙여 소공, 정공 등이라 부르는 것이 일반적이지 왕조의 이름을 붙여 주공이라고 부르는 것은 이상하다.

예전에 주의 왕이었던 단(旦)이 위를 물려주고 나서 주공 단이라고 불리게 되었다고 생각해야 하지 않을까?

고증이라기보다는 추측이 길어졌는데, 주공 단은 왕권을 가지고 하늘조차도 유예해 주지 않는 긴급한 사태를 해결하려 했다.

영왕(寧王, 문왕)은 내게 대보구(大寶龜, 점복에 쓴 귀갑)를 남겨 천명(天明, 하늘의 명백한 뜻)을 이었다(소개했다). 명(점복에 나타난 천명)에서 말하기를, 서토에 커다란 난이 있고, 서토 사람들 역시 조용하지 않다. 이에 과연 움직였다(과연 소동이 일어났다). 은은 소전(小腆, 토벌당한 소국이 되었는데)인데, 허망하게도 감히 그 서(緖, 옛날 대국이었던 시절의 계통)를 이으려 하고 있다. 하늘이 위(威)를 내렸으나 우리나라에 자(疵, 결함)가 있어서 백성이 편치 못함을 알고, 나(은을 말함)는 복귀하겠다고 말하고, 오히려 우리 주방(周邦)을 비(鄙, 속국)로 삼으려 하고 있다. 지금 움직였다.

이 「대고편」의 글에 따르면, 일단 무왕에 의해서 멸망당했던 은이 재기를 꾀한 것이다.

은의 도읍을 함락시켰지만 당시 주의 실력으로는 주를 죽이는 것이 그 한계였다는 점은 앞에서도 이야기했다. 주의 아들인 녹보〔무경(武庚)〕를 세워 은민(殷民)을 통치하게 하고 그 감시역으로 무왕의 세 동생을 붙였다. 『사기』에는 관숙선, 채숙도 두 사람의 이름밖에 실려 있지 않지만, 또 한 사람 곽숙(霍叔)이 있어서 이를 삼감(三監)이라고 일컬었다.

그렇다면 삼감은 어떻게 되었을까?

무왕은 동벌 2년 뒤에 죽었고 정국은 아직 안정되지 않았다. 은나라의 군대는 목야에서 투항했기 때문에 거의 타격을 받지 않은 상태로 남아 있었다. 삼감은 자신들이 주나라 정권의 중심에서 소외되어 있다는 느낌도 받았을 것이다.

주공에게 대적하기 위한 병력은 충분했다. 그것은 은나라의 군대였다. 아버지 주가 죽고 그 목이 깃발에 매달린 것을 본 녹보는 남 몰래 설욕의 기회를 엿보고 있었다.

은의 수장이었던 녹보는 자신을 감독해야 할 입장에 있는 삼감과 거꾸로 연합하여 주공에게 맞서게 되었다. 녹보는 서로 관계가 긴밀했던 회하 유역의 부족, 회이(淮夷)와도 남몰래 동맹을 맺었다.

중앙에서 권세를 휘두르고 있는 주공에게 삼감이 불만을 품고 있다는 사실을 알고, 녹보가 그들을 반란에 끌어들인 것이 진상이었을 것이라 여겨진다.

「대고편」에 따르면, 동쪽의 은이 반항을 했을 뿐만 아니라 서토에도 대란이 있었다고 하니 쉽게 해결할 일은 아니었다. 서방이 시끄러웠던 것은 틀림없이 주 왕실 내부의 분쟁과 동벌에 참가했던 각 부족의 논공행상에 대한 불만 등이 원인이었을 것이다.

빛나는 황금시대

주공은 단호하게 그들을 토벌하려 했다. 그러나 왕실 내부에서도 반대 의견이 많았다. 「대고편」에,

> 나는 길복(吉卜)을 얻었다. 나는 이에 너희 서방(庶邦)을 이끌고 가
> 서 은의 포파(逋播, 나라를 잃고 유랑함)하는 신(臣)을 치려 한다.

고 기록되어 있다. 점을 친 결과 길이라고 나왔으니 토벌을 하러 가자고 제의한 것이다. 그러나 주나라 사람들은 점복을 절대시했던 은나라 사람들과는 달랐다. 태공망처럼 서죽을 밀쳐 내고 귀갑을 짓밟아 버린 사람이 있었다. 흉이라고 나온 전쟁에 나가서 승리를 거둔 적도 있었다. 간부들이 반대한 이유도 잘 알 수 있다.

> 고생스러움이 커서 백성이 조용하지 않다. 그리고 이는 왕궁과 방

군(邦君)에 있다.

왕궁이란 주의 왕족을 말하며 방군이란 제후를 말한다. 은의 반란뿐이라면 토벌을 해도 상관없지만 주의 왕족과 제후도 반란군 측에 있으니, 이것은 어려운 문제라며 반대자들이 고개를 흔든 것이다.

이에 대해서 주공은 입에 침이 마르도록 지금 이것을 방치하면 주나라의 선왕의 위업이 붕괴된다고 설득했다.

고립무원 직전에 있던 주공 편에 붙어서 토벌에 협력한 것이 소공 석이었다.

소공은 연(燕)의 시조가 된 사람인데, 『사기』에서는 주(周)와 같은 성(姓)인 희(姬)라고만 이야기하고 있을 뿐이다. 문왕의 서자라는 설도 있지만, 주 왕실과의 관계가 그렇게 강조되어 있지 않으니 앞에서도 이야기했듯이 유력한 동맹자로 왕족과 같은 대우를 받았다고 보는 편이 타당할 것이다.

주의 일족이 아닌 소공 자신은 왕위에 오를 자격이 없기 때문에 주공과 왕위를 다툴 일도 없었다. 주의 왕족인 삼감을 토벌하는 일에도 망설임은 없었을 것이다.

죽은 무왕의 비인 읍강(邑姜)까지도 받들어 주공의 토벌이 개시되었다. 그렇게 함으로 해서 강부족의 협력을 얻을 수 있었다. 『사기』의 「제세가(齊世家)」에는 이 토벌에 참가할 것을 태망공이 명하는 데 소공을 통해서 했다고 되어 있다. 이것을 통해서 이 시기에 소공과 주공의 협력 관계가 매우 밀접했음을 알 수 있다.

이렇게 해서 은의 녹보와 삼감의 난은 3년이라는 세월이 지난 뒤에 평정되었다. 제2혁명이 드디어 성공을 거둔 것이다.

녹보는 주살되었다. 삼감 중에서는 오로지 관숙선만이 살해되고 나머지는 추방되었을 뿐이다. 여기서도 은과 달리 주에는 사람을 함부로 죽이지 않는 기풍이 있었음을 엿볼 수 있다.

반란을 일으킨 은의 녹보는 살해되었지만, 그래도 역시 은의 제사는 계속되어야 한다고 생각했다. 주(紂)의 또 다른 아들인 미자개(微子開)를 세워 그를 송(宋)에 봉했다.

녹보·삼감이 일으킨 난에서 교훈을 얻어 지난날의 대제국이었던 은의 유민을 가능한 한 분산시키는 것이 좋겠다고 판단했다. 누가 뭐래도 지쳐 쓰러져 죽은 세력이 아니었기 때문이었다. 녹보의 난도 은과 예전에 연고가 깊었던 동방의 회이와 연합하여 상당히 활기를 띤 세력으로 발전했다. 활력을 잃지 않은 은의 유민을 분산시켜 서로의 연락을 끊어야만 했다.

이런 이유로 은의 유민들은 모두 미자개와 함께 송으로 옮겨졌을 뿐만 아니라 제후의 땅으로 분산되었고, 일부는 위(衛)의 땅으로 옮겨진 자도 있었다. 그리고 위에는 무왕의 막내 동생인 강숙봉(康叔封)이 봉해졌다.

7년이 지나서 주공은 성장한 성왕에게 정권을 되돌려 준 것으로 되어 있다. 그런데 당시의 정세를 살펴보면, 아무래도 나라를 동서로 나누어 성왕과 주공이 각각 한쪽씩을 통치했던 흔적도 있다.

주는 은보다도 지배 지역이 더 넓었다. 예를 들어서 은나라 말기에는 서북쪽에 있었던 주를 비롯한 그 주변 각국뿐만 아니라 중원에서 가까운 소방까지 반독립 상태에 있었다. 주는 그처럼 은의 지배력이 미치지 않는 지역의 수장을 포섭하고 그들을 동원하고 "늦게 도착한 자는 목을 치겠다"고 협박하여 천하를 장악했다.

넓은 지배 지역을 가지고 있었기 때문에 봉건제가 필요했지만, 초기의 체제로는 구석구석까지 효과적으로 통치할 수 없었기 때문에 동서 분할을 생각해 냈던 것이다. 또한 주공이 일단 왕위에 오른 것이 사실이라고 한다면, 성왕 성장 후 정권 내 타협으로 분할은 현명한 방책이었다고 할 수 있다.

낙읍(洛邑)에 도성(都城)을 건설하고 은의 유민들을 수용한 것은 바로 이 무렵이었다. 은의 유민을 분산시킬 목적을 함께 가지고 있었는지도 모르겠지만, 사실은 거대해진 주 제국을 동서로 나누어 그 동쪽의 중심으로 삼으려는 것이 진짜 목적이었다.

이전부터 섬서성의 호경(鎬京)에 있었던 주의 도읍은 위치적으로 대제국을 통치하는 중심이 되기 어려웠다.

낙읍 주변은 후에 낙양이라 불리게 되는데, 주는 이 땅에 '성주(成周)'라는 이름을 붙였다. 그리고 원래의 도읍이었던 호경은 '종주(宗周)'라고 불렀다.

『상서』에 「강고편」이라는 글이 있다. 앞에서 이야기했듯이 주공의 막내 동생인 강숙봉(康叔封)을 위의 땅에 봉해 은의 유민을 통치하게 했는데 그때 왕이 내린 말이다. 통치에 대한 마음가짐을 이야기한 것으로 그 안에,

왕은 이렇게 말했다. 맹후(盟侯)여, 짐이 그 동생인 소자(小子)의 봉(封)이여, 너의 비현(丕顯, 매우 밝은)한 아버지 문왕은 널리 덕을 밝히고 벌을 삼갔다.

라는 내용이 있다. 맹후라 불린 강숙봉은 무왕과 주공의 동생이다. 은나라 토벌을 위한 전쟁 때는 소년이었으며 형의 즉위식 때는 융단 까는 역할을 맡았다는 사실은 앞에서 이야기했다. 위에 봉해져 임지로 향했을 시기는 성왕의 시절이었기에 왕의 입장에서 보자면 그는 숙부가 되는 셈이다. 분명히 짐의 동생인 봉이여, 라고 불렀으며 왕의 말이라고 나와 있으니, 이것은 주공 즉위설의 유력한 근거가 된다.

제2혁명이 끝나고 주는 드디어 안정기를 맞았다. 유가에서 황금시대라 여기고 있는, 고대의 빛나는 성대(聖代)다.

그러나 결코 이상향은 아니었다. 천지가 번성한 시대처럼 보이지만, 그 속에는 역시 여러 가지 문제들을 안고 있었다. 문제가 없는 시대 따위는 있을 리가 없지만, 성인인 주공과 그와 가장 친밀한 협력자였던 소공 사이에서도 싸늘한 바람이 불기 시작했다.

동서를 분할하여 성왕은 서쪽의 종주에서 정무를 잡았고, 주공은 성주(낙양)에서 동쪽을 감독하는 체제가 되었다. 그러나 주공이 정치의 중심으로 삼은 곳은 예로부터 소공의 세력권이었다.

상업의 슬픈 유래

지나치게 이상화된 것일지도 모르겠지만, 녹보와 삼감에 의한 제2혁명이 끝난 뒤, 주는 틀림없이 황금시대를 맞았다.

봉건시대가 되고, 각지에 봉해진 원훈(元勳)들은 주어진 토지의 경영, 개발에 힘을 쏟았다. 중원 중심 시대에서 확산의 시대로 접어들었다.

신성 왕조의 어둠은 사라졌다. 은은 왕이 곧 신이었으며 사람들은 무시무시한 신 곁에서 끊임없이 무서워 떨고 있었다. 그런 은을 대신한 주는 신을 경원(敬遠)한다는 입장을 취하고 있었다.

공경하되 가까이 하지는 않는 것이니 신은 여전히 숭경의 대상으로 제사를 받았다. 그러나 사람들은 거기에 너무 가까이 가려 하지는 않았다. 신의 일에는 관여하고 싶지 않다고 생각하게 되었다. 누가 뭐래도 신은 절대자이기 때문에 거기에 관여하게 되면 꼼짝달싹하지 못하게 되기 때문이다.

주나라의 왕은 신이 아니었다. 어디까지나 인간이었다. 신과 인간의 거리는 은나라 때에 비해서 훨씬 멀어졌다. 사람들은 마음이 편안했을 것이다.

노예도 많이 있었겠지만 제사 때마다 목을 자르는 일도 더 이상 하지 않았다. 은나라의 제사 때마다 희생되었던 강족 사람들도 각지에 제후로 봉해졌다.

멸망한 은조차 송에 제후로 봉해져 영지를 가지고 조상들의 제사를 계속할 수 있었다. 인간의 시대가 찾아왔다는 느낌이 든다. 그러나 은의 유민은 역시 차가운 시선을 받을 수밖에 없었다. 송은 후에 상당한 강국이 되지만 '송양지인(宋襄之仁)' 등처럼 어리석은 자의 예로 곧잘 인용되곤 했다. '수주(守株)'라는 말도 그렇다. 토끼가 부딪쳐 죽은 나무 그루터기에서 그런 일이 또 일어나기를 바라며 언제까지고 기다렸다는 어리석은 사내도 송나라 사람이라고 전해지고 있다.

놀림감이 되기는 했지만 아무런 이유도 없이 제단 앞에서 목숨을 잃어야 하는 일은 없었다. 그것만으로도 은보다는 훨씬 더 좋은 시대가 되었다고 할 수 있다.

은의 진짜 국호가 '상'이었다는 점은 앞에서도 이야기했다. 반경이 은이라고 불리는 지방으로 천도하면서 은이라는 명칭도 사용했는데, 왕조 자체에서는 첫 봉지였던 '상'이라는 이름을 계속해서 썼다.

어쨌든 은의 유민은 차가운 시선을 받고 있었으며 주어진 토지도 좁고 그다지 비옥하지도 않았던 듯하다. 게다가 동족들은 분산되어 있었다.

그들은 농경과 목축 외에도 교역을 시작했다. 물자가 풍부하고 값이 싼 곳에서 물건을 사들여 그것이 부족한 지방으로 가져가 이익을 얻었다. 각지에 분산된 동족이 있었기 때문에 그들에게 있어서 교역은 그다지 어려운 일도 아니었을 것이다. 사람들은 이와 같은 일을,

상나라 사람이 하는 일.

이라는 의미에서 상업(商業)이라고 불렀다. 후세 사람들은 그 일에 종사하는 사람을 출신지역과 상관없이 상인(商人)이라고 부르게 되었다. 망국의 쓰라린 아픔 속에서 각지로 흩어졌던 이스라엘 사람들이 상업 민족으로 활약한 사실이 떠오른다.

제아무리 성대(聖代)라 해도 세력에 성쇠는 있는 법이다. 주의 정치판도는 주공의 세력이 후퇴하고, 소공의 세력이 우위를 점하는 경향을 보이기 시작했다. 그러나 제2혁명 이후에는 그처럼 피비린내 나는 사건은 없었다.

주공의 말년에는 성왕조차 그를 멀리했다고도 하는데 가족 간의 다툼은 어디에나 있기 마련이다. 이 무렵 피로써 피를 씻는 싸움이 극히 드물었다는 점은 높이 평가해도 좋을 것이다.

공자가 편집한 305편의 시

주의 역사를 아는 데는 앞에서도 이야기한 『상서』와 『시경』 그리고 청동기의 명문이 주요한 자료가 되고 있다.

『시경』도 원래는 그냥 『시』라고만 불렸었다. 공자가 편집했다고 전해지며, 단순한 시가 『시경』이 된 것은, 단순한 서가 『서경』이라고 불리게 된 것과 비슷하다.

> 공자가 말하기를, 시 삼백, 이를 한마디로 하면 사무사(思無邪).

이것은 『논어』에 나오는 유명한 말이다. 시 삼백이라고 했는데 『시경』에 실려 있는 시는 305편이다. 그것을 한마디로 표현하면 '사무사'라고 공자는 평가했다. 글자 그대로 생각에 사악함이 없다고 해석해도 되지만 감정이 순수하다는 뜻이다.

공자는 이것을 편찬할 때, 주의 가요 3천여 편 가운데서 중복되는 것을 빼고 예의에 맞는 것 305편만을 뽑았다. 공자의 취향이 개입되어 있으니 주 시대의 분위기를 전부 전해 준다고는 말할 수 없다. 예의에 맞는 것만을 골랐다고 하니 예의에 맞지 않는 것도 있었다. 우리는 그것도 알고 싶지만, 그것은 이미 유실되고 없다. 사실 차례의 제목에는 311편이 실려 있으니 가려 뽑은 것 중 6편의 본문도 사라지고 없는 셈이다.

공자는 기원전 552년에 태어나서 기원전 479년에 세상을 떠났다. 그도 주가 건국된 지 이미 500년이 지난 후에야 태어난 것이다. 그러나 유명무실하다고는 하지만 주의 왕실이 아직 명맥을 유지하고 있던 시대였으니 전승도 단절되지 않고 거의 원형에 가까운 상태로 남아 있었을 것이다.

『시경』은 「국풍(國風)」, 「아(雅)」, 「송(頌)」 세 부분으로 이루어져 있다. 「국풍」은 주 제국 각지의 민요로 160편, 이것이 과반수를 차지하고 있다. 「아」는 주 왕조의 노래로 대아(大雅)와 소아(小雅)가 있다. 대아는 조정의 공식 행사 때 연주하던 음악에 붙인 가사였던 듯하다. 소아는 연회의 자리에서 쓰이던 것이었다. 대아와 소아를 합쳐 105편이다. 「송」은 종묘의 악가(樂歌)이니 제례악이라 할 수 있는데 40편을 가려 뽑았다.

사람들의 생활상을 알 수 있어 재미있는 것은 누가 뭐래도 「국풍」이다. 그리고 「아」와 「송」을 통해서 주라는 시대의 풍격과 같은 것을 알 수 있다.

문왕을 칭송한 대아는 틀림없이 공식 행사에 사용되었던, 요즘으로 말하자면 국가(國歌)에 해당된다. 사람들은 이 곡을 들으면 숙연하게 옷깃을 바로 하고 엄숙한 목소리로 노래를 불렀을 것이다. 곡은 사라져 복원할 수도 없지만 가사는 공자가 편찬한 덕에 남아 있다. 조정의 의식이라도 상상하면서 「문왕」의 첫 부분을 읽어보자.

문왕재상(文王在上)	문왕께서 위에 계시니,
어소우천(於昭于天)	아아, 하늘에서도 밝구나.
주수구방(周雖舊邦)	주는 오래된 나라라 하지만,
기명유신(其命維新)	그 천명은 이에 새롭다.
유주불현(有周不顯)	주나라 임금들이 어찌 밝지 않겠는가.
제명불시(帝命不時)	천명이 어찌 때를 어기겠는가.
문왕척강(文王陟降)	문왕께서 오르내리시며,

재제좌우(在帝左右)　　　상제의 좌우에 계신다.

문왕은 서백 창을 말하며 주가 은을 쓰러뜨리기 전에 죽었다. 그 아들인 무왕이 은나라를 토벌했는데, 수레에 문왕의 목주를 싣고 무왕 자신은 그저 태자 발이라고만 칭했다는 사실은 앞에서 이야기했다. 주에서 전해지는 이야기에서는, 천명을 받은 것은 문왕 때이었다고 한다.

목주란 위패가 아니라 문왕의 모습을 나무에 새겨 아직 살아 있는 것처럼 보여 제후들을 불러 모았다는 설까지 있을 정도다. 주에게 있어서 문왕은 건국 시조다. 그 문왕은 세상을 떠나 하늘에 올랐지만 그 덕은 하늘에서도 밝다는 것이다.

주는 순 임금 시절의 후직 때부터 시작된 오래된 나라였다. 그러나 천명을 받아 천자가 된 것은 문왕에서부터 시작되었다. 그렇기 때문에 아직 새롭다는 것이다.

일본에서 유신이라는 말은 오로지 메이지유신을 가리키는 말로만 쓰인다. 일본도 '구방(舊邦)'이었지만 체제를 바꿔 새로운 나라로 거듭나려 했다. 일본 왕실이 유지되고 있던 일본에서는 메이지의 개혁에 '혁명'이라는 말을 붙일 수는 없었다. 이에 생각해 낸 것이 『시경』의 대아 중 문왕에 나오는,

기명유신(其命維新)

이라는 말이었다. 그 앞에 '오래된 나라라 하지만'이라는 표현이 있으니 꼭 알맞은 표현이라 생각했을 것이리라. '유신'이라는 말은 여기에 처음으로 등장한다.

중국에서는 역대의 관용으로 국호 앞에 '유(有)'를 붙였다. 유당(有唐),

유명(有明) 등이라고 말하는데, 유에는 특별한 의미가 없다.

주나라 임금들이 어찌 밝지 않겠는가, 라고 반어적으로 표현한 것은 말할 것도 없이 주나라의 덕을 일컫는다. 제명은 바로 천명을 말한다. 천명은 언제나 때를 어기지 않는 법이다.

말할 나위도 없이 문왕이 오르내린 곳은 하늘이다. 이 세상에 있을 때도 세상을 떠난 후에도 문왕은 언제나 상제 곁에 계신다.

경축하는 내용의 국가라 하지 않을 수 없다.

똑같이 공식행사에 가까운, 예를 들자면 연회와 같은 자리에서 쓰였다는 소아는 그렇게 딱딱하지는 않다. 술도 마셨을 것이니 때로는 감상적이 되기도 하고, 맨 정신으로는 하지 못할 원망 등이 섞여 드는 경우도 있었다.

그런데 대아와 소아의 구별에 대해서는 예로부터 여러 가지 설이 있었다. 그것은 곡이 사라져 버려 분명한 것을 알 수 없기 때문이다. 틀림없이 대아는 느린 곡이었을 것이며 소아는 그보다 템포가 빨랐을 것이라 추측된다. 남아 있는 가사만으로는 그런 분위기까지 읽어 낼 수는 없다.

요조숙녀는 군자를 좋아한다

『시경』의 「국풍」 중에서도 주남(周南)이라고 이름 붙여진 10편과 소남(召南)이라는 14편은 주나라 초기의 것으로 보아야 한다는 것이 통설이다. 주희의 설에 따르면, 주남 첫 부분에 놓여 있으며 예로부터 많은 사람들로부터 애송되어 왔던 〈관저(關雎)〉는 문왕과 그 아내인 태사(太姒)를 칭송한 것이라고 한다.

관관저구(關關雎鳩)	관관 우는 저구는
재하지주(在河之洲)	강의 모래톱에 있다.
요조숙녀(窈窕淑女)	요조한 숙녀는
군자호구(君子好逑)	군자의 좋은 짝이다.

관관은 새가 우는 소리다. 저구는 새의 이름인데 강의 모래톱에 앉곤 하는 새일 것이다. 암수의 애정이 두터워서 반드시 짝을 이루며 문란하지 않은 새라고 한다.

우리 주인인 문왕, 당시의 호칭으로는 서백 님이 훌륭한 배필을 만났다며 기뻐하는 것이다. 주 이후부터 군자라는 말이 자주 나온다. 훌륭한 인물, 즉 신사라는 정도의 뜻이다. 현세에서의 생활상이 뛰어난 인물을 나타내는 말이라고 생각하면 될 것이다. 사회의 상층에는 그와 같은 사람들이 있었다. 은 시절의 상층부는 점복사나 주술사 등과 같이 어딘가 무서운 느낌이 드는 인물들이 자리를 차지하고 있었다. 그런 사람들에게서는 노래로 접근할 수 있을 것 같은 분위기가 느껴지지 않는다.

주의 군자들은 민중들이 접근하기 쉬운 사람이 된 듯하다. 적어도 귀신의 세계 곁에서 살고 있는 것 같은 무시무시함은 사라져 버렸다.

〈관저〉는 계속 이어진다. 주희가 이를 세 장으로 나누었으니 거기에 따르기로 하겠다.

참치행채(参差荇菜)	올망졸망한 행채는
좌우유지(左右流之)	좌우로 이것을 구한다.
요조숙녀(窈窕淑女)	요조한 숙녀는

오매구지(寤寐求之)	자나 깨나 이것을 구한다 .
구지불득(求之不得)	이것을 구하나 얻지 못하면,
오매사복(寤寐思服)	자나 깨나 생각하고 생각한다.
유재유재(悠哉悠哉)	생각하고 생각하느라,
전전반측(輾轉反側)	전전반측한다.

행채는 식용으로 쓰이는 물풀의 일종인데 향기롭기 때문에 신에게 바치는 물건이었다고 한다. 좀처럼 캐기 힘든 풀이기 때문에 좌우로 열심히 찾아다녀야만 한다. '유(流)'란 물의 흐름을 따라서 찾는 것이라고 예로부터 주석이 달려 있었다.

훌륭한 신부는 그와 같은 행채를 찾는 것처럼 자나 깨나 열심히 찾아야 한다. 찾아도 얻지 못하면 자나 깨나 생각하게 되는 법이다. 이런저런 생각들이 언제까지고 계속되기 때문에 이리저리 뒤척이게 되는 것이다.

참치행채(參差荇菜)	올망졸망한 행채는
좌우채지(左右采之)	좌우에서 그것을 캔다.
요조숙녀(窈窕淑女)	요조한 숙녀는
금슬우지(琴瑟友之)	거문고와 비파로 이를 벗 삼는다.
참치행채(參差荇菜)	올망졸망한 행채는
좌우모지(左右芼之)	좌우로 이것을 고른다.
요조숙녀(窈窕淑女)	요조한 숙녀는
종고락지(鐘鼓樂之)	종과 북으로 이를 즐겁게 한다.

올망졸망한 행채를 좌우에서 캐듯 간신히 찾아낸 요소숙녀는 서문고와 비파를 연주하며 좋은 반려가 된다. 행채는 먹을 수 있는 부분이 한정되어 있기 때문에 잘 골라내야 한다고 한다. 좌우에서 골라내듯 찾아낸 조용한 미녀는 종과 북을 두드리며 서로가 즐길 것이다. 경사스러운 일이다!

반복이 많은 순박한 노래다. 미녀를 찾아서 전전반측하는 모습은 어딘지 젊은 영주를 놀리고 있는 것 같은 느낌도 든다. 신성왕조의 왕이자 주술사의 우두머리이기도 했던 은의 왕에게 이와 같은 노래를 만들어 결혼을 축하한다는 것은 있을 수 없었을 것이다.

주나라 건국에서 왕실 이외에 커다란 공을 세운 인물은 태공망과 소공 석이다. 전설에 따르면, 태공망은 비천한 출신이었다고 한다. 태공망이 문왕에 의해 등용되었을 때 이미 70세였다고 한다. 태공망은 성이 강이니 문왕의 할머니인 태강 부족의 사람이 되는 셈이다. 이윤이 탕의 처가에서 잉신으로 은에 온 것처럼 태공망도 어쩌면 태강이 시집올 때 주에 함께 온 것일지도 모른다. 주 왕실 안의 사람은 아니었지만 그에 가까웠었다고 말할 수 있다.

소공의 경우는 그렇지 않았다. 주와 동료라 할 수 있는 제후 중 한 사람으로 주가 천하를 잡는 데 도움을 주었다. 처음부터 상당한 힘을 가지고 있었다. 그 힘이 주의 건국에 커다란 공헌을 했으리라 여겨진다. 『시경』의 소남은 소공의 영지에서 불리던 민요로 그중에는 '우리 영주님'을 노래한 것도 있다.

소공은 정무에 열심이었으며 영 내의 촌락을 쉴 새 없이 순찰하고 소송을 처리했다고 한다. 그리고 영민에게 피해를 주어서는 안 된다면 감당(甘棠)나무 밑에서 노숙했다고 한다. 감당이란 배나무를 말한다. 〈감당〉이라는 제목의 노래는 다음과 같다.

폐패감당(蔽芾甘棠)	빽빽하게 우거진 감당,
물전물벌(勿剪勿伐)	꺾지 마라, 베지 마라.
소백소발(召伯所茇)	소백이 묵을 곳이다.
폐패감당(蔽芾甘棠)	빽빽하게 우거진 감당,
물전물패(勿剪勿敗)	꺾지 마라, 무너뜨리지 마라.
소백소게(召伯所憩)	소백이 쉴 곳이다.
폐패감당(蔽芾甘棠)	빽빽하게 우거진 감당,
물전물배(勿剪勿拜)	꺾지 마라, 뽑지 마라.
소백소설(召伯所說)	소백이 머물 곳이다.

틀림없이 소공이 세상을 떠난 후에 사람들이 기념하여 감당을 노래한 듯하다.

「국풍」의 마지막은 빈풍(豳風)이다. 빈은 말할 것도 없이 주의 부족이 예전에 근거지로 삼아 농업에 힘썼던 땅을 말하는 것이다. 주공 단이 지었다고 하는 〈칠월(七月)〉이라는 장가와 주공을 칭송한 노래가 포함되어 있다. 그중에서 〈치효(鴟鴞)〉라는 제목의 노래 첫 구절을 소개하겠다.

치효치효(鴟鴞鴟鴞)	치효(쏙독새)여, 치효여.

기취아자(既取我子)	이미 우리 아이를 빼앗았으니,
무훼아실(無毀我室)	우리 집을 부수지 마라.
은사근사(恩斯勤斯)	사랑하고 애써서,
죽자민사(鬻子閔斯)	아이를 기르느라 고심했으니.

둥지를 만든 새가 쪽독새의 폭력에 겁을 먹었다는 노래다. 새끼를 빼앗겼으니 둥지까지 부수지는 마라, 사랑하고 애써서 새끼를 기르느라 고생이 많았으니, 라는 의미다.

어린 성왕에 바친 노래

마지막에 든 〈치효〉라는 노래는 주공이 어린 성왕에게 보낸 노래라고도 한다.

이 노래의 비유에 대해서는 여러 가지 설이 있다. 녹보·삼감의 난으로 성왕이 주공을 의심하던 시기에 만들어졌다는 것이다. 주의 왕실은 아직 충분히 안정되지 않았다고 훈계한 것이라고 해석할 수도 있다.

녹보의 난 때문에 주의 왕실도 무왕의 형제들, 즉 관숙선, 채숙도 등을 잃었다. '이미 우리 아이를 빼앗았으니'는 그 사실을 가리키고 있는지도 모른다. 쪽독새에게 빼앗겨 버린 새끼는 이제 돌아올 수 없지만, 집, 즉 주의 왕실만은 무너뜨려서는 안 된다고 애원하고 있다. 마지막 행의 '자(子)'는 어린 성왕이라고 볼 수도 있을 것이다. '이 아이를 기르는 데 상당히 고생을 했습니다.'

성왕이 주공의 이 기도와도 같은 참마음을 알게 된다면, 의심을 품지 않게 될 것이다. 주공은 이 노래를 만들어 자신의 마음을 전하려 했는지도 모른다.

　　떠도는 말을 듣고 당신이 내게 의심을 품게 된다면 둥지 속에서 분쟁이 일어 당신도 쪽독새에게 잡아먹히게 될지도 모릅니다.

주공은 주의 왕실이 무너지지 않도록 하기 위해서 상당히 과감한 행동을 한 듯하다. 그가 즉위했다는 설도 무조건 부인할 수만은 없다.

그러나 그 덕분에 불안정했던 주의 천하도 드디어 자리를 잡기 시작했다. 성왕이 성장했을 무렵, 주 왕실은 초기의 위기에서 벗어나 황금기로 가는 길을 열었다.

『시경』의 「국풍」 속에는 여러 나라의 민요들이 수록되어 있다. 지방색이 풍성하다. 공자가 선택하지 않은 노래까지 더한다면 더욱 다채로웠을 것이다. 가요라는 측면을 통해서 살펴보자면 주는 지방 시대였다고 할 수도 있다.

동족이나 공신들을 지방에 봉해서 그들을 각각 경쟁토록 했다. 이는 의식적으로 행한 일이었을 것이다. 정치가 잘되는 지방은 그렇지 못한 지방보다 번성하게 된다. 〈감당〉이라는 작품에서 읽은 소공의 사적과 비슷한 것은 다른 지방에도 있었을 것이다. 그중에서도 소공의 통치가 특히 뛰어났던 것이리라.

주공과 소공은 경합 관계에 있었다. 그런데 그 경합은 주의 왕실을 위해서는 도움이 되었다. 양쪽을 비교하자면 소공 쪽이 우세했다고 생각된다. 이 두 사람은 대표적인 것에 지나지 않으며, 다른 지방에서도 여러 가지 경합이 있었다.

성왕에서부터 그 다음 왕인 강왕(康王)에 이르기까지 주는 가장 안정된 시기를 맞았다. 40여 년에 걸쳐서 형벌은 사용되지 않았다고 『사기』에 기록되어 있다.

왕국유는 『은주제도론(殷周制度論)』에서 주의 제도 가운데 은의 제도와 가장 커다란 차이를 보인 것은 '입자입적제(立子立嫡制)'와 '묘수제(廟數制)'와 '동성불혼제(同姓不婚制)'였다고 말했다. 이것이 그 후 중국 윤리의 근본이 되었기 때문에 주에서 중국문화가 시작되었다고 보는 견해도 있다.

그러나 은의 그림자가 중국에서 완전히 사라졌다고 말할 수는 없다. 특히 주는 봉건제를 도입함으로써 각지에 여러 가지 문화가 병립하는 것을 허용했다. 주 시대에 여러 가지 요소가 움트고, 서로 섞이게 되었다.

신성왕조 시대는 귀신에 반하는 문화의 존재를 허용하지 않았기 때문에 다채로움을 기대할 수 없었다. 주가 성역을 해방한 것이라 말할 수 있을 것이다. 주의 문화도 해방된 지역으로 흘러들었을 것이다.

지방 시대였던 주 시대에 드디어 황하 중류의 이른바 중원문화가 남방과 결합하게 되었다. 장강(양자강) 유역에 문화가 없었던 것은 아니다. 거기에도 뛰어난 문화가 번성하고 있었다. 단지 그것은 중원과의 관계가 미약했을 뿐이다.

계력의 두 형이 형만의 땅으로 망명했다는 이야기는 중원과 남방이 관계를 맺기 시작하고, 나아가 교류를 갖고 통합으로 향했던 역사적 사실을 전승 속에 반영했다고 봐도 좋을 것이다.

풍만한 미래를 느끼게 하는, 민족의 여명기에 접어든 것이다. 은의 그림자가 사라졌다고 보는 사람이 있다는 사실은, 주의 문화 흡수력이 참으로 왕성했다는 점을 이야기해 주는 것에 지나지 않는다.

지상에 나타나 지상에서 벌어진 흔적은 결코 사라져 버리는 일은 없다.

중회의 요람

사양의 길

구전되는 역사

사천성을 여행할 때 성도(成都)에서 아미산(蛾眉山)으로 가는 도중 다관(茶館)의 간판이 자주 눈에 들어왔다. 다원(茶園), 다사(茶社), 다장(茶莊), 다포(茶鋪) 등 이름은 가지각색이었지만, 결국은 차를 마시는 곳이다. 다른 지방에 비해서 사천성에 특히 많은 것 같다는 느낌을 받았다.

시골의 차관 옆에는 대부분 커다란 나무가 무성하게 자라고 있었던 듯하다. 다관 옆에 나무를 심는 것일까, 나무 옆에 다관을 세우는 것일까, 나는 자동차 안에서 심심파적으로 이런 생각을 해보았다. 그리고,

아아, 이런 곳에서 사람들의 이야기가 전해지던 시대도 있었겠구나.

라고 생각했다.

노사(老舍, 1898~1966)가 쓴 『다관』이라는 제목의 희곡이 있다. 커다란

다관을 무대로 청나라 말기에서부터 50년 동안의 세상의 변천을 묘사한 뛰어난 삼막극이다. 번창하던 다관도 점차로 쇠퇴해 간다.

예전의 다관은 민중의 사교장이었다. 푼돈으로 찻잎을 사면 한나절 버티고 앉았어도 상관이 없었다. 차를 우리는 더운 물은 공짜로 얼마든지 더 얻을 수 있었다. 노사의 희극 『다관』의 무대 설명에 '막담국사(莫談 國事, 국사를 논하지 말 것)'라 적은 종이가 벽에 붙어 있다고 씌여 있다. 제1막은 1898년, 일본과의 전쟁에서 패배, 그로부터 2년 뒤에 의화단사건이 일어나는 시기다. 국사를 논하다 보면 흥분해서 싸움이 일어날 우려가 있었기 때문에 그런 글을 써 붙였을 것이다. 그러나 다관의 주인이 싸움을 반드시 꺼려했던 것만도 아니었다. 탁자와 의자가 엎어지고 찻잔이 깨지는 난장판이 벌어져도 경찰이나 조정인(調停人)이 개입하면 서로 화해를 하게 된다. 다관에서는 고기우동도 함께 팔았는데, 이렇게 서로 화해를 할 때는 그것이 팔렸다. 깨진 찻잔이나 부서진 의자는 위자료를 포함한다는 의미에서 시가보다 높은 금액으로 변상을 받았다. 다관은 싸움을 통해서도 돈을 벌어들인 모양이다. 평소 점원의 부주의로 깬 찻잔도 바로 버리지 않고 싸움이 벌어지면 몰래 바닥에 던져 두었다. 노사는 이런 모습을 유머러스하게 그렸다.

지금은 다관도 예전 같지는 않다고 한다. 젊은이들은 운동을 할 곳이나 자신들만의 모임의 장소를 가지고 있다. 다관에 다니는 이는 노인들뿐이다. 이야기를 전달하는 장소로서의 다관은 이미 그 임무를 다했다고 할 수 있다.

인간이라면 누구나 자신들이 살아온 흔적을 다음 세대에게 전하고 싶어 한다. 자신들의 이야기와 함께 조상들이 남긴 이야기도.

다관 옆의 나무를 보고 떠오른 생각인데, 고대에도 촌락의 커다란 나무 밑에 사람들이 모여 자신들의 이야기를 들려주었을 것이다. 그늘을 드리운 나무는 사람들을 불러 모으는 역할을 했다.

나이 많은 사람들은 대부분 이야기하기를 좋아한다. 체력적으로 일을 할 수 없기 때문에 한가하기도 하다. 이야기 듣기를 좋아하는 것은 말할 나위도 없이 어린이들이다. 젊은이나 장년들은 일을 해야 하기 때문에 여유가 없었다. 그리고 그들은 어렸을 때 질리도록 이야기를 들었다. 고대에는 이런 식으로 특히 노인이 어린이에게 이야기를 전해 주었을 것이다.

주나라에는 이야기를 전하는 일을 전문으로 하는 사람들도 있었다. 고사(瞽史)라는 명칭이 있다. 악사(樂師)라는 설도 있고 교회관(敎誨官), 즉 교육자였다는 설도 있다. 고(瞽)는 장님을 의미하니 그 직업에 종사하는 사람들은 눈이 어두웠던 것 같다. 그 대신 기억력은 누구보다도 뛰어났으리라. 일본에서 『헤이케모노가타리(平家物語)』를 이야기했던 비와(琵琶) 법사가 떠오른다. 프로였으니 동업자에게 지지 않도록 이야기를 감동적으로 전달하려 했을 것이다. 주의 천자가 한 말은 공자가 편찬한 『상서』에 실려 있다. 그런데 그것이 기록되기까지는 사람들의 머릿속에 기억되어 이야기로 전해진 것이다. 제례 등의 때에 그것은 커다란 목소리로 서로 제창했다고 생각된다.

공자의 사상에 대한 평가야 어찌 됐든 그는 기억 속에 있던 것을 정리하여 그것을 기록으로 남겨 주었다. 유학이 국교가 되자, 공자는 하늘 위로까지 끌어올려졌으며, 편찬한 것은 경전화(經典化)하여 딱딱한 형식을 갖추게 되었다. 어떤 형식이 되었든 지금까지 남아 있으니, 우리는 공자에게 감사해야 할 것이다. 공자가 편찬했다고 하는 『상서』 『시경』 『춘추』 등이 주에서부터 춘추전국 시대에 걸친 역사의 주요한 자료가 되고 있기 때문이다.

촌락의 커다란 나무 밑에서 노인이 아이들을 모아 놓고 이야기를 들려주는 평화로운 정경을 나는 언제나 떠올려 보곤 한다. 차창 너머로 사천성의 다관을 바라보면서도 그것을 떠올렸다.

별 탈 없이 공동생활이 계속되는 동안, 자손들이 알아두기를 바라는 이야기는 대체로 틀림없이 전달된다. 그러나 전란이나 천재지변으로 인해 사람들이 사방으로 흩어져 버리면 그러한 이야기도 사라져 버리고 만다.

우리도 지금까지 남아 있는 이야기에 쉽게 빠져들곤 한다. 나도 지금부터 그것을 진지하게 이야기할 것이다. 남겨진 이야기의 뒤에는 그것보다도 훨씬 더 중요한 것이 있다는 사실을 언제나 잊지 말았으면 하는 바람이다.

제왕이 없던 공화 시대

'공화(共和)'라는 말이 있다.

황제나 국왕이 군림하여 통합하는 정치체제를 군주제라고 하는 데 반해서 제왕이 없는 그것을 공화제라고 부른다.

예전에는 제왕이 존재하지 않는 정치체제는 생각할 수도 없었다. 중국에서는 근대에 접어들어서야 그와 같은 정치체제를 갖춘 국가가 외국에 있다는 사실을 알았으며, 드디어는 자신들도 그것을 채용하게 되었다. 영어의 리퍼블릭(republic)이라는 단어를 어떻게 번역하면 좋을지, 고민에 고민을 거듭한 끝에 생각해 낸 것이 '공화'라는 두 글자였다.

기원전 841년부터 기원전 828년까지 햇수로 14년 동안, 주나라에 제왕이 존재하지 않았던 기간이 있었다. 무장 반란이 일어나 여왕(厲王)이 도망을 갔기 때문이었다.

제왕이 존재하지 않았던 상태를 중국인이 역사상에서 찾을 때면 멀고 먼 옛날의 이 14년간의 일이 머릿속에 가장 먼저 떠오른다. 사서에서는 이 기간을 '공화'라고 불렀다. 이에 근대의 중국인들은 제왕이 없다는 의미에서 군주제가 아닌 정치체제에 공화라는 명칭을 부여했다.

지금 우리들은 별 생각 없이 쓰고 있지만, 근대적인 정치체제의 명칭으로 참으로 오래전의 말이 붙여진 것이다.

역사상의 '공화' 시대는 주가 건국한 지 거의 200년이 지난 뒤에 찾아왔다. 공화에 이르기 전까지 주 임금의 계보는 다음과 같다.

무왕(武王)[1] ─ 성왕(成王)[2] ─ 강왕(康王)[3] ─ 소왕(昭王)[4] ─ 목왕(穆王)[5] ┐

[주공(周公)]   효왕(孝王)[8] ─

└ 공왕(恭王, 혹은 共王)[6] ─ 의왕(懿王)[7] ─ 이왕(夷王)[9] ─ 여왕(厲王)[10]

무왕의 아버지인 문왕은 은을 멸망시키기 전에 죽었기 때문에 무왕에서부터 헤아리는 것이 타당할 것이다. 무왕의 동생인 주공은 정식으로 왕위에 올랐는지, 섭정에 지나지 않았는지 분명하지 않기 때문에 헤아리지 않도록 하겠다. 그렇다면 여왕은 10대째 왕이 되는데 공왕과 효왕은 형제이기 때문에 세대로 따지자면 하나가 줄어들게 된다.

여왕이 도망을 친 뒤의 공화 14년 동안에 대해서는 두 가지 설이 있다.

우선은 『사기』의 설이다.

도망친 제왕인 여왕의 아들[후의 선왕(宣王)]이 아직 어렸기 때문에 주왕실의 기둥인 주공과 소공 두 사람이 정치를 했다고 한다.

반란군은 여왕의 아들을 죽이려 했지만, 소공이 자신의 아들을 대신 내주어 왕자를 구했다는 이야기가 『사기』에 소개되어 있다.

주공, 소공이라고 하면 주의 건국 원훈인 주공 단과 소공 석을 떠올리게 되지만, 그로부터 이미 200년이 흐른 뒤다. 공화시대의 주공과 소공이 그들의 자손이라는 점은 말할 나위도 없다.

두 재상이 공(共)히 화(和)해서 정치를 했기 때문에 호(號)를 공화라고 불렀다는 것이 『사기』의 설이다. 14년이 지난 후에 도망갔던 여왕이 망명지에서 죽었기 때문에 태자인 정(靜, 선왕)이 위에 오른 것으로 되어 있다. 망명해서 부재중이라 할지라도 왕이 어딘가에 살아 있는 한 그 아들은 위에 오를 수 없었다.

이 설에 따르면 임시적인 응급 체제가 공화였던 것이다.

다음은 『죽서기년』에 기술되어 있으며, 그 외에 『여씨춘추』와 『장자』 등에서도 볼 수 있는 설이다. 편의상 『죽서기년』의 설이라고 부르기로 하겠다. 거기에는,

> 공백 화(共伯和)가 왕위를 간(干)했다.

라고 기록되어 있다.

공국(共國)에 봉해진 백작 화라는 사람이 왕위를 간했다는 것이다. 당나라 사마정(8세기 때의 사람)의 『사기색은(史記索隱)』에 간이라는 글자는

'찬(篡)'을 의미하는 것이라고 되어 있다. 왕위를 찬탈한 셈이니, 그 14년 동안 주나라는 없었던 것이라고 볼 수 있다.

이 설에 따르면, '공화'라는 명칭은 주공과 소공 두 재상이 서로 사이 좋게 화합하여 정치를 했다는 목가적인 내용이 아니다. 왕위를 찬탈한 공(共)국의 백작인 화(和)의 치세를 공화라고 일컬었던 것이다.

그러나 왕위를 간했다는 글을 부재중인 왕을 대신해서 정치를 했다고 해석할 수도 있다. 왕이 없더라도 누군가가 행정의 책임을 지지 않으면 안 된다. 왕의 대행, 즉 섭정이었다고도 생각할 수도 있다. 왕국유(1877~1927)의 『금본죽서기년소증(今本竹書紀年疏証)』에 따르면,

> 공백 화는 천자의 일을 섭행(攝行)했다.

고 기록되어 있다. 이것은 훨씬 더 평온하다.

공히 화해서, 라는 것은 아무리 생각해도 억지스러운 문자의 조합이다. 역시 공백 화라는 대신이 위를 빼앗았거나 또는 대행했거나 두 가지 가운데 하나일 것이다.

『여씨춘추』와 『장자』도 공백화설을 취하고 있는데, 그 인물을 굉장히 칭찬했다.

> 공백 화는 그 행실을 닦고 현인(賢仁)한 사람을 좋아하여 나라 안에서 모두 찾아와 계(稽, 머묾)했다. 주려(周厲)의 난(주의 여왕이 도망친일)으로 천자가 광절(曠絶, 비어 끊김)했으나 천하가 모두 왔다고 했다.

국가의 존망이 걸린 위기의 순간에 나타나서 천자가 망명한 후의 혼란을 다스린 훌륭한 섭정인 듯하며, 여기에는 찬탈자의 모습은 없다. 이것은 『여씨춘추』에 실려 있는 내용이며, 『장자』 「양왕편(讓王編)」에는 다음과 같이 『여씨춘추』와 공통되는 한 구절이 있다.

허유(許由)는 영양(潁陽)에서 노닐었고, 공백은 구수(丘首)를 얻었다.

허유는 태고의 현인으로 요로부터 천자의 자리를 물려주겠다는 말을 들었지만, 그것을 받아들이지 않고 영수(潁水)의 북쪽에서 은둔생활을 즐겼다고 한다. 요가 한 말을 듣고 귀가 더러워졌다며 영수에 귀를 씻었다는 일화도 전해진다. 욕심 없는 인간의 전형이다.

그러한 허유와 이름을 나란히 하고 있으니, 공국의 백작도 욕심 없는 인간이었다고 봐야 할 것이다. 구수라는 것은 산의 이름인데, 또 다른 이름을 공수(共首)라고도 하며 공국에 있는 산이라고 한다. 따라서 공백 화는 아마도 14년 동안의 섭정을 마친 뒤, 모든 실권을 깨끗하게 포기하고 고향의 구수산에 숨어살았을 것이다. 단지 '얻었다'라고만 표현했는데, 이는 뜻을 얻었다는 의미다. 예전부터 하고 싶다고 마음속에 품고 있던 일을 자기 뜻대로 했다는 것이 된다.

찬탈자의 모습은커녕, 공백 화에게서는 성인의 모습까지 엿볼 수 있다.

중국의 역사학자들도 두 파로 나뉘어 논쟁을 벌이고 있다. 『사기』설을 주장하는 대표적인 사가는 『중국통사간편』을 저술한 범문란(范文瀾, 1893~1969)이며, 『죽서기년』설에 따르는 사가의 대표 격은 곽말약(郭沫若, 1892~1978)이다.

공이라는 지역은 지금의 하남성 휘현(輝縣)에 해당한다. 그곳은 위(衛)의 영지였다. 위는 주 무왕의 막내 동생인 강숙이 봉해졌던 중요한 나라다. 은의 옛 땅이었기 때문에 주로서도 특히 소홀히 할 수가 없는 지방이었다고 할 수 있다. 그런 위나라의 세자가 수봉(受封)하면 백(伯)이라고 불렸던 듯하다. 공백이라고 하니 위의 세자였음에 틀림없다. 제후도 아니었다. 제후의 아들에 지나지 않는 인물이었을 것이다. 그런 사람이 천하를 빼앗는다는 것은 생각조차 할 수도 없다. 이것이 바로『사기』설의 근거이다.

이에 대해서 곽말약은『사기』설을 주장하는 친구에게 왕국유(王國維) 등의『죽서기년』에 관한 연구를 좀 더 자세히 읽어 보라고 권했다. 이것은『사기』보다도 더 오래된 기록이기 때문이다.

나는 공(共)히 화(和)했다는 설보다 공백 화라는 설에 더 끌린다. 이에 대해서는 나중에 다시 이야기하기로 하겠다.

관리들이 술 마시면 사형에 처한다

왕이 망명을 한다는 것은 평범한 일이 아니다. 건국 200년, 주도 드디어 이상해지기 시작했다.

무왕의 창업에서부터 성왕, 강왕 부근까지가 주의 황금시대였다. 농업국가인 주의 장점은 전부 이 시대에 나타났다. 은을 공격해 멸망시켰을 때, 주는 은의 문화를 접하고 틀림없이 깜짝 놀랐을 것이다. 순박한 농민들이었던 주나라 사람들에게 있어서 은나라 왕족들의 생활은 별천지의 그것이라고 느꼈을 것이다.

특히 놀랐던 것은 은나라 사람들의 음주 습관이었다고 생각된다. 앞에서도 이야기했듯이 은 시대의 청동기는 대부분이 술을 담거나 술을 마시는 기구였다.

　　은이 우리의 손에 멸망한 것은 술을 지나치게 많이 마셨기 때문이다.

주나라 사람들은 이렇게 생각했다.

『상서』에 「주고(酒誥)」라는 제목의 글이 있다. 이것은 틀림없이 주공이 막내 동생인 강숙에게 준 것이라 여겨진다. 앞에서도 이야기한 것처럼 강숙은 은의 옛 땅에 봉해졌다. 은나라 사람들은 술을 많이 마시니 그 습관에 물들어서는 안 된다고 걱정을 한 것이다. 서방에 자리했던 주는 그때까지,

　　제사에만 술을 쓴다.

고 생각하고 있었다. 평소에는 술을 마시지 않았다. 제사 때에만 술을 썼는데 그것도,

　　덕으로 도와서 취하지 말라.

며 예절을 지키고 덕으로 서로를 도와야 한다고 생각했다. 그러한 미풍을 유지하기 위해서는 특히 술에 대해서 엄격해야만 했다. 젊은 동생이 주신(酒神)의 본고장과 다를 바 없는 곳으로 가게 되었으므로 주공도 걱정이 되었다.

　　크고 작은 국가가 멸망한 것은 또한 술이 죄가 아닌 것이 없다.

라는 것이 주공의 생각이었다. 한 나라가 멸망한 원인이 오로지 술에만 있는 것은 아니겠지만 어느 나라나 반드시 어딘가에 술이 개입되어 있다고 보았다. 더구나 음주를 크게 즐겼던 은을 자신의 손으로 멸망시켰으니, 그 사실이 더욱 가슴에 와 닿았다. 이에 주공은 동생에게 충고하기

위해서 「주고」라는 문서를 만들었다.

> 이를 알리고 모여서 술을 마시겠다는 자가 있으면, 너는 허락하지
> 말라. 철저하게 잡아들여 주(의 국도)로 보내라. 내가 그를 죽이겠다.

관리들이 모여서 떠들썩하게 술을 마셔서는 일이 되지 않는다, 그런
짓을 하는 무리가 있으면 용서하지 말고 잡아서 국도로 송환해라, 내가
놈들을 사형에 처하겠다는 내용이다. 주공이 술의 해악을 얼마나 싫어했
는지를 알 수 있다. 그런데 「주고」는 그에 이어서 다음과 같이 말했다.

> 또한 은을 계승한 제신(諸臣) 및 공(工)은 술에 빠져도 그를 죽이지
> 말라. 한동안 이를 가르치라.

은을 계승한 제신 및 공(기술자)이라는 것은 오랫동안 은의 풍습에 젖
어 있던 사람을 말하는 것인데, 그런 무리가 술을 마셔도 바로 죽여서는
안 된다는 것이다. 이는 습관이 되어 버린 것이기 때문에 갑자기 그만두
게 할 수는 없다. 한동안 설득의 기간을 두어야 한다고 조언했다
　이를 통해서 주공의 정치는 극히 엄격한 반면, 강압적으로는 행하지
않는다는 원칙이 있었음을 알 수 있다. 고대의 독재자들은 자신이 일단
결정하면 무슨 일이 있어도 그것을 밀어붙이곤 했다.
　주공은 음주가 습관성이라는 사실을 알고 교정기간을 두려 했다. 과
격함을 피하자는 것이 주공의 방법이었고 그것이 또한 주 왕조의 방침이
었다.

건국 초기 가장 중요한 시기에 무왕이 죽었기 때문에 새로운 왕조의 구체적인 창업은 주공의 두 어깨에 걸려 있었다. 주공의 생각은 곧 주 왕조의 의사였다. 주공은 주 문화의 상징이라고 할 수 있을 것이다. 『논어』 「술이편(述而篇)」 속에 다음과 같은 내용이 있다.

공자가 말하기를, 심하구나, 나의 쇠약함이여. 오래되었구나, 내가 꿈에서 주공을 다시 보지 못한 것이.

이는 공자가 자신의 나이 들었음을 한탄한 말이다. 나이를 너무 먹어서 심신 모두 쇠약해진 것 같다, 그 증거로 오랫동안 주공의 꿈을 꾸지 못했다고 공자는 한숨을 쉬었다.

공자는 주 예악의 제정자인 주공을 한없이 존경했다. 언제나 그를 생각하고 그 덕을 흠모했기 때문에 공자는 장년 시절에 주공의 꿈을 자주 꾸었다. 최근에는 주공의 꿈을 꾸지 않는다는 사실을 문득 깨닫고 공자는 육체와 함께 정열도 쇠퇴했음을 알게 되었다.

공자에게 있어서 예악, 즉 예의범절과 음악은 곧 문화의 법칙이었다. 문화의 운명에 어떤 기복이 있든 또 그것이 사라진 것처럼 보인다 하더라도 법칙만 유지된다면 반드시 회복할 수 있다. 공자는 그렇게 믿어 의심치 않았다.

주공은 여러 가지 면에서 문화 지도를 시행했다. 예악의 제정이란 주공의 그와 같은 공적을 총괄한 것이다.

주공의 공적을 좋지 않은 쪽으로 해석을 하자면, 건국 초기의 주는 극히 비문화적이었다고 말할 수도 있다. 현란했던 은의 문화에 비하자면,

주는 틀림없이 서쪽의 변방에 있었기에 봐줄 만한 문화를 가지고 있지 않았다. 특히 물질문화 면에서는 주의 후진성을 감출 방법이 없었다. 고고학 조사를 통해서도 그 사실이 분명히 밝혀졌다.

앞에서 인용한 『상서』의 「주고」에서 은의 유신 및 공은 술에 빠져도 죽여서는 안 된다고 했다. 주공은 관대해서 강요를 하지 않는 현실적인 정치가였다는 증거라고 말했는데, 기술을 가진 사람들을 죽이는 것이 아까웠기 때문이라는 설도 있다. 주나라에는 청동기 등을 만드는 기술자가 그렇게 많지 않았던 셈이다.

주나라 초기는 자신들이 멸망시킨 은의 선진적인 문화를 흡수하기 위해 노력한 시기였다. 주공은 그와 같은 시기의 지도자였다. 천하의 주인이 된 촌사람들에게 먹는 법, 마시는 법, 걷는 법, 앉는 법 등 생활의 기본적인 것부터 자세하게 가르쳐 주어야만 했다. 그러한 일상적 행동을 세련되게 하는 것이 곧 문화라고 생각했다.

의식이 기술을 누른 은주혁명

주공은 분했을 것이라 생각된다.

서쪽의 주는 모든 면에서 동쪽의 은에게 뒤지는 걸까? 그렇다면 주는 어떻게 은을 멸망시킬 수 있었을까?

주에도 틀림없이 뛰어난 부분이 있을 것이다.

주공은 그것을 찾아내려 했다.

술이 그중 하나였다. 은나라 사람들은 술을 많이 마셨지만, 주나라 사람들은 제사 때에만 술을 마셨다. 그만큼 빈곤했었다고 볼 수도 있지만,

절도 없는 음주가 좋지 않다는 것은 틀림없는 사실이다.

술에 있어서만은 주가 은보다 뛰어났다고 말할 수 있다. 뛰어난 점이 적었기 때문에 그것은 더욱 눈에 띄었다. 「주고」와 같은 일급문서에 술에 대한 이야기가 나왔다는 것은 '주나라의 개가(凱歌)'라는 의미도 있었다.

자신들의 뛰어난 점을 헤아려서 그 뛰어난 부분을 앞으로도 오랫동안 지속하자고 호소한 것이 바로 「주고」였다.

뛰어난 점은 술뿐이었을까? 만약 그렇다면 참으로 서글프기 짝이 없는 일이다. 주공은 그 외에도 더 있을 것이라고 생각했다.

후진국인 주가 선진국인 은을 이길 수 있었던 것은, 요즘 말로 하자면 '체제가 뛰어났기 때문이다'라는 사실을 주공도 깨달았다.

주가 공격을 감행했을 때 은의 주 임금은 70만이라는 대군을 동원했다. 이에 맞선 주나라의 군사는 출진 당시가 약 5만이었다. 제후의 군사들이 여기에 가담했다 할지라도 10배는 넘지 않았을 것이다. 그럼에도 불구하고 주나라가 이길 수 있었던 것은 은의 군병들에게 싸울 마음이 없었기 때문이었다. 마음속으로는 주나라의 군사들이 빨리 공격해 들어오기를 바랐다고 한다.

주(紂)의 군대는 모두 무기를 거꾸로 쥐고 싸웠다.

고 『사기』에 기록되어 있는 것처럼 은나라 병사들 모두가 배신을 했다. 왜 그랬을까?

은나라의 군대는 노예를 주체로 하고 있었기 때문이었다. 은나라의 체제는 생산과 군사 모두를 노예에 의존하고 있었다.

노예는 채찍 밑에서 일을 한다. 채찍이 없어지면 그들은 더 이상 움직이려 하지 않는다. 채찍을 쥐고 있는 주인에게 평소부터 증오심을 품고 있었다. 그런 주인을 공략하려는 자가 있었으니 기꺼이 배신을 했다는 것은 조금도 이상한 일이 아니다. 주공은 당연히 이를 교훈으로 삼았다. 군대 등과 같이 중요한 부분의 주력이 노예가 되지 않도록 확실하게 손을 썼다.

앞에서도 이야기했지만 주는 은이 동쪽 정벌을 위해 군대를 움직인 틈을 이용해 군대를 일으켜 성공을 거두었다. 말하자면 빈집을 노린 셈인데, 그것이 성공할 수 있었던 것은 은에 빈집을 지키려는 세력이 없었기 때문이었다.

주의 봉건제도는 이 교훈에 바탕을 두었다. 본거지인 종주(섬서성)는 너무 서쪽에 치우쳐 있었기 때문에 황하 중류에 위치한 낙양 부근에 성주를 만들어 부도(副都)로 삼았다. 은의 옛 땅에는 무왕의 막내 동생인 강숙을 봉했다. 이것이 위(衛)나라인데, 은의 유민들을 지배했다.

산동성 서부인 노(魯)에는 주공이 봉해졌다. 위를 후방에서부터 보호하고 있었다.

산동성 동부인 제(齊)에는 태공망이 봉해졌다. 은조차 골머리를 썩던 동이를 견제하기 위해서였다.

동북쪽을 지키기 위해서는 소공을 연(燕)에 봉했다. 지금의 북경 부근이 그 거점이었다.

북방의 기마민족에 대비하기 위해서 산서성에는 무왕의 아들(성왕의 동생)인 당숙우(唐叔虞)를 봉했다. 이것이 진(晋)이다. 대국이었지만 전국시대에 조(趙)·위(魏)·한(韓) 삼국으로 분열되었다.

주 왕실의 성은 희(姬)였다. 노, 위, 진 등은 희성(姬姓)의 나라였고, 제와 연은 다른 성(『사기』에는 연도 희성이라고 되어 있지만, 최근의 복사 연구로 부정되었다)이지만 주나라 건국 원훈들이 봉해진 나라였다.

은의 유민들이 옮겨진 송(宋) 역시 다른 성의 국가였지만 주에 복속되어 있었다. 그 외에도 변경지방(당시에는)인 진(秦)과 초(楚)처럼 일찍부터 할거했던 다른 성의 국가도 주에 조공을 바치고 있었다.

이 봉건제에 의해서 유사시에도 은처럼 고립무원의 지경에 빠지는 일은 없었을 것이라 여겼으리라.

은은 조그만 제사에도 소와 양과 돼지를 수백 마리씩 죽여 제물로 삼았다. 인간까지도 제물로 바치기 위해 죽였다. 주공은 이것을 낭비라고 생각했다. 주나라가 천하를 잡게 되면서 제사 때의 제물은 소 한 마리, 양 한 마리, 돼지 한 마리로 극히 간소화되었으며 인간을 제물로 삼는 것은 폐지되었다.

지금까지 이야기한 것 이상으로 주공이 역사에 남긴 가장 커다란 공헌은 '하늘'이라는 이념을 만들어 낸 것이라 여겨진다.

은나라 때는 자연신과 조상신 모두가 인간들 바로 곁에 있는 듯한 느낌이어서, 조금이라도 비위에 거슬리면 왕에게 치통을 내리는 등의 저주를 내렸다. 주공은 그와 같은 신들을 인간들에게서 가능한 한 멀리 떨어뜨려 놓았다. 신을 공경하지 않은 것은 아니다. 신에게는 경건해야 했지만 지나치게 인간에게 밀착되지 않도록 한 것이다.

경원(敬遠), 즉 공경하되 가까이 하지는 않는다.

신들이 멀어져 감으로 해서 인간은 신들의 주술에서 해방되어 보다 인간적으로 살아갈 수 있게 되었다. 그런데 인간 세계의 질서를 관장하고 있던 신들을 대신할 무엇인가를 찾아내지 않으면 안 됐다. 그것이 바로 '하늘'이었다.

신은 인간과의 사이에 여러 가지 단계의 친소(親疎)관계를 갖게 되는 법이다. 어떤 사람이나 어떤 부족에게 다른 부족의 신이나 다른 사람의 조상신은 그다지 관계가 없다. 재앙을 내리지도 않고 은혜를 베풀지도 않는다. 은나라 왕에게 치통을 내린 것이라 의심받은 것은 그의 아버지의 영혼이었다. 그렇게 가까운 관계였다.

그런데 하늘은 까마득하게 높은 곳이기 때문에 거기서는 각양각색의 사람들도 모두 똑같이 보일 것이다. 평등사상이라고는 조금도 찾아볼 수 없었던 은나라에 비해서 주나라에서는 약간이나마 그것의 싹을 엿볼 수 있다. 구체적인 신들 대신에 막연한 하늘을 도입하면 그렇게 되는 것은 당연하다.

중국인의 한 성격으로, 우주의 질서를 종교에서 찾으려 하지 않고 윤리에서 찾으려 한다는 점이 곧잘 지적된다. 그것이 바로 주공의 정신이다.

'은주혁명'이라 불릴 정도로 은에서 주로의 교체는 중국에 있어서 결정적인 것이라고 여겨지고 있다. 왕국유를 비롯하여 그것을 강조하는 사람들이 적지 않다. 그러나 이것에 대해서 부정적인 의견을 갖고 있는 사람들도 있다. 고고학적 발굴조사에 따르면, 은주 교체 시기의 출토문물 중에 사람을 놀라게 할 만한 변화가 전혀 보이지 않기 때문이다.

만약 이 시기에 철기가 출현했다면 그야말로 대혁명이라고 할 수 있다. 그런데 이 시기에 섬서성에 있던 주의 본거지에서 출토되는 것이라고는 은의 것보다 수준이 떨어지는 석기류가 많다.

은주혁명은 기술의 혁명이 아니라 의식의 혁명이었다. 신들을 멀리 떼어 놓는 것은 간단한 작업이 아니다. 의식의 혁명은 당연히 체제의 변경과 연결된다. 다만 주나라의 창만은 날이 약간 휘어 있어서 상대를 찌를 때뿐만 아니라 당길 때에도 걸어서 치명상을 줄 수 있게 되어 있다. 편평해서 단지 찌르는 데에만 쓰였던 은의 창보다는 뛰어난 것이다. 이 조그만 차이가 승패를 갈랐다고 보는 견해도 있다.

은허를 발굴할 때 농기구로 보이는 수천 점의 석기가 한 군데서 발견됐다. 농기구를 보관하는 창고였을까? 농기구는 농민이 개인적으로 소유를 하고 있어도 좋을 법한 물건이다. 그런데 은에서는 경작이 끝나면 일괄적으로 회수를 했던 듯한 흔적이 있다. 가래와 괭이는 무기가 되기도 한다. 무기의 사유를 금했던 것이다.

경작을 할 때가 되면 농기구를 주고, 전쟁이 일어나면 병사들에게 무기를 주고, 이것이 끝나면 회수를 하는 것이 은에서 쓰던 방법이었던 듯하다.

이와 같은 체제였기 때문에 목야의 전투에서 은의 70만 병사들은 간단히 배신을 하고 주나라 무왕의 군대에게 길을 열어 주었다. 노예군단이었던 은나라 병사들은 인간 취급을 받지 못했을 것이다. 이겨도 자신들에게는 아무런 득도 될 것이 없었다. 아니, 이기면 자신들의 가축과도 같은 상황이 계속 이어지게 된다. 그보다 더 좋지 않은 상황이 있을 리 없으니 배신하는 것도 당연한 일이라 할 수 있다. 목야에서 주가 승리한 것은 창의 차이나 전쟁 기술의 우열에 의한 것만은 아니었다. 의식의 승리, 체제의 승리였다.

주공은 이와 같은 자신들의 뛰어난 점을 분명하게 알고 있었다. 기술적인 면에서는 여러 가지 부분에서 뒤처져 있기 때문에 은에게서 배워야만 했다. 그러나 자신들의 뛰어난 점은 결코 잃어서는 안 되었다.

물에 빠져 죽은 소왕

새로운 체제하에서 번성했다고는 하지만, 물론 예전의 것도 여전히 끌어안고 있었다. 예를 들자면 노예도 여전히 적지 않았을 것이다. 사방에는 방심할 수 없는 이족(異族)들이 있었다. 천명을 받은 천자는 복종하지 않는 자들을 토벌하지 않을 수 없다. 전쟁은 역시 전리품 획득, 노동을 위한 노예획득이라는 이익을 가져다 주었다.

주공이 정치를 행했던 7년, 그리고 성왕, 강왕 시대가 주의 황금시대였다. 성왕은 비교적 일찍 죽었지만, 강왕의 치세는 40여 년에 이르렀는데, 그동안은 형벌이 시행되지 않았다고 『사기』에 기록되어 있다.

강왕 다음으로 그의 아들인 소왕(昭王)이 즉위했다. 이 시대에 대해서 『사기』는,

왕도(王道)가 약간 일그러졌다.

라는 미묘한 표현을 썼다.

소왕은 남쪽으로 순수(巡狩)하여 돌아오지 않았다. 강 위에서 죽었다. 그 죽음을 부고(赴告)하지 않았다. 이를 꺼렸기 때문이다.

소왕에 관한 『사기』의 기록은 이것이 전부다.

'순(巡)'은 천자가 제후국들을 돌아보며 시찰하는 것을 의미한다. '수(狩)'는 말할 것도 없이 사냥을 뜻하는 것인데, 천자가 행하는 사냥은 군사훈련도 겸했다. '순수'는 천자가 바깥으로 나가는 것, 즉 우리가 흔히 알고 있는 '행행(行幸)' 정도의 뜻으로 쓰였다.

소왕은 남쪽으로 간 채 귀환하지 않았다는 것이다. 강 위는 장강(양자강)을 말한다는 설과 장강으로 흘러드는 한수(漢水)를 말한다는 설이 있다. 한수가 장강과 합류하는 지점은 호북성의 한구(漢口)로 지금의 무한(武漢)에 해당한다.

소왕이 강 위에서 죽었는데 그것을 '부고(천하의 제후에게 알림)'하지 않았다. 어째서 하지 않았던 걸까? 그것을 꺼렸기 때문이라고 되어 있는데 어째서 그것을 꺼려야 했을까? 아무래도 소왕의 죽음은 평범한 것이 아니었던 듯하다.

굴원의 〈천문〉에 다음과 같은 구절이 있다.

소후(昭后)가 유(遊)를 행해
남토, 이곳에 이르다.
그 이(利)는 무엇이었는가.
그의 백치(白雉)를 만났는가.

소후란 소왕을 말한다. 소왕이 외유하여 남토인 초(楚)까지 왔는데 무슨 이익이 있어서 백치(흰 꿩)를 만나려 했을까? '봉(逢)'이란 이쪽에서 취하기 위해 가는 것을 의미한다.

전설에 따르면, 형초(荊楚, 호북과 호남) 사람이 백치를 헌상하겠다고 하자, 소왕이 친히 가서 그것을 받겠다고 말하고 간 것이라고 한다. 소왕이 한수를 건널 때, 그 지방 사람들이 배 밑바닥에 미리 구멍을 내 놓고 그것을 아교와 같은 흙으로 막아 두었다. 강 가운데쯤에 이르렀을 때, 막아 두었던 흙이 진흙처럼 되고 풀어져서 구멍으로 물이 들어와서 배가 침몰하고 말았다. 이것은 『죽서기년』에 실려 있는 내용이라며 〈천문〉의 주에서 인용했지만, 정작 『죽서기년』에 그와 같은 글은 없으며, 초나라를 쳤다는 기사가 있는데,

육사(六師, 여섯 개의 군단)를 한(漢)에서 잃었다.

는 패전을 암시하는 내용이 실려 있다.

백치는 길조라 여겨지고 있었다. 백마나 백호 등 새하얀 동물은 어딘지 신성한 느낌이 들어 신비로운 존재로 보여진다.

그것을 헌상하겠다고 했는데 어째서 거기까지 직접 간 것일까? 묘의 벽화를 설명한 것이 〈천문〉이니, 거기에는 소왕이 탄 배가 잠겨 가고 있는 장면이라도 그려져 있었을 것이다. 소왕은 어째서 백치의 헌상을 도읍에서 기다리지 않았을까? 익사하는 장면을 보고 있노라면 그런 의문이 강하게 든다.

백치 헌상은 남방 부족이 항복해 왔다는 사실을 의미하는지도 모른다. 당시 형초의 땅에 있었던 남인(南人)은 묘족 계열의 사람들이었다고 생각할 수 있다. 그들은 머리에 새의 깃털을 꽂아 장식으로 삼았다고 한다. 꿩의 기다란 꼬리는 특별히 고급스러운 장식이 된다. 새의 깃털로 장식을 하는 부족에게 있어서 백치는 신성한 동물이었다. 그것을 헌상한다

는 것은 전면 항복, 즉 국가를 양도하겠다는 의사표시였다고 짐작된다.

의사표시만 해 두고 남인들은 결코 항복하려 하지 않았다. 주에게 조공도 바치지 않았으며 명령을 들으려 하지도 않았다. 더 이상 참을 수 없었던 소왕이 군대를 이끌고 원정을 떠난 것이 진상일 것이다.

신여미(辛余靡)라는 호걸이 서적(西翟)에 봉해져 장공(長公)이라 불리게 된 경위를 『여씨춘추』는 다음과 같이 말했다.

> 주의 소왕이 친히 인솔하여 형(荊)을 정벌했다. 신여미는 키가 크고 힘이 셌다. 왕의 우(右)가 되었다. 돌아올 때 한(漢, 한수)을 건너는데 다리가 끊어져 왕과 채공(蔡公)이 한 속으로 떨어졌다. 신여미가 왕을 구해 북쪽으로 건넜고, 다시 돌아가 채공을 구했다. 주공은 이에 그를 서적의 후로 삼았다. 실로 장공이 되었다.

여기에는 배가 아니라 다리라고 되어 있다. 어쩌면 배를 연결하여 부교를 만들었는데 거기에 어떤 장치가 있어서 왕과 대신이 물에 빠졌는지도 모른다. 이 기록에 따르면, 소왕은 물에 빠져 죽은 것이 아니라 호걸에 의해 구출된 것으로 되어 있다. 신여미라는 대장부는 힘이 셌을 뿐만 아니라 수영도 잘했다.

'왕의 우'는 사(駟, 말 네 마리가 끄는 전차)를 탈 때 왕의 오른쪽에 타는 것을 의미한다. 그리스에서와 마찬가지로 이 시대에는 말이 끄는 전차로 싸웠다. 한 대에 세 명이 탔는데 가운데에 왕족이나 장군 등이 타고 왼쪽에 마부, 오른쪽에 사수가 탔다. 사수는 가운데에 있는 인물을 호위하는 역할을 맡고 있었다. 왕이 탄 전차의 오른쪽에 배치되었을 정도이니,

신여미가 보통이 넘는 호걸이었음을 알 수 있다.

『여씨춘추』는 신여미의 무훈만을 이야기하고 있을 뿐, 이 싸움의 승패에 대해서는 언급하지 않았다. 그러나 돌아올 때 다리가 끊어져 왕과 대신이 물에 빠져 죽을 뻔하는 등, 이것은 영락없는 패전의 모습이다.

앞에서 이야기했듯이 『죽서기년』에 육사를 한수에서 잃었다는 기술이 있는 것으로 봐서 아마도 수전에서 대패한 것 같다.

소왕은 호걸에 의해서 구출되었다는 설도 있지만, 이 원정에서 사망했을 가능성이 상당히 짙다. 물에 빠져 죽지 않았다 할지라도 패주하던 중에 사망했을지도 모른다. 제후에게 왕의 죽음을 알리지 않았다는 비상식적 상황도 그렇게 해석하면 납득이 간다.

실패로 끝난 남진정책

건국의 여세를 몰아서 주는 계속 팽창해 나갔다. 농민국(農民國)이었기 때문에 주는 땅을 넓히기 위해서 싸웠다. 재물, 가축, 인간을 약탈하는 것이 아니라 토지를 강제로 빼앗는 것이 목적이었다.

각지에 봉해진 왕족이나 공신들은 주의 중심부를 지키는 역할 외에도 그곳을 기지로 삼아 세력권을 넓혀야 한다는 적극적인 역할도 맡고 있었다.

은을 쓰러뜨린 뒤, 압도적인 힘으로 영토를 확장해 나가다 소왕 시대에 들어서 결국 숨이 차오르게 되었다. 주의 팽창으로 인해 토지를 잃어가고 있던 쪽도 더 이상은 물러날 수 없는 한계선에 이르렀다. 죽을 힘을 다해서 현재 살고 있는 토지를 지키려 했다. 주는 그 필사의 저항에 부딪

쳤다.

주의 역사를 알 수 있는 중요한 자료는 청동기다. 주나라 초기의 청동기는 어떠한 기회가 있을 때 왕이 내리던 물건이었다. 후(侯)에 봉해지거나 군공, 국가적 사업을 완성한 공적 등에 대한 은상(恩賞)이었다. 청동기를 만드는 재료가 주어지면 자신이 그 내력을 나타내는 명문을 지어 주조하는 것이 일반적이었다.

소왕의 남벌은 청동기의 명문 속에서도 볼 수 있다. 그러나 청동기를 만드는 것은 전승을 기념하기 위한 것이기 때문에 두말할 나위도 없이 패전에 관한 일은 기록되지 않았다. 소왕은 몇 번이고 남방에 군대를 보낸 듯하다. 『죽서기년』에 육사를 잃은 것은 소왕 19년의 일이라고 기록되어 있는데 그보다 3년 전인 16년에,

초형을 쳐서 한(한수)을 건너 대시(大兕)를 만났다.

라는 기록을 볼 수 있다. 시(兕)란 맹수의 이름인데, 여기에도 여러 가지 설들이 있다. 청나라 사람인 단옥재(段玉裁, 1735~1815)의 『설문해자주(說文解字注)』에는 물소(水牛)라고 설명하고 있으며, 동진 사람인 곽박(郭璞, 276~324)의 『산해경주(山海經注)』에는 코뿔소(犀)라고 설명하고 있다. 물소든 코뿔소든 물속에 있기를 좋아하는 커다란 짐승으로 배를 곧잘 뒤집곤 한다. 대시를 만났다는 사실은 굳이 기록을 했으면서도 초형을 친 결과에 대해서는 언급을 하지 않았다. 이상한 괴수를 만났으니 원정의 결과는 그다지 좋지 않았을 것이다.

3년 뒤에 다시 나선 원정에서 오히려 육사를 잃고 말았다.

이것은 주의 팽창정책이 한계에 달했다는 사실을 말해 준다. 원정의 거리가 길어지면 상대방은 공격해 들어오는 적의 늘어진 부분을 공략할 수 있게 된다. 게다가 남인들은 용맹하기로 유명했다. 남방으로 몇 번이나 병사를 보냈고, 천자의 친정까지 감행했지만 주는 결국 그 지방을 판도 속에 넣지 못했다. 주의 남진정책은 실패로 끝나 버리고 말았다.

물에 빠져 죽을 뻔한 소왕을 구한 호걸 신여미는 후(侯)로 서적에 봉해졌다고 『여씨춘추』에 기록되어 있다. 적(翟)은 곧 적(狄)을 가리킨다. 오랑캐의 땅, 즉 주에 잘 복종하지 않는 지방을 받았을 것이다. 어쨌든 남벌에서 공로를 세운 사람이 남방이 아니라 서방에 영지를 받았다는 사실은 주목할 만하다.

소왕은 남진정책에 실패했다. 남방에는 공신들에게 줄 토지가 없었다. 서쪽 땅이라면 어떻게든 해 볼 수 있었을 것이다.

소왕이 죽은 뒤 아들인 만(滿)이 즉위했다. 그가 곧 목왕(穆王)이다. 목왕도 역시 주의 전통적인 정책인 팽창정책을 계승했다. 그러나 아버지가 여러 가지로 애를 먹었으며, 그 때문에 목숨까지 잃은 남방에는 그렇게 쉽게 손을 댈 수가 없었다. 목왕의 팽창정책은 주로 서북쪽을 향했다. 그러나 남쪽을 잊지는 않았다. 남벌을 감행한 적도 있었다. 동쪽으로도 병사를 보냈다. 목왕도 역시 아버지 소왕을 닮아서 친정을 좋아했다.

굴원의 〈천문〉에 목왕에 대해 언급한 부분이 있다.

목왕은 매(揹)를 잘하여
어찌 주류(周流)를 했는가.
천하를 환리(環理)하여

무엇을 찾아다녔는가.

매(楳)는 '탐하다'는 뜻이다. 목왕은 자신의 욕망이 탐하는 대로 마음껏 행동했다고 한다.

'주류'란 세상 구경을 의미한다. 어째서 그렇게 멋대로 여기저기 돌아다니며 놀았냐는 비난의 마음이 담겨 있다.

'환리'라는 것은 천하를 돌아다니며 거리를 측량하는 것을 말한다. 천자쯤 되면 그의 덕을 흠모하여 사방에서 그 주위로 찾아오는 법이다. 그런데 반대로 천자가 돌아다녔다고 하니 대체 무엇을 찾아다니고 있었을까?

굴원이 어떤 전설을 바탕으로 한 것인지는 알 수 없지만, 목왕이 여행을 매우 좋아했다는 점만은 틀림없는 사실이다.

『목천자전(穆天子傳)』이라는 문서가 전해지고 있다. 주의 목왕이 멀리 서쪽으로 서왕모를 찾아갔다는 내용을 기록한 것이다. 이것은 3세기에 『죽서기년』과 함께 출토되었다. 목천자전이나 죽서기년 등과 같은 제목은 출토된 뒤에 편의적으로 붙여진 것에 지나지 않는다. 출토에 관한 기록으로는 『진서(晉書)』「무제기(武帝紀)」 함녕(咸寧) 5년(279) 10월 항에 다음과 같은 내용이 실려 있다.

> 급군(汲郡) 사람들은 법도에 어긋나, 위(魏)나라 양왕(襄王)의 무덤을 파서 죽간소전(竹簡小篆)과 같은 고서 10만여 언(言)을 얻어 비부(秘府)에 소장했다.

전국 시대 위나라 양왕은 기원전 334년부터 기원전 319년까지 왕위에 있었다. 『진서』에서 기술한 것처럼 그것이 정말 양왕의 무덤이었는지는 알 길이 없다. 그러나 그 시기의 고분이었던 것만은 틀림없다. 3세기에 발견될 때까지 약 600년 동안 지하에 잠들어 있던 문서로 죽간에 먹으로 글씨가 적혀 있었다. 위나라를 중심으로 한 편년사가 기록되어 있었기에 그것을 『죽서기년』이라고 부르게 되었다.

급군은 지금의 급현(汲縣) 일대에 해당된다. 하남성의 북부로, 철도의 주요 역인 신향(新鄕)의 동북쪽이다. 비부(궁중의 수장소)에 소장된 그들 문서는 보통 '급총서(汲冢書)', 즉 급군의 무덤에서 출토된 문서라고 불리고 있다.

도굴꾼의 역사는 매우 깊어서 이 무덤도 도굴을 당했는데, 도굴꾼들의 목표는 부장되어 있던 금은재보였지 죽간 따위는 거들떠 보지도 않았다. 그런데 무덤 속이 어두웠기에 도굴꾼들은 거기에 있던 죽간을 태워 조명으로 삼았던 것 같다. 그랬기 때문에 발견되었을 때, 이미 완전한 상태가 아니었다.

이것을 정리한 3세기의 학자, 즉 순욱(荀勖)이나 화교(和嶠) 등과 같은 사람들의 노력에 경의를 표해야 할 것이다. 그들에 의해서 『죽서기년』 13편이 편찬되었다. 그런데 500년 정도 지난 당나라 말기쯤에 이 귀중한 책이 유실되고 말았다. 인쇄술이 발명되기 전으로 모든 책은 필사되었기 때문에 부수가 매우 적어서 쉽게 유실되곤 했다. 그러나 여러 가지 책 속에 『죽서기년』이 인용되어 있었기 때문에 그것을 모아서 불완전하나마 복원이 이뤄졌다.

『목천자전』도 '급총서' 가운데 하나로 당시의 대학자였던 곽박이 주를 달았다. 이것은 다행히 유실되지 않고 지금까지 전해지고 있다.

오가와 다쿠지(小川琢治, 1870~1941)의 〈주 목왕의 서정(西征)〉이라는 논문이 있는데, 거기서 목왕이 찾아간 서왕모의 나라를 천산(天山) 동쪽 끝에 있는 바르쿠르라고 설명했다. 이는 지금의 신강 위구르 자치구의 하미(哈密) 현 서북부에 있는 바리쿤(巴里坤)으로 지금은 카자흐 족의 자치현에 속해 있다.

실크로드를 취재하기 위해서 나는 신강을 여러 번 찾아갔다. 우루무치 시에서 자동차로 3시간쯤 달려간 곳에 있는 보쿠도오라 산속의 표고 2천 미터 부근에 커다란 연못이 있는데, 지역 사람들은 그것을 서왕모의 연못이라고 부르고 있었다. 한족 사이에서는 그 산이 수산(秀山)이라 불리며, 그 연못이 서왕모가 목욕하던 요지(瑤池)라고 전해 내려온다. 지금의 통상적인 명칭은 천지(天池)라고 한다. 그보다 조금 아래쪽에 조그만 연못이 있는데, 지역 사람들은 그곳이 서왕모가 발을 씻던 곳이라고 배워 왔다고 한다.

바르쿠르는 신강의 동쪽 변방인데 서쪽 변방에 위치한 파미르 산속의 타슈쿠르간 타지크 족 자치현을 찾아갔을 때도,

　　　먼 옛날에 주의 목왕이 이곳에 온 적이 있었다.

라는 설명을 들었다.

목왕이 파미르 고원까지 왔다고는 믿어지지 않지만 서쪽 지방에는 곳곳에 서왕모에 대한 전설이 있는데, 그것은 어디서나 목천자와 관련이 있다.

위나라 양왕은 주나라의 목왕보다 적어도 600년 뒤의 인물이다. 『목천자전』은 실록으로서가 아니라 전설, 소설쯤으로 생각하고 읽어야 할지

도 모른다. 그런데 『죽서기년』에 목왕 17년, 서쪽으로 원정하여 곤륜의 언덕에서 서왕모를 보았고, 같은 해에 서왕모가 조정으로 찾아왔기에 소궁(昭宮)에서 맞았다는 기록이 있다.

곤륜의 언덕이란 당시 서쪽의 산을 의미하며, 반드시 지금의 곤륜산맥이라고 생각할 필요는 없다. 서쪽의 산이라고 하면 천산의 동쪽 자락이어도 상관없으며, 주나라 때의 원정 권내에 속한 곳이라 봐도 크게 문제될 것은 없다고 본다.

서왕모는 신화 속에 등장하는 신의 이름인데, 주나라 목왕 때 갑자기 등장하기 때문에 목천자전 픽션설을 더욱 강하게 해준다. 신화 속의 서왕모는 표범의 꼬리에 범의 이빨을 가지고 있으며 머리를 흩뜨리고 기괴한 목소리를 내는 신인(神人)으로 등장한다. 이름에 모(母)라는 글자가 있기는 하지만 여성인지 남성인지도 정확히 알 수 없다.

목왕이 만난 서왕모는 그처럼 추괴(醜怪)한 신인이 아니었다. 요지에서 목왕과 잔을 주고받으며,

흰 구름 하늘에 있고, 산릉(山陵)은 스스로 나며, 거리는 유원(悠遠)하여 산천은 거기에 섞여 있네. 청하노니, 그대는 죽지 말라, 다시 찾아오라.

라고 노래한 다정한 여왕이다.

신화 속의 서왕모와는 다른 사람으로 서쪽에 위치한 모계부족의 수장이었을지도 모른다.

『사기』에 목왕이 서왕모를 방문했다는 내용은 나오지 않는다. 그 대신 견융족(犬戎族)을 쳐서 흰 이리와 흰 사슴을 각각 네 마리씩 잡았다고 기록되어 있다. 그에 이어서 재상인 보공(甫公)이 왕에게 형법을 만들 것을

진언했으며, 그것을 제후들에게도 알렸다는 얘기로 목왕의 항(項)을 마무리 지었다.

오지 않는 황복들

흰 꿩, 흰 이리, 흰 사슴. 우리에게 이러한 짐승들은 그다지 중요하지 않게 생각되지만, 현대적인 감각을 가지고 역사를 대해서는 안 된다. 그러한 것들은 그 부족의 소중한 상징이었다. 그것을 헌상한다는 것은 나라를 들어 항복한다는 것을 의미하며, 그것을 빼앗았다는 것은 정복했다는 것과 같다. 목왕이 견융의 흰 이리와 흰 사슴을 빼앗은 뒤에,

이로부터 황복(荒服)들이 오지 않았다.

고 『사기』에 기록되어 있다.

고대의 제도에서는 왕의 직할령 바깥을 가까운 곳에서부터 먼 쪽으로 다섯 단계로 나누었는데, 그것을 오복(五服)이라고 불렀다. 복마다 500리 떨어져 있었다고 하지만, 아마도 그처럼 명확하게 나누지는 않았을 것이다. 오복 중에서도 황복은 가장 먼 지역이다. 오복과 그들이 따라야 할 의무는 다음과 같았다.

전복(甸服) ― '제(祭, 왕이 제사를 지낼 때마다 공물을 헌상한다)'

후복(侯服) ― '사(祀, 매달 공물을 헌상한다)'

빈복(賓服) ― '향(享, 각 계절마다 공물을 헌상한다)'

요복(要服) ― '공(貢, 매해 헌상한다)'

황복(荒服) - '왕(王, 왕이 바뀔 때마다 헌상한다)'

아무런 말을 하지 않아도 이대로 시행될 때가 천하태평이다. 목왕의 강경책으로 인해 가장 멀리 있는 황복 지방이 주의 왕이 바뀌어도 공물을 헌상하지 않았다. 아무리 먼 지방이라 할지라도 황복이 오지 않는다면 천하가 태평하다고는 말할 수 없다.

또한 목왕이 형법을 제정했다고 했는데, 이는 치안이 혼란스러워졌음을 말해 주는 것이 아닐까? 그전에는 없어도 상관없었는데, 이제는 어떻게든 필요해진 것이다. 소왕 시절에 이미 왕도가 약간 일그러져 있었는데, 목왕 무렵에는 상당히 일그러지기 시작했다.

목왕은 50세에 즉위하였으며 재위는 55년에 이르렀다. 말년에는 정치를 하는 데 나이 때문에 지장이 있었는지도 모른다.

『사기』는 황복이 오지 않게 되었다는 기사 다음에,

제후 중에 화목하지 않은 자가 있었다.

라고 기록했다. 제후 중에 반목하는 자가 생겼다는 것이다. 감정의 대립도 있었겠지만, 이해관계에 따른 충돌이라는 요소도 있었다.

제후들 간의 반목이라면 그나마 상관없지만, 아무래도 제후와 왕실 간에도 험악한 분위기가 감돌기 시작했다.

목왕 다음으로 그의 아들인 공왕(共王)이 자리에 올랐다. 『사기』에는 공왕의 사적으로 밀(密)이라는 제후국을 멸망시켰다는 것밖에는 기록되어 있지 않다. 공왕도 아버지를 닮아서 여행을 좋아했다. 한번은 경수(涇水) 부근까지 갔다. 경수는 위수의 지류로 밀국은 그 가까이에 있었다. 왕이 왔으니, 밀의 영주였던 강공(康公)은 당연히 인사를 하러 갔으며 여러 가지로 안내를 했다.

그런데 밀의 강공 옆에 세 명의 미녀가 있었다. 강공의 어머니는 걱정이 돼서 아들에게 미녀를 헌상하라고 일렀다. 그러나 강공은 그 말을 듣지 않았다. 『사기』에는 그렇게 기록되어 있지만 실제로는,

어떤가, 저 여자를 줄 수 있겠는가?

아니, 그럴 수 없습니다. 저도 놓치고 싶지 않습니다.

는 식의 대화가 왕과 강공 사이에서 오고갔을 것이다.

'이 녀석, 내 말을 듣지 않다니. 괘씸한 녀석이다.'

화가 난 왕은 군대를 보내서 밀을 멸망시켰다. 여자가 원인이 돼서 왕이 제후국을 짓밟은 것이니 주의 왕도가 더욱 일그러졌다고 말하지 않을 수 없다. 여자 문제가 얽혀 있을 수도 있지만, 어쩌면 이해관계의 대립이 있어서 왕실이 힘으로 밀의 땅을 빼앗은 것일 가능성도 있다. 왕의 순수(巡狩)는 환리(環里)라고 해서 토지를 측량하는 일이기도 했다. 이는 제후의 토지에서 가능한 한 많은 공납을 거두기 위해서 시행했다. 왕의 시찰에 대비해서 아마도 제후들은 토지를 숨길 대책을 강구했을 것이다.

밀이라는 나라는 굉장히 약했었던 모양이다. 공왕 치세(『죽서기년』에는 12년, 『제왕세기』에는 20년. 그 외에 25년 설도 있다)에 전쟁은 이것이 유일했다. 세상이 잘 다스려지고 있었기 때문에 병사를 움직일 필요가 없었던 것이 아니었다. 싸우고 싶어도 왕실에 그럴 만한 힘이 없었다고 생각할 수도 있다.

목왕 이후 유왕(幽王)에 이르기까지 서주(西周)의 말기에 전쟁에 관한 내용을 새긴 명문을 가진 청동기는 거의 출토되지 않았다. 주 왕실의 힘

은 점점 약해져 가고 있었다.

소왕과 목왕의 정벌은 영토를 넓히기 위한 것이었지만 전과는 그다지 좋지 못했다. 그래도 논공행상을 행하지 않으면 안 되었기에 왕의 직할령을 떼어 주는 경우도 있었다. 왕실은 점차로 빈궁해져 갔다. 공왕의 아들인 의왕(懿王) 시절에 대해서 『사기』는,

> 왕실은 마침내 쇠하여 시인이 자(刺)를 지었다.

라고 기록되어 있다. 왕실이 극도로 쇠미해서 시인이 풍자시를 지었다는 것이다.

백성의 입은 물 막는 것보다 위험하다

풍자시가 만들어졌을 만큼 빈궁했던 의왕이 죽은 뒤, 어떻게 된 일인지 숙부(공왕의 동생)가 왕위에 올랐는데 이를 효왕(孝王)이라 불렀다. 효왕이 죽은 뒤에 비로소 의왕의 아들이 즉위했다. 그가 바로 이왕(夷王)이라 불리는 왕이었다.

효왕과 이왕 모두 치세는 10년에도 미치지 못했다.

주 왕실은 울지도 날지도 못한 채 점점 쇠약해져 갔다. 이왕의 아들인 여왕(厲王)이 즉위하여 적극적으로 주 왕실의 재건에 힘을 기울였다. 현존하는 자료만으로 판단하는 것은 위험하지만, 목왕 이후의 왕들은 그다지 의욕적이지 않았던 듯하다. 혹은 주공의 정치이념이었던 '무리하지 않는다'는 원칙을 지켰는지도 모른다. 어쨌든 팔짱만 끼고 있었던 듯한

느낌이 든다.

　의욕적인 여왕의 출현은 주공의 방침에 거슬리는 방향으로 주 왕실을 이끌어 나갔다고 말할 수 있다. 『사기』는 여왕을,

　　이(利)를 밝혔다.

고 평했다.

　쇠미하여 풍자시로 조소를 받고 있던 주 왕실을 부흥시키려면 어떻게 해서든 수입을 증가시켜야만 했다. 그러기 위해서는 재리에 밝은 인물을 등용할 필요가 있었다.

　제후의 영지 경영을 둘러보았는데 가장 잘하고 있는 곳은 영(榮)나라였다. 영의 영주는 이공(夷公)이라 불리는 공작이었는데, 여왕은 그 사람을 등용했다.

　영나라는 잘 꾸려 나가고 있는 것처럼 보였지만, 그것은 영주인 이공이 상당히 노골적인 수단으로 착취를 하고 있었기 때문이었다. 영민들의 마음속에는 불만이 깔려 있었다. 같은 방법으로 주 왕실의 재건을 꾀한다면 커다란 문제가 되리라는 사실을 예상한 사람들도 있었다. 예(芮)나라에 봉해진 백작 양부(良夫)도 그런 사람들 중 하나였다. 그는 걱정이 되어 여왕에게 간언했다.

　　그 영공(榮公)은 이(利)를 오로지하는 것을 좋아하나 대난(大難)을 모른다. 그 이는 백물(百物)이 낳은 것이다. 천지가 이루는 것이다. 따라서 그것을 오로지하면 그 해가 많다.

『사기』에 실려 있는 예백(芮伯)이 한 간언 중 일부다. 영공의 국가 경영술은 이익의 독점을 바탕으로 했다. 이(利)라는 것은 만물 속에서 태어나는 것이며 천지가 생성하는 것이니, 그것을 독점하면 반드시 폐해가 일어날 것이다.

한 사람이 독점을 함으로 해서 그 이익을 함께 나눌 권리를 가진 사람이 권리를 박탈당하게 된다. 박탈당하는 쪽의 숫자가 더 많은 법이다. 불만을 가진 사람들은 집단을 만들게 될 것이다.

> 필부가 이(利)를 오로지 구하면 이것을 도둑이라고 한다. 왕이 이것을 행하면 그에게 귀(歸)하는 자(심복이 되어 귀순하는 자)가 적을 것이다. 만약 영공을 쓴다면 주는 반드시 쓰러질 것이다.

간언은 이렇게 끝을 맺고 있다. 아무런 책임도 가지고 있지 않은 재야의 평범한 남자가 이익을 독점하는 것조차 도둑이라며 세상 사람들은 그것을 비난한다. 하물며 천하를 쥔 국가의 최고 책임자인 왕이 이익을 독점하여 누구도 떡고물조차 받지 못하게 된다면 진심으로 복종하는 자가 드물어진다. 그런 재건책을 가지고 있는 영공이 등용된다면, 주는 반드시 망한다. 상당히 과감한 간언이었다. 그러나 여왕은 이 말을 듣지 않았다.

'이러쿵저러쿵 이상론만 떠들어대느라 아무것도 하지 않기보다는 우선은 실행에 옮겨야 한다. 이대로 두면 점점 궁핍해져 갈 뿐이다. 점점 궁핍해져 가면 주는 멸망하고 말 것이다.'

여왕은 그렇게 생각했다.

무리를 하지 않는다는 조법(祖法)을 포기한 것이다. 구체적으로 어떤 일을 했는지 기록만으로는 잘 알 수가 없다.

『사기』에는,

> 왕은 포학하고 치오(侈傲)했다. 국인(國人)들이 왕을 비방했다.

라고 기술되어 있다. 치오란 사치하고 오만하다는 말이다. 틀림없이 영공을 참모로 해서 착취의 극한을 달렸던 모양이다. 일반 사람들만이 착취의 대상이 되는 것은 아니다. 유복한 제후도 착취의 대상이 될 수 있다. 주 왕실과 제후의 관계는 더욱 험악해졌다.

국인이란 제후, 귀족에서부터 일반 서민까지를 포함한 말이다. 숫자로 말하자면 하층민들이 가장 많았을 것임은 말할 나위도 없다.

> 민이 명(命)을 견디지 못한다.

라고 소공이 간언했다. 소공은 말할 것도 없이 건국 이후의 명문으로 주나라의 기둥이라 일컬어졌던 가계(家系)의 우두머리다. 백성들은 왕의 가혹한 명령에 더 이상 견딜 수 없게 되었다고 진실을 알렸다.

그러나 여왕은 의욕에 넘쳐 있었다. 주를 재흥시킬 수 있는 것은 자신밖에 없다고 믿고 있었다. 이 나라를 부강하게 하기 위해서는 비상수단을 쓸 수밖에 없다고 생각했다.

비방하는 자가 많다는 사실은 이미 알고 있었다. 그렇다면 비방하는 자들을 침묵하게 만들면 되지 않는가, 여왕은 결국 공포정책을 쓰기로 했다.

고금의 독재자들은 대체로 같은 발상을 하는 듯하다.

여왕은 위나라의 무당을 부하로 삼았다. 위는 옛 은나라의 땅이었는데 신성 은제국 이후 그 땅의 무당들은 신령(神靈)으로 무슨 일이든 꿰뚫어 보는 능력을 가지고 있다 여겨지고 있었다. 은나라의 왕은 그러한 무당들의 우두머리이기도 했다.

위의 무당은 특무(特務)를 맡은 장관이었다. 그가 고발을 하면 고발당한 사람은 그것으로 끝이었다. 바로 목숨을 잃었다.

이렇게 되면 비방이라도 할 수 있었던 시대가 그나마 나았다고 생각하게 되는 법이다. 함부로 입을 열 수가 없었다. 아니나 다를까, 사람들은 침묵했다. 누가 어디서 듣고 있을지 알 수 없는 일이었다. 이 시기 사람들의 상태를 『사기』는,

> 국인이 감히 말을 못하고 길에서 눈으로 했다.

고 표현했다. 길에서 친한 친구를 만나도 서로 말을 나누지 못했다. 깊고 깊은 원한을 눈빛에 담아 소리 없는 말을 주고받았다.

"어떤가? 요즘에는 비방하는 자들도 사라지지 않았는가?"

이에 대해서 소공은,

> 백성의 입을 막는 것은 물을 막는 것보다 더 심하다.

라고 대답했다.

제방을 만들어 물을 막으려 해도 일단 제방이 터져 버리고 나면 커다란 손해를 입는다. 따라서 적당히 물을 흘려보내 범람하지 않도록 하는

것이다. 백성들의 입을 막으려는 것은 제방만으로 물을 막으려 하는 것 이상으로 위험한 일이다.

사람들이 비방을 하는 것은 말하자면 물을 적당히 흘려보내는 것과 같다. 그런데 미심쩍은 주술사 같은 특무장관이 눈을 번뜩이며 사소한 일이라도 생기면 잡아다 죽여 버렸다. 물길이 막혀서 위험성이 더욱 높아졌다.

그런데도 여왕은 이를 깨닫지 못했다. 틀림없이 영공의 독점정책으로 세입이 늘었을 것이리라. 여왕은 자신의 방법이 옳았음을 자신하고 이번에도 소공의 간언을 무시했다.

그런 상태가 3년 동안 계속되었다.

백성들은 인내심이 강했다. 그러나 결국 제방이 한꺼번에 무너지는 날이 찾아오고 말았다.

> 3년이 지나자 서로 함께 배반하여 여왕을 덮쳤다. 여왕은 체(彘)로 도망했다.

『사기』는 이 봉기를 위와 같이 간단하게 기록했을 뿐이다.

그러나 실제로는 전례를 찾아볼 수 없을 정도의 대란이었다. 『시경』 「대아」의 〈상유(桑柔)〉에,

> 우심은은(憂心慇慇, 시름이 몹시 깊음)하여
> 나라와 집을 생각한다.
> 나는 태어남에 좋은 때를 얻지 못해

하늘의 커다란 노여움을 만났다.

라는 내용이 있는데, 이는 그 대란 속에 있는 사람들의 상태를 노래한
것이라 여겨지고 있다. 어째서 이렇게 하늘이 노한 좋지 않은 시대에 태
어났는가, 슬프다. 사람들은 이 노래에 자신들의 불운에 대한 한탄과 원
한을 담았다.

　온순한 민중에게도 끓는점은 있기 마련이다. 더 이상 참지 못하고 모
반을 일으켜 왕궁을 둘러쌌다. 여왕은 탈출하여 체라는 땅으로 망명했
고, '공화' 시대가 시작되었다.

성공의 열매를 나누지 않은 선왕의 최후

　중국에서 연호가 시작된 것은 한나라, 그러니까 기원전 2세기 후반부
터였다. 이전까지는 무슨 왕 제 몇 년이라고 불렀었다.

　이것은 불편한 방법으로 차라리 무슨 왕조 제 몇 년이라고 불렀다면
훨씬 더 알기 쉬웠을 것이다. 가령 중국 제 몇 년이라고 일관되게 헤아렸
다면 훨씬 더 편리했을 것이다. 그렇게 하지 않았던 점을 이제 와서 안타깝
게 생각한다 해도 소용없는 일이지만, 만약 중국 원년을 만든다고 가정한
다면 틀림없이 공화 원년이 가장 유력한 후보로 거론될 것이 틀림없다.

　공화 원년은 서기로 따지자면 기원전 841년에 해당된다.

　이것은 분명히 알 수 있는 사실이다. 그러나 그전은 그다지 분명하지
가 않다. 각 왕들의 재위 연도도 각 사서에 따라서 서로 다르다.

　사마천은 『사기』에서 이해부터 연표를 만들었다. 공화 원년은 경신(庚

申)년으로 그 후부터 한 해, 한 해를 분명하게 알 수 있다. 왜 이해부터 시작했는가를 말하면, 그 이전이 불분명했기 때문이다.

분명하지 않았던 것은 사마천이 입수한 자료 중에 그 이전의 연대에 관한 기록이 없었기 때문이었다고 생각된다.

이것은 추측에 지나지 않지만, 여왕이 도망할 수밖에 없었던 민중들의 대궐기는 그야말로 천하의 대란이며, 기록들이 그 전화의 와중 속에 소실된 것은 아닐까. 공화 원년을 경계로 명확함과 불명확함이 뚜렷하게 나뉜다. 이렇게 가위로 자른 것처럼 분명하니 그렇게밖에는 달리 생각할 길이 없다.

공화 원년은 중국 원년으로 삼고 싶은 해다.

여왕은 공화 14년에 망명지인 체에서 숨을 거뒀다. 체(彘)는 산서성의 중앙에서 약간 남쪽에 치우쳐 있는 땅으로 지금의 곽현(霍縣) 동북쪽에 해당한다. 중국의 성산 중 하나인 곽산(霍山) 부근이다. 황하를 건너 분하(汾河)를 거슬러 오르듯 도망친 것이리라. 망명한 제왕은 자신이 취한 공포정치, 암흑정치를 죽을 때까지 반성했을까.

민중의 궐기로 암흑정치에 종지부를 찍게 됐다는 점에서도, 공화 원년은 중국 원년으로 삼기에 적당한 해이다.

여왕의 죽음으로 인해 정권 교체가 이루어져 여왕의 아들인 선왕(宣王)이 즉위했다.

선왕은 어쨌든 중흥의 왕이라 불리고 있다. 어쨌든이라고 한 것은, 그의 재위가 46년이라는 긴 세월에 걸쳐 있고, 전반은 상당히 좋았지만 후반에 들어서 이상해졌기 때문이다. 같은 왕이라도 젊었을 때는 견실하다가도 나이를 먹고부터는 영 별볼일이 없게 되는 경우가 있다. 당의 현종

(玄宗)도 역시 그랬다. 역사가 반복되는 것은 아니지만 패턴은 있는 법이다.

여왕의 폭정과 그에 이은 망명으로 인해 주의 공화시대에 제후들의 입조는 극히 드문 일이 되었다. 공식적으로 배반을 하지는 않았지만 많은 제후들은 주나라에 조공을 바치지 않았다. 이유는 다름 아니라 주의 힘이 쇠했기 때문이었다. 제후들의 동향은 서글플 정도로 물리적인 힘에 의해 좌우되고 있었다.

정권 교체에 의한 선왕 즉위 후, 제후들은 다시 주에 입조하게 되었다. 그렇다면 주가 강해진 것일까?

대답은 간단하다. 주가 강해졌다기보다는 약해져 가는 세력에 제동이 걸린데 지나지 않았다. 독재자의 독선적인 정치가 끝난 것만으로도 주의 복원력이 활발하게 작용했을 것이다.

태자, 즉위.

라는 소식에 주나라 사람들의 마음은 들떴다. 요즘 식으로 말하면 요컨대 태자 붐에 해당했다.

젊은 군주에게 거는 민중들의 커다란 기대가 나름대로 힘을 가지고 있었기에 선왕은 거기에 편승할 수가 있었다.

그러나 그와 같은 일종의 분위기에서 나오는 힘은 그다지 오래가지 않는 법이다. 머지않아 선왕은 자신만의 힘으로 일을 처리해 나가야만 했다.

재위 39년, 주의 군대는 강(羌)의 융(戎, 티베트계 부족)과의 싸움에서 크게 패하고 말았다. 그것이 주의 실력이었을 것이다.

사양의 길로 접어든 주의 주인으로서 어떻게 해서든 옛 전성기를 재현하고 말겠다고 소망하는 선왕의 기분은 충분히 이해할 수 있다. 유소

년 때, 국인들에게 포위되어 아버지는 도망을 가고 자신은 대신의 집에 숨어서 성장했던 경험을 갖고 있다. '두고 보자'라며 이를 갈았을 것이다.

선왕은 초조했다. 그는 즉위 이후 자기 실력 이상의 힘을 발휘할 수 있었다. 초조함 때문에 그는 자신의 진짜 힘이 어느 정도인지를 알지 못했던 것이라 여겨진다.

39년의 패배로 남방의 군대를 잃었기에 선왕은 태원(太原, 산서성)의 호구조사를 시작했다. 호구조사는 당시의 말로,

요민(料民, 백성을 헤아린다)

이라고 했다. 백성을 헤아리는 것은 대체로 병사나 인부를 징용하거나 세금을 징수하려는 목적에서 행해지는 것인데, 백성들에게는 그 피해가 이만저만한 것이 아니었다. '요민'이 시작되었다는 말만 들어도 민심은 불온해지는 법이다. 대신이 말렸지만 선왕은 그 말을 듣지 않았다.

선왕 초기에도 전쟁이 많았다. 3년에 서융을 쳤고, 5년에는 6월에 험윤(玁狁)을 쳤으며, 8월에 형만(荊蠻)을 쳤다. 6년에는 회이(淮夷)와 서(徐)의 융(戎)을 쳤다. 그 무렵 민중은 상당히 흥분한 상태였다. 극도로 쇠약한 줄 알았던 주에게도 이런 힘이 있었구나 하며 애국심이 고양되는 것을 느낄 수 있었다.

『시경』「소아」에 〈유월(六月)〉이라 일컬어지는 노래가 있는데, 이것은 5년 6월에 행해진 북벌을 기린 것이다.

유소년기에 씁쓸한 경험을 한 선왕이라 할지라도 민중의 마음과는 역시 거리가 있었다. 〈유월〉이라는 찬가를 받았기에 국인들은 전쟁을 싫어하지 않는다고 오해했을지도 모른다.

풍자의 대상이 될 정도로 쇠약했던 나라가 지금까지 자신들을 무시했

던 상대들을 차례차례로 쳐부순다는 것은 가슴 시원한 일이있을 것이다. 그러나 선왕 후기의 주는 이미 대국이라고 인정을 받고 있었으며 천하의 중심을 이루고 있었다. 전쟁의 형태도, 주나라가 상대방을 무시하며 합병 하려는 형태가 되고 말았다.

당연히 전쟁을 싫어하게 되었다.

선왕이 주를 부흥시킨 것은 사실이지만, 후기에 들어서 눈에 보이지 않는 기초부를 썩게 한 것이라 할 수 있다.

43년에 대신인 두백(杜伯)을 죽였다. 어떤 사정이 있었는지 자세한 내용은 알 수가 없다. 그러나 두백에게 잘못은 없었던 듯하다. 두백의 친구인 좌유(左儒)는,

> 군주의 과오를 밝히고 두백이 무죄라는 사실을 분명히 하겠다.

며 뒤를 이어 자결했다.

두백은 선왕을 보좌하여 주 왕실의 부흥에 공헌을 한 인물이다.

명나라의 이지(李贄, 1527~1602, 자는 탁오)는 특이한 사상가였는데, 기성의 통념에 도전하다 결국에는 이단으로 몰려 투옥당해 옥중에서 자살한 인물이다. 일본 근대사상가인 요시다 쇼인(吉田松陰, 1830~1859)은 이지에게 경도되어 그의 영향을 받았다. 일본의 메이지유신은 어떤 면에서 이지의 사상과 연결되어 있는지도 모른다. 어쨌든 그 이지는 선왕에 대해서,

> 아마도 이는 장경오훼(長頸烏喙)에 속하는 사람일 것이다.

라고 평했다.

아마도 선왕은 장경오훼에 속하는 사람일 것이라고 말했다. 장경오훼

란 목이 길고 입이 뾰족한 인상을 가진 사람들을 가리킨다. 춘추 시대의 월나라 왕 구천(句踐, 기원전 5세기 사람)이 이와 같은 인상이었다고 한다.

월나라 왕인 구천은 온갖 고생 끝에 결국에는 숙적인 오나라를 멸망시키고 패업을 이루었다. 거기에는 유능한 재상인 범려(范蠡)의 보좌가 크게 공헌했다. 그런데 오를 멸망시킨 후, 가장 큰 공로자였던 범려는 홀연 떠나 버리고 말았다.

> 장경오훼에 속한 사람들은 어려움을 함께할 수는 있지만, 즐거움
> 을 함께할 수는 없다.

는 말을 남겼다.

선왕도 그런 부류에 속하는 사람일 것이라고 이지는 평했다.

두백은 주나라 부흥이라는 어려움을 선왕과 함께한 공신이었다. 그런데 그것에 성공한 뒤에 선왕은 그 열매를 공신과 함께 나누지 못했다.

두백은 매우 분했다. 죽기 전에,

"우리 임금은 나를 죽여도 죄가 되지 않는다. 만약 죽은 자에게 지각이 없다면 그것으로 끝이겠지만, 만약 죽은 자에게도 지각이 있다면 나는 3년 안에 그 사실을 임금에게 알리도록 하겠다" 라고 말했다고 한다.

아니나 다를까. 선왕은 3년 뒤에 제후들을 데리고 포전(圃田)이라는 곳에서 성대하게 사냥을 하다가 두백의 망령에 홀려 목숨을 잃고 말았다.

이것은 『묵자(墨子)』에 나오는 이야기다. 두백의 망령은 백주에 당당하게 백마가 끄는 흰 나무로 된 수레를 타고 나타났다. 새빨간 옷에 새빨간 관을 쓰고 새빨간 활에 새빨간 화살을 먹여 선왕을 뒤쫓아 가 그 심장을 꿰뚫었다.

귀신(망령)이 과연 존재하느냐를 논하는 자리에서 묵자는 존재한다는

쪽에 찬성하고, 그 증거로 두백의 망령이 복수했다는 이야기를 예로 들었다. 묵자는, 사냥에 따라나선 수천 명의 사람들이 두백의 망령을 똑똑하게 보았으며, 그것이 사서에도 기록되어 있다고 논하고 있다.

안타깝게도 두백의 망령에 관한 내용이 기록되어 있는 사서는 오늘날까지 전해지지 않았다. 현존하는 기록은 선왕이 재위 46년에 죽었다는 사실만을 기록했을 뿐이다.

정(鄭)의 목소리

동주 시대의 시작

'연의(演義)'라는 말은 우리의 '야담'이라는 말과 같다고 보면 될 듯하다. 정사는 딱딱하고, 정확성을 기하는 것이겠지만 재미라는 면은 결여되어 있다. 거기에 약간의 윤색을 가하여 알기 쉽고 재미있게 이야기한 것이 연의다.

중국의 역사 가운데서 서민들이 가장 잘 알고 있는 부분은 삼국시대이다. 『삼국지』를 읽었다는 사람들의 대부분은 정사인 『삼국지』가 아니라 그 야담집인 『삼국지연의』를 읽은 것이다. 연극도 대부분은 연의를 바탕으로 하고 있다. 이야기꾼들에 의해서, 혹은 연극으로 활발하게 공연되었기 때문에 책을 읽지 못하는 사람들도 삼국시대에 관해서는 의외로 잘 알고 있다.

중국의 서민들은 춘추전국 시대에 대해서도 이야기나 연극을 통해서 알고 있다. 특히 오와 월의 전쟁, 그와 관련된 미녀 서시(西施)에 대한 이야기는 인기가 있었다. 경극『서시』는 예전의 명배우였던 매란방(梅蘭芳, 1894~1961)이 단골로 맡던 역이었다.

이 시대에 관한 연의에 『동주열국지(東周列國志)』가 있다. 우리 할아버지의 장서 중에 그것이 있었는데, 삽화도 곁들여져 있었기에 나는 어렸을 때 곧잘 그것을 펼쳐 즐기곤 했었다. 할아버지와 아버지의 친구들이 그 책을 빌리러 자주 왔었던 일을 기억하고 있다.『삼국지연의』를 빌리러 오는 사람이 없었던 이유는 모두가 가지고 있었기 때문일 것이다. 그렇게 생각해보면『동주열국지』는 그다지 보급되어 있지 않은 듯했다.『춘추좌씨전(春秋左氏傳)』『전국책』등을 바탕으로 하여 알기 쉽게 장을 나누어 정리했는데, 소설적인 윤색은 거의 가하지 않았다고 생각된다.

이 이야기는 절세미녀인 포사(褒姒)의 기괴한 출생에서부터 시작된다.

선왕의 아들인 유왕(幽王)이 견융에게 살해되고, 주는 거기서 일단 멸망했다. 유왕의 아들인 평왕(平王)은 주나라 종묘의 제사를 받들고 동쪽에 있는 낙양으로 피난을 갔다. 그 이후를 동주(東周)라고 칭하고, 유왕 이전을 서주라 구분하여 부르고 있다.

그러나 동주는 전쟁에 패해 도망한 망명정권으로 왕실의 권위는 크게 실추되어 있었다. 이름뿐인 왕실에 지나지 않았다. 지금의 말로 하자면 그때부터 '지방 시대'가 시작된 것이었다. 각지의 제후가 대부분 독립을 했으며 그들 간의 경쟁이 치열해졌다.

『동주열국지』는 진나라가 통일하기까지 500여 년 동안의 이야기인데, 이 시대를 동주라고 부르기에는 약간 저항감이 느껴진다. 왜냐하면 주의 왕실은 조금도 국위를 떨치지 못하고 유명무실한 존재가 되어 버렸기 때문이다. 역시 춘추전국 시대라 부르는 것이 적당할 것이다. 조금 더 엄밀하게 따지자면 이 명칭에도 문제가 있다.

주의 유왕이 견융에게 살해된 것은 기원전 771년의 일이었다.

진의 시황제가 천하를 통일하고 황제를 칭한 것은 기원전 221년의 일이다.

그 기간이 정확히 550년이다. 『춘추』는 공자가 편집한 것으로 알려진 노(魯)나라의 연대기다. 그런데 특별히 노나라의 것뿐만 아니라 제후들의 편년사서(編年史書)를 전부 춘추라고 불렀던 것 같다. 두백의 망령이 붉은 화살로 선왕을 쏘아 죽였다는 내용이 『묵자』에 나온다는 사실을 앞에서 이야기했는데 거기에는,

(이 사실은) 책으로 펴내어 주의 춘추에 있다.

라는 내용이 있다. 그런데 공자가 편찬한 『춘추』가 오경 중 하나가 되는 등 너무나도 유명하기 때문에 『춘추』라고 하면 그것만을 가리키게 되었다.

이 『춘추』는 노나라의 은공(隱公) 원년(기원전 722)부터 시작한다. 제후 가운데 하나인 노나라의 은공이 즉위한 것은 중앙(이름뿐인)인 주(동주)의 평왕 49년이다. 그러나 『춘추』에 기록되어 있지 않은 그 이전의 48년이라는 기간도 시대구분을 할 때는 춘추 시대에 넣을 수밖에 없다. 『춘추』는 노나라의 애공(哀公) 14년(기원전 481년)까지를 기록했다.

550년 동안의 '지방 시대(제후시대)'를 춘추와 전국 두 시기로 나눈다면 『춘추』의 마지막 페이지를 그 경계로 삼아야 한다는 견해가 있다. 그

러나 그해에 역사상의 획기적인 사건은 일어나지 않았다. 제(齊)나라에서 쿠데타가 있었지만, 제나라에서는 4년 전과 9년 전에도 쿠데타가 있었으니 그렇게 특기할 만한 일은 아닌 듯하다.

> 서쪽으로 사냥을 나가 인(麟)을 잡았다(獲).

라는 내용으로 『춘추』는 끝을 맺었다. 현존하는 『춘추』에는 그 후의 이야기도 계속되고 있지만 그것은 공자의 제자가 쓴 것이다.

인이란 기린(麒麟)을 말하는 것으로 좀처럼 출현하지 않는 진귀한 동물이라 여겨지고 있었다. 공자가 이 내용으로 붓을 놓았기 때문에 '획린(獲麟)'은 '절필'을 의미하는 말이 되었으며, 『춘추』를 『인경(麟經)』이라는 다른 이름으로 부르기도 한다.

기수(奇獸)가 나타난 것을 시대 구분의 이유로 삼기에는 너무나도 설득력이 떨어진다.

그해는 유왕이 죽은 지 290년이 되는 해다.

기린을 잡은 지 10년 뒤에 오와 월의 기나긴 전쟁이 월의 승리로 끝을 맺는다. 오의 멸망을 전국 시대의 시작으로 보는 견해도 있다. 『사기』의 「십이제후연표(十二諸侯年表)」 마지막 난에 오의 멸망을 기록한 것으로 보아 사마천도 그렇게 생각한 듯하다.

이에 대해서 시대의 경계를 훨씬 더 아래로 내려, 진(晉)이 분열하여 위(魏)·한(韓)·조(趙) 삼국이 되고, 그것이 제후로 인정받게 된 동주 위열왕(威烈王) 23년(기원전 403)으로 봐야 한다는 견해도 있다. 틀림없이 이것은 커다란 사건이었다. 북송의 사마광(司馬光, 1019~1086)도 그렇게 생각하고 자신의 편년체 대사서(大史書)인 『자치통감(資治通鑑)』을 그해부터 기록했다.

한편으로는 이 500여 년 동안을 하나의 시대로 파악하는 견해도 있다.

지금까지 유가에서 주장하는 설에 따르면, 춘추 시대는 주 왕실이 쇠미했다고는 하지만 제후는 아직 명목상의 권위를 인정하고 있었다. 이와 달리 전국 시대는 제후가 더 이상 주 왕실을 종주로 인정하려 하지 않았으며, 예의를 잃어 약육강식의 세상이 되었다고 구분하고 있다. 그러나 주 왕실이 유명무실했다는 사실에는 변함이 없기 때문에 분명하게 다른 시대였다고 여겨지지는 않는다. 그런데 550년이라는 긴 세월이었기 때문에 계속 같은 상태였다고도 생각되지 않는다.

너무 상세한 내용까지는 따지지 말고 제후시대를 전기와 후기로 나눈다는 느낌으로 춘추전국 시대라는 명칭을 쓰기로 하겠다.

시대의 명칭에 너무 집착한 듯하지만, 동주라는 명칭은 적당하지 않다. 시대를 대표할 자격이 없는 명칭이다. 다만, 이름뿐이라고는 하지만 왕실은 존재했었으니, 왕의 이름을 들 때만은 동주의 무슨 왕이라고 부르기로 하겠다.

『동주열국지』라는 책에서 약간 옆길로 벗어났지만, 그 서두인 포사의 출생 이야기로 돌아가기로 하겠다.

고아 미녀 포사

어째서 고대 왕조의 말기에는, 하도 그렇고 은도 그렇고 주도 그렇고 절세미녀가 나타나서 그것이 멸망의 원인이 되는 걸까? 그 패턴이 너무 나도 비슷하다.

나라와 왕가가 한 몸이었던 시절 왕가 집안의 문란함, 혹은 왕의 지나치게 음탕한 생활은 나라를 뒤흔들었는지도 모른다.

포사라는 미녀에 대해서는 다음과 같은 이야기가 있다.

먼 옛날, 하 왕조 시대의 일이었다. 『사기』에 따르면, 이것도 하 왕조가 쇠약해졌을 때의 일이라고 한다. 신룡(神龍) 두 마리가 나타나서 하제(夏帝)의 뜰에 내려와,

　　우리는 포(褒)의 두 임금이다.

라고 말했다.

하 왕조의 왕족은 각지에 분봉(分封)되어 각각 봉국의 이름을 성으로 썼다고 한다. 포 씨는 비(費) 씨, 기(杞) 씨, 증(繒) 씨, 신(辛) 씨 등과 함께 하 왕조의 동족이었다. 두 마리의 신룡은 하의 제왕에게 자신들은 당신과 동족인 포 씨의 조상으로 두 임금의 화신이라고 말한 것이다.

점을 쳐 보았더니 용의 정기를 받아 수장(收藏)하면 '길'하다는 괘가 나왔다. 그 정기란 입에서 나오는 거품이라는 설도 있고, 정액이라는 해석도 있다. 그것을 궤에 소중히 담아서 대대로 물려주었다. 하에서 은으로 은에서 주로, 그것은 그동안 한 번도 개봉을 하지 않았다.

주의 여왕 시절에 어떤 이유에서인지 그 궤의 뚜껑을 열어 버렸다. 여왕은 암흑정치를 펼치다 국인들에게 포위되어 도망을 쳤고, 망명지에서 죽은 인물이다. 뚜껑을 여니 용의 정기가 궁정에 흘러 온갖 방법을 써 봤

지만 그것을 제거할 수가 없었다.

여왕은 여인들을 발가벗겨 용의 정기를 향해서 큰소리를 지르게 했다. 그것은 주술의 일종이었을 것이다. 영기(靈氣)를 가지고 있는 것은 부정한 것으로 그 영력을 없애야 한다는 사고방식이다. 19세기 중반의 아편전쟁 때까지도 그런 주술을 믿는 청나라의 장군이 있었다. 영국군의 포격이 너무나도 정확했기 때문에 주술사의 영력에 의지하고 있는 것이라 생각하고, 그것을 없애기 위해서 광주(廣州)에 있는 여인들의 오줌통을 모아다 그 아가리를 영국군함 쪽으로 향하게 했다는 기록이 남아 있다. 똑같이 부정한 것이라 하더라도 여성의 그것이 보다 효과적이라고 생각했다.

영국군에 대한 청나라 장군의 부정 작전은 아무런 효과도 없었다. 그러나 용의 정기에 대한 여왕의 그것은 효과가 약간 있었던 듯하다. 용의 정기는 곧 도마뱀으로 변하여 왕의 후궁으로 도망쳐 들어갔다. 그 도마뱀과 만난 것이 일곱 살 정도의 어린 소녀였다. 한동안은 아무런 일도 없었지만 그 소녀가 15세가 되었을 때, 남편도 없는데 임신하여 여자아이를 낳았다. 그녀는 무서워서 자신의 아이를 버렸다.

선왕 시절에 동녀(童女)가,

산뽕나무 활과 키로 된 화살 통,
실로 주나라를 멸망시키리.

라고 노래한 적이 있었다. 선왕은 그것을 마음에 두고 있었는데, 어느 날 산뽕나무 활과 키로 된 화살 통을 파는 부부가 나타났다. 선왕은 그 두 사람을 잡아다 죽이려고 했지만, 그들은 도망을 쳤고 도중에 그 버려진 아이가 울고 있는 것을 보고 수워서 포나라로 들어갔다.

그 버려진 아이가 절세미녀로 성장했다. 포나라에 잘못이 있어서 주의 왕실로부터 벌을 받게 되었다. 이에 벌을 면하려고 그 미녀를 헌상했다. 그녀가 바로 포사였다. 그 여성이 주를 멸망시키게 되는데, 이 이야기는 유명하여 벽화로도 자주 그려졌던 모양이다. 굴원의 〈천문〉에 다음과 같은 구절이 있다.

요부(妖夫)는 끌며 장사[衒]를 하는데,
어찌 장에서 외치는가.
주유(周幽)는 누구를 죽이려 하나,
어찌 그 포사를 얻었는가.

'현(衒)'이란 행상을 말한다. 이상한 남자가 아내를 데리고 다니며 행상을 하면서 시장에서 소리를 높였다. 그 부부를 붙잡으려 했는데, 그들은 포사를 줍게 되었다. 주의 유왕은 죄가 있는 포를 주살하려 했는데, 포는 목숨을 건지기 위해 그 대가로 포사를 헌상했다.

유왕은 포사에 빠져들었다. 그의 정실은 신후(申后)로 신후가 낳은 의구(宜臼)가 태자의 자리에 있었다. 그런데 포사가 백복(伯服)을 낳자, 유왕은 의구를 폐하고 백복을 태자로 세웠다.

절세미녀였지만 포사는 결코 웃음을 보여주지 않았다. 유왕은 그녀의 웃는 얼굴이 보고 싶어서 여러 가지로 시도를 해 보았지만, 그녀는 무슨 일이 있어도 웃으려 하지 않았다.

하루는 착오가 있어서 봉화가 올랐다. 봉화는 낭화(狼火)라고도 하는

데 이리의 대변을 말려 연료로 쓰면 연기가 똑바로 올라간다고 알려져 있었던 듯하다. 말할 나위도 없이 봉화는 긴급사태를 알리는 경보였다. 그것이 오르면 제후들은 곧장 왕궁으로 모여야만 했다. 허겁지겁 달려온 제후들은 봉화가 잘못 오른 것이라는 사실을 알고 어처구니없어 했다.

그 모습이 우스웠기에 포사는 자신도 모르게 웃음을 터뜨렸다. 주의 유왕은 크게 기뻐했다. 그녀의 웃는 얼굴을 다시 보고 싶었기에 이번에는 일부러 봉화를 올리게 했다. 제후들은 다시 달려왔다가 또 "뭐야. ……"라며 돌아갔다. 두 번 세 번 거듭되자 제후들은 한심하다는 생각이 들어서 봉화가 올라도 더 이상 움직이려 하지 않았다.

유왕은 괵석보(虢石父)라는 아첨 잘하고 이(利)를 밝히는 인물을 대신으로 등용했는데, 그 때문에도 평판이 떨어져 있었다.

정실인 신후와 신후의 아들 모두를 폐했기 때문에 신후의 본가인 신씨쪽에서도 참지를 않았다. 신은 지금의 하남성 남양현(南陽縣)의 북부에 있던 강성(姜姓, 강 씨)의 나라였다. 백이의 후예가 봉해졌다 일컬어진다.

유왕에게 원한을 품은 신후(申侯)는 증(繒)과 서이, 견융 등의 부족과 꾀하여 반란군을 일으켰다. 증은 원래 하 왕조의 일족으로 그 나라는 지금의 산동성 역현(嶧縣) 부근이라고 한다.

반란군이 진격해 들어왔기 때문에 유왕은 부지런히 봉화를 올리게 했지만, 포사의 웃는 얼굴 때문에 몇 번이고 제후들을 속여서 달려오는 자가 아무도 없었다.

이때의 반란군은 신(申), 증, 서이, 견융의 연합이었지만, 그 주력은 견융이었던 듯하다. 사마천도 연표에는,

유왕은 견융에게 살해되다.

라고 썼다.

왕국유는『시경』「소아」〈유월〉에서 노래한 선왕의 북벌 대상인 험윤이 바로 그 견융이라고 말했다.『시경』에 곤이(昆夷)라는 이름으로 등장하는 것도 역시 견융을 말하는지도 모른다. 곤, 험, 견 등은 같은 계열의 음이다. 또 은의 갑골문, 청동기의 명문[소우정(小盂鼎) 등],『죽서기년』에서 볼 수 있는 '귀방(鬼方)'이라는 말도, 견융과 같은 부족으로 훗날의 흉노(匈奴)의 조상이라고 왕국유는 말했다. 어쨌든 중원 문화권 가까이에서 유목, 혹은 수렵 생활을 하던 날쌔고 사나운 부족이었음에 틀림없다.

웃지 않는 왕비의 비밀

사실을 간단하게 기술할 때는 대표자의 이름만을 드는 경우가 흔히 있다. 주의 유왕이 살해된 사건에 대해서 사마천은『사기』「본기」에 신후(申侯)가 주모자인 것처럼 기술했다. 일은 신후와 그 아들을 폐한 데서 시작되었다. 그러나 연표나 세가(世家)는 공간이 좁기 때문에 이것저것 자세한 내용을 적을 수가 없다. 앞에서도 이야기했듯이 견융이 유왕을 죽인 것으로 되어 있다. 이것은 무엇을 의미하는 것일까?

주모자는 신후였지만 그것을 실행하는 데는 견융이 주력이었다고 생각할 수 있다.

서주의 멸망은 외적에게 공격을 받은 것이 주된 원인이 아니었다. 그것은 명백하게 내분이었다.

잠시 포사의 미모는 논외로 하겠다.

내분이라고는 하지만 천하의 주 왕실에서 일어난 내분치고는 약간 미약하다는 생각이 든다. 등장하는 사람들 속에 그렇게 거물은 보이지 않는다.

신, 포, 증, 괵(虢), 정(鄭)과 같은 제후의 이름은 나오지만, 모두 거의 들어본 적이 없는 군소 영주들인 듯하다. 각지에 봉해졌던 대영주들은 무엇을 하고 있었을까?

건국의 원훈이 봉해졌던 제(태공망)와 연(소공 석), 무왕의 동생이 봉해졌던 노(주공 단)와 위(衛, 강숙봉), 무왕의 아들이 봉해졌던 진(晉, 당숙우) 등이 모습을 드러내지 않는다. 여왕이 도망쳤을 때는 소공과 주공의 자손이 나타나서 '공화' 정치를 행했으면서도, 이번에는 모르는 척을 하고 있었다.

춘추기에 들어서 제후들이 독립한 것은 아니었다. 서주 말기에 이미 지방 시대가 시작된 것이라고 봐야 할 것이다. 자기들 나라의 일에 분주했기 때문에 왕실을 돌볼 겨를이 없었다.

왕실과 제후 사이에 거리가 생겨 버린 것이다.

서주 말기의 왕실을 지탱하고 있었던 것은 괵(虢)과 정(鄭) 두 제후가 중심이었다.

괵은 무왕의 숙부가 2백수십 년 전에 봉해졌기에 오랜 친척관계에 있었다. 봉국은 지금의 섬서성 보계시(寶雞市) 근방이다. 섬서에서 사천으로 들어오는 교통의 요충지다. 주요 제후는 대부분 동쪽에 봉해졌는데, 괵은 도읍인 종주(호경〈鎬京〉)의 서쪽에 위치해 있었다.

그에 비해서 정은 새로운 나라였다. 유왕의 아버지인 선왕이 재위 22

년에 자신의 동생을 봉했다. 유왕이 즉위했을 때 정나라는 성립된 시 아직 24년밖에 되지 않았다. 초대 환공(桓公)은 유왕의 숙부로 유왕 8년에 사도(司徒, 재상)가 되었다.

정나라는 원래 지금의 섬서성 화현 부근이었기에 도읍의 동쪽이었는데 그렇게 멀리 떨어져 있지는 않았다. 그런데 환공은 그 땅이 그다지 마음에 들지 않았던 모양이다. 그 이유는 왕도와 지나치게 가까워서 왕실이 혼란스러워지면 가장 쉽게 영향을 받기 때문이었다.

왕실에는 일이 많다. 나는 어디로 죽음을 피할까?

정나라의 환공이 심복인 태사백(太史伯)에게 이렇게 털어놨다는 사실이 『사기』에 실려 있다.

왕실의 재상으로 왕실의 동란을 예견하고 어딘가로 피난하려 했다. 정나라의 환공은 남쪽이나 서쪽으로 거처를 옮길 생각이었던 듯하지만 태사백이 그것을 말렸다.

남쪽에서는 지금부터 초나라가 흥륭(興隆)할 테니 위험하다는 것이었다. 서쪽은 백성들이 탐욕스럽고 이(利)를 밝히기 때문에 오래 살 곳이 아니라고 태사백은 충고했다.

이에 정나라의 환공은 왕실의 허가를 얻어 봉국의 백성들을 낙수의 동쪽으로 옮겼다. 당시로써는 대이동이었다. 정나라 사람들이 새로이 이주해 왔기에 그곳은 신정(新鄭)이라 불렸다. 뉴욕 등과 같이 지명을 부르는 것과 같다. 오늘날 하남성의 성도인 정주시의 남쪽에 해당한다.

이 이동이 있을 때 괵은 자신들이 지배하고 있던 토지를 정에게 약간

분양했다. 누가 뭐래도 정은 주 왕실의 재상이었기 때문에 소국이었던 괵은 그 비위를 맞추지 않을 수 없었다.

앞에서 이야기했듯이 괵은 도읍보다 서쪽인 보계 부근에 있었는데, 어느 사이엔가 낙양보다 동쪽으로 옮긴 상태였다. 그쪽은 소국이었기 때문에 이동하기 쉬웠다.

한 나라의 총리와 부총리가 그 나라의 동란을 예상하고 안전한 땅으로 나라째 옮겨 버렸다.

서주의 쇠망은 벌써 막을 수 없었다. 포사가 나타나지 않았더라도 대세에 커다란 변화는 없었을 것이다.

유왕 2년에 커다란 지진이 있었다. 경(涇)·위(渭)·낙(洛) 등 세 개의 강이 크게 흔들리고 기산(岐山)이 무너지는 천재지변이었다.

이듬해인 3년에 포사가 총애를 받기 시작했다. 머지않아 아이가 태어났다. 신후가 낳은 태자 의구는 생명에 위협을 느끼고 외가인 신나라로 망명했다.

유왕은 신후에게 의구를 넘겨 달라고 요구했지만, 신후는 그것을 거부했다.

예전과 같은 권위는 없다 하더라도 왕실은 왕실이었다. 천하의 주인인 유왕의 요구를 거절한 이상 신후도 각오는 하고 있었을 것이다. 왕실에 불만을 품고 있던 중 등을 자기편으로 끌어들이고 전쟁에 강한 견융과도 연락을 취하기 시작했다.

일족의 여성이 왕후가 되었을 정도였으니, 원래 신과 주 왕실과의 관계는 매우 친밀했을 것이다. 그런데 이제는 철천지원수가 되어 버리고 말았다.

과연 수와 신의 관계가 악화된 것은 웃지 않는 미녀 포사 한 사람의 존재뿐이었을까? 그 외에도 여러 가지 일들이 있었다고 생각된다. 유왕은 여산(驪山) 기슭에서 살해되어 변명을 할 수 없게 되었다. 신의 입장에서도 세상에 알려지지 않기를 바라는 일이 있었을 것이다.

여기서는 오직 한 가지, 즉 모든 죄를 포사 한 사람에게 뒤집어씌우자고 생각했을지도 모른다.

용의 정기를 받아 태어났다는 전설은 믿을 만한 것이 되지 못하지만, 버려졌던 아이라는 점은 사실이었을 것이다. 적어도 그녀는 유서 깊은 집안에서 태어나지는 않았다. 성장과정은 슬픔에 가득 찼으리라 짐작된다. 그녀가 웃지 않는 여자가 된 배경에는 그럴 만한 이유가 있었을 것이다. 어쩌면 포나라에 있었을 때 언약을 주고받은 연인이 있었는지도 모른다. 타고난 미모가 화근이 돼서 왕실에 바쳐지는 헌상품이 되어 버렸다. 주나라 왕의 사랑을 받게 되었지만, 그 연인을 한시도 잊을 수 없었는지도 모른다. 그렇다면 그녀가 절대로 웃지 않겠다고 결심했다고 해도 그것은 조금도 이상하지 않다.

여자의 긴 혀가 재앙을 낳는다

시골에서 갓 올라온 여자가 느닷없이 주 왕실에서 정실이 됐다는 것은 아마도 전례 없는 일이었다.

참고로 후(后)라는 글자를 왕의 정실이라는 의미로 쓴 것은 주에 접어든 이후의 일이었다. 은까지는 비(妃)라고 칭했다.

주의 제도하에서 후궁은 정사를 집행하는 조정과 같은 형식을 취하고 있었다고 한다. 조정에서는 3공(公), 9경(卿), 27대부(大夫), 81원사(元士) 등 각 수의 세 곱이 되는, 합계 120명의 간부들이 왕의 정치를 보좌하고 있었다. 후궁에는 3부인, 9빈(嬪), 27세부(世婦), 81어처(御妻)가 있고 그 가장 위에 후가 있었다. 포사는 그 조직 속에 들어가서 정점에 오른 셈이다. 결코 평범한 여성은 아니었을 것이다.

실제의 포사는 전설 속의 포사와는 전혀 다른 인물이었을지도 모른다.

망국의 책임은 유왕이 혼자서 짊어져야 할 성질의 것이었다. 『시경』 「대아」 〈첨앙(瞻仰)〉에,

> 사람에게 토지가 있으면,
> 네가 오히려 이를 기른다.
> 사람에게 민인(民人, 노예나 농노)이 있으면,
> 너는 오히려 이를 빼앗는다.
> 이는 마땅히 죄가 없음에도
> 너는 오히려 이를 붙잡는다.
> 그는 마땅히 죄가 있음에도
> 너는 오히려 이를 용서한다.

라는 내용이 있다. 제후, 제신의 토지와 민인을 멋대로 빼앗고 재판이 엉망이었다는 것이다. 여기서 여(女, 너)라는 인물은 바로 유왕이다. 이 시는 다음과 같은 귀절로 계속되고 있다.

> 철부(哲夫, 현명한 남자)는 성(城)을 이루며,

철부(哲婦, 현명한 여자)는 성을 기울인다.

아아, 그 철부가

효(梟)가 되고 치(鴟)가 된다.

여자의 장설(長舌)이 있음은

재앙의 시작.

난(亂)은 하늘에서 내리는 것이 아니라

부인에게서 난다.

가르쳐도 안 되고, 일깨워도 안 되는 것은

바로 이 부(婦)와 시(寺).

　　현명한 여자는 효와 치(모두 올빼미로 좋지 않은 소리로 우는 새)와 같아서 그 장설(말이 많음)은 재앙의 씨앗이라는 것이다.

　　난은 하늘에서 내리는 것이 아니라 부인에게서 나온다는 말은 약간 책임을 회피하려는 것처럼 느껴진다. 아무리 정성껏 가르치고 일깨워도 효과가 없는 것은 여자와 시인(寺人)이라는 것이다. 시인이란 거세하고 후궁에서 일하는 자, 즉 환관을 일컫는 말이다.

　　이 시의 앞부분이 유왕을 말하고, 뒷부분이 포사에 대해 읊고 있다는 것은 말할 나위도 없다.

　　같은 『시경』 「소아」 〈정월〉에는,

　　　　마음의 근심이여,

　　　　이것을 묶어 놓은 것과 같구나.

　　　　지금 이 정치는

어찌 격렬하냐.

들불이 바야흐로 타오르니,

무엇으로 이를 끌 수 있겠는가.

혁혁한 종주(宗周, 주의 국도)

포사가 이를 멸하는구나.

라는 내용이 있다. 유왕의 정치는 형편없었다. 그것을 생각하면 시인의 마음속 근심은 실로 묶어 놓은 것처럼 풀리질 않는다. 들불이 한창 타오르고 있을 때는 그것이 꺼질 것 같아 보이지 않는다. 혁혁하게 번성했던 주도 설마 꺼질 리가 없다고 생각했는데, 단 한 명의 여자 포사가 그것을 멸망시켜 버리고 말았다.

포라는 나라는 종남산(終南山) 부근에 있었으니 도읍인 종주에서 지극히 가까웠다. 포가 주 왕실로부터 죄를 얻은 것은 그곳 출신의 대부(大夫)가 유왕에게 간언을 했기 때문이라고 한다.

포사가 주 왕실에 들어온 뒤로 왕위 계승전이 펼쳐졌으나, 그 일이 없었어도 주는 멸망했을 것이다. 앞에서 인용한 『시경』 속에 있는 것처럼 주 왕실은 재정이 어려워지면서 제후들의 토지와 민인(民人)을 거둬들였으니, 그 불만이 언젠가는 폭발했을 것이다. 게다가 지진 등의 천재가 있었다.

『시경』 「대아」 〈소민(召旻)〉에,

민천(旻天)은 포학했다.

하늘은 커다란 재앙을 내려,

나를 기근에 근심케 했다.

백성은 모두 유랑하고,

내 사는 곳은 완전히 황폐했다.

이처럼 비참한 상황이었다. 주의 황금시대 재현은 절망적이었다. 시인들은 주나라 창업시절의 소공, 주공, 태공망과 같은 이름난 신하에 필적할 만한 인물이 없기 때문이라고 노래했다. 이름난 신하가 없었던 것이 아니다. 왕이 그들을 쓰지 않았던 것이다. 유능한 인물들은 떠나 버렸다.

예전에 선왕(先王)은 명을 받고,

소공과 같은 인물 있어,

나라 넓히기를 하루에 백 리.

지금은 나라 좁아지는 것이 하루에 백 리.

오호, 슬프구나.

이는 지금의 사람이

옛것을 받들지 않기 때문이다(不尙有舊).

〈소민〉은 이렇게 노래를 끝맺고 있다.

마지막의 '불상유구'란 옛날처럼 덕 있는 사람을 존경하지 않고, 등용하지 않는다는 뜻일 것이다. 주자는 '상(尙)'을 '여전히'라고 해석했는데, 그렇다면 구덕(舊德)이 없는 것은 지금의 사람, 즉 주의 유왕이 된다.

사람들은 분명히 쇠세(衰世)라는 느낌을 가지고 있었다. 포사가 그 원인이 되었을지도 모르지만, 그녀의 가느다란 손 하나로 주를 멸망시켰다고는 말할 수 없다.

『죽서기년』의 유왕 10년에,

　　　　왕사(王師, 왕의 군대)가 신(申)을 치다.

라는 기록이 있다.

　유왕은 폐한 태자 의구를 건네주려 하지 않는 신을 징벌하려 한 것이다. 그 전과에 대해서는 언급하지 않았지만 아마도 일이 잘 풀리지 않았던 모양이다. 그 이듬해에 신이 견융을 규합하여 유왕을 공격했으니.

　견융과 신후의 공격은 기습이 아니라 역습이었다. 신후가 견융을 끌어들이는 데는 물론 조건이 있었다. 종주의 재보를 모두 주기로 한 것이다.

　종주는 철저하게 약탈당했다.

　나라가 망한 후, 동주의 한 중신이 예전의 종주 부근으로 여행을 간 적이 있었다. 번창했던 예전의 국도도 수수밭으로 변해 버리고 말았다. 그는 이를 슬퍼하여 노래를 지었다고 한다. 『시경』「국풍」의 〈서리(黍離)〉라는 제목의 노래가 그것이다.

　　　　저 수수는 고개를 떨구고,
　　　　저 기장은 묘목이 있다.
　　　　길을 감이 미미(靡靡, 더디다)하고,
　　　　중심(마음속)은 요요(搖搖, 어지러움)하니.
　　　　나를 아는 사람은
　　　　내 마음이 근심에 차 있다고 한다.

나를 모르는 사람은

내게 무엇을 구하느냐 묻는다.

유유(悠悠)한 창천이여,

이는 누구 때문이냐.

이 시인은 예전에 종주에서 산 적이 있었던 모양이다. 발걸음이 떨어지지 않아 그 부근을 두리번두리번 둘러보고 있다. 모르는 사람이 본다면 무엇을 찾고 있는 것이냐고 물어 볼 게 틀림없다.

아득히 먼 하늘이여. 시인은 그렇게 불렀다. 그 화려했던 수도 종주가 이렇게 된 건 대체 누구 때문인가? 누가 한 짓인가?

2,700년도 더 전에 지어진 노래다. 그 이후로도 크고 작은, 수많은 나라들이 멸망했다. 그리고 수많은 망국민들이 황폐해진 예전의 도읍에서 소리 없이 눈물을 흘렸을 것이다. 그때마다 사람들은 이 〈서리〉라는 노래를 떠올렸을 것이다. "이는 누구 때문이냐. 이는 누구 때문이냐……"라는 목소리가 덧없이 폐허에 울려 퍼졌을 것이다.

낙양으로 도읍을 옮긴 평양

주의 유왕은 여산 기슭에서 견융에 의해 살해되었으며, 재상이었던 정나라의 환공도 운명을 같이했다. 그는 주 왕실의 동란에 휩싸이지 않기 위해서 미리 나라를 옮겼지만, 그 자신은 죽음에서 벗어날 수가 없었다.

태자인 백복도 견융에 의해 살해되었다. 예닐곱 살쯤 되었을 무렵이다. 포사는 포로가 되었다. 그 후 그녀의 운명이 어떻게 되었는지는 『죽서기년』에도 실려 있지 않다.

폐위되었던 예전의 태자 의구는 외가인 신으로 망명해 있었다.

제후는 의구를 세워 왕으로 삼았고, 의구는 이듬해에 성주 곧 낙양으로 향했다. 제후라는 것은 신, 노, 허(許), 정 등이었다. 그 외에도 왕자는 있었지만 의구는 전에 태자가 된 적이 있었기 때문에 누가 보더라도 충분한 자격을 갖춘 인물이었다. 의구는 평왕이라 불렸다.

평왕이 종주로 돌아가지 않은 것은 그곳이 견융의 약탈로 인해 폐허가 되었기 때문이 아니었다. 신과 견융의 동맹은 유왕을 죽임으로 해서 종료된 셈이었다. 신후 등이 후원하는 평왕을 견융이 좋게 봐줄 것이라는 보장은 어디에도 없었다. 종주는 견융과 가까운 곳에 있었기에 위험했다. 언제 유왕과 같은 처지에 놓이게 될지 알 수 없었다.

다행스럽게도 2백수십 년 전, 주의 창업기에 주공이 부도(副都)로 성주를 조영해 놓았다. 그곳을 새로운 국도로 삼았다.

주 왕실이 동쪽의 제후들과 소원해져 있었다는 사실은 앞에서도 이야기했다. 제후는 자국 경영으로 바빴기 때문에 왕실의 일에 신경을 쓸 여유가 없었다. 소공의 자손이 봉해진 연나라는 지금의 북경 부근이 본거지였다. 종주는 지금의 서안시 부근이니 꽤 떨어져 있었다. 주공의 자손이 봉해졌던 노나라는 곡부를 도성으로 삼고 있었는데, 그곳도 종주에서 멀리 떨어져 있었다. 혈연관계도 2백수십 년이 지나는 동안 거의 느낄 수 없었다.

서주 후기의 청동기를 보면, 각지의 제후에 대한 관직 임명을 나타내는 명문을 가진 것은 그 수가 적다. 초기의 청동기는 대부분 임관 기념, 혹은 전공 기념에 관한 명문을 가진 것이었다. 각지에서 발견된 후기의 청동기는 자식의 결혼기념 등과 같은 사적인 것, 혹은 그저 만들고 싶어서 만들었다고 밖에는 여겨지지 않는 것들뿐이다. 게다가 그 양식에서 지방색은 거의 찾아볼 수가 없다.

이는 청동기를 만드는 장인들이 서쪽의 종주 부근에서 동쪽 제후들의 땅으로 옮겨갔기 때문이라고 여겨진다. 정과 괵 같은 주의 중신들조차도 그 봉국을 서쪽에서 동쪽으로 옮겼다. 기술자들이 안전한 땅을 찾아서 동쪽으로 옮겼다는 사실을 의심할 필요는 없을 것이다.

주 왕실이 서쪽에서 동쪽의 낙양으로 옮기자, 동방의 제후들과 왕실의 관계는 약간 친밀해지기 시작했다. 그런 의미에서는 복고(復古)라고 할 수 있다.

먼 곳에 있던 도읍이 자신들 근처로 옮겨왔다는 거리적인 친밀감만이 아니었다. 도읍의 기술자 등 문화 담당자들이 동쪽으로 이주해 옴으로 해서 지방문화가 도읍의 문화와 비슷해졌다. 문화적인 친근감도 있었다. 또 왕실을 이용하려는 속셈도 있었다.

평왕이 낙양으로 도읍을 옮기자 제후들이 차례차례로 입조했다.

그중에는 정나라 무공(武公)의 모습도 볼 수 있었다. 여산 기슭에서 순직한 환공의 아들이었다. 유왕의 궁정에서 쫓겨난 신후 일족, 즉 신은 반주류파였고, 정과 괵은 주류파였다. 신은 반주류파를 규합하고 견융까지 끌어들여 유왕을 습격, 그 때문에 정의 환공은 목숨을 잃었다. 그런데도 환공의 아들인 무공은 신후가 낳은 평왕에게 붙었다. 그것뿐만이 아니었다. 얼마 지나지 않아서, 자신의 아버지를 죽인 장본인이라고도 할 수 있는 신후의 딸을 아내로 맞아들였다.

나라의 규모로 말하자면 정은 진이나 제보다 훨씬 조그만 나라였다.

조금 뒤의 일이지만 제와 혼담이 오고갔을 때 정의 태자는 '우리 정은 소국으로 제와는 비교도 할 수 없다'며 혼담을 받아들이지 않으려 했다는 애기가 있다.

소국이었지만 정은 신생국가였기 때문에 체제가 복잡하지 않아서 임기응변에 대처하는 움직임을 취하기가 쉬웠을 것이다. 초대 환공 때부터 사도로 유왕의 궁정에 들어갔기 때문에 주의 왕실과는 밀착되어 있었다. 무공은 그런 입장을 유리하게 계승하여 천하의 중심이 되려 했다.

무공은 평왕의 사공이 되었다. 부자가 2대에 걸쳐서 사공이 된 것이다. 초대 환공은 선왕의 동생이니 유왕의 숙부다. 무공은 유왕과 사촌지간이었다. 2백수십 년 전의 친척인 제후들에 비해서 정이 왕실에 보다 깊숙이 관여했다는 것은 당연하다. 그러나 왕실의 권위를 적당히 이용하다가도 이후 왕실에서 멀리하자 왕명을 듣지 않고 입조도 하지 않았으며, 심지어는 왕의 군대와 싸워 이겼다. 이와 같은 정의 움직임은 춘추전국의 서막에 어울린다고 할 수 있을 것이다.

누구 덕에 왕이 되었나!

정은 춘추 초기라는 시대가 만들어 낸 나라였다. 정의 움직임을 더듬어 나가는 동안 우리는 춘추 초기가 어떤 시대였는지를 알 수 있다.

제후 가운데서도 정은 왕실과의 혈연관계가 가장 깊었다. 동쪽의 커다란 제후인 노와 진과 위 등은 희(姬) 성이었지만, 벌써 200년 이상이나 지나 있었기 때문에 왕실과의 혈연관계를 실감할 수는 없었다. 친척 제후이기는 하지만, 친척이라는 느낌은 사라지고 없었다. 그에 비해서 정과 왕실은 숙부와 조카, 사촌형제라는 매우 가까운 관계에 있었다. 이 사실은 반대로 보다 격하게 반발하는 요소가 될 수도 있다.

주 평왕의 입장에서 보자면 아버지가 살해되어 낙양으로 망명해 왔다는 사실 자체가 커다란 굴욕이었다. 더군다나 아버지를 살해한 주모자가 자기 어머니의 일족이었다. 평왕의 마음은 묘하게 굴절되어 있었을 것이다.

친척인 정은 틀림없이 믿음직한 존재였다. 정나라 무공의 아버지는 주나라 유왕을 위해 목숨을 바쳤다. 소홀히 할 수는 없지만 그와 같은 입장에 있는 주나라 왕실에게 있어서 너무나도 강력한 후원자는 오히려 부담스러운 법이다.

그래도 주의 평왕과 정의 무공 시절에는 아직 괜찮았다. 서로에게 불만이 있어도 지금까지 지내 온 과정을 잘 알고 있었다. 서로의 상처를 어루만져 주었던 기억이 양쪽 모두에게 아직은 남아 있었다. 정의 무공은 재위 27년 만에 세상을 떠났으며, 그의 아들인 오생(寤生)이 뒤를 이어 장공(莊公)이 되었다. 주도 평왕이 50년 동안의 재위 끝에 숨을 거두고 그의 손자인 임(林)이 위를 물려받았다. 이 사람이 바로 환왕(桓王)이다. 평왕의 아들인 설보(洩父)가 요절해서 손자가 즉위를 하게 되었는데, 한 세대를 건너뛰어서 이어진 왕위 계승은 과거의 기억을 잊게 해 주었다.

　　　나는 왕이다.

라고 주의 환왕은 생각했다.

　　왕은 우리 집의 보좌를 받아 간신히 존재하고 있다.

정의 장공은 자신이 보고 들은 사실에 따라 그렇게 믿고 있었다.

환왕 재위 3년에 정의 장공이 입조했는데 대우가 좋지 않았다. 3년 전에 정나라 사람들이 왕의 영토에 침입해서 수확물을 가져갔기 때문이었다.

　　나를 이런 식으로 대우하다니!

라며 정의 장공은 화를 냈다. 확실히 3년 전에 그런 일이 있었다. 그러나 지금까지 주의 왕실은 누구 덕분에 유지되어 왔는가? 그 공로를 생각한 다면 수확물의 탈취 정도는 아무것도 아니라고 할 수 있지 않은가? 적어도 정의 장공은 그렇게 생각했다.

　　현대 사회에서도 이와 비슷한 일들을 여기저기서 볼 수 있다. 2대째의 사장, 혹은 주나라처럼 한 세대 건너서 자리를 물려받은 후계자는 회사 전체가 자신의 것이라고 생각하기 쉽다. 그는 창업의 고통 따위는 알지도 못한다. 그러나 중역의 입장에서 보자면, 회사를 자신의 것이라고 생각하고 있는 신임 사장의 태도는 불쾌하기 짝이 없는 것이다.

　　특히 주의 처지는 도산한 회사나 같았다. 도산한 회사를 되살린 것은 대부분 중역의 힘이었다. 그런데도 후계 사장은 중역의 사소한 월권행위에 두 눈을 부릅뜨고 있다.

　　주 왕실은 괵공을 중용했다. 그 속셈은 물론 중역인 정에 대항하도록 하기 위해서였다. 이와 같은 인사는, 정의 전횡(專橫)을 용납하지 않겠다는 뜻으로 비췄다. 신임 사장이 거북한 중역의 권한을 축소하기 위해서 자신의 심복을 등용하는 것과 비슷하다.

　　괵은 유왕의 궁정에서 정과 함께 보좌를 맡았던 경험이 있었기에 틀림없이 주의 중신이 될 만한 자격을 갖추고 있었다. 그러나 나라만을 놓고 보자면 아직은 정보다 작은 나라였다. 왕실은 큰 나라의 보좌를 직접적으로 받으면 압력이 강해서 짓뭉개질 위험이 있었다. 보좌역으로는 가능한 한 작은 나라를 선택하자는 것이 취약한 왕실의 지혜였다.

『죽서기년』에는 유왕이 죽자 괵은 평왕이 아닌 다른 왕자를 옹립했다거나, 평왕 4년(기원전 767)에 정이 괵을 멸망시켰다는 등의 기록이 있다. 사실은 괵이라는 나라가 두 개 있었다. 무왕의 두 숙부─괵중(虢仲)과 괵숙(虢叔)이 각각 영주가 된 두 나라가 모두 괵이라고 불렸는데, 일반적으로 전자는 동괵(東虢), 후자는 서괵(西虢)이라고 불렸다. 쌍둥이와도 같은 출생이었는데 주 왕실의 측근으로 정의 대항마가 된 것은 서괵이었다.

정에게 있어서 괵공의 등용은 기분 좋은 일이 아니었다. 정의 장공은 입조해서도 냉대를 받았다.

　　　누구 덕분에 왕이 됐다고 생각하는 거지? 배은망덕한 놈.

장공은 그에 대한 즉각적인 보복으로 영지의 일부를 노나라와 교환했다.

정나라에 방(祊)이라는 땅이 있는데 그곳은 노의 세력권 안에 있으며, 정나라의 국도(신정)로부터는 상당히 떨어져 있다. 산동반도 안쪽에 방이라는 강이 지금도 있는데, 그 연안에 위치한 지금의 비현(費縣)에 해당하는 곳이다.

노나라에 허(許)라는 땅이 있는데, 그곳도 노나라의 도읍(곡부)과 멀리 떨어져 있어 정의 세력권 안에 위치했다. 지금의 허창시(하남성)에 해당하니 굳이 세력권 안이라고 말할 나위도 없이 신정의 바로 남쪽이다.

정과 노가 어째서 외딴섬과 같이 영지를 상대방의 세력권 안에 가지고 있었느냐 하면, 그것은 토지 영유에 대해서 주 왕실에 대한 봉사의 의무가 수반되어 있었기 때문이다.

정은 주나라 왕의 대리로 태산을 제사해야 할 의무를 가지고 있었다. '방'이라는 땅은 제사 비용을 충당하기 위한 곳이었다.

노는 주나라 왕실에 입조할 때를 위해서 '허'라는 땅을 받은 것이다.

상대편 나라의 세력권 안에 있는 외딴섬과도 같은 자국의 영토를 상대편에게 양도하고, 그 대신 자국의 세력권 안에 있는 상대 국가의 외딴섬과도 같은 영지를 양도받은 것이다. 지도를 봐도 알 수 있는 일이지만, 이것은 합리적이고 깔끔한 정리였던 셈이다.

그런데 이 영지 교환은,

정은 더 이상 주나라 왕의 대리로 태산에 제사를 지내지 않겠다.

노는 더 이상 낙양에 입조하지 않겠다.

는 의사표시였다.

정과 노의 이 영지 교환은 주의 환왕 5년(기원전 715년), 정의 장공이 왕실에서 냉대를 받은 지 2년 뒤에 행해진 일이었다. 보란 듯이 행해진 영지 교환은,

주 왕실의 위령(威令)은 더 이상 천하에서 행해지지 않는다. 우리는

우리 좋을 대로 행동하겠다.

고 선언한 것이나 같았다.

친척 제후 중의 친척인 정이 입조하지 않게 되었으므로 왕실은 그 실력을 의심을 받게 되었다. 그대로 방치해 둘 수는 없었다. 입조하지 않겠다는 것은 등을 돌리겠다는 것이다. 따르지 않는 자를 쓰러뜨리는 것 또한 왕의 임무였다. 정을 치지 않으면 왕의 권위를 유지할 수가 없었다. 천하에 본보기를 보일 필요가 있었다.

주의 환왕은 진(陳)·채(蔡)·곽·위나라 제후들의 군대를 이끌고 정을 토벌하기로 했다.

진은 주나라 초기에 성왕인 순의 후예를 찾아내 봉한 나라였다. 성인의 자손이니 그렇게 강하지는 않았다.

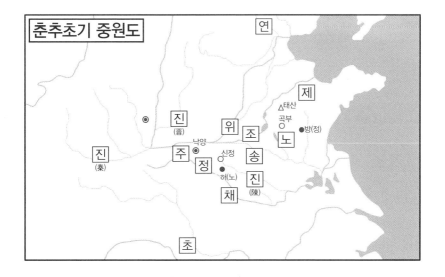

춘추초기 중원도

채·괵·위는 모두 희(姬) 성으로 세 나라 모두 문왕의 아들을 시조로 하고 있었다. 위나라만이 조금 컸을 뿐 나머지는 중소국이었다.

정의 장공도 이에 맞서 일어섰다. 중신인 제중(祭仲), 고거미(高渠彌)를 장수로 삼고 왕사(王의 군대)와 싸워 대승을 거두었다. 축첨(祝瞻)이라는 자가 쏜 화살이 주나라 환왕의 팔꿈치에 맞았을 정도였다. 축첨은 추격을 하려 했지만 정의 장공이 그를 제지했다.

　　　　장(長)을 범하는 일조차 이를 삼간다. 하물며 감히 천자를 넘보겠

　　　느냐.

평범한 윗사람을 혼내주는 것조차 그다지 탐탁한 일이 아닌데, 하물며 천자를 혼내서는 안 된다고 말한 것이다. 공격해 와서 물리쳤을 뿐이라고 말할 작정이었을 것이다.

그날 밤, 정의 장공은 제중에게 명령하여 부상을 입은 주나라 왕을 문안하고 오라고 했다.

어딘지 목가적인 부분이 있다. 춘추와 전국의 차이는 바로 이런 데 있는 모양이다.

남편과 아버지, 어느 쪽이 중요할까

정의 장공은 동생인 단(段)과의 격렬한 후계자 쟁탈전 끝에 영주의 지위를 손에 넣은 인물이다. 이들 형제는 모두 신후(申侯)의 딸인 무강이 낳은 자식들이었다. 그런데 무강은 동생인 단을 더 사랑했다. 『사기』에 따르면, 형이 미움을 받은 이유는 난산 때문이라고 한다.

무공이 병들었을 때, 부인 무강은 동생인 단을 후계자로 지목하라고 졸랐지만 무공은 그 말을 듣지 않았다.

무공이 세상을 떠난 뒤 장공이 뒤를 이었으며, 동생인 단은 경(京)이라는 땅에 봉해졌다. 그 경이라는 곳은 국도인 신정보다 컸다. 중신인 제중이 그것은 좋지 않다며 반대했지만 장공은,

어머니께서 원하시는 일이기에 그대로 했다.

고 대답했다.

그런데 단은 경(京)에서 군비를 갖춰 장공 22년에 정을 습격했다. 어머니 무강이 그와 내통한 것이다.

장공은 군대를 보내 동생 단을 격퇴했다. 단은 경에서 언(鄢)으로 도망쳤고, 다시 공(共)으로 도망을 갔다. 장공의 추격은 상당히 집요했다. 장공의 고민거리는 어머니였다. 어머니이기는 하지만 반란군과 내통을 했으니, 국법에 따라서 처단하지 않을 수 없었다. 그러나 자식으로서 어머니를 처단한다는 것은 괴로운 일이었다. 이에 어머니를 성영(城潁)이라는

곳에 가두고,

　　　　황천에 가지 않고는 서로 볼 일이 없을 것이다.

라고 맹세했다. 죽이지는 않겠지만 죽어서 저승에 갈 때까지는 만나지
않겠다는 것이었다. 그 정도의 조치를 취하지 않고는 기강을 바로잡을
수 없었다. 그러나 자식 된 도리로서 장공도 어머니가 보고 싶지 않을 리
없었다.

　영곡(潁谷)의 고숙(考叔)이라는 자가 헌상품을 가져왔고 장공이 그에
대한 답례로 식사를 하사했을 때, 고숙은 그것을 어머니에게 드리고 싶
다고 청해 왔다.

　　　　나도 어머니를 뵙고 싶어 견딜 수가 없지만, 그처럼 맹세했으니 어

　　길 수 없다. 그러니 어쩌면 좋겠는가?

　장공이 이렇게 말하자 고숙은,

　　　　그렇다면 땅을 파고 그 속에 들어가십시오. 황천이란 지하입니다.

　　일단 거기까지 간 것이니 이제는 어머니를 뵐 수 있는 셈입니다.

라고 지혜를 냈고, 장공은 그에 따랐다. 이것은 춘추 시대의 아름다운 이
야기로 『사기』에도 실려 있다.

　왕의 군대를 격퇴한 정의 장공은 그 이듬해, 북융(北戎)의 침공에 골머
리를 썩고 있던 제(齊)를 위해서 태자 홀(忽)을 장군으로 삼아 원군을 보
내 위급한 제를 구원했다. 이렇게 해서 정의 무용은 천하에 널리 알려졌
다. 그러나 재위 43년 만에 장공이 세상을 떠나자, 언제나처럼 후계자 쟁
탈전에 의한 내분으로 어렵게 신장시킨 국력을 소모해 버리고 말았다.

　장공에게는 태자 홀 외에도 돌(突), 자미(子亹), 영(嬰) 등의 아들이 있
었다.

홀의 어머니는 등(鄧)이라는 소국의 공주였다. 등의 공주를 맞아들일 때 사자(使者) 역을 맡은 것이 장공의 총신인 제중이었다.

돌의 어머니는 송(宋)의 중신인 옹(雍) 씨의 딸이었다. 옹 씨의 뒤에는 당연히 송이 버티고 있었다. 송은 은나라의 미자계가 봉해졌던 나라였다. 나라를 잃은 은의 유민들이었기 때문에 주나라 초기에는 기를 펴지 못했던 나라였지만, 그만큼 단결력이 강해서 이 무렵에는 상당히 강성해져 있었다.

홀이 태자의 자리에 오르기는 했지만 외가인 등은 소국이었다. 그에 비해서 돌은 송이라는 중형 강국을 등에 업고 있었다.

제나라로 보냈던 구원군의 장군이 태자 홀이었다는 사실은 앞에서도 이야기했다. 북융을 격퇴했기에 제나라에서는 기뻐하며 공주를 홀의 아내로 삼으라고 제의했다. 이때 홀이 정은 소국이고 제는 대국이니 어울리지 않는다며 거절하려 했다는 사실도 앞에서 이야기했다. 그때 곁에 있던 제중이,

군(君)은 내총(內寵)이 많다. 태자에게 커다란 후원이 없다면 반드
시 설 수 있다고는 말할 수 없다. 세 공자(公子)는 모두 군(君)이다.

라며 제나라 공주와의 혼담을 물리쳐서는 안 된다고 충고했다.

군, 즉 아버지 장공은 수많은 후궁의 여인들을 총애하여 그들이 낳은 아들들도 적지 않다. 당신은 태자지만 강력한 후원자가 없으면 위에 오르지 못할지도 모른다. 세 공자, 즉 당신 외에도 동생인 돌, 그 동생인 자미 모두 군주가 될 꿈을 품고 있으니.

그래서 과연 태자 홀이 제나라의 공주를 아내로 맞았는지, 『사기』에 거기까지는 기록되어 있지 않다.

지금부터 장공이 세상을 떠난 뒤에 일어난 정나라의 내홍에 대해서 이야기를 할 텐데, 이는 춘추라는 시대의 '원형(原型)'과도 같은 것이다. 약간 복잡한 이야기지만 춘추가 어떤 시대였는지 이해하고 싶다면 인내심을 갖고 들어주기 바란다.

우선 예정대로 태자 홀이 위에 올라 소공(昭公)이라 불리는 정나라의 4대 군주가 되었다.

이 소식을 들은 송나라는 불만을 품지 않을 수 없었다. 송나라 중신의 딸이 낳은 돌이야말로 송나라에서 기대하고 있던 정나라의 네 번째 군주였다. 어떤 책략을 썼는지는 알 수 없지만 송은 정의 중신인 제중을 납치해 왔다. 제중뿐만 아니라 돌까지 송나라로 연행해 왔다.

당시 송나라의 영주는 장공(莊公)이라는 사람이었다. 장(莊)이나 환(桓), 혜(惠), 강(康), 여(厲), 무(武) 등과 같은 이름은 각국 제후들이 흔히 사용했기 때문에 같은 이름의 인물들이 여럿 등장하여 우리의 머리를 혼란스럽게 한다. 어쨌든 송나라의 군주는 연행해 온 제중을 향해,

　　귀국하여 여기 있는 돌을 즉위시키도록 하라. 그렇게 하지 않으면
　네 목숨은 없을 줄 알라.

라고 협박했다.

정에서는 중신 제중의 힘이 굉장히 강했든지 아니면 새로운 군주 소공 홀에 대한 평판이 굉장히 좋지 않았던 모양이다. 돌과 제중이 송에서 돌아왔다는 소리를 들은 것만으로 소공은 위나라로 망명해 버렸다.

『시경』「국풍」에 〈산유부소(山有扶蘇)〉라는 제목의 시가 있다. 여러 가

지 해석이 가해지고 있지만, 그 가운데 하나로 소공의 인사(人事)가 엉망이었다는 사실을 비방했다는 설도 있다. 그와 같은 설이 나온 것을 보면 소공 홀도 그렇게 대단한 군주는 아니었던 듯하다.

송나라의 후원으로 정나라의 군주가 된 돌은 여공(厲公)이라 불렸다. 그는 송나라를 등에 업고 있었지만, 사실은 제중이 그를 옹립했다. 무슨 일을 하든 제중의 의견을 물어야만 했다. 주나라의 왕과 같았다. 왕위에 오르고 나면 가장 귀찮은 것이 바로 자신을 후원하던 세력이다.

정나라의 여공은 걸핏하면 후원자라며 나서는 제중이 거치적거려서 견딜 수가 없었다. 그를 제거해야겠다고 생각했다. 제거를 하기 위해서는 상대방에게 의심을 받지 않고 대상에 접근할 수 있는 사람을 찾아야만 했다. 여공은 옹규(雍糾)라는 사람을 선택했다.

옹규는 제거 대상인 제중에게 쉽게 접근할 수 있는 인물이었다. 왜냐하면 옹규의 아내가 다름 아닌 제중의 딸이기 때문이었다.

　　자네의 장인인 제중을 제거하게.

이런 명령을 받은 옹규는 고민에 고민을 거듭한 끝에 자신의 아내에게 그 사실을 털어놓았다. 옹규의 아내는 그 사실을 하필이면 어머니와 상의했다. 그런데 『사기』에는 어머니에게 그 사실을 털어놓은 것이 아니라,

　　남편과 아버지 중에서 어느 쪽이 더 중합니까?

라고 물은 것으로 기술되어 있다. 이에 대한 어머니의 대답이 참으로 절묘했다.

　　세상의 남자는 모두 남편이 될 수 있다. 그러나 세상이 어떻게 되
　　든 아버지는 단 한 사람뿐이다.

어머니의 이런 대답을 들은 옹규의 아내는 아버지 제중에게 암살계획

을 알렸다. 화가 난 제중은 사위인 옹규를 잡아다 죽이고 유해를 내걸었다.

여공의 계획은 무산되었다. 그는 국가의 실권을 쥐고 있는 제중을 어떻게 해볼 수가 없었다. 여공은 오히려 암살을 명했던 옹규에게 화를 냈다.

중요한 계획을 여자에게 흘리다니, 죽어도 마땅하다!

이렇게 됐으니 옹규는 죽어서도 편히 눈을 감을 수가 없었다.

이 일로 정의 군주인 여공 돌과 국정의 실권을 쥐고 있는 제중과의 관계가 삐걱대기 시작했다.

애초부터 제중이 여공을 옹립한 것은 송의 강요에 의한 것이었다. 심정적으로 그는 예전의 태자, 일단 즉위해서 소공이 된 홀의 편이었다. 홀이 제나라와의 혼담을 거절하려 했을 때, "다시 생각하라"고 충고한 것도 그였다.

옹규의 사건은 기원전 697년에 일어났는데, 그해 여름에 여공이 약(櫟)이라는 땅으로 갔다. 국도를 비운 것이었다. 제중은 그 절호의 기회를 놓치지 않았다. 재빨리 망명해 있던 소공 홀을 맞아들였다.

크나큰 은혜는 보답이 없구나

여공은 집을 비운 사이에 집을 빼앗긴 꼴이 되고 말았다. 그는 머물고 있던 약에서 정나라의 관리들을 죽이고 거기서 자립했다.

정나라에는 두 군주가 존재하게 되었다. 국도 신정에는 소공 홀이 있었고, 약에는 여공 돌이 있었다.

여공 돌의 배후에는 물론 송나라가 자리를 잡고 있었다. 송나라는 무기와 병력을 약에 있는 여공에게 공급해 주었다. 따라서 소공 홀도 약을 공략할 수가 없었다. 송을 비롯한 다른 제후들도 약에 있는 여공을 후원한 듯하지만, 여공에게도 형 소공을 몰아내고 복귀할 정도의 힘은 없었다.

소공 홀과 여공 돌, 두 형제간의 다툼에 많은 사람들이 개입되어 있어서 거의 수습할 수 없는 상태가 되어 버리고 말았다. 이 두 사람이 권력 다툼을 되풀이하는 것은 자신들을 위해서였지만, 다른 사람들에게는 피해를 가져다주었다.

정나라 사람들은 군주가 누구든 평화롭게 생활할 수만 있으면 그만이었다.

정나라가 왕의 군대에 승리를 거둔 그 빛나는 전투를 제중과 고거미가 지휘했었다는 점은 앞에서도 이야기했다. 제중은 소공 홀의 어머니가 시집을 올 때 사자가 되어 등에 갔던 인물이며, 홀과 제나라 공주와의 결혼을 권한 일에서도 알 수 있듯이 소공과의 관계는 나쁘지 않았다. 그러나 고거미와 소공은 마음이 잘 맞지 않았다.

아버지 장공이 고거미를 등용하려 했을 때 아들 홀이 반대를 했다고한다. 장공은 아들의 의견은 듣지 않고 자기 뜻대로 고거미를 대신의 자리에 앉혔다.

고거미는 홀이 자신을 싫어한다는 사실을 알고 있었다. 그 홀이 군주가 되면 자신은 결국 살해되고 마는 것이 아닐까 두려워했다. 살해될 위험을 없애기 위해서는 상대방을 살해하는 것이 가장 확실한 방법이었다. 고거미는 사냥을 나갔을 때 소공을 활로 쏘아 죽였다. 정나라 소공 2년 기원전 695년의 일이었다.

군주의 자리가 비었다. 아니, 둘이었던 군주 가운데 신정에 있던 소공 홀이 죽었으니 약에 있는 여공을 맞아들이는 것이 당연하다고 여겼다. 그러나 정나라의 두 중신 모두 거기에 찬성하지 않았다.

약에 있는 여공이 복귀하면, 소공을 옹립했던 사람들이 숙청당하게 될 것이다. 제중 등은 가장 먼저 처단을 받을 것이 틀림없었다. 제중과 고거미는 상의 끝에 세 번째 왕자인 자미를 군주로 세우기로 했다. 자미는 위에 오르자마자 살해되어서 시호가 없다.

그해에 제나라의 양공(襄公)이 제후들을 불러 모았다. 이후로도 회맹(會盟)이 종종 행해졌다고 기록에 남아 있다. 한 제후가 다른 제후들에게 소집령을 내리는 것이다. 제후들이 많이 모이지 않으면, 소집을 한 제후의 체면이 깎이게 된다. 따라서 소집에 응하지 않은 제후를 토벌했다. 소집을 한 제후의 군사가 들이닥칠 것이 두려웠기 때문에 소집이 걸리면 참석할 수밖에 없었다. 토벌군이 와도 격퇴할 자신이 있으면 굳이 나갈 필요가 없었다.

유력한 제후가 아니면 회맹을 할 수가 없었다. 그것이 가능한 제후를,

　　패자(霸者)

라고 불렀다. 춘추 시대는 오패(五霸)의 시대라고 하는데 2백수십 년 동안에 다섯 명의 패자가 등장했다. 그 첫 번째가 제였다.

제나라의 양공이 왕자였을 때 정나라의 자미와 싸움을 벌인 적이 있었다. 그 싸움의 결말이 나지 않은 상태였다.

　　가지 마십시오.

라고 제중이 소집에 응하려는 자미를 말렸다. 그러나 자미는,

설마 어렸을 때의 싸움에 대한 보복을 회맹의 자리에서 하겠소? 게

다가 우리나라는 약에 여공이 있소. 내가 가지 않으면 그것을 구실로 제후들이 군대를 보내 여공을 세우려 할 것이오.

라며 회맹에 참석했다. 회맹의 장소는 위나라의 수지(首止)라는 곳이었다. 고거미는 따라나섰지만 제중은 병을 핑계대고 가지 않았다.

아니나 다를까, 자미는 살해되고 말았다. 어렸을 때의 싸움을 사과했으면 좋았으련만 그에게도 자존심이 있었다. 사죄할 필요는 없다고 생각했지만 제나라의 양공은 집착이 매우 강한 사람이었다. 고거미는 구사일생으로 살아 돌아와 제중과 다시 상의를 했다.

또 한 사람의 왕자인 영(嬰)이 진(陳)에 있었는데 그를 불러들여 즉위시켰다. 그가 바로 정자(鄭子)라 불리던 군주였다. 약에서는 여전히 여공이 자리를 지키고 있었다. 정의 입장에서 보자면 언제 폭발할지 알 수 없는 불길한 폭탄이었다.

정자 8년, 집착심 강했던 제나라의 양공이 관지보(管至父)의 반란으로 살해되고 말았다.

12년(기원전 682)에 정나라의 기둥이었던 제중이 죽었다. 약의 여공은 제중이 있었기에 복귀를 할 수 없었다. 제중이 세상을 떠나자 약의 여공은 드디어 복귀를 위한 행동에 들어갔다.

여공은 정나라의 대신 보하(甫瑕)를 납치하고 복귀에 힘쓸 것을 강요했다. 석방되어 돌아온 보하는 여공과의 약속대로 정자와 그 두 아들을 죽이고 약에 있던 여공을 맞아들였다.

오랜 망명생활에서 돌아온 여공은 원한을 풀려 했다. 가장 먼저 숙청해야 할 대상은 제중이었지만 이미 죽고 없었다. 이에 여공은 큰아버지

인 원(原)을 불러,

> 나는 망명을 해서 밖에 있었는데 큰아버지에게는 나를 복귀시킬
> 의사가 없었다. 어떻게 그럴 수 있는가?

라고 책망을 했다. 이에 대해서 원은,

> 임금을 섬김에 있어서 두 마음을 품지 않는 것은 인신(人臣)의 본
> 분입니다. 원(原)은 죄를 알았습니다.

라고 대답하고 스스로 목숨을 끊었다.

소공을 섬기고, 자미를 섬기고, 정자를 섬겼지만 이 모두가 '임금'이었
다. 그 임금을 섬기면서 약에 망명한 여공의 복귀를 획책했다면 그것은
두 마음이 있었던 것이라 할 수 있다. 그러나 그 두 마음이 없었다는 점
을 여공의 입장에서 보자면 죄가 된다는 사실을 깨닫게 된 것이다. 그랬
기 때문에 원은 죄를 알았다고 말한 뒤 책임을 지고 자살했다.

다음으로 여공은 자신의 복귀에 힘썼으며 정자를 죽인 공로자인 보
하를 불러,

> 임금을 섬기는 데 있어 네게는 두 마음이 있다.

라고 비난했다. 그리고 주살해 버렸다. 보하가 일을 실행하지 않았다면
여공은 복귀할 수 없었을 테지만, 보하의 임금이었던 정자의 입장에서

보자면 섬김에 두 마음이 있었던 인물이 되는 셈이다. 죽기 직전에 보하는 다음과 같이 말했다.

중덕(重德)은 보답 받지 못한다더니, 참으로 그렇구나.

중덕이란 크고 무거운 은혜를 말한다. 정적인 정자를 죽여 복귀할 수 있게 해준 것은 보하가 여공에게 준 더할 나위 없는 중덕이라고 할 수 있다. 그러나 그 시대에 '중덕은 보답 받지 못한다'는 속담이 있었던 듯하다. 조그만 친절이라면 상대방도 기뻐하겠지만, 너무나도 커다란 은혜는 받아들이는 쪽도 그것이 너무 버거워서 보답을 할 방법이 없어지고 만다. 게다가 언제까지고 "내 덕분에……"라는 말을 들어야 한다면 은혜를 입은 쪽도 유쾌할 리가 없다.

두 마음을 품었다는 이유로 여공은 자신에게 거북한 존재가 될지도 모를 보하를 제거했다. 주군인 정자뿐만 아니라 그의 두 아들까지 죽인 일에 대한 대가가 보상보다도 더 강하게 작용했던 것일까.

여공은 즉위 4년 만에 망명을 했고 약에 머물기를 17년, 그리고 복귀 7년 만에 세상을 떠났다. 기원전 673년의 일이었다.

나라를 저버린 음악가들

어느 나라에서건 비슷비슷한 집안싸움이 일어나고 있다. 정나라의 이야기를 길게 늘어놓은 것은 그러한 일들의 일례를 들기 위해서다.

이 이야기 속에 춘추가 어떤 세상이었는지가 잘 나타나 있다.

제중이나 고거미 등과 같은 중신들이 군주를 좌지우지하는 경향이 있었다. 고거미가 소공을 죽였지만 그를 대신한 것은 아니었다. 자신이 살해될 것이라고 생각했기에 기선을 제압해서 죽인 것이었다.

임금을 섬김에 있어서 두 마음이 있어서는 안 된다는 원칙은 있었지만 그것이 잘 지켜지지는 않았다. 그러나 자신에게 필요할 때면 그 원칙을 들고 나왔다.

주의 왕실은 더욱 쇠약해졌지만 멸망하지는 않았다. 자신들에게 필요할 때면 그것을 앞세울 필요가 있었다. 정나라는 왕사를 격파해 주나라 왕에게 상처를 주었지만 더 이상 멀리까지 뒤쫓지는 않았다. 뿐만 아니라 문안을 위해 정중하게 사자까지 보냈다.

후계자의 자리를 놓고 벌어진 왕자들 사이의 싸움은 처나 외가가 배경이 되었다. 그러나 배경이 앞으로 나서서 자리를 빼앗는 일까지는 하지 않았다. 보기에 따라서는 어중간한 부분이 있으며, 바로 거기에서 목가적인 여운이 느껴진다.

청동기를 만드는 장인들과 마찬가지로 주의 음악가들도 각지로 흩어졌기 때문에 지방 음악의 수준도 상당히 향상되었을 것임에 틀림없다. 『논어』의 「미자편(微子篇)」에 다음과 같은 문장이 있다.

> 대사(大師)인 지(摯)는 제(齊)로 갔다. 아반(亞飯)인 간(干)은 초(楚)로 갔다. 삼반(三飯)인 요(繚)는 채(蔡)로 갔다. 사반(四飯)인 결(缺)은 진(秦)으로 갔다. 고(鼓)인 방숙(方叔)은 하(河)로 들어갔다. 파도(播鼗)인 무(武)는 한(漢)으로 들어갔다. 소사(小師)인 양(陽), 격경(擊磬)인 양(襄)은 해(海)로 들어갔다.

여기서 든 것은 모두 주 왕실의 저명한 음악가들의 이름인 듯하다. '대사'란 왕실의 음악총장을 일컫는다. 당시 왕실에서는 식사를 할 때마다 음악을 연주했었다고 한다. '아반(아는 차(次)와 같음)'은 두 번째 식사 때의 음악장(音樂長), '삼반, 사반'은 세 번째, 네 번째 식사 때의 악단을 지휘했던 사람일 것이다. 어쨌든 왕실의 식사는 하루에 네 번이었던 모양이다. '파도'는 노도(路鼗)라는 악기이고, '소사'란 음악장의 보좌쯤으로 여겨진다. '격경'이란 경(돌로 된 악기)을 치는 사람을 말한다.

음악가가 나라를 떠난다는 것은 그 나라가 쇠망할 전조라고 여겨지고 있었는지도 모른다. 『사기』에는 은나라 말기에도,

> 은의 태사와 소사는 곧 악기를 들고 주로 달아났다.

는 기록이 있다. 제정일치 시대에 제사가 흐트러지는 것은 망국의 근본이라 여겨지고 있었다. 제사를 치를 때는 반드시 음악이 연주되었다. 음악사(音樂師)는 신과 가장 가까운 사람, 혹은 신과 인간 사이에 서서 양자를 연결해주는 존재라고 여겨졌다. 신의 뜻을 가장 잘 아는 자리에 있는 음악사가 포기한 것이라면 그 나라도 끝이라고 할 수 있을 것이다.

서주 말기의 왕실 음악가들은 한 곳으로 옮기지 않고 사방으로 흩어졌다. 제후들의 나라를 의지해서 갔는데, 서로 경쟁하지 않기 위해서 계획적으로 흩어진 것 같다. 고사(瞽師)라고 불렸다는 데서 알 수 있듯이 당시의 음악사들 중에는 맹인들이 많았다. 시각을 잃은 만큼 다른 곳의 감각은 발달했다. 그 이상한 감각으로 신에 가까이 다가갈 수 있다고 여겨졌던 모양이다. 게다가 서로가 맹인이라는 단단한 유대감이 있었기 때

분에 단결력도 강했다. 모두가 상의를 해서 계획적으로 목적지를 정한 것 같은 느낌이 든다.

음악사들이 사방으로 흩어진 탓에 지방문화 향상에 커다란 도움이 되었다.

정나라의 음악도 '정성(鄭聲)'이라 불렸는데 상당히 유명했다. 그러나 그다지 명예롭지 않은 쪽으로 이름을 날렸다. 왜냐하면 중국인들의 성경이라고 할 수 있는 『논어』의 「위령공편(衛靈公篇)」이라는 글 속에 다음과 같은 내용이 있기 때문이다.

안연(顔淵)이 방(邦)을 다스리는 것에 대해서 물었다. 공자가 말하기를, 하의 시(時)를 행하고, 은의 수레(輅)를 타고, 주의 면(冕)을 입고, 악은 곧 소무(韶舞)이다. 정성을 내몰고(放), 영인(佞人)을 멀리해야 한다. 정성은 음(淫)하고, 영인은 태(殆)하다.

제자 안연이 나라를 다스리는 방법을 묻자 공자는 지금까지의 역대 왕조의 뛰어난 점을 채용하라고 대답한 것이다.

예를 들어서 달력은 하나라의 것을 써야 한다고 말했다. 공자는 주나라 예악의 찬미자였지만 달력만은 주나라나 은나라 것보다 하나라의 것이 더 뛰어나다는 점을 인정했다. 주력(周曆)은 겨울을 한해의 처음으로 삼고 있기 때문에 만물의 시작이라는 분위기에 따뜻한 맛이 없다. 하나라가 멸망한 후에도 『하소정(夏小正)』이라는 역서(曆書)는 계속 전해졌다. 지금 우리들이 음력으로 쓰고 있는 것이 바로 하나라의 달력이다. 봄을 한해의 시작으로 보고 있다.

'노(輅)'는 노차(路車), 즉 천자의 수레를 말하는데, 은나라의 것은 소박하고 견고했다. 주나라의 의관은 잘 갖춰져 있었다. 음악은 누가 뭐래도 순임금 때의 소(韶)가 으뜸이다.

'정성을 내몰고', 즉 이것은 정의 음악을 추방하라는 뜻이다. '영인'이란 아첨하는 사람을 의미한다. 영인을 멀리하라는 당연한 말을 정성 추방과 하나로 묶어서 이야기했다.

정성은 음(淫), 영인은 태(殆)라는 것이 그 이유였다.

'음'이란 호색, '태'란 위험이라는 뜻이다. 아첨하는 인간은 말과 마음이 다르기 때문에 분명히 위험하다. 정의 음악도 그와 같다고 단정했다.

원래 '음'에는 '과(過)'라는 뜻도 있어서 과잉, 상궤(常軌)에서 벗어남을 뜻하기도 한다. 이에 정성은 호색한 것이 아니라, 예를 들자면 템포가 지나치게 빠르다거나 지나친 부분이 있다는 설도 있다. 일본의 오규 소라이(荻生徂徠, 1666~1728, 에도 시대의 유학자-옮긴이) 등은 그렇게 해석하고 있다. 왜냐하면 공자가 편찬한 『시경』속에 정풍(鄭風)인 정나라의 가요도 포함되어 있으니, 정성이 호색한 것일 리가 없다는 생각에서다.

하지만 공자가 정나라의 가요를 가려 뽑을 때, 호색한 것은 선택의 대상에서 제외한 것이라고 생각하는 편이 자연스러울 것이다. 그럼에도 불구하고 다른 나라의 가요에 비해서 정의 가요는 남녀 사이의 일을 보다 대담하게 표현한 것 같다는 느낌이 든다.

음란한 정나라 노래

『시경』「정풍」에 있는 〈장중자(將仲子)〉라는 노래의 첫 번째 장은 다음과 같다.

> 청컨대 중자(仲子)여,
>
> 우리 마을로 오지 마세요.
>
> 제가 심어 놓은 버드나무를 꺾지 마세요.
>
> 어찌 그것이 아깝겠어요.
>
> 우리 부모님이 두려워요.
>
> 중(仲)도 그리우나,
>
> 부모님의 말씀도
>
> 역시 두려우니까요.

백(伯)·중(仲)·숙(叔) 등은 형제의 순서를 나타내는 말이다. 막내는 계(季)다. 중자란 둘째 아들을 말한다.

둘째 도련님, 우리 마을로 몰래 들어오지 마세요, 제가 심어 놓은 버드나무를 꺾지 마세요, 버드나무가 아까운 것은 아니지만 부모님이 무서워요, 둘째 도련님도 그립지만 부모님께 야단맞는 것도 무서워요.

연인이 늘 찾아오는 것은 기쁜 일이지만, 부모님이 무서워서 안절부절 못하는 아가씨의 마음이 잘 나타나 있다.

그런데 『시경』을 해석한 오래전의 『모전(毛傳)』은 이것을 정치시라고 보고 있다.

『시경』은 공자가 편찬했다고 전해지기에 경전화되어 여러 가지 해석이 더해졌다. 공자가 하찮은 내용의 시를 뽑았을 리 없다. 언뜻 보기에는 단순해 보이지만 깊은 의미가 숨겨져 있을 것이라고 여겨 왔기 때문이다.

『시경』을 해석하는 데는 제(齊), 노(魯), 한(韓), 모(毛) 등 네 개의 종가(宗家) 같은 것이 있었다. 그 가운데서도 모가(毛家)가 가장 유력했기 때문에 『모시(毛詩)』라고 하면 『시경』을 가리킬 정도가 되었다. 모가의 해석을 『모전』이라 부르기로 하겠다. 『모전』에 따르면, 끈질기게 찾아오는 것은 연인이 아니라 정나라의 재상 제중이라는 것이다. 그리고 주인공은 과년한 아가씨가 아니라 정나라의 장공이라는 것이다.

정나라 장공의 어머니 무강은 장공의 동생인 단을 더욱 사랑하여 그를 영주의 자리에 앉히려 했지만, 무공의 반대로 그렇게 하지 못했다는 사실은 앞에서도 이야기했다. 그렇지만 단은 국도보다 더 넓은 경이라는 땅에 봉해졌다. 이와 같은 일은 나라를 어지럽히는 근본이라고 제중은 거듭 간언했다. 동생의 세력이 점점 커져서 결국에는 모반을 하게 될지도 모르니 그렇게 되기 전에 결단을 내려 처분해 버리라고 독촉했다. 이와 같은 제중의 간언에 대한 장공의 대답이 이 노래라는 것이다. 그렇게 끈질기게 내 동생을 처분하라고 재촉하지 말았으면 한다, 동생 단이 위험하다는 제중의 말도 이해 못하는 바는 아니지만 어머니의 뜻이니 어쩔 수 없지 않은가, 라고 해석한 것이다. 너무 깊이 해석했다는 느낌이 약간 든다.

남송의 주희(주자)는 그처럼 우회적으로 표현한 정치시가 아니라 단순히 순수한 연애시라고 봐야 한다고 주장하고 있다.

『모전』과 같은 오래전의 주석은 정치시적인 해석을 취하는 경향이 있으며, 그에 대해서 주자학파 등은 있는 그대로 해석하는 자세를 취하고 있다. 『시경』 속에 풍자나 정치 비판에 관한 것이 전혀 없다고는 할 수 없다. 그러나 모든 시를 그렇게 본다는 것은 지나친 해석일 것이다.

〈건상(褰裳)〉이라는 노래가 있다.

> 그대가 나를 생각한다면,
> 옷자락을 추어올리고 진을 건너오세요.
> 그대 나를 생각지 않는다면,
> 어찌 다른 사람이 없겠어요.
> 미친 애송이 같은 미치광이야.

당신이 나를 사랑스럽게 여긴다면 옷자락을 걷어붙이고 진수(溱水)를
건너오세요. 당신이 나를 생각지 않는다면 다른 남자가 없는 것도 아니
에요, 미친 애송이 같은 미치광이 양반.

참으로 대범한 연애시 아닌가?

'정위지성(鄭衛之聲)'이라고 해서 음악이 음(淫)하기로는 위나라도 정나
라와 어깨를 나란히 할 정도였다. 그런데 두 나라의 음악을 살펴보면 위
나라의 연가는 남자가 여자에게 호소하는 것이지만, 정나라의 연가는
여자가 남자에게 호소하는 것이 많다. 이 노래의 두 번째 행인 '건상섭진
(褰裳涉溱)'을 '건너오세요'라고 해석했지만, 어쩌면 '건너갈게요'라고 해석
해야 하는지도 모른다. 아무래도 정나라의 여성들은 적극적이었던 것 같
다. 일본의 소설가 가이온지 조고로((海音寺潮五郎, 1901~1977)는 그렇게 해
석해서 다음과 같이 번역했다.

> 당신 나를 좋아하나요.
> 좋으면 좋다고 말하세요.

전 무슨 짓이든 하겠어요.
옷자락 걷어 올리고 진을 건너
당신 곁으로 날아가겠어요.
빨리 말하지 않으면 생각이 있어요.
당신 한 사람만이 남자는 아니에요.
미친 당신은 그걸 모르나요.

뛰어난 번역이라 하지 않을 수 없다.

이해하기 쉬운 노래처럼 보이지만, 『모전』에서는 이것도 역시 정치시로 보고 있다. 소공 홀이 위에 올랐을 때, 동생인 여공 돌은 약으로 망명하여 호시탐탐 복귀할 기회를 엿보고 있었다. 나라가 둘로 갈리게 되자, 그것을 근심한 국민이 대국(大國)의 조정을 바라는 마음을 읊은 노래라는 것이다. 어떤 대국에게 조정을 부탁해 놓고, 만약 그럴 마음이 없다면 조정을 부탁할 다른 대국이 없는 것도 아니라며 자극을 하기 위해 부른 노래라는 것이다.

앞에서 제목만을 들었던 〈산유부소(山有扶蘇)〉의 첫 번째 장을 다음에 인용하도록 하겠다.

산에는 부소(扶蘇)가 있고,
못[隰]에는 하화(荷華)가 있네.
자도(子都)는 보이지 않고,
미친 자를 보았네.

산에는 부소나무가 있고 연못에는 연꽃이 있기 마련이다. 있어야 할 곳에 있어야 할 것들이 있는데, 나는 밖으로 나갔지만 사랑스러운 자도를 만나기는커녕 미치광이 같은 미운 남자만 만났다. 정말 마음대로 되지 않는다.

사랑스러운 사람을 만나지 못하는 안타까운 마음을 잘 알 수 있다. 옛 주석에 따르면, 적재적소에 인재를 등용해야 하는데 소공 홀이 엉망으로 임명을 했기에 그것을 탓한 노래라고 한다.

기대에서 벗어나 실망한 마음이 그대로 표현되어 있다. 어쩌면 이 노래에는 도리에 맞지 않는 인사를 비판하는 사람들의 마음이 숨겨져 있는지도 모른다.

『시경』에 실려 있는 정의 가요는 21수다. 후한의 허신(許愼)은 그중에서 여자를 유혹하는 것이 9편이라고 했지만, 주희는 더 많다고 보고 음분(淫奔)한 시가 이미 7분의 5 이상이라고 했다. 옛날에는 정치를 풍자한 노래라고 여겨지던 것들 중에 순수한 연애시로 보이는 것들이 적지 않았다.

주희는 '음분'이라는 말을 사용했는데, 틀림없이 다른 지방의 민요에 비해서 대담한 면이 있기는 해도 읽을 수 없을 정도는 아니다. 오히려 조용히 미소를 짓게 만든다.

정나라는 새로운 나라였고, 건국한 지 얼마 지나지 않아 섬서성의 화산 부근에서 멀리 신정으로 거국적인 이동이 있었다. 춘추 초기에는 이민족대이동의 여파를 그 지역에서 느낄 수 있었을 것이다. 아직 튼튼하게 뿌리 내리지 못했다는 위기의식과 그에 따른 가벼운 몸놀림, 과감함이 국민의 성격을 형성하는 요소가 됐을 것이라 여겨진다.

앞에서 인용한 노래에도 나온 것처럼 정나라에는 진(溱)이라는 강과 유(洧)라는 강이 있어서, 거기에서 남녀가 모여 먹고 마시고 춤추며 풍작을 빌고, 또 그것을 축하하는 행사가 거기서 열렸던 모양이다. '옷자락을 걷어 올리고 건너오세요'라는 그 〈건상〉이라는 노래도 그때 불렸을 것이다.

주나라에서는 3월 상사일(上巳日)에 목욕재계하는 습관이 있었다. 3월에 들어 맞이하는 첫 번째 사일(巳日)을 말하는 것이다. 날짜를 12지로 헤아리는 것이기 때문에 상사는 아무리 늦어도 3월 12일이 되는 셈이다. 당연히 매해 날짜가 바뀌었다. 이에 불편을 느꼈던 때문인지 삼국의 위(魏)나라 무렵, 즉 3세기에 들어서부터는 사일에 구애받지 않고 3월 셋째 날이라 정하게 되었다고 한다. 이것이 우리나라에도 전해져 삼월 삼짇날이 되었다.

10세기 말 북송에서 편찬된 『태평어람(太平御覽)』이라는 백과사전의 시서부(時序部)에,

　　한시(韓詩, 연나라 한영이 전했다는 시경) 장구(章句)에 이르기를, 진과 유는 강물이 참으로 가득하다. 3월 복숭아꽃이 강물에 질 때 정나라의 풍습은 3월 상사(上巳) 날에 그 강물에서 초혼속백(招魂續魄, 혼을 불러 넋을 이음)하여, 상서롭지 못한 것을 털어 냈다.

라는 내용이 있다. 목욕재계를 위해서 강가로 모여들었다. 유배곡수(流杯曲水)의 잔치가 벌어지는 것도 이날이었다. 굽이치는 물에 잔을 띄워 놓고 그것이 정해진 곳에 흘러갈 때까지 시를 지으며 풍류를 즐기는 행사

였다. 이를 곡수지연(曲水之宴)이라 했다.

곡수지연은 중국에서도 한나라 이전에 행해진 흔적은 없다. 그러나 목욕재계 후에는 틀림없이 유흥이 있었다. 정나라에서는 젊은 남녀가 모여 먹고 마시고 춤을 추며 풍년을 기원했다. 물가에 난 꽃을 따 액막이로 삼고 남녀 사이에 작약을 선물했다.

『시경』의 〈진유(溱洧)〉라는 노래에 참으로 즐거워 보이는 남녀의 모습이 그려져 있다.

덧붙여서, 앞에서도 이야기했듯이 정나라와 함께 음분한 노래가 많았다고 하는 위나라는 은나라의 옛 땅이었다. 음주의 습관이 뿌리 깊게 남아 있어서 풍속이 상당히 퇴폐했을지도 모른다. 오래된 나라인 위와 새로운 나라인 정은 각각 서로 다른 내력을 배경으로 한 풍속을 가지고 있었다.

넓어지는 천하

의후적궤와 대우정

중국에서 단지 '하(河)'라고 하면 그것은 황하를 가리키는 것이며, 단지 '강(江)'이라고 하면 그것은 장강을 가리키는 것이다.

나일강이 이집트 문명의 어머니라 불리는 것처럼 중국의 문명은 이 두 개의 거대한 하천의 품에서 자라기 시작했다.

지금까지는 주로 중원—황하 중류 지역—을 중심으로 이야기를 전개해 왔다. 그러나 중원에만 역사가 있었던 것은 아니다. 갑골문이나 금문 등의 문자에 의해서 기록된 것들은 틀림없이 중원 부근에 많이 남아 있다. 그러나 신석기시대 유물의 분포를 봐도 알 수 있는 것처럼 장강 유역과 그 남쪽에도 먼 옛날부터 상당한 수준에 도달한 문화가 존재하고 있었다.

우리는 장강을 양자강이라고도 부른다.

감진(鑑眞) 화상의 고향인 양주(揚州) 부근에 양자진(揚子津)이라는 나루터가 있기에 그 부근의 하천을 양자강이라 부른 적도 있었다고 한다. 장강의 일부를 그 지역에서 부르던 말이었다. 외국인이 그 강의 이름을 물었을 때, 그 지역 사람은 자신들이 부르던 명칭을 가르쳐줬을 것이다.

양주는 장강의 북쪽에 있으며 그 맞은편, 장강의 남쪽에 있는 것이 진강(鎭江)시다. 장강을 거슬러 올라가다 보면 이 부근이 남경으로 들어가는 입구처럼 느껴지기 때문에 경구(京口)라 불렸다. 또 단도(丹徒)라는 지명도 있다. 수나라의 양제(煬帝)가 건설한 것으로 알려진 대운하가 장강에서 북상하기 시작하는 곳이 대략 이 지점이었다.

우리나라에서 중국을 찾은 배들도 이 부근에서 잠깐 숨을 돌렸다가 운하로 들어갔을 것이다. 지금은 진강에서 그 맞은편 강가인 과주(瓜州)까지 페리가 다니고 있다.

진강의 장강 페리 승선장 동쪽으로 금산사(金山寺)의 탑이 보인다. 금산은 원래 장강에 떠 있는 섬으로 '부옥(浮玉)'이라고도 불렸다. 그런데 언제부터인가 그 섬은 남쪽 기슭과 흙으로 연결되어 버리고 말았다.

일본 에도시대 작가 겸 학자인 우에다 아키나리(上田秋成, 1734~1809)는 『5월 이야기(雨月物語)』라는 괴이소설을 썼는데, 이 작품에 수록되어 있는 〈사성(蛇性)의 음(婬)〉은 중국의 백사전(白蛇傳)을 바탕으로 쓴 작품이다. 백사전의 무대는 항주(杭州)의 뇌봉탑(雷峰塔)과 금산사다.

금산사의 승려인 법해(法海)는 불공을 드리러 온 젊은 남자 허선(許仙)의 아내가 사실은 백사의 정령이라는 사실을 꿰뚫어 보고 그를 법좌(法座) 뒤에 숨겼다. 아내인 백사가 남편을 찾으러 왔다가 법해와 요술대결을 펼치는 장면은 경극의 한 장면으로도 유명하다. 법해는 법력으로 금산사를 물에 잠기게 하고, 백사 부인도 이에 맞서 최선을 다해 싸우지만 임신을 했기 때문에 힘이 미치지 못해 도망을 치고 만다. 그러나 지금 중국에서 상연되고 있는 『금산사』는 부부의 사랑이 법해의 법력을 이겨 두 사람이 함께 살게 된다는 결말이다.

이처럼 금산사는 전설의 무대가 된 실제의 장소인데, 이 부근에는 고대 역사와 깊은 관계가 있는 장소가 한 군데 더 있다.

1954년 6월, 진강시(당시의 행정구역으로는 단도현) 용천향(龍泉鄕) 연돈산(烟墩山)에서 밭을 갈던 농부가 고분 3기를 발견했다. 거기서 10여 개의 청동기가 출토되었는데, 그중 하나에 120여 자의 명문이 새겨져 있었다. 파손이 있었기에 판독 불가능한 부분도 약간 있었지만, 곽말약의 고증과 해석으로 그 대략적인 뜻은 밝혀져 있다. 그것은 '궤(簋)'라고 불리는 그릇이다.

궤란 곡물을 담아 신에게 바치기 위한 그릇인데, 당시 청동기의 대부분이 그랬듯이 기념품적인 성격을 가지고 있었다. 무엇을 기념한 것인지는 명문에 나타나 있다. 이 궤를 만든 사람은 적(矢)이라는 인물이다.

이 적이라는 사람은 우후(虞侯)였는데 주의 왕이 그를 의후(宜侯)로 삼았기에 왕의 은총을 사람들에게 알리고, 우의 선군(先君)인 아버지 정공(丁公)을 위해 제기를 만든 것이라는 내용이 명문에 적혀 있다.

우나라의 군주라고 하면 은나라 말기에 예나라의 군주와 분쟁이 일어 아직 서백이라 불리던 주나라 문왕에게 재판을 청하러 가려 했던 인물이 떠오른다. 주나라 사람들이 논두렁을 서로 양보하는 모습을 보고 우나라의 군주와 예나라의 군주 모두 부끄럽게 여기며 돌아갔다는 유명한 이야기였다. 적은 당시 우나라 군주였던 사람의 자손일 것이다. 앞의 일화로 짐작컨대, 우나라는 은이 멸망하기 전부터 주에 복종하고 있었던 듯하다.

이 청동기는 '의후적궤(宜侯矢簋)'라 불린다. 명문에 무왕(武王)과 성왕 (成王)이 토벌한 지방을 주나라의 왕이 시찰하고 다시 동쪽으로 갔다고 되어 있으니 틀림없이 성왕 다음 왕인 강왕(康王) 시절이었을 것이다.

왕은 순수(巡狩) 도중에 의라는 땅에 있는 사(社, 토지신을 모신 곳)에 서 서 우후에게 지금부터 의후가 되라고 명령했다. 명문에 활과 화살, 토지, 종자(從者), 서인(庶人) 등을 받았다고 되어 있다. 왕이 하사한 활과 화살 은 복종하지 않는 자를 왕 대신에 토벌할 수 있는 권한을 주겠다는 징표 였을 것이다. 활과 화살의 내용은,

> 붉게 칠한 활(彤弓) 1개, 붉게 칠한 화살(彤矢) 100개, 검게 칠한 활(玈弓)
> 10개, 검게 칠한 화살(玈矢) 1천 개.노

이라고 되어 있다.

『춘추좌씨전』에 따르면, 노나라 희공(僖公) 28년(기원전 632)에 주나라 의 양왕이 진(晉)나라의 문공(文公)에게,

> 동궁(彤弓) 1개, 동시(彤矢) 100개, 노궁(玈弓) 10개, 노시(玈矢) 1천 개

등 붉고 검은 활과 화살을 각각 하사했다고 한다. 강왕 시절에서 4백 년 가까이 지났음에도 수권(授權)의 형식은 거의 같았다.

한편 강왕 시절의 청동기 중에는 유명한 대우정(大盂鼎)이라는 것이 있다. 청나라 도광(道光) 원년(1821)에 섬서성 미현(郿縣)에서 출토되었으며 지금은 상해 박물관에 소장되어 있다. 우라는 사람이 은상(恩賞)을 기록

한 것인데, 그 가운데 하사받은 서인이,

서인 육백 그리고 오십 그리고 구 부(九夫)

라고 기록되어 있다. 다시 말해서 659명이다.

이에 비해서 의후적궤는,

서인 육백 그리고 □ 육 부

라고 되어 있다.

□는 판독이 불가능한 부분인데, 한 글자인 것으로 봐서 틀림없이 '십(十)'일 것이라 추정된다.

하사의 대상이었으니 자유민은 아니었을 것이다. 그 숫자는 양자가 거의 동일하다.

의후적궤는 높이가 15.7센티미터인데 비해서 대우정은 높이가 102센티미터가 넘는 거대한 그릇이다. 우는 장군이었던 것으로 여겨진다. 적은 강왕의 순수에 따랐는데 그도 역시 종군한 장군으로 점령지를 영지로 부여받은 것일지도 모른다.

우와 적 모두 주나라의 중신이었던 듯하다.

적이 봉해진 '의'라는 곳이 어디인지는 명확하지 않다. 강소성의 태호(太湖) 서쪽 기슭에 의흥(宜興)이라는 마을이 있는데 그곳과 관계가 있는지도 분명히 알 수 없다. 어쨌든 궤가 출토된 곳이 강남이니 주나라 강왕 시절에 주나라의 지배력은 이미 장강을 넘어서 그 남쪽에까지 미쳤다는 사실을 알 수 있다.

주가 천하를 쥐기 전에 고공(古公)의 큰아들인 태백(太伯)과 둘째 아들인 중옹(仲雍)이 막내인 계력(季歷)에게 위를 양보하기 위해 서로 손을 잡고 형만(荊蠻, 미개 민족이 살던 양자강 이남의 땅-옮긴이)의 땅으로 도망했다는 미담이 전해지는 곳이 강남이다.

『사기』「오태백세가(吳太伯世家)」에 따르면, 주의 무왕이 은나라와의 싸움에서 이긴 뒤, 태백과 중옹의 자손을 찾다가 마침내 주장(周章)을 찾아냈다고 한다. 태백에게는 아들이 없었으며 동생인 중옹이 형만의 땅의 수장의 자리를 물려받았는데, 주장은 그의 증손자에 해당한다. 주장은 이미 그 땅의 수장이었기 때문에 그의 동생인 우중(虞仲)을 주나라의 북방, 예전에 하나라의 땅이었던 곳에 봉해 제후로 삼았다고 한다.

중국의 역사학자인 당란(唐蘭,1901~1979)은 『의후적궤고석(宜侯矢簋考釋)』에서 이 의후가 바로 주장일 것이라고 추측했다.

고대에 우(虞)와 오(吳)는 통용되는 문자였다고 한다. 강왕이 남쪽으로 순수했을 때, 오나라의 수장이 되어 있는 예전의 친척에게 의후가 되라고 명한 것이리라. 이 추측에 따르면, 강왕은 정복한 강남의 땅인 의가 종주에서 너무 멀리 떨어져 있어서 같은 희성(姬姓)을 쓰는 오나라의 수장 주장에게 맡긴 것이라고 한다.

내가 추측하기에 의후가 된 것은 주장의 동생인 우중이나 혹은 그의 자손이 아니었을까 생각한다. 주의 무왕이 찾아낸 주장은 무왕의 손자인 강왕 시절에는 이미 생존하지 않았을 것이다. 우중은 우후였던 중(仲)이고, 그 아들이나 혹은 손자가 우후 열이었다고 추측된다. 그가 강왕의 남정(南征)에 따라나섰다가,

강남은 너희 집안의 출신지니 마침 잘 됐다. 이곳 의의 영주가 되

　어라.

라는 명령을 받게 된 것이 아닐까?

　　유래야 어찌됐든 주나라의 지배력이 강남에까지 미쳤다는 것은 틀림

없는 사실로 은나라 시절에 비하면 '천하'는 넓어진 셈이다.

　　남쪽뿐만이 아니었다. 동쪽으로도 넓어졌다. 이것도 출토품에 의해서

증명되었다. 요령성 객좌현(喀左縣)은 지금까지도 청동기가 자주 출토되는

지방이다. 객좌현이란 객라심좌익몽고족자치현(喀喇沁左翼蒙古族自治縣)의

약칭이다. 1976년에 도쿄와 교토에서 열렸던 '중화인민공화국 고대청동

기전'에 출품되었던 130점 가운데 '반룡수면문뢰(蟠龍獸面文罍)'와 '수면백

유문방정(獸面百乳文方鼎)' 두 점이 객좌현에서 출토된 것이었다. 이 두 점

모두 1973년에 출토된 서주 전기의 것이다. 1977년부터 그 이듬해에 걸

쳐서 나고야, 기타큐슈, 도쿄에서 열린 '중화인민공화국 출토문물전'에는

객좌현에서 출토된 청동기가 한 점 출품되었다.

　　그것은 1955년 객좌현 마창구(馬廠溝)에서 출토된 것으로 다음과 같은

다섯 글자가 명문으로 새겨져 있다.

　　언후작분우(匽侯作饋盂)

　　언은 '연(燕)'과 같다. 이것은 연후의 밥을 담는 그릇을 의미한다. 연은

소공이 봉해졌던 나라로 북경 부근에 국도가 있었다. 그런데 연후의 그

릇이 요령성 객사현에서 출토된 것을 보니 연의 판도가 동쪽을 향해서

상당히 넓어졌다는 사실을 알 수 있다.

　　무왕이 천하를 잡았을 때, 주는 그다지 강력하지 않았던 듯하다. 성

왕, 강왕 무렵에 정력적으로 판도를 넓혔다. 의후적궤에 있는 왕의 순수

는 틀림없이 원정이었을 것이다. 판도확장은 제후에게 토지나 서민을 주기 위해서 필요했다. 대우정에는,

수민수강토(受民受疆土)

라는 말이 있다. 왕은 천명을 받아 백성과 영토를 받은 것이라 여겨지고 있었다. 그런데 봉건제 사회였기 때문에 이를 제후들에게 나눠주지 않으면 안 되었다.

소왕이 남방에서 죽은 것은 아무래도 원정 중에 전사한 것 같다는 사실을 앞에서 이야기했다. 영토 확장 사업도 그쯤에서 드디어 좌절을 맛보게 된 것이다.

유왕이 견융에게 습격 받는 일 등이 있어 주는 쇠미해져 갔다. 그러나 봉건 제후들의 판도는 넓어져 갔다. 약한 중앙에서 떨어져 나간다는 것은 당연했다.

이렇게 해서 '지방 시대'가 찾아왔다. 게다가 천하는 더욱 넓어졌다.

초나라의 등장

강남의 연돈산에서 발견된 서주의 무덤에서 출토된 그 궤(簋)는 중원의 풍격을 그대로 간직하고 있는 것으로 지방색은 찾아볼 수 없다. 틀림없이 수도인 종주에서 제작되어 그곳까지 옮겨졌을 것이다. 어쩌면 중원에서 기술자가 가서 중원의 형식대로 만들었는지도 모른다. 하지만 같은 지역에서 출토된 다른 청동기들 중에는 지방적인 특징을 가지고 있는 것들도 볼 수 있다. 그것은 남방의 인문토기(印文土器)의 특색인 '편직문(編織紋)', 즉 기하학적 모양이 청동기 표면에 나타나 있다.

그것은 1959년, 안휘성 둔계(屯溪)에서 발견된 2기의 서주 무덤에서 출토된 청동기에서 보다 확실하게 찾아볼 수 있다. 문화는 중원에서 일방적으로 유입된 것이 아니라 토착문화가 그것을 받아들인 것이다. 둔계의 출토품들을 보면 결코 떠밀려든 것이 아니라는 사실을 알 수 있다.

혼합은 새로운 힘을 낳는다. 때로 그것은 매우 강한 힘이 되는 경우도 있다. 자극을 받게 되면 때로는 생각지도 못했던 것을 낳게 되기도 한다.

주나라 건국 당시에는 제후로도 인정받지 못했던 남방의 '초(楚)'가 일취월장하여 힘을 기르기 시작했다. 토착의 야성적인 힘에 주나라로부터 받아들인 문화적 영향이 더해져 크게 비약하게 된 것이리라.

『사기』에 따르면, 초는 오제(五帝) 중의 하나인 제 전욱의 자손이라고 한다. 전욱의 4대손 중에 육종(陸終)이라는 사람이 있었다. 육종은 '탁부(坼剖)'하여 여섯 아들을 낳았다고 한다. 탁부란 몸이 찢어지는 것을 일컫는 말이니, 이것은 신화의 한 유형일 것이다. 여섯 아들 중 막내인 계련(季連)이 초의 시조라 여겨지고 있다. 사마천은 『사기』에서 초의 계보에 대해,

　　　그 후 중간에 미(微)하여 혹은 중국(中國)에 있고, 혹은 만이(蠻夷)
　　에 있었기에 그 세(丗)를 기록할 수가 없다.

라고 말하고 있다.

여기서 말하는 중국이란 나라의 중앙부, 혹은 국도를 일컫는다. 고시에서 '중전(中田)'이 한가운데 있는 밭이 아니라 밭의 한가운데를 의미하는 것과 같은 용법이다. 나라의 중앙부에 있기도 하고 만이(蠻夷), 다시

말해 변경 지방에 있기도 했다는 것을 보면, 초라는 부족은 여기저기 떠돌아다녔는지도 모른다.

사마천의 이 기술은, 초(楚) 부족이 때로는 중원정권과 관계를 맺고 또 때로는 관계를 끊었다고도 해석할 수 있다. 그렇다면 초는 방황하는 부족이 아니었다. 중원정권에서 보자면 가끔 얼굴을 내민다 싶다가도 오랫동안 소식이 끊기기도 하는, 변덕스러운 지방 세력인 셈이다. 사마천이 '그 세를 기록할 수 없다'고 말한 것은 초일 것이라 여겨지는 부족에 관한 중원의 기록을 드문드문 볼 수 있기는 하지만, 그 간격이 너무 떨어져 있어서 그것을 연결할 수 없다는 의미라고 해석할 수도 있다.

초의 조상은 틀림없이 삼묘(三苗)일 것이다. 제 전욱의 자손이라는 등의 말은 틀림없이 나중에 만들어진 이야기이다.

순임금 시절의 대신이었던 우의 보고 속에 사해 모두 잘 다스려지고 있는데,

묘는 완(頑)하여 공(功)에 따르지 않는다.

라며 묘족만이 복속하지 않았다는 사실이 기록되어 있다. 순이 남쪽으로 순수하여 강남에서 죽은 것도 틀림없이 묘족을 토벌하던 도중이었을 것이다.

묘족에도 여러 부족이 있었기에 삼묘라 총칭한 것이다. 중원에서의 싸움에서 패해 남쪽으로 도망간 것이기 때문에 남인(南人)이라고도 불렸다. 패배자이기는 했지만 용감하고 끝까지 굴복하지 않는 자부심 강한 사람들이었다.

은나라의 제사 때는 곧잘 사람을 죽여 제물로 삼았다. 갑골 조각에 그런 예가 수도 없이 기록되어 있다. 목숨을 잃은 것은 대부분 강인(羌人)

이었던 듯하다. 남인을 죽였다는 내용은 거의 찾아볼 수가 없다. 강인에 비하면 극히 드물었다. 아마도 남인, 즉 묘족은 용감해서 그렇게 쉽게 잡을 수는 없었다.

초는 삼묘의 자손이라고 칭하지는 않았지만, 그들이 살고 있던 초만 (楚蠻)의 땅인 호북 일대는 삼묘의 세력권이었다. 삼묘 중의 한 부족이라고 생각해도 좋을 듯하다.

『사기』에 따르면, 주나라 문왕 때 초의 수장은 육웅(鬻熊)이라는 사람이었다고 한다. 그리고 그의 아들이 문왕을 섬겼다고 기록되어 있다. 중원에 잠깐 얼굴을 내비쳤던 시기도 있었다. 주의 무왕이 은을 토벌했을 때, 주 외에 각 부족의 군대도 거기에 참가했다. 물론 무왕이 소집했다. 은나라의 군대와 목야(牧野)에서 싸울 때의 맹세가 『상서』 속에 「목서(牧誓)」라는 제목으로 수록되어 있다. 그 가운데,

용(庸), 촉(蜀), 강(羌), 무(髳), 미(微), 노(盧), 팽(彭), 복(濮) 사람들이여, 너희의 창을 들고, 너희의 방패를 펼치고, 너희의 창을 세워라. 나는 이를 맹세한다.

라는 말이 있는데 이들 소수민족에 대해서는 여러 가지 설이 있다. 이 가운데서 '무'가 묘에 해당한다는 설도 있다. 초나라 수장의 아들이 주나라의 조정에 있었다면, 그 군대도 목야에 동원되었을 것이다. 목야에 참전했던 수장의 아들이 일찍 세상을 떠났기 때문에 그의 아들인 웅려(熊麗)가 수장의 지위를 물려받았다. 웅려의 손자인 웅역(熊繹)은 주나라 성왕 시절에 생존했던 인물이다.

주의 성왕은 건국 공로자의 자손들에게 봉후(封侯)의 상을 주었다. 웅역은 초만에 봉해졌으며 그 작위는 자작이었다. 이때 주로부터 토지를 받은 것은 아니었을 것이다. 초는 원래부터 그 지방의 수장이었다. 주 왕실이 그때서야 비로소 초의 수장을 제후로 인정했다는 사실을 의미한다. 웅역은 이때부터 초자(楚子)라 불리게 되었다.

웅역은 주나라로 갔다. 원래부터 지배하고 있던 땅의 정식 영유권을 왕실로부터 추인받은 것에 지나지 않았다. 그러나 성왕 때는 주나라의 황금시대였다. 회이(淮夷)를 정벌하고 엄(奄)을 무찔러 그 무위(武威)가 사방에 빛났다. 복종의 의사를 표명하지 않으면 군대를 보내올지도 모를 일이었다. 초는 지금까지도 종종 그래 왔던 것처럼 얼굴만 잠깐 내밀 생각이었다.

주의 성왕은 기양(岐陽, 섬서성 기산 남쪽)에서 회맹한 적이 있었다. 회맹에는 제사나 회의라는 명분이 따르기는 했지만, 결국에는 위세를 내보이기 위한 행사에 지나지 않았다. 소집을 무시하고 참석하지 않은 제후는 토벌을 각오해야만 했다. 모임에 참석한 제후의 숫자가 적으면 소집을 한 사람은 권위를 의심받게 된다. 소집을 무시한 사람을 토벌할 실력이 없으면 회맹 따위는 할 수도 없었다.

회맹은 천자가 행하는 것이지만, 춘추 시대에 접어들어서는 유력한 제후가 소집을 행했다. 그렇게 할 수 있는 제후를 '패자'라 불렀다.

회맹에서는 약속했다는 사실을 신에게 알리고 잡은 제물의 피를 마셔 맹세를 했다. 실제로는 입가에 피를 바르기만 했던 것 같다. 피를 마시는 순서는 말할 나위도 없이 상위자(上位者)부터였다.

초자(楚子)인 웅역도 기양의 회맹에 참석했지만, 주의 성왕은 피를 마시는 회맹 의식에 그를 참가시키지 않았다. 그리고 요(燎, 화톳불)를 지키는 역할을 명령했다. 물론 자작(子爵)이기는 하지만 웅역은 형만(荊蠻)이라는 이유 때문이었다. 참으로 극심한 차별이었다.

『국어』의 「진어(晉語)」에, 진나라 평공(平公, 재위 기원전 558~532) 때 회맹이 있었는데, 초가 가장 먼저 피를 마시려 했다는 사실이 기록되어 있다. 이때 숙향(叔向)이 조문자(趙文子)에게 한 말 중에,

> 옛날에 성왕은 제후를 기양에 맹(盟)했는데, 초는 형만이라 하여
> 앙절(苧絶)을 놓고 망표(望表)를 두고 선모(鮮牟)와 함께 요를 지켰다.

라는 내용이 있다. 성왕은 기원전 1000년 무렵의 인물이었다. 회맹에 정식으로 참가하지도 못했던 초가 500년쯤 지나자 회맹을 주재할 수 있게까지 되었다. 숙향은 마음속으로 화가 났을 것이다.

'앙절'이란 억새로 만들어진 좌석의 표시를 말하며, '망표'란 산천에 제사를 지낼 때 신위(神位)를 나타내는 표시가 되는 나무를 말한다. 이 모두 회맹에 쓰이는 도구에 불과하다. 화톳불이 꺼지지 않도록 지킨 것이 초와 선모[선비(鮮卑)라 되어 있는 책도 있다]였는데, 선모도 차별대우를 받던 부족이었을 것이다.

도구를 마련하고 회장을 준비하고 불을 지켰으니 잡부에 지나지 않았다.
초는 자부심이 강했기에 당연히 그것을 견딜 수가 없었다.

머리를 치켜드는 '만이' 왕들

사천에서부터 장강을 따라 내려오다 보면 유명한 삼협(三峽, 싼샤댐 일대)이 나온다. 구당협(瞿塘峽)과 무협(巫峽)을 지나면 호북성으로 들어가게 되는데, 무협에서 나와 서릉협(西陵峽)으로 접어들기 전의 지역을 예전에는 단양(丹陽)이라고 불렀다. 초나라 초기의 국도가 바로 그 부근에 있었다.

그 장강 유역과 거기로 흘러드는 한수 유역이 초의 판도였을 것이라 생각된다. 한수가 장강과 합류하는 지점이 한구(漢口, 입구)다. 지금은 한양(漢陽)과 무창(武昌)을 합쳐서 무한시(武漢市)가 되었다.

초가 주에 등을 돌린 것은 차별대우를 받았기 때문만은 아니었다. 용감하고 자부심이 강한 초는 가능한 한 자립하고 싶다고 생각했다. 주가 강성했기 때문에 어쩔 수 없이 복종을 하고 있었다.

상대방이 약해졌을 때나 자신이 강해졌을 때, 그때가 바로 자립의 기회였다. 초는 하루가 다르게 강해져 갔으며, 천하의 주도 점점 약화되었다.

출토된 주나라 청동기의 명문에 '초형(楚荆)을 치다'라는 내용이 있는 경우를 가끔 볼 수 있다. 소왕은 한수에서 육사(六師)를 잃었는데, 그 상대가 초였다는 것은 틀림없는 사실이다.

한수는 주와 초의 전장이 되기도 했지만, 한편으로 이 강은 초가 주의 문화를 받아들이는 경로이기도 했다.

초가 하루가 다르게 강성할 수 있었던 것은 그 야성적인 힘에 중원 문화를 흡수함으로 해서 얻은 지성의 힘이 더해졌기 때문이다.

주의 이왕(夷王) 때, 초의 수장은 웅거(熊渠)였다. 그는 자신의 세 아들에게 각자 왕을 칭하게 했다. 장남인 강(康)을 구단왕(句亶王), 차남인 홍

(紅)을 악왕(鄂王), 막내인 집자(執疵)를 월장왕(越章王)으로 삼은 것이다.

　　하늘에 두 해 없고, 땅에 두 임금 없다.

　　이것이 당시의 상식이었다. 왕이라 칭할 수 있는 자는 주 왕실의 왕, 오직 한 사람뿐이었다. 초가 단번에 세 왕을 만든 것은 놀랄 만한 일이었다.

　　　　나는 만이(蠻夷)다. 중국의 호시(號諡)와 관계없다.

며 웅거는 큰소리를 쳤다. 주 왕실의 왕만이 왕이라 칭할 수 있는 것은 나라 중앙부의 관습이다. 그러나 나는 만이이니 그런 관습에 구애받을 필요는 없다고 선언한 것이다.

　　전국 시대가 되면 제후들도 하나둘 왕을 칭하게 된다. 그러나 춘추 시대에 중원의 제후 중에서 왕을 칭한 자는 없었다. 초가 가장 먼저 왕을 칭했다. 초보다 한참 뒤늦게 오나라와 월나라가 춘추 시대에 왕을 칭했다. 두 나라 모두 중원에서 보자면 '만이'의 나라였다.

　　주의 여왕 때, 초는 역시 두려웠던지 왕이라는 칭호를 폐지했다. 주의 여왕은 국인들로부터 추방을 당해 망명한 인물이었는데, 그런 만큼 포학해서 마음에 들지 않으면 원정군을 보낼 가능성도 있었다. 주의 유왕이 견융에 의해 살해된 것은 초나라 약오(若敖) 20년 때의 일이었다.

　　동주의 평왕 30년(기원전 741), 초나라 수장의 자리에 오른 것은 웅통(熊通)이라는 지나치게 적극적이다 싶을 정도로 적극적인 인물이었다. 그에 앞에서 수장의 자리에 있던 사람은 형인 분모(蚡冒)였다. 형이 죽자 웅통은 형의 아들을 죽이고 자신이 수장의 자리에 올랐을 정도니 보통내기가 아니었다.

장강의 지류인 운수(溳水) 유역에서 하남성 신양시(信陽市)에 가까운 호북 쪽에 수현(隨縣)이라는 곳이 있다. 주나라 시절, 그 부근에 희성(姬姓)의 나라인 수(隨)가 있었다. 웅통은 수로 군대를 보냈다.

　　　　우리 수는 너희 나라에게 아무런 잘못도 한 것이 없지 않은가?

라고 수후(隨侯)가 항의를 했다. 이에 대한 초나라 웅통의 대답이 『사기』에 다음과 같이 소개되어 있다.

　　　　나는 만이다. 지금 제후는 모두 모반을 행하고, 서로 침범하고 혹은
　　　　서로 죽인다. 내게 폐갑(敝甲, 보잘것없는 군대. 자신의 것을 말할 때의 겸
　　　　칭)이 있어 중국의 정(政)을 보려 한다. 왕실에 청하여 내 호를 존귀케
　　　　하라.

　　그는 조상인 웅거와 마찬가지로 '나는 만이다'라고 큰소리를 친 뒤, 수를 협박했다.
　　모두 제멋대로 날뛰고 있지 않은가? 우리 초에 보잘것없는 군대가 있으니 그것으로 나라 중앙부의 정치에 참가하려 한다, 이에 자작이라는 작위는 너무 낮으니 왕실에 승격을 청해주기 바란다, 라고 한 것이다.
　　수는 주 왕실과 같은 희성으로 친척관계에 있었다. 위협을 받았기에 초의 의뢰를 받아들여 왕실에 전했지만, 주 왕실(당시의 주나라 왕은 환왕)은 이를 거부했다.
　　'무례한 녀석!'이라고 생각했을 것이다.

웅통은 왕실이 위를 올려 주지 않는다면,

　　내 스스로 높이면 된다.

며 오랫만에 왕이라는 칭호를 부활시켰다. 이에 웅통은 초의 무왕(武王)
이 되었다. 주나라 환왕 16년(기원전 704년)의 일이었다.

초의 무왕은 수와 맹약을 맺었다. 그것은 수나라가 초나라의 속국이
되었음을 의미한다.

초나라가 자만에 빠져서 왕호(王號)를 쓴 것만은 아니었다. 초나라는
그만큼의 실력을 갖추고 있었다. 주 왕실에도 초를 칠 만한 힘은 없었다.

초의 무왕은 재위 51년 만에 세상을 떠났으며, 그의 아들이 뒤를 이
었다. 그가 문왕(文王)이다. 문왕은 단양에서 영(郢)으로 천도했다. 장강은
호북성 사시시(沙市市)에서 굽이치는데 그 약간 서쪽에 강릉현(江陵縣)이
있다. 강릉현 북쪽에 기남성적(紀南城跡)이라는 유적이 있는데, 그곳이 초
나라의 도읍인 영이었다고 생각된다.

초의 문왕은 신(申)을 토벌하고, 채(蔡)를 토벌했다. 전부 지금의 하남
성에 있는 나라였다. 채에서는 애후(哀侯)를 포로로 잡았다. 뒤이어 등(鄧)
을 쳐서 멸망시켰다.

그 부근의 소국은 모두 초를 무서워했다.

초나라의 강성한 모습에 중원 제후들도 위기감을 느끼게 되었다.

그 무렵 중원에서는 주나라 왕의 측근이었던 정나라가 쇠하고 제나라
가 점차 힘을 비축하여 대두하기 시작했다.

패자에 대해서는 앞에서도 이야기했다. 천자 대신에 회맹의 주인이 될
수 있는 제후를 일컫는 말이다. 춘추 시대에는 패자가 다섯 명 나왔는데
이를 '춘추 오패'라고 부른다. 오패 중 첫 번째가 다름 아닌 제나라의 환

공이었다.

패자에 대해서는 다음에 다시 이야기하도록 하겠다. 그러나 중원에 패자가 나타난 것은 초의 위협이 커다란 요인이었다는 점에는 주목을 해야 할 것이다.

위기의식을 가지고 있었기에 중원의 제후들이 연합을 생각하게 되었다. 대초연합(對楚聯合)이라 해도 좋을 것이다. 연합을 하려면 회의를 해야 한다. 회의에서 약속한 사항을 엄수하겠다는 맹세를 하기 위해서 회맹이 행해지고 제후가 소집되었다.

중원으로 뻗어가는 초나라

다음과 같은 세 가지 일들이 동시에 진행되면서 천하가 넓어졌다.

첫 번째는 예전까지는 변경이라 여겨졌던 지방으로 중원의 제후가 이봉(移封)된 경우다. 오(吳)나라의 조상이라 여겨지고 있는 의후(宜侯) 적(矢)이 그랬을 것이라 추측되고 있다.

두 번째는 토착세력이 중원의 문화적 영향을 받아서 중원화한 경우다. 삼묘의 후예인 듯한 초나라가 여기에 해당될 것이다.

세 번째는 제후의 변경 개척이다. 객사현 출토품에서 볼 수 있는 것처럼 연의 동북 진출이 그 전형적인 예라 할 수 있을 것이다.

굴원의 〈천문〉은 지금까지도 여러 번 인용했다. 그것은 참으로 신화의 보고라 할 수 있다. 그런데 나는 그것을 읽을 때마다 언제나 이상하게 생각하는 점이 있다.

굴원은 초나라 사람으로 진(秦)이 남하한 기원전 277년 무렵에 멱라

(汨羅)에 몸을 던져 죽은 것으로 알려져 있다.

초나라의 조상이라 여겨지는 세력이 주나라 소왕의 육사(六師)를 한수에서 격파한 지 700년이 지났다. 초나라가 처음으로 왕을 칭한 것은 굴원 시대보다 500년 전의 일이었다. 수를 치고 채후(蔡侯)를 포로로 잡은 지도 400년이 지나 있었다. 이처럼 굴원의 조상인 초는 노래로 불려질 만한 빛나는 과거를 가지고 있었다.

그런데 신화의 보고인 〈천문〉 속에 초의 신화는 거의 등장하지 않는다. 여왜 전설이 묘족의 것이라는 설을 소개한 바 있는데, 〈천문〉에 그 이름은 한 번밖에 나오지 않는다. 그에 비해서 우의 전설은 열심히 노래했다. 하, 은, 주의 전설은 끊임없이 등장한다. 주가 은을 멸망시킨 대목도 상세히 설명했다. 방황하는 신인 예(羿)까지도 나오는데, 초의 신화는 어째서 나오지 않는 걸까? 주의 소왕이 남순(南巡)하여 돌아오지 않았다는 사실을 말한 장이 있다. 그것도 '남토(南土)'라고 적었을 뿐, 초라고는 적지 않았다.

소왕의 죽음을 말했을 뿐이다. 백치(白雉)의 깃털을 머리에 꽂고 중원군을 격퇴한 조상의 용감한 모습은 묘사되어 있지 않다.

의미가 불명한 시구가 몇 개 있는데 어쩌면 그것이 초에 관한 부분일지도 모른다. 그러나 후세의 주석가들이 포기해 버렸을 정도로 의미가 불분명한 것은 그 설화가 전해지지 않았기 때문일 것이다. 그 분량도 얼마 되지 않는다. 대학자인 주희가 해석불능이라 한 것은 마지막 부분의 89자였다. 그중에,

형훈(荊勳)이 사(師)를 이루었는데, 어찌 그리 뛰어난가.

라는 구절이 있다. 형초(荊楚)라는 말이 있는 것처럼 형은 초를 일컫는 말이다. 초의 장군(형훈)이 군대(師)를 통솔하는데 어찌 그리 뛰어난지, 라는 의미로 해석된다. 굴원은 초나라의 현재를 근심하며 예전의 좋았던 시절을 회상하고 있다. 예전에는 뛰어난 장군이 있었지만, 지금은 틀렸다며 한탄을 하고 있는 것이다. 그러나 이것만으로는 초나라 옛 장군들의 무훈이 어떤 것이었는지는 전혀 알 길이 없다.

어쨌든 〈천문〉은 조묘(祖廟)에 그려진 벽화에 써 넣은 것이라고 하니, 각각의 주제를 굴원 자신이 자신의 뜻에 따라서 고른 것은 아니다. 조묘의 벽화에 그려진 설화는 그 대부분이 중원의 것이었다는 점을 알 수 있다. 초나라의 설화는 어디로 증발해 버린 것일까?

이 사실을 통해서 나는 초가 매우 빠른 속도로 중원화했다고 추측한다. 초나라 자신의 것은 대부분 내팽개치고 중원의 문화를 받아들여 자기를 개조하지 않았을까?

초나라가 강성해질 수 있었던 것은 초나라 사람들의 용감함과 초나라 땅의 비옥함이 커다란 원인이었을 것이다. 그러나 자기 개조를 위해 쏟아부은 힘이 커다란 활력을 낳은 것이라고도 볼 수 있다.

초나라 사람들은 고집스러운 면이 있다. 지금도 호북이나 호남에는 한번 마음먹으면 목숨까지도 거는 사람들이 많다고 한다. '호남 사람과는 싸움을 하지 말라'는 속담이 있다고 한다. 싸움을 하게 되면 끝까지 물고 늘어져 떨어지지 않기 때문에 귀찮다는 뜻이다.

이와 같은 성격을 가진 초나라 사람들이 일단 자신들을 중원화해야겠다고 생각했다면, 극단적이다 싶을 정도로 그것을 실행했을 것이라는 점은 쉽게 상상해볼 수 있다. 어설픈 행동은 하지 않는다. 그렇게 철저했기 때문에 초는 자신들의 전승까지도 스스로 버린 것이 아닐까?

〈천문〉을 읽고 있자면, 초는 이론의 여지도 없이 중원 국가였다는 생각이 든다.

천하는 단지 넓어지기만 한 것이 아니라 기반을 굳게 다지며 나갔던 것이다.

신참 제후 진

중원세계의 확대에는 세 가지 형태가 있었다고 말했다. 그런데 서쪽의 진(秦)은 이 세 가지 형태를 전부 가지고 있었던 듯하다.

황하 중류 유역이 중심이었던 중원세계를 서쪽으로 넓힌 것은 주의 커다란 공적이었다. 그러나 유왕이 견융에 의해 살해되고 평왕이 성주(낙양)로 천도하면서, 서부에서는 중원세계가 일시적으로 후퇴한 느낌이 든다.

동쪽으로 도망한 동주의 평왕은 예전의 본거지를 진에게 맡겼다. 진은 이때 처음으로 제후가 되었다.

"나는 만이다"라고 큰소리치며 만이라는 사실을 간판으로 삼았던 적이 있는 초나라조차 성왕 시대에 자작을 받아 제후의 일원이 되었다. 기원전 1000년 무렵의 일로, 평왕(기원전 770년부터 재위) 시절에 봉해진 진보다 200년 이상이나 선배인 셈이다.

제후라는 입장에서 보자면 진은 신참에 지나지 않았다. 첫 번째 형태는 변경으로 이봉된 형태라고 말했지만, 진은 이전까지 제후가 아니었기 때문에 이봉이 아니라 신봉(新封)이다.

『사기』「진본기」에 따르면, 진의 조상도 제 전욱이라고 한다. 물론 이것도 만들어진 이야기가 틀림없다. 진은 후에 천하를 잡았으니 천하의 주인에 걸맞은 조상을 만들어 낼 필요가 있었다. 초나라와 마찬가지로 제 전욱의 후예면서도,

혹은 중국에 있고, 혹은 이적(夷狄)에 있었다.

라고 기록되어 있다. 앞에서도 이야기했듯이 이것은 출신 불명이라는 사실을 말해준다.

순임금 시절에 진나라의 조상인 대비(大費)라는 사람이 순과 같은 성인 요(姚)라는 여자를 아내로 맞아들여,

순을 도와 금수를 길들였다. 조수(鳥獸)가 많이 따랐다.

고 했으므로, 왕실의 동물을 사육하는 자리에 있었을 것이다. 은나라의 탕이 하나라의 걸을 칠 때, 진의 조상인 비창(費昌)은 그 마부였다고 한다.

주나라의 목왕은 여행을 좋아했는데, 서쪽의 곤륜산으로 가서 서왕모와 회견했다는 전승이 있다는 사실은 앞에서도 이야기했다. 그 먼 길을 여행할 때도 진나라의 조상인 조보(造父)라는 사람이 마부였다고 한다. 주나라 효왕 때, 진의 조상 중 한 사람인 비자(非子)라는 사람이 있었다. 말을 돌보는 일에 뛰어났기 때문에 효왕이 그에게 말을 관장하는 일을 맡겼다고 『사기』에 기록되어 있다.

주나라가 말을 방목하던 곳은 위수와 견수(汧水) 사이에 있었다. 따라

서 진은 제후가 되기 전부터 이미 섬서성에 해당하는 상당히 넓은 지역을 자신들의 영역으로 삼고 있었던 듯하다.

동물 사육과 인연이 깊은 일족이었다. 전차전을 펼치던 시대였기에 말은 가장 중요한 전력이었다. 그런 말을 맡았으니 제후는 아니었다 할지라도 그에 준하는 유력한 부족으로 알려져 있었을 것이다. 게다가 서쪽의 변경으로 융족의 세력권 가까이에 있었기 때문에 융과의 교섭이 많았던 듯하다. 교섭이라는 말에는 전쟁이나 외교가 포함되어 있었다.

주나라의 여왕이 국인들의 반란으로 도망을 쳤을 때, 서융도 기회를 놓치지 않고 주나라의 방목지로 침범해 들어왔다. 진나라의 조상은 서융에게 패했으며 반격에 나섰다가 또다시 패했고, 장공(莊公) 시절에 드디어 서융을 격파했다. 공화기가 지나고 주의 선왕 시절에 접어들었는데, 주는 이때의 싸움에 병사 7천을 장공에게 주었다고 『사기』에 기록되어 있다.

장공의 아들인 양공(襄公) 시절에 양공의 누이동생이 융 풍왕(豊王)의 아내가 되었다. 전쟁을 하기도 하고 친척관계를 맺기도 하고 했지만, 그 무렵의 진은 틀림없이 마정장관(馬政長官)이라는 직함과 관할지 관계로 중원적이라기보다는 융적(戎的)인 분위기를 더욱 농후하게 가진 집단이었을 것이다. 혹은 융의 일파였다고 생각해도 좋을지 모르겠다. 중원 왕조에서 마부로 일했다는 전설은 진나라가 중원화된 이후에 만들어진 이야기와 같다는 의심이 들기도 한다.

만약 그렇다면 두 번째 형태가 되는 셈이다. 초나라와 마찬가지로 야성적이고 강인한 전투력을 가진 부족이었는데 중원의 영향을 받아 점점 중원화되었고, 그 결과 중원세계의 확대에 공헌을 하게 된 셈이다.

유왕이 여산 기슭에서 살해당했을 때, 진의 양공은 군대를 이끌고 달려갔다. 주나라 왕실 일행이 평왕까지도 포함해서 어쨌든 낙양까지 도망갈 수 있었던 것은 진나라 군대의 도움이 있었기 때문이다.

이렇게 해서, 중요한 직무를 맡고 있으면서도 아직 제후에 봉해지지 않은 진에게 어떻게 해서라도 작위를 주지 않을 수 없었다. 진이 융적(戎的)인 성격을 농후하게 가지고 있던 부족이었다는 사실도 봉후가 늦어진 이유 중 하나였을지도 모른다.

세 번째 형태는 제후가 주변부를 개척함으로 해서 중원세계를 넓힌 경우인데, 진은 여기에도 해당된다.

550년에 걸친 춘추전국 시대에 종지부를 찍고 천하를 통일한 것은 진이었다. 가장 늦게 제후에 봉해진 진이 천하를 아우를 수 있었던 데는 여러 가지 이유들이 있을 수 있다. 그중에서도 배후지, 특히 사천을 널리 그리고 훌륭하게 개발했다는 점은 모든 사가들이 한목소리로 지적하는 내용이다.

다시 한 번 말하는데 춘추전국은 분열의 시대라고 인식하기보다는, 지금까지의 중원정권이라는 용기에는 다 담을 수 없을 정도로 천하가 넓어진 시대라고 해석하는 편이 더 정확할 듯하다.

패자 등장

최초의 패자 제 환공

천자의 측근이었던 정나라가 주나라 왕실과 중원을 좌지우지하던 시대는 지났다. 알기 쉽게 얘기하자면 공경(公卿)의 시대가 지나고 실력을 갖춘 영주들의 시대가 찾아온 것이다.

천자를 대신해서 제후들을 리드하는 것이 패자인데, 제나라의 환공(桓公)이 가장 먼저 패자로 인정을 받았다.

제는 주나라 건국 당시의 군사였던 태공망 여상이 봉해졌던 나라다. 태공망의 원래 성은 강(姜)이었다. 하·은 시절에 강족은 치수의 공적을 인정받아 여(呂)와 신(申)에 봉해졌다고 한다. 두 곳 모두 하남성에 있다. 태공망은 여에 봉해진 강족의 후손이다. 봉해진 땅의 이름인 여를 성으로 썼다. 강족이 티베트 계열일 것이라는 사실에는 거의 틀림이 없다.

태공망을 제에 봉한 것은 주나라의 강력한 적이었던 동방의 이족과

동남쪽의 만족에 대비한다는 의미가 있었을 것이다. 주나라 성왕의 섭정
역을 맡았던 소공은 태공망에게,

> 동쪽은 바다에 이르고, 서쪽은 하(河, 황하)에 이르고, 남쪽은 목릉
> (穆陵, 호북)에 이르고, 북쪽은 무체(無棣), 하복에 이르기까지 오후구
> 백(五侯九伯)은 실로 이를 정복할 수 있다.

고 명령했다.

오후란 공, 후, 백, 자, 남 다섯 개의 작위를 가진 제후를 말한다. 또 당
시 천하는 아홉 개의 주로 나뉘어 있었는데, 목백(牧伯)이라는 장관이 각
각 주재하고 있었다.

주나라 동남 지방의 각 영주, 또는 직할지를 맡아 다스리는 관리 가운
데 잘못이 있는 자는 토벌해도 좋다는 보증서를 받은 것이다.

태공망 시절부터 제나라는 한쪽의 우두머리가 될 수 있을 만한 실력
과 자격을 충분히 가지고 있던 나라였다.

제나라가 패자로 인정을 받게 된 것은 환공 7년(기원전 679), 제후를 소
집하여 견(甄, 산동성 복현(濮縣))에서 회맹했을 때라고 한다. 태공망 시절에
서부터 370년 정도 지난 뒤였다. 그동안 제가 계속 강성했던 것은 아니
다.

내홍이 일어나면 국력이 쇠한다는 것은 철칙이라고 해도 좋을 것이다.

태공망의 5대손 때부터 제나라에서는 애공파(哀公派)와 호공파(胡公派)
가 분쟁을 시작했다.

애공과 호공은 이복형제였다.

애공은 참언에 의해 주나라의 왕에게 팽살(烹殺, 삶아 죽임 – 옮긴이)당했고, 호공이 대신하여 그 자리에 올랐다.

죽은 애공과 같은 배에서 나온 막내 동생 산(山)이 호공을 습격하여 죽이고 스스로 위에 올랐는데, 그가 헌공(獻公)이다. 헌공은 호공 일족을 철저하게 추방했다. 그런데 헌공의 손자인 여공(厲公) 시절에 추방되었던 호공 계열의 왕자가 귀국하여 여공을 공격, 목숨을 빼앗았다. 그러나 호공 계열의 왕자도 전사하고 말았다. 양쪽 모두가 쓰러진 것이다. 제의 국인들이 여공의 아들인 적(赤)을 세웠는데, 그가 문공(文公)이다. 문공은 아버지를 죽인 호공 계열 사람들 70명을 주살했다.

이와 같은 분쟁이 계속되었으니 주의 국력은 당연히 쇠퇴했다.

주나라가 동천(東遷)한 것은 제나라 문공의 손자인 장공(莊公) 시절이었다.

장공의 아들인 희공(釐公) 시절에 북융이 제로 공격해 들어왔다. 어지간히 얕잡아 본 모양이었다. 이때 제나라가 정나라에게 구원을 요청했으며, 정나라에서는 태자인 홀을 장군으로 파견했다는 사실은 앞에서 이야기했다. 북융이 물러가자 희공은 감사의 표시로 자신의 딸을 홀의 아내로 삼아 달라고 청했다. 정나라는 소국이고 제나라는 대국이기에 서로 맞지 않는다며 홀이 거절했다는 얘기는 훗날까지도 인구에 회자되었다.

제나라는 국력이 쇠퇴했을 뿐만 아니라 도의까지도 퇴폐했던 듯하다.

희공의 아들인 양공(襄公)은 자신의 친동생인 문강(文姜)과 정을 주고받았다. 문강은 노(魯)나라의 환공(桓公)에게 시집을 갔는데, 양공 4년(기원전 694)에 남편과 함께 친정을 찾았다. 노나라의 환공이 자신의 아내와 그 오빠인 양공과의 관계를 알고 화를 내자, 양공은 괴력을 가진 팽생(彭

生)을 시켜 환공을 죽여 버렸다. 술에 취한 환공을 거드는 척하면서 손가락으로 눌러 갈비뼈를 부러뜨렸다.

말할 나위도 없이 노나라에서는 분개했다. 제나라의 양공은 환공을 죽인 장본인인 팽생을 처형하고 노나라에 사죄하여 사건을 마무리 지었다. 참으로 비열한 방법이었다.

『시경』「국풍」에 양공과 동생 문강의 불륜을 비난한 것이라 여겨지는 노래가 몇 편 수록되어 있다. 〈남산(南山)〉이라는 제목의 노래가 그중 하나다.

> 남산은 최최(崔崔, 높고 큰 모습),
> 웅호(雄狐)는 수수(綏綏, 방황하는 모습),
> 노도(魯道, 제나라에서 노나라로 가는 길)는 탕(蕩, 평탄함)하니,
> 제자(齊子, 제의 딸)는 이 길로 시집갔다.
> 이미 그렇게 시집갔는데,
> 어찌 다시 그리워하는가.

이것이 첫 번째 장이다. 요시가와 고지로(吉川幸次郎, 1904~1980, 일본의 중국문학자-옮긴이)는 마지막 장을 다음과 같이 번역했다.

> 장작을 패려면 어떻게 하지.
> 도끼가 아니면 안 되네.
> 아내를 얻으려면 어떻게 하지.
> 중매쟁이가 없으면 얻지 못하네.

틀림없이 그렇게 했는데,

왜 멋대로 행동하는 건지.

같은『시경』「국풍」의 〈폐구(敝筍)〉는 양공의 동생인 문강이 많은 아랫
사람들을 데리고 노나라로 시집간 사실을 노래했다.

폐(敝, 파(破))한 구(筍, 어롱(魚籠))가 양(梁, 어량(魚梁))에 있으니,

그 고기는 방(魴)과 환(鰥).

제자(齊子)가 시집갈 때,

그 종은 구름 같았다.

방과 환은 모두 커다란 고기다. 어롱(물고기를 담는 작은 다래끼-옮긴이)이
틀림없이 있기는 하지만, 터진 것이기 때문에 아무리 커다란 물고기라도
마음대로 그곳을 드나들 수 있다. 이는 문강의 남편인 환공이 아내를 휘
어잡지 못했다는 점을 비난하고 있는 것인 듯하다. 수많은 사람들을 이
끌고 시집을 갔으니 문강은 시집에서도 기세가 등등했을 것이다.

노나라는 주공단의 자손이 봉해진 곳이 처음에는 대국이 될 가능성
이 있는 나라였다. 그러나 패자가 된 사람은 하나도 없었으며, 춘추에서
전국에 이르기까지 나라를 계속 유지하기는 했지만 전국 시대에는 칠웅
(七雄)에도 들지 못했다. 이류 국가였던 셈이다. 단, 공자가 노나라 출신으
로 이 나라의 역사를 자신의 손으로 엮어, 『춘추』를 후세에 남겼기 때문
에 지명도만은 높아졌다.

제나라와 노나라는 모두 지금의 산동성에 있었으며 서로 인접해 있었다.

주나라가 건국 초기에 '대봉건(大封建)'을 실시했을 때, 주공단은 노에 봉해졌지만 본인은 도읍에 남아서 천자를 보좌했기 때문에 아들인 백금(伯禽)이 봉국으로 향했다. 백금은 3년이 지난 뒤에 섭정을 하고 있던 주공에게 정치 보고를 하러 갔다. "왜 이렇게 늦었지?"라고 주공이 묻자 백금은

그 풍속을 바꾸고 그 예법을 바로 하고 상(喪)은 3년이 지난 뒤에야 벗어야 한다는 등의 일을 지도하느라 늦었습니다.

라고 대답했다.

한편 제에 봉해진 태공망은 5개월 만에 벌써 정치 보고를 하러 찾아왔다. "참으로 빠르구나."라고 주공이 말하자,

저는 군신의 예를 간단히 하고 그 풍속에 따라 처리했습니다.

라고 대답했다. 주공은 한숨을 쉬며 다음과 같이 말했다고 『사기』에 기록되어 있다.

오호, 노는 후세에 북면(北面)하여 제를 섬기리라. 이는 정(政)이 간소하지 않고 쉽지 않으면, 백성이 모이지 않기 때문이다. 평이하면 백성이 모이고, 백성은 반드시 거기에 따른다.

정치라는 것은 간소하고 편리하지 않으면, 백성이 두려워하여 가까이

하지 않는다. 백성이 가까이 한다는 것은 마음으로 복종을 한다는 뜻이다. 정치를 간소하고 편리하게 한 제는 더욱 번성할 것이며, 토착민의 풍속을 억지로 바꾸고 복잡한 예법을 강요한 노는 점차 쇠약해져 갈 것이라고 주공은 예상했다. 따라서 언젠가 노는 제의 신하가 될 것이다, 라고 예언과도 같은 말을 한 것이다.

이웃나라이며 또 주나라 건국 원훈들의 자손이었기 때문에 서로 결혼하는 일도 자주 있었을 것이다. 엄격히 따지자면 노나라는 주 왕실과 동족인 희성(姬姓)이기 때문에 제나라보다 더 명문인 셈이다. 그러나 주공이 예언한 것처럼 실력의 차가 벌어져서 제나라가 위가 되고 말았다. 그랬기 때문에 노나라로 시집간 제나라의 문강이 위세를 부릴 수 있었다.

여동생을 사랑한 양공

당나라의 두보(杜甫, 712~770)는 이백과 어깨를 나란히 하는 대시인으로『당시선(唐詩選)』등을 통해서 우리에게도 잘 알려져 있다. 두보는 불우한 일생을 보냈는데 장안(長安)에서 벼슬길에 오르려 했지만 뜻을 이루지 못하고 세상의 냉담함에 분노를 느끼고 있었을 때, 다음과 같은 시를 지었다.

손을 뒤집으면 구름이 되고, 손을 덮으면 비.
분분한 경박(輕薄), 어찌 헤아리겠는가.
그대는 보지 않았는가, 관포(管鮑)의 빈시지교(貧時之交)를.
이 도리를 지금 사람들은 버리기를 흙과 같이 하네.

이것은 〈빈교행(貧交行)〉이라는 제목으로 『당시선』에 수록되어 있다. 틀림없이 친구에게 배신당한 일이 있었으므로, 그 울분을 시로 표현했을 것이다.

손바닥을 위로 향하면 구름, 아래로 향하면 비가 되는 것처럼 참으로 짧은 순간에 타인을 대하는 태도가 완전히 바뀌어 버리는 것이 지금의 세상이라는 것이다. 그런 경박한 사람들이 너무 많아서 문제 삼을 필요조차 없다. 자네, 보게나, 관중(管仲)과 포숙(鮑叔)의 가난한 시절의 교우를. 이 멋진 우정을 지금 사람들은 흙덩이처럼 버리고 돌아보지 않는다. 안타까운 일이라고 두보는 한탄을 하고 있다.

이 시에 나오는 관중이 바로 제를 패자의 나라로 만드는 데 가장 큰 공을 세운 사람이었다. 관중은 뛰어난 재능을 가지고 있었지만 친구인 포숙이 없었다면 세상에 나오지 못했을 것이다. 그런 의미에서는 포숙이 제를 패자의 나라로 만든 것이라 할 수도 있다.

제나라의 양공에 대해서는 앞에서도 이야기했다. 피를 나눈 동생, 그것도 다른 사람에게 시집간 동생과 계속 관계를 맺었으니 형편없는 인물이라고 할 수밖에 없다. 문강이 노나라로 시집을 간 것은 제나라 희공 21년(기원전 710)이었다. 노나라의 환공이 그녀의 근행(覲行)을 따라 제나라로 갔다가 살해당한 것이 제나라 양공 4년(기원전 694)의 일이었으니 16년 동안이나 근친상간이 계속된 셈이다. 그동안에도 두 사람은 종종 은밀한 만남을 가졌던 듯하다. 『시경』 「국풍」의 〈재구(載驅)〉는 그 일을 읊은 것이라 여겨지고 있다. 일본의 문학가 가이온지조고로(海音寺潮五郎)는 이것을 〈당당한 밀회〉라는 제목으로 다음과 같이 번역했다.

대도(大道)는 널찍하게 노로 통하고
양공은 제를 떠나 향했다.
수레소리 요란하고 위풍당당,
문죽(文竹) 깔개, 대나무 발,
이불은 붉고 부드러운 가죽
문강이 듣고 저녁에 떠나 향했다.

양공은 일종의 성격파탄자였다. 변덕스럽게 바로 사람을 죽이기도 하고 벌을 내리기도 했기에 주위 사람들 모두가 전전긍긍했다. 가장 두려워했던 것은 수장의 자리에 대한 계승권을 가지고 있는 동생들이었다. 여동생은 사랑을 받았지만 남동생들은 경우가 달랐다. 재앙이 자신의 몸에 미칠까 두려워서 첫째 동생 규(糾)와 그 아래 동생인 소백(小白)은 집을 나가 버렸다.

그들은 희공을 아버지로 하는 형제였지만 어머니는 각각 달랐다. 규는 어머니가 노나라의 공주였기 때문에 외가인 노나라로 도망갔다. 이처럼 노나라와 제나라는 수많은 인척관계를 맺고 있었다. 그 아래 동생인 소백의 어머니는 위나라의 공주였다. 소백이 무시무시한 형을 피해서 외가로 도망가지 않았던 것은 그곳이 멀었기 때문일지도 모른다. 노나라와 조(曹)나라를 지나지 않고는 위나라에 갈 수 없었다.

그런데 그 뒤의 행동을 살펴보면 아무래도 소백은 어떠한 일을 꾸미고 있어서 제나라에서 그다지 멀지 않은 곳에 머물러 있었다. 그는 망명지로 거(莒)라는 땅을 택했다.

거라는 곳은 지금의 산동성 거현(莒縣)이다. 주나라의 무왕이 황제(黃

帝)의 장남인 현효(玄囂, 소호(少昊))의 후예를 찾아내서 봉한 나라라고 한다. 순임금의 후예를 찾아서 진(陳)에 봉한 것과 같은 경우다.

그들이 정말로 황제나 순의 후예였는지는 알 수 없지만, 지방 호족 중에서 자신들의 가계를 신화와 결부시켰던 사람들이 있었다. 주나라는 고대 성인들을 숭상한다는 간판을 내걸었기 때문에 그와 같은 사람들을 조그만 땅에 봉한 것이었다. 경의를 표하기만 하면 됐기에 아주 조그만 봉지(封地)를 주었다.

소백이 도망친 곳은 그와 같은 땅이었다. 제나라에 가까워서 언제든지 제나라로 복귀할 수 있는 지점에 있었다.

이쯤에서 망명한 두 왕자에 대한 이야기는 잠깐 뒤로 미루기로 하고, 두 친구에 대해서 이야기해보기로 하겠다. 앞에서 이야기한 관중과 포숙의 이야기다. 두 사람은 사이가 좋았지만 관중은 매우 가난했다. 두 사람은 함께 장사를 한 적이 있었다. 번 돈은 대부분 관중이 가져갔다. '관중은 가난하니까'라며 포숙은 그 일에 아무런 불만도 품지 않았다. 포숙이 자금을 대고 관중이 그것을 운영하다 사업에 실패한 적도 있었다. 그러나 포숙은 '때에는 이(利)와 불리(不利)가 있는 법이다'라며 관중이 어리석었기 때문이라고는 생각지 않았다. 좀처럼 찾아 볼 수 없는 일이다.

이 두 사람이 망명한 왕자를 각각 섬기게 되었다. 관중은 노나라로 망명한 규를 섬기게 됐으며, 포숙은 거로 망명한 소백을 섬기게 되었다.

여기서 내 나름대로의 추리를 밝히자면, 이렇게도 생각할 수 있다. 이상 성격의 소유자인 양공의 몰락은 불을 보듯 뻔한 사실이었다. 그 뒤에 제나라의 주인이 될 수 있는 것은 양공의 동생인 규나 소백 둘 중 하나였다.

> 우리 헤어져서 규와 소백을 각각 모시기로 하자. 누가 제나라의 주
> 인이 되든 우리는 서로 감싸주기로 하자.

라고 약속한 것일지도 모른다.

지금 전해지는 설화에 이처럼 저급한 억측은 나오지 않는다. 좀 더 너그럽게 전승을 믿어야 할 것이다.

양공의 몰락은 그의 사디즘이 원인이었다. 그의 아버지인 희공은 자신보다 먼저 죽은 동복(同腹) 동생 이중년(夷仲年)의 아들인 공손무지(公孫無知)를 매우 아꼈다. 모든 대우를 자신의 아들인 태자와 동등하게 했다.

그 태자가 바로 양공이었다. 어버지가 죽고 자신이 위에 오르자, 지금까지 공손무지에게 주어졌던 모든 대우를 철폐했다. 공손무지의 기분이 좋았을 리 없다.

불평을 가진 사람들이 공손무지를 등에 업고 드디어 양공을 죽여 버렸다. 사람을 학대하기를 매우 좋아하고 처남인 노나라의 환공까지 죽여 버린 양공이었기에 그를 원망하는 사람들은 적지 않았다. 그런 사람들이었으니 그에게서 가장 커다란 고통을 받은 공손무지를 옹립했다는 것은 어쩌면 자연스러운 결과였는지도 모른다. 그러나 선군(先君)인 희공이 아꼈다 할지라도 공손무지는 그의 아들이 아니라 조카에 지나지 않았다. 정당한 계승자가 아니었다.

양공이 죽었으니 그의 동생인 규와 소백이 가장 정당한 상속인이었다.

공손무지는 양공을 죽이고 몇 개월 동안 제나라의 주인이 되었지만 바로 살해되고 만다. 기원전 685년의 일이었다.

이제 남은 것은 규와 소백, 형제는 피 튀는 계승전쟁을 펼쳤다. 그런데 규에게는 외가인 노나라가 있었다. 그리고 군사가 바로 관중이었다. 소백

쪽에는 포숙이 있었다. 그러나 소백의 외가인 위나라는 멀리 떨어져 있었을 뿐만 아니라 그렇게 강성하지도 않았다. 객관적인 상황으로 봐서 규가 훨씬 더 유리했다.

그러나 의욕이라는 면에서는 소백이 훨씬 더 앞에서 있었던 듯하다. 똑같이 망명을 했다 할지라도 어머니의 나라로 도망친 규와 국경에 가까운 거에서 버틴 소백 사이에는 커다란 차이가 있었다.

규에게는 어머니 나라인 노나라의 군대가 딸려 있었다. 공손무지가 살해당했다는 사실을 알고 두 형제의 귀국 경쟁이 시작됐다. 군대의 규모는 작았지만 소백이 고국과 더 가까운 곳에 있었다. 규의 군사로 있던 관중이 별동대를 이끌고 가서 소백의 귀국을 방해했다. 공격을 하던 관중의 군대가 소백의 구(鉤, 허리띠의 걸쇠)를 화살로 맞혔다. 멀리서 보면 화살이 걸쇠에 맞았다는 사실을 알 수 없다. 소백은 거짓으로 죽은 척했다. '죽였다!'고 관중이 노나라에 보고를 했기 때문에 규의 귀국을 돕는 노나라의 군대는 천천히 제나라로 향했다. 그러는 동안에 소백은 온량거 (輼輬車, 영구차)를 타고 서둘러 귀국하여 제나라 수장의 위에 올랐다. 그리고 제나라의 군대를 이끌고 나가 진공해 들어오는 노나라 군에 맞서 그들을 포위해 버렸다.

관중은 포로가 되었다.

소백, 즉 이미 위에 오른 그가 제나라의 환공이라 불리는 인물이다. 증오의 대상인 관중을 찢어 죽이려 했지만 포숙이 이를 말렸다.

군(君)께서 제나라만을 다스릴 생각이라면 이 포숙의 보좌만으로도 충분할 것입니다. 그러나 천하의 패왕이 되실 생각이시라면 관중이 아니면 보좌를 맡을 사람이 없습니다.

이렇게 해서 관중은 제나라 환공을 보좌하게 되어 그의 비약에 커다
란 공헌을 했다.

환공이 즉위한 이듬해에 남방의 초나라가 채나라의 애공을 포로로
삼았다. 즉위 4년 전에 초나라는 신나라를 토벌했고, 그보다 2년 전에
수를 정벌했다. 중원의 제후들은 초나라의 북진에 두려움을 느끼고 맹주
의 출현을 학수고대했다. 그와 같은 때에 제나라의 환공이 등장했다. 중
원의 구세주였다고 할 수 있다.

주고 받는 것이 정치의 보물이다

제나라의 환공은 부근의 소국을 차례로 병합해 나갔다. 『한비자』에
따르면, 병합한 나라의 수는 30개국, 『순자』에 따르면, 35개국이라고 한
다. 대병합이었다.

처음으로 병합된 것은 산동성에 있던 담(郯, 譚)이라는 소국이었다. 환
공이 거로 망명할 때 그 나라를 지나갔는데 무례했기 때문이었다.

은혜에도 원수에도 반드시 보상을 해야 한다는 사상이 바탕에 흐르
고 있었다.

뒤이어 노나라를 공격했다. 노나라를 공격한 이유는 분명했다. 규를
위해서 군대를 보낸 예전의 무례함을 따지기 위한 것이었다. 규는 이미
노나라에서 죽은 뒤였다.

제나라의 환공은 노나라와의 전쟁에서 조말(曹沫)이 이끄는 노나라 군
대를 세 번에 걸쳐서 격파하고, 가(柯)라는 곳에서 강화조약을 맺었다.
말할 나위도 없이 패한 노나라는 영지를 할양(割讓)했다. 그것은 수(遂)라

는 땅이었다. 『사기』「자객열전(刺客列傳)」 서두에 조말에 관한 이야기가 나온다.

가에서 열린 강화회의에서 수의 할양이 결정되어 제나라의 환공과 노나라의 장공이 단상에서 피를 마셔 맹세를 하려 할 때 노나라의 장수인 조말이 갑자기 단상 위로 뛰어 올라갔다. 손에는 비수를 들고 있었다. 그 것을 제나라 환공에게 들이밀며 할양한 땅을 반환하라고 협박했다.

승낙하지 않으면 목숨을 잃을 상황이었다. 어쩔 수 없이 제나라의 환공은 승낙하고 말았다. 그 말을 들은 조말은 비수를 내던지고 단에서 내려와 북면하고 제자리로 돌아가 앉았다. 그 표정이 아무 일도 없었다는 듯 너무나도 태연했다.

칼로 협박을 하다니 무슨 짓이냐, 협박에 의한 승낙은 취소다. 제나라의 환공은 화를 내며 조말과 했던 약속을 취소하려 했다. 그것을 말린 사람이 다름 아닌 관중이었다. 약속을 깨면,

제후들이 믿음을 버려 천하의 도움을 잃게 될 것입니다. 안 됩니다.

라고 말했다.

협박에 의한 것이라고는 하지만 한 번 한 약속을 끝까지 지켰다는 제 나라의 실적이 높은 평가를 얻어, 이후의 제나라의 행동은 신뢰를 얻었 다. 이는 패자가 되는 데 커다란 도움이 되었다. 영지는 얻지 못했지만 보다 더 귀중한 것을 얻은 셈이었다. 『사기』「관안열전(管晏列傳)」에서는 이 것을,

주는 것이 취하는 것임을 아는 것이 곧 정치의 보물이다.

라고 평했다. 이는 틀림없이 『노자(老子)』에 있는,

실로 이를 취하려면, 반드시 먼저 이것을 주어야 한다.

는 말을 의식한 것이다.

관중은 부국강병책을 차례차례로 내놓았다. 전국을 21향으로 나누어 빈틈없는 정치를 가능하게 했다.

관중의 정치 중에서 가장 주목해야 할 것은 공전제(公田制)의 폐지라고 생각한다.

주나라의 제도와 예악은 후세 사람들, 특히 유학자들의 찬미의 대상이 되었다. 주나라를 숭배하는 자들은 주나라의 공전제를 이상적인 제도라고 입에 침이 마르도록 칭송하고 있다. 그것은 정전법(井田法)이라고도 불린다.

900무(畝, 주나라의 1무는 약 1.82아르)의 정사각형 토지를 아홉 개로 나누면 그 둘레의 안쪽이 '정(井)'자처럼 된다. 이 토지를 여덟 가구에 분배하여 각각 100무씩 농사짓게 하고, 중앙의 100무는 여덟 가구가 공동으로 경작하여 그 수확물을 공(公), 즉 정부에 바치게 하는 것이다. 그러나 이 정전법이 과연 실제로 실행됐었는지는 확인되지 않았다.

공전과 사전이 있었다는 사실은 『시경』「소아」에 수록된 〈대전(大田)〉이라는 노래의 다음과 같은 구절로 알 수 있다. 그러나 그것이 앞에서 이야기한 것처럼 정연하게 9등분 되어 있었는지에 대해서는 의문을 제기하는 설들이 많다.

엄(渰, 구름이 이는 모양)은 처처(萋萋, 활발한 모양)하고,

비 일기는 기기(祁祁, 느린 모양)하다.

우리 공전에 비 내리고,

이어 우리 사(사전)에 미쳐라.

저기에 베지 않은 치(穉, 늦벼) 있고,

여기에 거두지 않은 제(穧, 벼이삭) 있고,

저기에 유병(遺秉, 버려진 볏단) 있고,

여기에 체수(滯穗, 이삭) 있다.

이는 과부의 이(利)다.

비가 내려 논을 적셔 주기를 바라는 내용의 노래다. 우선은 공전을 적
시고 다음으로 사전을 적셔 달라고 바란 것은 이 「소아」가 공식적인 자리
에서 불렸기 때문일 것이다.

수확한 후에 남겨진 이삭이나 볏단 등은 과부가 주워 자기 가족들의
생활에 충당하게 되어 있었던 듯하다. 일종의 복지제도처럼 되어 있었다
는 사실을 알 수 있다.

남자는 22세가 되면 전(田)을 받았고 60세가 되면 그것을 반환했다고
한다. 그처럼 기계적으로 정전법을 실시할 수 있었는지, 여덟 가구가 공
전을 경작하는 데 분쟁은 일지 않았는지, 여러 가지 의문이 있기 때문에
정전법은 허구일 것이라는 설이 강하다.

내 추측에 따르면, 정전법은 실행되었던 제도라 여겨진다. 농업신 후
직을 조상으로 하는 주나라는 농업을 중시하는 부족이었다. 씨족사회의
색채가 아직 농후하게 남아 있었기 때문에 공전을 공동으로 경작함에

있어서도 현대인들과 같은 이기(利己)의 충돌은 없었을 것이다. 게다가 주나라는 수장이나 간부들의 지도력이 강한 집단이었다. 은나라는 신에 의존하려는 성향이 주류를 이뤘지만, 그에 비해서 주나라는 인간주의적이었다고 할 수 있다. 정전법은 인간의 힘을 자연에 미치게 하려는 것이니 참으로 주나라다운 제도였다.

그러나 이것은 주나라가 빈이나 기산 기슭에 있었을 때의 일로, 은나라를 멸망시키고 천하의 주인이 된 뒤에는 이와 같은 소박한 제도를 유지할 수 없었을 것이다.

앞에서 예로 든 〈대전〉이라는 노래도 엄밀하게 따지자면, 공전에 먼저 비가 내리고 그것이 점점 사전에 미치기를 바라고 있으니 정전법과는 달리 공전과 사전이 떨어져 있었던 것이라고 생각할 수도 있다.

공전제가 변질되고 더 나아가서는 형식적인 것이 되어 버렸는지도 모른다.

씨족공동사회 시대에서 멀어짐에 따라서 사유관념은 더욱 강해져 갔다. 왕과 제후는 이미 세습제가 되어 있었다.

제도가 형식화되어서 남아 있는 편이 소실되는 것보다 낫다고 생각하는 경우도 있는 법이다. 그러나 그 형식이 불합리한 것이어서 오히려 생산력 향상을 방해는 존재가 될 우려도 있다.

틀림없이 제나라가 그런 상황에 처해 있었을 것이다. 『시경』에 수록되어 있는 제나라의 민요 중에 〈보전(甫田)〉이라는 것이 있다. 이는 적어도 제나라에는 양공 무렵까지 공전제가 남아 있었는데 그것이 번거로운 형식이 되어 있었음을 이야기해 주는 것이라고 해석할 수도 있다.

보전(커다란 논)에 논을 만들지 말라.

여기에 유(莠, 잡초)가 교교(驕驕, 멋대로 자람)하니.

멀리 있는 사람을 생각지 말라.

마음을 괴롭혀 도도(忉忉, 근심하여 지침)하니.

통설에 따르면, 양공이 실력도 없으면서 다른 나라에 간섭하려 하는 것을 비난한 민요라고 한다. 멀리 있는 사람을 생각하는 것은 피곤할 뿐이라고 했으니 해석상에 커다란 문제는 없다. 그런데 그 비난의 노래를 풀어 가기 위해서 커다란 논을 경작하려 해도 잡초가 우거질 뿐이라는 정경을 도입한 데는 주의를 기울여야 한다고 생각한다.

국가 재정을 튼튼히 하기 위해서 넓은 토지를 공전으로 삼아 사람들에게 경작케 했던 적도 있었던 모양이다. 넓기만 했지 비옥하지 않은 경우도 있었다. 게다가 공전이기 때문에 아무리 정성을 들인다 해도 자신의 것이 되지는 않는다. 백성들도 이미 예전의 백성들이 아니었다. 씨족 공동생활이 아니라 가족과 사유재산을 가진 사람들이 많아졌다. 자신의 이익이 되지 않는 노동은 적당히 하기 때문에 잡초가 제멋대로 자라게 된다. 그와 같은 경우가 많았던 것 같다.

공전제는 불합리한 제도로 짐짝과 같은 존재가 되어 버렸지만, 조법(祖法)이기 때문에 누구도 손을 대려 하지 않았다. 그것을 관중이 깔끔하게 잘라 낸 것이다.

관중은 그릇이 작았다

관중은 극히 현실적인 실무가였을 것이다. 아무리 유서 깊은 제도라 할지라도 형식화되어 방해물로 전락했다면 그것을 제거해야 한다고 생각했다. 공전제를 폐지하고 징세제(徵稅制)를 도입했다. 그 세율도 토지가 비옥한가 척박한가에 따라서 단계를 매겼다. 열심히 경작해서 수확을 하고 그 가운데서 정해진 양을 상납했다. 누구나 조금이라도 더 많이 수확하기를 바랐을 것이다. 생산이 향상됐고 그만큼 세수도 증가되었다.

오가(五家)의 병(兵)을 연결했다.

고 『사기』는 관중의 업적 중 하나로 군제의 정비를 들었다.

5가를 1궤(軌)로 삼고, 10궤를 1리(里)로 삼고, 4리를 1련(連)으로 삼고, 10련을 1향(鄕)으로 삼고, 5향을 1군(軍)으로 삼았다. 한 집에서 병사를 한 명 내야 하니 1궤는 다섯 명으로 '오(伍)'라고도 했다. 제나라에서는 이를 궤장(軌長)이라고 불렀다. 1리는 50명, 1련은 200명, 1향은 2천 명이다. 이것을 '여(旅)'라고도 칭했다. 1군은 5여이니 1만 명이 되는 셈이다. 나라에는 삼군이 있었는데, 그중 한 군은 제나라의 수장이 직접 통솔하게 되어 있었다.

삼군은 15여다. 즉 15향으로 이루어져 있었다. 관중이 내정 정비를 위해서 전국을 21향으로 나눈 것은 앞에서도 이야기했는데, 그중에서 6향은 상공업자들의 향이다. 그들은 물건을 제조하거나 물자를 유통하는 것을 본업으로 삼고 있었기 때문에 병역을 면제받았다. 그들은 본업에 전력하여 국가의 부 증대에 더욱 커다란 도움을 주었다. 이런 부분에서 관중의 실리우선주의를 엿볼 수 있다. 따라서 병역에 복역하는 것은 15향이 되는 셈이다. 『사기』는 군제 다음으로,

경중(輕重), 어염(魚鹽)의 이(利)를 두어 이로써 빈궁(貧窮)을 돕고,
현능(賢能)을 등용했다.

라고 기록했다.

경중이란 물가 통제령을 말한다. 그리고 어업이나 제염업에도 힘을 쏟았다. 제나라는 산동반도를 영유하고 있었기 때문에 바다에 면한 부분이 많았다. 어업과 제염업의 발달은 제나라를 매우 윤택하게 했다. 경제 면뿐만 아니라 현명한 사람이나 재능이 있는 사람을 등용했기 때문에 제나라는 활기에 넘치는 나라가 됐다.

매력적인 땅에는 사람들이 모이는 법이다. 당연히 제나라의 수도인 임치(臨淄)로 많은 사람들이 모여들었다. 유능한 사람들이 앞다투어 임치로 몰려들었다. 유력한 상인들에 의해서 경제활동이 더욱 활발해졌기 때문에 자연스럽게 나라의 세수도 늘었다. 유능한 인물이 지도자가 됐기 때문에 국력은 더욱 증강되었다. 임치는 치하(淄河)의 서쪽에 있는데 지금도 같은 이름의 조그만 마을이 있다. 지금 남아 있는 임치의 성벽은 후대에 만들어진 것으로 주위 2킬로미터밖에 되지 않는다. 그런데 그 북쪽에 약 20킬로미터에 걸친 고성의 벽이 띄엄띄엄 남아 있다. 춘추전국 시대의 제나라가 얼마나 번성했었는지 그 일면을 엿볼 수 있다.

관중에게는 저서가 있는데 현존하는 『관자(管子)』 24권이 그것이라고 한다. 그 가운데는 망실된 부분도 있으며, 또 후대 사람의 글이 섞여든 부분도 있다. 관중이 죽은 뒤에 일어난 사건에 대해 언급한 부분도 있어서 전부를 믿을 수는 없지만, 적어도 그 줄기가 되는 부분은 그의 사상을 전해 준다고 봐도 좋을 것이다. 그 가운데 다음과 같은 말이 있다.

만승(萬乘)의 나라에는 반드시 만금의 가(賈, 상인)가 있다. 천승의 나라에는 반드시 천금의 가가 있다. 백승의 나라에는 반드시 백금의 가가 있다. 군(君)이 의지하는 것이 아니다. 군이 주는 것이다.

전차 1만 대를 가진 대국에는 만금의 재력을 가진 호상이 있으며, 1천 대의 중국에는 천금을 가진 부상이 있고, 100대를 가진 소국에는 백금의 상인이 있다는 것이다. 각 나라의 규모에 따른 실업가가 있다. 그러나 군주는 그 실업가에게서 거둬들이는 세금에 의존해서 나라의 부를 늘리려 해서는 안 된다. 이 말은 제나라 환공(桓公)과의 문답 중 일부다. 실업가가 이 나라에 와서 상업을 할 수 있는 것은 군주가 그들에게 준 은혜라고 관중은 말했다.

정치가 잘 행해지고 나라가 부유하기 때문에 상인들이 모여드는 것이다. 상인이 내는 세금 때문에 나라가 부유해지는 것이 아니다. 세금에 의존하려는 쩨쩨한 생각을 하지 말고 좀 더 대국적으로 정치를 더욱 잘 행하기 위해 노력해야 한다.

나라에 재(財)가 많으면, 곧 멀리 있는 자가 온다. 토지가 벽거(僻居, 개발)되면, 곧 민(民)은 유처(留處, 머묾)한다. 창름(倉廩, 곡창)이 차면, 곧 예절을 안다. 의식(衣食)이 족하면, 곧 영욕(榮辱)을 안다. 윗사람이 도(度, 법령)에 따르면, 육친(六親)이 화합한다. 사유(四維, 예의와 염치)가 행해지면, 곧 임금의 영이 행해진다.

이는 『관자』의 첫머리에 있는 말이다. 관중의 사상이 여기에 응축되어 있다고 할 수 있을 것이다.

예절도 영욕을 아는 마음도 모두 경제적인 기초가 없으면 안 된다는 사고방식으로, 혹은 경제 지상주의처럼 보일지도 모르겠다. 그러나 조말(曹沫)의 협박에 의한 약속을 환공에게 끝까지 지키게 한 데서 알 수 있는 것처럼 관중은 무엇보다도 신의를 중히 여겼다.

환공 35년(기원전 651), 규구(葵丘)에서 회맹했을 때 주의 왕실에서 보낸 선물이 도착했다. 주나라 왕의 사자는 환공이 그것을 배령(拜領)할 때 당에서 내려와 배례하지 않아도 좋다는 왕실의 의향을 전했다. 환공은 그 말대로 배례하지 않고 받으려 했지만 관중이 거기에 반대했다. 예전처럼 당에서 내려가 배례를 하고 받으라고 권했으며 환공도 그에 따랐다.

제나라 환공은 말년에 교만한 빛을 보였다. 아홉 번에 걸쳐 제후를 회맹하고, 자신에게는 천명을 받은 옛 제왕들 이상의 공적이 있다고 생각하고 제왕에게만 허락되어 있는 태산에서의 봉선(封禪)의식을 올리려 했다. 이것도 관중이 열심히 간하여 억지로 뜯어말렸다.

봉선이라는 말은 앞으로도 심심찮게 등장할 테니 간단하게 설명해 두기로 하겠다.

'봉(封)'이란 흙을 쌓아서 하늘을 제사하는 것이다.

'선(禪)'이란 땅을 깨끗이 하고 지신(地神)에게 제사를 지내는 것이다.

봉은 보다 하늘에 가까운 높은 곳, 태산에서 행했으며 선은 보다 땅에서 가까운 낮은 곳, 태산 기슭에 위치한 양보(梁父)라는 지방에서 행해졌다. 이 봉선의 의식은 제왕에게만 허락된 것인데, 그것도 평범한 제왕에게는 행할 자격이 없었다. 이 세상에 참된 태평을 가져다준 성천자(聖天子)만이 봉선을 행할 수 있었다. 후세의 황제 중에는 군신들이 봉선을 권하자 "내게는 그럴 만한 자격이 아직 없다"고 물러난 사람도 있었다. 그것은 일반적인 의식이 아니었다.

이름뿐이라고는 하지만 주나라의 천자가 낙양에 있는데도 자신이 봉선의식을 행하려 했으니 제나라의 환공도 굉장한 자만심에 빠져 있었다.

주나라 왕실에서 내분이 일었을 때, 관중이 그것을 평정했다. 기원전 648년의 일이었다. 주의 양왕이 관중의 공적을 치하하여, 상경(上卿)의 대우로 알현하라 했으나 관중이 이를 고사했다.

> 저는 제나라의 신하이니 주나라 임금의 배신(陪臣)에 지나지 않습
>
> 니다. 그와 같은 예우는 받아들일 수 없습니다.

세 번 사퇴하여 하경(下卿)의 예우로 왕을 알현했다고 한다.

이와 같은 일화를 통해서도 잇속만 밝히는 경제 지상주의자가 아니라는 사실을 알 수 있다.

주공, 소공, 태공망 등은 먼 옛날 사람들로 그 사적을 구체적으로 밝히기조차 쉽지 않다. 우리가 검증할 수 있는 범위 안에서 중국 최초의 대정치가, 명재상을 뽑으라면 모두가 관중의 이름을 들 것이다.

사마천은 『사기』의 열전을 쓸 때 그 서두에 의인인 백이와 숙제를 두었다. 그리고 그 다음에 관중의 전기를 두었는데, 이는 당연한 일이라 할 수 있다.

그러나 공자는 『논어』 속에서,

> 관중은 그릇이 작았다.

라고 말했다. 그리고 검소한 사람도 아니었으며 예의도 몰랐다고 비난했

다. 검소한 사람이 아니라는 이유로는 세 채의 저택(三歸)을 가지고 있었다는 점을 가장 먼저 들었다. 삼귀에 대해서는 세 아내를 가지고 있었다고 해석하는 것이 옳다는 설도 있다. 두 번째로는 '관사(官事)를 겸하지 않았다'는 점을 들었다. 제후의 중신들은 관(官)의 일을 할 때 한 사람의 부하에게 여러 가지 일들을 시킨 듯했다. 그러나 관중은 각 부문에 전임 사무관을 두어 겸임시키지 않았다고 한다.

저택을 세 채 가지고 있었다는 것은 약간 사치였다고 할 수 있지만, 전임 사무관을 둔 것은 부국강병책을 수행하는 데 보다 효율적이었다.

이 문제에 관한 공자의 말은 약간 지나치게 트집을 잡으려 한 면이 있는 듯하다. 그런데 공자는 다른 대목에서는 관중을 극찬했다.

> 환공이 제후를 아홉 번 모았는데 병거(兵車)로 하지 않았다. 관중
> 의 힘이다. 무엇이 그 인(仁)과 같겠는가, 무엇이 그 인과 같겠는가.

제나라의 환공은 아홉 번에 걸쳐서 회맹하여 제후들과 평화조약을 맺었는데 전쟁으로 그렇게 한 것이 아니었다. 평화로운 대화로 맹약하게 한 것인데 그것은 관중의 힘이었다. 누가 그 인에 미치겠느냐고 두 번이나 되풀이해서 찬미했다.

> 관중은 환공을 도와 제후의 패(霸)가 되게 하였고 천하를 일광〔一匡,
> 귀일(歸一)〕했다. 백성이 오늘에 이르기까지도 그 은혜를 받았다. 관중이
> 없었다면, 나는 머리를 풀고 옷깃을 왼쪽으로 여몄을 것이다(被髮左衽).

이것도 공자가 『논어』 속에서 한 말이다. 관중은 환공을 보좌하여 제후들의 패자가 되게 하였다. 덕분에 천하는 하나가 되어 당시 극성을 부리던 초와 그 밖의 이적(夷狄)의 침공을 막을 수 있었다는 것이다. 공자가 살았던 200년 후의 사람들도 관중의 덕을 입었다. 만약 관중이 없었다면 나(공자)는 지금쯤 관을 쓰지 않고 머리를 풀어헤친 채 옷깃을 왼쪽으로 여몄을 것이라고 말했다. '피발좌임(被髮左衽)'은 이적의 풍속이다. 관중이 없었다면 중원은 이적에게 점령되었을 것이며, 백성들도 이적처럼 되었을 것이 틀림없으니 가장 커다란 찬사라고 불러도 좋을 것이다.

규구의 회맹

제나라 환공 41년(기원전 645)에 관중이 죽었다. 포숙의 추천으로 제나라의 재상이 되어 진력한 세월이 40년이었다.

　　　나를 낳은 것은 부모고, 나를 아는 것은 포자(鮑子, 포숙)다.

이는 관중의 말이다. 관중 덕분이라는 공자의 말은 포숙 덕분이라는 말로 바꿔도 될 것이다.

관중의 힘 덕분에 제나라의 환공이 천자를 대신해서 천하를 관리할 수 있었다고 해도 좋을 것이다.

망한 것을 있게 하다. '존망(存亡)', 즉 이것도 제나라 환공의 공적이었다. 위(衛)나라는 일단 적(狄)에 의해 멸망했지만, 제나라의 환공이 제후들을 이끌고 가서 적을 격퇴하여, 초구(楚丘)에 성을 쌓고 제나라로 망명했던 훼(燬)를 세워 군주로 삼았다. 이가 바로 위나라의 문공(文公)이다.

제의 환공에게 있어서 위는 어머니의 나라였다. 그곳은 주나라 초기에 부왕의 막내 농생인 강숙이 은의 유민들을 지배하기 위해서 봉해진 땅이었다. 주나라의 것보다 높은 은나라의 문명이 이미 존재하던 땅이었다. 정나라의 음악과 함께 위나라의 음악도 음분(淫奔)하다는 평판이 있었다는 사실은 앞에서 이야기했다. 처음부터 퇴폐적인 요소가 있었던 모양이다.

적족(狄族)은 위나라 의공(懿公) 9년(기원전 660)에 공격해 들어왔다. 의공은 학을 사랑하여 학을 사육하는 데 거금을 들였으며 학에게 작위를 주곤 했다. 군비(軍備)보다도 학을 더 소중하게 생각했기 때문에 적이 쳐들어왔을 때, 군대는 등을 돌려 버리고 말았다. 대신들까지도

　　학을 그렇게 소중하게 생각했으니 학에게 적을 치라고 하시면 되
　지 않겠습니까.

라고 말할 정도였다.

침공해 들어온 적이 의공을 죽였기에 국인은 대공(戴公)을 군주로 세웠지만, 그는 즉위한 해에 세상을 떠나 버리고 말았다. 제나라의 환공이 문공을 군주로 삼은 것은 그 뒤의 일이었다.

끊어진 것을 잇다. '계절(繼絶)', 즉 이것도 역시 제나라 환공이 패자로서 천자를 대신하여 노나라의 집안 분쟁을 다스린 일을 말한다. 이 일에는 제나라 환공의 여동생인 애강(哀姜)도 관련이 되어 있다. 그녀는 노나라의 장공에게 시집갔지만 아이를 낳지는 못했다. 그것까지는 상관없었지만 그녀는 남편의 동생인 경보(慶父)와 정을 통했다.

이 집안 분쟁은 굉장히 복잡해서 한두 마디로는 설명을 할 수가 없다.

어쨌든 제나라의 환공은 불미스러운 일을 저지른 여동생 애강을 소환하여 죽이고 그 시체를 노로 보내기까지 했다.

애강은 노나라를 어지럽힌 음탕한 악녀가 되었지만 그녀에게는 할 말

이 없었을까?

그녀의 남편인 노나라의 장공은 문강(文姜)의 아들이었다. 애강의 입장에서 보자면 남편은 언니의 아들이었다. 그런데 그 언니는 오빠인 양공과 관계를 맺고 있었다. 노나라의 장공은 제나라의 양공과 그 동생인 문강 사이에서 태어난 아이가 아닐까 하고 세상 사람들은 숙덕거렸다.

애강도 물론 그런 수치스러운 소문을 알고 있었다. 틀림없이 답답한 심정이었을 것이다. 친오빠와 친언니의 아들이라는, 피와 피가 겹치고 겹친 남자가 남편이었다.

그런 혈통이라는 면에서 남편의 이복동생인 경보는 깨끗한 사람이었다. 혈통이 얽히고 설킨 남편보다는 경보에게 더 끌린 애강의 마음도 알 것 같은 기분이 든다.

제나라의 환공에게 그 가엾은 여동생 애강을 죽일 만한 자격은 어디에도 없었다.

『춘추좌씨전』에 애강의 시체를 제나라가 돌려보낸 데 대해서,

(노나라의) 군자는 제나라 사람이 애강을 죽인 것은 너무 심했다고
말했다. 여자는 사람을 따르는 법이다.

라며 오히려 애강을 동정하는 듯한 느낌으로 글을 썼다.

중원의 제후들이 제나라 환공의 리더십을 인정한 것은 초나라의 북진을 막을 만한 실력을 가진 나라가 제나라밖에 없었기 때문이었다. 중원 제후연합의 기대를 짊어진 제나라의 환공이 초나라를 치기 위해서 군대를 움직인 것은 기원전 656년의 일이었다. 동생인 애강을 죽인 지 3년 뒤

였다.

제나라 출병의 구실은 초나라가 주 왕실에 진공(進貢)을 게을리했을 뿐만 아니라 주나라의 소왕이 남순에서 돌아오지 않은 사실에 대한 문책이었다. 초나라는 제사용 포모(苞茅, 바늘고랭이)를 주 왕실에 진상하도록 되어 있었는데, 이미 왕을 칭하고 있던 초나라의 수장은 이를 의식적으로 하지 않았다.

중원 제후들은 연합하고 일치하여 초나라에 맞설 자세를 보였다. 초나라가 아무리 강하다 할지라도 연합군을 상대해서는 승산이 없었다. 결국은 소릉(召陵)이라는 곳에서 회맹하여 강화조약을 맺었다.

제나라의 문책에 대해 초나라의 왕은 다음과 같이 대답했다.

> 공(貢)을 하지 않았음은 인정한다. 과인의 죄다. 굳이 바치지 않을 필요는 없다. 소왕이 나섰다가 돌아가지 않음은 그것을 수빈(水濱)에게 물어라.

진공을 게을리한 것은 틀림없는 사실이니 이는 인정한다. 과인의 죄다. 지금부터는 공물을 바치겠다. 그러나 소왕이 남순했다가 돌아가지 않았음은 이쪽에서 알 바 아니다. 그 사실을 알고 싶으면 한수에게라도 물어보기 바란다.

주나라 소왕의 일 따위는 이미 300년도 더 전의 일이니 이제 와서 책임을 따져봐야 소용없는 일이었다. 그러나 소왕이 초, 혹은 초의 조상이었던 부족에게 졌다는 점은 아마도 주지의 사실이었다는 점을 이 문책을 통해서도 알 수 있다.

제나라 환공은 35년(기원전 651) 여름에 제후들과 규구에서 회맹했다. 천자의 허락이 있었지만 관중의 조언으로 환공이 당에서 내려가 배례한 것이 이때의 일이었다. 이것이 패자 환공의 절정기였다고 할 수 있다.

제후들 사이에서 어떤 문제가 생기면 그것을 회의에 부치고 결론을 맹약하는 것이 회맹의 일반적인 형태였다. 그러나 이 규구의 회맹에 구체적인 문제는 없었고 주로 윤리적인 약속을 했다는 점이 특징이라고 할 수 있다.

이 유명한 규구의 회맹에 대해서는 『사기』도 그 내용을 기록하지는 않았다. 『춘추좌씨전』에도,

규구에 모여서 맹(盟)을 새로이 하고, 우호를 다졌다.

라고 기록되어 있을 뿐이다.

이 회맹의 내용을 우리에게 전해준 것은 맹자다. 그의 저서인 『맹자』의 「고자편(告子篇)」에 실려 있는데, 맹자는 규구의 회맹이 열린 지 300년 뒤의 인물이다.

맹자에 따르면, 규구의 회맹은 그 형식적인 면에서 이전까지의 회맹과 커다란 차이가 있었다고 한다. 앞에서도 이야기한 적이 있지만, 『주례』에는 회맹의 형식이,

살생삽혈(殺牲歃血, 산 제물을 죽이고 그 피를 마신다)

라고 기록되어 있는데, 규구의 회맹에서는 산 제물을 죽이기는 했지만,

'삽혈'은 생략한 듯하다. 그리고 맹약의 말을 적은 것을 거기에 놓았다고 되어 있다.

피를 마신다는 것은 매우 야만적이라는 느낌이 든다. 그것을 생략했다는 것은 인간적인 면에서 커다란 진보라고 할 수 있다.

종이가 발명되기 전이었으니 적어 놓은 것은 죽간이나 목간이었으며, 특히 중요한 것은 비단이었다. 맹약의 말은 틀림없이 비단에 적었을 것이다.

맹약의 말은 '명(命)'이라고 일컬어졌다. 맹자에 따르면 규구의 회맹에서는 다섯 개의 명을 적은 것이 공손하게 올려졌다고 한다. 다음에 그 내용을 밝혀 보겠다.

초명(初命). 불효(不孝)를 주(誅)한다. 수자(樹子, 태자)를 바꾸지 않는다. 첩을 처로 삼지 않는다.

재명(再命). 현(賢)을 존중하고 재(才)를 길러 유덕(한 사람)을 드러낸다.

삼명(三命). 노(老)를 공경하고 유(幼)를 사랑한다. 빈(賓, 바깥에서 온 자), 여(旅, 여행자)를 잊지 않는다.

사명(四命). 사(士)는 관을 세습하지 않는다. 관사(官事)는 겸임하지 않는다. 사를 채용함에 있어서는 반드시 (우수한 자를) 얻는다. 멋대로 대부(大夫)를 죽이지 않는다.

오명(五命). 방(防, 제방)을 구부리지 않는다. 적(糴, 수입쌀)을 막지 않는다. 봉(封)이 있으면 전부 알린다.

이 중에서 제후들의 회의에 어울리는 외교관계에 관한 주제는 삼명

속의,

무망빈려(無忘賓旅)

와 다섯째 명 정도일 것이다. 외국에 재류하는 자국민의 보호를 상대 국가에 요구하고 있다. 하천은 각국의 영내를 흐르고 있기 때문에 멋대로 제방을 구부리면 하류에서는 피해를 입게 된다. 기근이 찾아오면 식량을 긴급 수입할 수밖에 없는데, 여유가 있는 나라에서는 수출을 금하는 등의 조치를 취해서는 안 된다는 것이다. 또 각국의 중요 인사(봉(封))는 반드시 맹주에게 보고하라고 약속하게 했다.

나머지는 윤리와 순수한 내정의 문제다. 지금의 감각으로 보자면 내정 간섭이라는 비난을 받을 만한 사항도 포함되어 있다. 그 가운데 '관사는 겸하지 않는다'라는 항목이 있다는 점을 눈여겨 볼 필요가 있다. 공자가 이 점 때문에 관중을 비난했다는 사실은 앞에서 이야기했다. 한 사람의 관리가 여러 가지 일을 하면 좋을 텐데 전임관을 두었기 때문에 경비를 절약할 수 없었다는 것이 공자의 생각이었다. 그런데도 이 회맹에서는 겸임을 금하고 전임을 권하고 있다.

이 시절에 정치는 이미 상당히 복잡한 것이 되었다. 혼자서 많은 일을 처리할 수가 없었다. 또 겸임은 독재자를 낳는 온상이기도 했다. 분권하는 편이 안전하며 자리도 그만큼 늘어나기 때문에 인재를 등용할 기회도 그만큼 많아질 것이다.

제후가 실무만을 협의한다면 윤리나 내정문제는 의제에 오르지 않을 것이다. 이때의 회맹은 단순한 실무협의가 아니었다.

윤리를 제시하여 가르치고 제후의 내정에 이런저런 주문을 하는 것은 그 위에 있는 천자가 할 일이었다.

규구의 회맹이 유명해진 것은 이때 제나라의 환공이 분명하게 천자를 대신해서 천하를 다스리려는 자세를 보였기 때문이다. 이 회맹에는 주의 왕실에서도 사자를 파견했다. 재공(宰孔, 태재(太宰)의 자리에 있는 공(孔))이 그 사자였는데, 틀림없이 불쾌함을 느꼈을 것이다.

그 여름의 회맹 직후, 제나라의 환공은 가을에도 역시 규구로 제후들을 소집했다. 환공은 더욱 교만해져 있었다. 제후들도 이제는 지겨워져서 소집에 응하지 않은 나라가 아홉 나라나 되었다.

재공은 다시 주 왕실의 사자가 되어 규구로 가서 개회식에만 참석하고 바로 귀국했는데, 도중에 진(晋)나라의 헌공(獻公)을 만났다. 진나라의 헌공은 병에 걸려서 참석이 늦어졌다. 재공은 진나라의 헌공에게,

제후(齊侯)는 교만하다. 가지 말기 바란다.

라고 가지 말기를 권했으며, 진나라의 헌공도 그것을 듣고 자기 나라로 되돌아갔다. 9개국이나 참석하지 않았다는 사실을 알고 굳이 참석할 필요는 없을 것이라 생각했다.

제나라의 환공은 관중이 세상을 떠난 지 2년 뒤인 기원전 643년에 목숨을 거두었다.

적(狄)으로 망명했던 진나라의 왕자 중이(重耳)가 제 나라로 들어온 것은 제나라 환공이 숨을 거두기 1년 전이었다.

중이는 관중이 죽었다는 소식을 듣고, 관중이 죽은 뒤 제나라에서는 인재를 필요로 할 테니 등용될 기회가 있을 것이라 기대했다. 제나라에서는 그 망명해온 왕자를 정중하게 맞고, 제나라의 공주를 아내로 삼게 했다.

제에서 중이는 빈객(賓客)으로 대우를 받았지만 정치적으로 중요한 지

위를 얻지는 못했다.

1년 뒤에 환공이 죽자 제나라에서는 다른 일에 신경을 쓸 틈이 없었다.

진나라의 왕자인 중이가 망명한 경위에 대해서는 후에 이야기하겠지만, 그것은 후계자 문제에 의한 분규가 원인이었다. 고국인 진나라에서 권력 다툼이 빚은 끔찍한 수라장을 본 적이 있는 중이였는데, 제나라에 와서도 얼마 지나지 않아 똑같은 정경을 다시 목격하게 됐다.

이젠 지긋지긋하다.

제나라의 내분을 본 중이는 틀림없이 이렇게 생각했을 것이다.

패자 교체

힘없는 천자 시대

> 춘추에 의전(義戰)은 없었다. 저것이 이것보다 낫다고 할 만한 것은
> 있다.

이런 말이 『맹자』 속에 맹자 자신의 춘추에 대한 평으로 나온다.

여기서 말하는 춘추란 공자가 노나라를 중심으로 편찬한 사서를 말한다. 『춘추』를 꼼꼼하게 읽어보고 거기에 나오는 수많은 전쟁을 검토해봤지만, 의전이라고 할 수 있을 만한 것은 한 번도 없었다고 맹자는 한탄했다.

의전은 없지만 저 전쟁이 이 전쟁보다 그나마 낫다고 말할 수 있을 정도는 있다는 것이다.

맹자의 머릿속에 있는 '의전'이란 무엇이었을까? 그것은 곧 '정(征)'이라

는 형태의 전쟁을 가리킨다. 맹자는 앞의 말에 이어서 다음과 같이 이야기했다.

> 정(征)이란 위가 아래를 치는 것이다. 적(敵)인 나라는 서로 정(征)
> 할 수 없다.

천자가 죄가 있는 제후에게 병사를 보내서 벌하는 것이 '정'이다. 세계의 윤리적 질서를 유지하고 그에 배반하는 자를 징벌하는 것이 천자의 역할이다.

그런데 춘추에는 천자인 주나라 왕의 힘이 쇠했기 때문에 불의한 제후를 토벌할 수 없게 되었다. 천자가 군대를 움직이지 않는 한, 그것은 의전이라 할 수 없다. 춘추에는 천자의 친정이 없었기 때문에 의전은 없었던 셈이 된다.

맹자가 말한 '적인 나라'란 원수가 된 나라를 말하는 것이 아니라 '필적(匹敵)하는 나라', 즉 동등한 나라를 의미한다. 주 왕실과 같은 희(姬)성을 쓰는 나라도 있었는가 하면 다른 성을 쓰는 나라도 있었다. 제후에게는 각각 공·후·백·자·남이라는 작위의 차이가 있었다. 그러나 주나라 천자에 의해 봉해졌다는 사실 앞에서 제후들 사이에 상하관계는 없었다. 모두가 동등한 나라였기 때문에 예를 들어서 제나라와 노나라 사이의 전쟁에 '정'이라는 말은 쓸 수가 없다.

의전이 없었다는 것은 천자에게 힘이 없었다는 말과 같다.

누군가가 주나라를 대신하여 천자가 된다면 사정은 달라진다. 그러나 500여 년 동안의 춘추전국 시대에 주를 대신하여 천하의 주인이 된 사남은 아무노 없었다. 주나라에 힘이 없었음에도 불구하고 그렇게 하지 못했던 것은 주나라의 덕이 특별히 뛰어났기 때문은 아니었다.

거듭 이야기한 것처럼 손에 쥐어야 할 천하가 너무 넓어졌기 때문이었다. 주나라가 은나라를 대신했을 때는 천하라고 해봐야 황하 중류 유역 일대를 중심으로 한 지역에 지나지 않았다. 주나라는 '봉건제'로 천하를 넓혔고, 그 후에도 천하가 계속 넓어졌기 때문에 자신의 힘은 약해졌지만 천자의 지위만은 안전하게 지켜낸 이상한 시대가 500여 년 동안이나 계속되었다.

욱일승천하여 그대로 가면 머지않아 천하를 쥐겠다 싶었던 패자도 그의 죽음에 이은 후계자 쟁탈전에 의해 기껏 쌓아올렸던 활력을 잃어 버리고 말았다. 주나라의 입장에서 보자면 패자의 노령화와 사망은 일종의 안전판과도 같았다. 인간인 이상 이 안전판 장치에서 벗어날 수는 없다.

일개 제후가 천하를 쥐려면 힘의 배경이 되는 생산력이 거기까지 향상되어야만 한다. 철의 등장은 생산력을 비약적으로 향상시키기는 했지만 그래도 오랫동안 넓어지는 천하를 따라 잡을 수는 없었다.

우리는 패자 교체의 한 형태를 제나라의 환공에서 볼 수 있다.

환공은 태어난 해가 분명하지 않기 때문에 즉위한 나이도 알 수가 없다. 아버지의 뒤를 이은 것이 아니라 형(양공)의 뒤를 이은 것이기 때문에 즉위 당시에는 이미 상당한 나이였다. 재위는 43년에 이르렀지만 최고 전성기는 규구에서 회맹을 행한 35년이었다. 틀림없이 패자이기는 했지만 아직 천하를 쥘 수 있을 정도는 아니었다.

규구의 회맹에 초나라는 참가하지 않았다. 남방의 커다란 세력이 제나라 환공의 패권을 인정하지 않은 것이다.

북방의 최대 강국이었던 진(晉)나라도 규구에 가는 도중에 재공을 만나 그의 권유로 되돌아가 버렸다. 참가하지 않아도 제가 군대를 보내지 못할 것이라는 약점을 간파했던 것이다.

그 무렵 서방의 진(秦)나라는 그렇게 강국은 아니었지만 역시 참가하지 않았다. 이렇게 본다면 규구의 회맹을 통해서는, 예전의 중원 정도의 규모에서만 제나라의 환공이 패자였다는 사실을 알 수 있다.

아직 천하의 패자라고까지는 말할 수 없다. 천하의 패자가 될 수 있을 만한 기초는 가지고 있었지만, 안타깝게도 나이 때문에 그 이상은 무리였다.

나이를 너무 강조하면 반발심을 사게 될지도 모른다. 제나라로 망명했던 중이는 후에 강력한 패자가 되는데, 그것은 상당히 나이를 먹고 난 뒤의 일이었다. 환공의 경우는 관중을 잃었다는 사실을 보다 강하게 지적해야 할지도 모른다.

제나라의 환공은 왕자였을 때 거(莒)로 도망을 친 적이 있었다. 나라 바깥에 있으면 고국을 객관적으로 볼 수 있게 되며 또 견문도 넓어지게 된다. 그러한 경험이 있었기 때문에 태자인 소(昭)를 송(宋)나라의 양공(襄公)에게 일시적으로 맡겼다. 『사기』에 이는 관중과 함께 꾀한 일이라고 기록되어 있다.

송나라는 은의 자손이 봉해진 곳으로 조국(祖國)이라 해야 할 나라였다. 그리고 송나라의 양공도 뛰어난 인물이었으니 태자의 유학지로 그 이상의 나라는 없었다.

제나라와 송나라는 서로 인접해 있는데 그 관계는 극히 우호적이었다. 규구의 회맹 때, 송은 양공이 막 즉위한 직후였다. 돌아가신 아버지를 아직 매장도 하기 전이었지만, 그래도 양공은 규구로 달려가 회맹에 참석했다.

『춘추』에서는 이 회맹에 모인 제후들의 이름을 들었는데 그 가운데 송자(宋子)도 있었다. 송나라의 자작이라는 말인데 사실 송나라는 공작의 나라였다.

『좌씨전』은 이 대목을 송은 아버지의 상중이었기에 공이라고 하지 않고 자라고 한 것이라고 해석했다.

송은 은의 후예로 망국의 자손으로 예전에는 천하의 주인이었다. 봉해진 나라는 그렇게 크지 않았지만 작위만은 높은 것을 받았다. 누가 뭐래도 주는 한때 은의 신하였다.

주의 왕실에서는 원조(遠祖)인 문왕과 무왕을 제사하고 나면 그 조(胙)를 동족인 희(姬) 성을 가진 제후들에게 분배하게 되어 있었다. 조란 신에게 바치는 고기로 제사가 끝나면 그것을 나누게 되어 있었다.

제나라는 대국이었지만, 성이 강(姜)이었기 때문에 왕실로부터 조를 받지 못했다. 송나라는 다른 성이었지만 옛 천자의 국가였다는 이유 때문에 조를 받았다. 특별대우를 받은 것이다. 망국의 후예였기 때문에 경멸의 대상이 되기도 했지만, 이와 같은 존경도 함께 받고 있었다. 이상한 나라였다. 그 나라는 차별에 견디면서도 한편으로 자부심은 매우 강한 성격을 가지고 있었다.

이는 내 상상에 지나지 않지만, 관중이 소를 송나라에 유학 보낸 것은 태자가 나라에 있으면 좋을 것이 하나도 없다고 생각했기 때문이다. 다음의 수장이니 아첨하는 사람들이 접근하고 추종자들이 생겨 본인을 허수아비로 만들어 버린 우려가 있다.

관중은 거기까지 생각하고 있었지만, 그가 환공보다 먼저 세상을 떠나 버리고 말았다. 나이 든 환공은 관중을 잃은 후에 마치 사람이 바뀐 것처럼 한심하게 변했다.

환공은 우선 관중이 죽기 전에 '등용해서는 안 될 인물'이라고 주의를 주었던 세 사람을 측근으로 등용했다. 역아(易牙), 개방(開方), 수작(豎刁)이라는 사람들이었다. 역아는 아첨의 명수로 죽인 자신의 아들로 국을 끓여 그것을 헌상했다고 하니 요괴와 같은 사람이라고 해야 할 것이다. 개방은 망명해 온 위나라의 왕자였다. 수작이라는 사람은 출세를 위해 스스로 자원하여 거세하고 환자(宦者, 환관)가 된 인물이었다.

규구의 회맹에서 제나라의 환공은 제후들에게,

　　　수자(樹子, 태자)를 바꾸지 말라.

고 명하고 약속을 받아냈으면서도 아첨하는 요괴 역아의 구슬림에 넘어가 자신의 태자를 바꿔 버렸다.

천하의 영걸 환공도 나이와 병 때문에 판단력이 흐려져 있었을 것이다. 게다가 내총(內寵)이 많았다. 정부인인 왕희(王姬), 서희(徐姬), 채희(蔡姬)에게는 아들이 없었기 때문에 이것도 문제를 복잡하게 만들었다. 적자를 분명하게 세울 수가 없었다. 10여 명의 아들이 있었지만 모두 정부인이 아닌 여성에게서 태어난 아들이었다. 이치를 따지자면 계승자로서의 자격은 모두에게 평등한 셈이었다. 관중은 환공과 상의하여 정희(鄭姬)가 낳은 소를 태자로 선택하고 송나라로 보냈다. 가장 뛰어난 자질을 가지고 있었던 모양이다.

장위희(張衛姬)라는 여자가 자기의 친아들인 무궤(無詭)를 후계자로 삼으려고 환공의 측근인 세 간인(奸人)들과 손을 잡고 암약을 시작했다. 그리고 늙은 환공을 졸라서 무궤를 태자로 세우게 했다.

환공이 죽자, 역아는 궁중으로 들어가 수작과 함께 반대파 대신들을 죽이고 무궤를 군주로 옹립했다. 다른 왕자들도 가만히 있지 않았다.

환공이 병상에 있을 때부터 다섯 왕자가 당파를 이뤄 서로 싸웠다. 이 래서는 패자의 나라라 할지라도 토대가 흔들리고 만다. 토대가 흔들린 정도가 아니라 환공의 장례식조차 치를 수가 없었다. 다섯 왕자의 난투로 환공의 유해는 그대로 방치되었다.

> 환공이 졸(卒)함에 이르자 마침내 (다섯 왕자가) 서로 공격했다. 이에 궁중이 비어 감히 관(棺)하는 자가 없었다. 환공의 시(尸)가 자리에 있기를 67일, 시충(尸蟲)이 문으로 나왔다.

라고 『사기』는 이 참담한 상황을 묘사했다.

원래 태자였던 소도 송나라에서 돌아와 있었다. 말할 나위도 없이 자신이야말로 정당한 태자라고 주장했다. 무궤가 태자가 된 것은 간인들이 병으로 판단력을 잃은 아버지에게 강요한 일이기 때문에 무효라고 간주했다.

> 8년 전, 선군이 맹주로 규구에 제후들을 모았을 때, 태자를 바꾸지 않기로 서로 맹세하지 않았는가? 맹주가 그 약속을 깰 리가 없다. 무궤를 세운 것은 선군의 참된 뜻이 아니었다.

이것이 소의 주장이었지만 제나라의 궁중에서는 무궤파가 가장 강했기 때문에 소는 다시 망명을 할 수밖에 없었다. 그가 망명한 곳은 당연히 송나라였다.

춘추 오패라는 말이 있다. 춘추 시대에 다섯 명의 패자가 등장했었다는 말인데, 책에 따라서 다섯 명의 이름이 각각 다르다.

전국 시대 무렵부터 오행설이 성했는데 그 영향으로 모든 것을 수·화·목·금·토 오행에 맞추거나 다섯 개의 숫자로 정리하는 경향이 나타났다. 그러니 5라는 숫자에 연연할 필요는 없다.

헤아리는 사람의 주관에 따라서 선택 방법도 달라진다. 그런데 누가 뽑든 반드시 들어가는 사람은 제나라의 환공과 진(晉)나라의 문공, 두 사람이다. 진나라의 문공은 다름 아닌 환공 말년에 제나라로 망명했던 진나라의 왕자 중이다. '제환, 진문(齊桓晉文)'은 패자의 대명사라고 할 수 있다.

다음으로 유력한 인물은 초나라의 장왕(莊王)이다. 대부분의 문헌이 그를 오패에 넣었지만 오직 『한서(漢書)』의 「제후왕표서주(諸侯王表序注)」만은 초나라의 왕인 장왕을 오패에서 제외했다. 초나라를 매우 싫어하는 사람이 고른 것인 듯하다. 공평하게 따지자면 초의 장왕은 '제환, 진문'과 함께 무조건 패자에 넣기에 적합한 인물이다.

나머지 두 사람에 대해서는 진(秦)나라의 목공(穆公), 송나라의 양공(襄公), 월나라의 왕 구천(句踐), 오나라의 왕 합려(闔閭), 오나라의 왕 부차(夫差) 등의 이름을 여러 책에서 들었다. 이 사람들은 패자로 보기보다는 패자가 되겠다는 뜻을 품었지만 패업을 이루지 못한 '준패자(准覇者)'라고 보는 것이 정확할 것이다.

제나라의 환공이라는 패자가 죽음(643년)으로 몰락하고 진나라의 문공이라는 그 다음 패자가 출현하기까지, 준패자인 양공이 잠깐 모습을 드러낸다.

패자의 자격으로는 회맹의 맹주가 되고 다른 나라의 일에 간섭할 수 있는 힘을 가지고 있어야 한다는 점을 들 수 있다.

송나라의 양공은 이전까지의 경위도 있었기에 제나라의 후계자 문제에 개입했다. 제나라의 환공은 관중과 의논하여 태자인 소를 송나라로 유학을 보냈다. 송나라의 양공은 의뢰를 받은 일이기 때문에 소에게 제왕학(帝王學)을 가르치고 있는 것이라 생각했다. 그런데 제나라에서 태자를 바꿔 무궤가 군주가 되었고, 소는 송으로 되돌아와 망명을 했다.

송나라의 양공은 아버지의 상중이었음에도 규구의 회맹에 참석했다. '천하의 일이 집안일에 우선한다'는 것이 양공의 생각이었다.

그는 보기 드문 이상주의자였다. 그는 태자 시절에 송나라 후계자의 지위를 형인 목이(目夷)에게 양보하려 한 적이 있었다. 목이가 형이었지만, 그 어머니가 정부인이 아니었기에 태자가 되지 못했다. 그러나 인격과 식견 모두 뛰어났기에 나라를 위해서는 그가 군주가 되는 편이 더 낫겠다고 동생인 양공은 생각했다. 그러나 아버지가 그것을 허락하지 않았다. 즉위한 양공은 그 이복형을 바로 재상으로 삼았다.

즉위하자마자 나라를 목이에게 맡겨 두고 규구로 갔다. 만약 목이에게 야심이 있었다면 나라를 빼앗을 절호의 기회였다. 결국 목이는 그렇게 하지 않았지만, 양공도 이복형을 굳게 믿고 있었다. 이런 일들에서도 양공의 이상주의적인 일면을 엿볼 수 있다. 그는 규구에서의 맹세를 그대로 믿고 있었다.

8년 전에 맹세했던 일, 즉 태자를 바꿔서는 안 된다는 맹세를 제나라가 깨 버렸다. 또 그때 대부(대신)를 함부로 죽여서는 안 된다고 맹세했는데, 역아(易牙)들은 반대파 대부들을 철저하게 숙청했다. 이상주의자인 송나라의 양공은 맹약을 깬 제나라를 벌하지 않으면 안 되겠다고 생각했다. 게다가 태자의 자리에서 쫓겨난 소는 송나라에서 돌보던 사람이었다.

송나라는 제후들의 병사를 이끌고 소를 돌려보낸다는 구실로 제나라를 공격했다. 제후들이라고 했지만 조(曹), 위(衛), 주(邾) 등과 같은 인접국가들뿐이었다. 어차피 소국(小國)에 지나지 않았다. 그런데도 패자의 나라인 제나라가 이들 소국의 연합군에게 패하고 말았다.

소국연합군이 강했기 때문이 아니었다. 제나라가 너무 약했다. 패자의 몰락도 차마 눈 뜨고 볼 수 없는 광경이었다. 영매(英邁)했던 환공이 뛰어난 정치가였던 관중의 보좌를 받아 힘겹게 쌓아올린 패자의 나라 제도 다섯 왕자들의 권력다툼이라는 내분이 일어나자 참으로 힘없이 무너져 버리고 말았다.

관중이 만든 '오가지병(五家之兵)'은 어떻게 되었을까? 틀림없이 그 뛰어난 지휘자들이 역아들에 의해서 숙청당했을 것이다. 역아들처럼 아첨을 좋아하는 사람들에게 있어서 군대를 장악하고 있는 우수한 사령관은 가장 위험한 적이었다. 가장 먼저 죽여야겠다고 생각했을 것이다.

송나라를 맹주로 하는 잡군(雜軍)이 습격해 왔지만, 제나라에는 그것을 막을 만한 힘이 없었다. 군대는 있었지만 그것을 지휘할 만한 장군이 없었다. 상당히 뛰어난 장군이 있었다 할지라도 아마 이기지 못했을 것이다. 제나라 사람들은 역아와 같은 야심가를 증오하고 있었다. 그런 역아가 옹립한 무궤를 위해 목숨을 걸고 싸울 마음은 들지 않았을 것이다. 아무리 숫자가 많다 하더라도 사기가 떨어진 군대는 쓸모가 없다.

오랜 시간이 흐르지도 아니었다. 빛나는 패자인 환공의 유체를 이제 막 관에 넣었을 뿐이었다. 아직 매장도 하지 않았다. 그런데도 어제의 초강국이었던 제는 이미 약한 나라가 되어 버리고 말았다.

제나라 사람들은 침공해 들어온 군대와 싸우려 하지 않고 즉위한 지 얼마 되지 않은 무궤를 죽여 버렸다. 즉위한 제후에게는 무슨 공(公)이라는 시호가 있기 마련인데 무궤에게는 시호조차 없었다.

어머니인 장위희가 자신의 아들을 제나라의 후계자로 삼아야겠다는 야심만 품지 않았어도 그녀의 아들은 천수를 다했을 것이다.

무궤가 죽었으니 이젠 됐겠지 싶어 송나라의 양공은 연합군을 이끌고 퇴각했다. 당연히 소가 즉위하게 되리라 생각했던 것이다. 그러나 그렇게 간단한 문제가 아니었다. 수장의 자리를 노리는 왕자가 그 외에도 네 명이나 더 있어 각자가 무리를 이루고 있었다. 그들의 공세를 견디지 못하고 소는 다시 송나라로 망명하게 되었다.

이것은 3월의 일이었으며, 5월에는 송나라의 양공이 다시 제나라로 병사를 움직여 네 왕자의 군대를 격파하고 소가 즉위하는 모습을 지켜보았다. 이 소가 바로 제나라의 효공(孝公)이다. 환공의 장례식은 8월이 되어서야 간신히 치를 수 있었다.

제나라의 후계자 쟁탈전에 개입했던 송나라의 양공은 자신감을 얻었다. 그는 제나라 환공의 뒤를 이어서 패자가 돼야겠다고 생각했다. 처음부터 천하의 일에 깊은 관심을 갖고 있던 사람이었다. 이상주의자는 자신의 이상을 이 세상에 펼쳐 보이고 싶다고 생각하는 법이다.

재상인 이복형 목이는 양공의 이러한 기질을 걱정했다. 이상은 좋지만 송나라는 대국이 아니었다. 주나라에서는 은나라의 후예인 송에게 높은 작위를 주었지만 부여한 토지는 넓지 않았다. 실력을 키워서 천하를 되찾아 오겠다는 생각을 품는다는 것은 위험한 일이었다. 송나라의 위계는 높았지만 가난하고 실력이 없었다.

소국이 맹(盟)을 다투는 것은 화(禍)다.

라고 목이는 양공에게 간했다. 맹을 다툰다는 것은 제나라의 환공처럼 맹주가 되는 것을 말한다. 제나라는 대국이었지만 송나라는 그렇지 않았다. 무리를 한다는 것은 위험한 일이었다.

제나라의 후계자 문제에 개입하여 성공을 거둔 뒤, 송나라의 양공은 국제정치가인 양 행세하기 시작했다.

제나라의 환공이 죽은 지 4년(기원전 639) 뒤의 봄, 송나라의 양공은 맹주기 되기 위해 녹상(鹿上, 산동성)에서 예비회담을 열고 가을에 회맹하기로 했다. 봄의 예비회담 때, 제나라와 초나라는 송나라를 맹주로 인정하기로 했다. 가을의 회맹은 우(盂)라는 하남의 땅에서 열렸는데 초, 진, 채, 정, 허, 조 등의 제후들이 모였다. 그런데 초나라는 송나라의 양공을 붙잡고 송나라로 군대를 보냈다.

그해 12월에 박(亳)에서 제후 회담이 열려 송나라의 양공은 석방되었다. 그 사건은 양공의 자존심에 커다란 상처를 주었다. 그것을 계기로 맹주 쟁탈전에서 발을 뺐으면 좋았으련만 오히려 설욕으로 의욕이 불타오르게 되었다.

목이는 걱정이 돼서 견딜 수가 없었다.

재앙이 아직 충분치 않다. 아직 군(君)을 벌하는 데 족하지 않다.

라고 그는 한탄했다. 재앙은 이것으로 끝이 아니라, 감금당했다는 사실 정도로 양공은 아직 포기하지 않았기 때문에 더욱 나쁜 일이 일어날지도 모른다고 우려한 것이다.

사마천이 칭찬한 '송양지인'

이듬해 여름, 송나라의 양공은 정나라로 군대를 냈다. 송나라에 복속되어 있던 정나라가 어느 틈엔가 초나라 밑에 들어가 있었기 때문이었다. 양공은 격노했다. 초나라는 자신을 붙잡아 감금한 적이 있는 남방의 야만국이었다. 그런 초나라 밑으로 들어간 정나라를 응징하지 않을 수 없었다.

재앙은 여기에 있다!

목이는 이렇게 외쳤다고 한다. 그러나 양공을 막을 수는 없었다.

가을이 되자 초나라는 정나라를 구원하기 위해 군대를 보냈다. 양공은 그 초나라 군대와 맞서 싸우려 했다. 목이가 필사적으로 간했다.

하늘이 상(尚, 은)을 버린 지 오래다. 불가하다.

하늘은 은을 버린 지 오래되었다. 천명을 받지 못한 은의 후예인 송나라가 대국인 초나라와 싸워서 이길 리 없다, 그만두라고 입에 침이 마르도록 말했지만 양공은 들은 척도 하지 않았다. 감금당했을 때의 굴욕적인 기억이 생생하게 떠올랐던 것이다.

송나라와 초나라의 군대는 홍수(泓水)를 사이에 두고 대치했다.

홍수는 하남성에 속해 있지만 산동과 안휘 두 성과의 경계 부근으로 그곳은 송나라의 세력권이었다. 호북의 장강 연안을 본거지로 삼고 있던 초나라가 상당히 세력을 넓혔다는 사실을 알 수 있다. 아무래도 송나라의 양공은 싸우지 않아도 될 싸움을 한 것은 아닌 듯하다. 초나라의 세력이 송나라의 발밑에까지 이르렀기에 송나라로서도 그냥 보아 넘길 수는 없었다.

녹상이나 우에서의 회맹 때 송나라가 원한 것은 천하의 맹주가 아니라 중원의 맹주 자리에 지나지 않았다. 중원으로 뻗어 있는 초나라의 힘은 말하자면 말단에 불과했다. 초나라의 말단이 그 부근에서는 일단 송나라의 주도권을 인정하겠다고 양보했던 것이라는 느낌이 든다. 그러나 그 부근에 선을 긋는 일이 서로의 뜻대로 되지 않았기에 초나라가 억지로 감금 사건을 일으킨 것이다.

초나라의 힘이 아무리 강대했다 할지라도 말단은 그렇게 세지 않았다. 타국의 지역적인 패권은 인정하지 않을 수 없었다. 그것이 석방이라는 사실로 나타났다. 어느 나라도 천하를 쥘 수 없을 정도로 천하가 넓어졌다는 사실을 이와 같은 정치적 거래를 통해서도 알 수 있다.

홍수의 싸움에서는 송나라가 패했다. 싸움에서 진 상황이 특이하기 때문에 역사상 유명한 전쟁으로 기억되고 있다.

초나라는 대군이었기 때문에 정면으로 충돌한다면 송나라에게는 승산이 없었다. 강을 사이에 둔 대치에서는 강을 먼저 건너는 쪽이 불리하다. 도하 도중에 의표를 찔릴 염려가 있기 때문이다. 초나라는 병력이 많다는 사실을 믿고 송나라의 군대 앞에서 도하를 시작했다. 목이는 이를 호기라 생각하고 양공에게 적의 허점을 찌르라고 권했다. 그러나 양공은 공격명령을 내리지 않았다.

그러는 동안에 초나라의 전군이 도하를 완료했다. 그러나 강을 건너오기는 했지만 진용이 아직 갖춰지지 않았다. "상대가 진용을 갖추기 전에 공격합시다."라고 목이가 진언했지만, 양공은 이번에도 출격을 허락하지 않았다. 드디어 초나라 군대가 진열을 갖추고 포진했다.

양공은 그제야 드디어 공격 명령을 내렸다. 병력에 커다란 차이가 있었기에 정면으로 맞붙는다면 승패는 이미 갈린 것이나 다름없었다. 송나라 군대는 대패하고 말았다. 문관(門官)이라 불리는, 군주의 좌우를 지키는 친위대까지 전멸한 완전한 패배였다. 양공도 허벅지에 부상을 입었다.

어째서 그렇게 한심한 싸움을 한 건지, 송나라 사람들은 당연히 양공을 비난했다. 그에 대한 양공의 대답을 『춘추좌씨전』은 다음과 같이 기록했다.

> 군자는 상처를 거듭하지 않고, 이모(二毛)를 포로로 잡지 않는다. 옛날에 싸움을 할 때는 조애(阻隘)로 하지 않았다. 과인(寡人)은 비록 망국의 여(餘)지만, 아직 대열을 갖추지 못한 적을 향해 북을 울리지는 않는다.

상처를 거듭하지 않는다는 것은 부상자가 거듭 상처를 입지 않도록 한다는 말이다. '이모'란 검은 머리와 흰 머리를 말하는데, 머리가 세기 시작한 초로의 늙은이를 말한다. 백발의 노인은 전쟁에 나가지 않았겠지만, 머리가 희끗희끗한 초로의 늙은이는 전쟁에 끌려 나가는 일도 있었다. 그런 노병은 포로로 잡지 않고 도망가게 내버려 두는 것이 군자의 도리라고 말한 것이다. 과연 구국(舊國)의 군주답게, 옛날의 전쟁은 조애(좁은 곳. 계곡이나 좁고 험한 길, 강 위 등)에 의지하여 이기려 하지 않았다며 이상론을 펼쳤다.

망국의 여(자손)라고 한 것은 송나라가 은나라의 후예였기 때문이다. 망국의 자손이지만, 아니 그렇기 때문에 더더욱 당당하게 싸워야만 한다는 것이 양공의 미의식이었다. 상대방이 아직 대열을 갖추지 못했는데 공격

신호인 큰북을 울릴 수는 없다고, 중상을 입은 군주가 당당하게 말했다.

목이는 어이가 없었다. '병(兵)은 승(勝)을 그 공으로 삼는다.' 전쟁은 이기지 못하면 의미가 없다. 군자는 상처를 거듭하지 않는 법이라면 애초부터 적에게 상처를 주지 않으면 될 게 아닌가 하고 목이는 비아냥거리는 말을 했다.

송나라가 패한 그해에 유랑하던 망명 왕자인 진(晉)나라의 중이가 송나라로 들어왔다. 양공은 스무 대의 수레를 중이에게 주고 정중하게 예우했다.

양공은 이 전쟁에서의 상처가 원인이 되어 이듬해 여름에 세상을 떠났다.

사람들은 이처럼 우스운 이상주의를,

　　　　송양지인(宋襄之仁)

이라며 비웃었다.

그러나 사마천은 송나라의 양공을 어느 정도 높이 평가했다. 『사기』 「송미자세가(宋微子世家)」의 말미에서 그는 다음과 같이 기록했다.

> 양공은 이미 홍(泓)에서 패했다. 그러나 군자 중 어떤 자는 이를 높이 평가한다. 중국의 예의가 이지러졌음을 슬퍼하며 이를 칭찬한다.
> 송양(宋襄)의 예양(禮讓)이 있기 때문이다.

전쟁으로 패자가 된 진나라

『관자』 속에 관자가 제나라의 환공에게,

음왕(陰王)의 나라가 셋 있다.

고 말한 대목이 있다.

원칙적으로 왕은 주나라의 왕 한 사람이었지만 그 밑의 제후 가운데 왕과 다름없는 실력을 가지고 있는 자를 '음왕(겉으로는 드러나지 않지만 배후에서는 왕과 같다는 의미)'이라고 불렀다. 그 음왕의 나라가 셋 있는데, 관중은 제(齊)와 연(燕)과 초(楚) 세 나라가 거기에 해당한다고 했다.

제나라에는 거전(渠殿, 지명)의 소금이 있어서 그것이 제를 음왕의 나라로 만들었다고 했다. 생활필수품이기 때문에 소금은 절대적인 힘을 가지고 있었다.

연나라에는 요동의 자(煮)가 있었다. 자라는 것도 역시 소금을 말한다.

초나라에는 여한(汝漢, 지명)의 황금이 있었다. 초나라가 강성해진 데는 황금의 힘도 한몫을 했을지도 모른다.

연나라는 소공의 자손이 봉해진 유서 깊은 나라였지만, 중원에서 멀리 떨어져 있었기에 자신만의 길을 가겠다는 색채가 짙어 패자가 된 적은 없었다.

패자를 이야기할 때면 제나라의 환공과 진나라의 문공의 이름이 반드시 등장한다. 제나라에는 소금이 있었는데, 그렇다면 진나라에도 그에 상당하는 무엇인가가 있었을까? 적어도 관중은 진을 음왕의 나라로 들지 않았다.

그런데도 진은 패자의 나라가 되었다. 무엇이 진을 패자로 만들었을까?

그것은 전쟁이었다고 생각한다.

주나라 성왕(成王) 시절, 성왕의 동생인 숙우(叔虞)가 당(唐, 산서성 익성현)이라는 땅에 봉해졌고 그 아들 시대에 진(晉)이라고 칭했다고 한다. 이것은 전설일지도 모르겠지만, 주나라가 여기에 제후를 봉했다면, 그 목적은 북쪽의 적족(狄族)에 대비하기 위한 것이었으리라.

진은 이른바 방인(防人, 경비)의 나라였다.

변경에서 적과 교섭을 하는 동안 진도 적지 않게 적족과 같은 성격을 띠게 되었을 것이다. 혹은 진나라가 곧 적족이었을지도 모른다.

이는 진(秦)나라의 경우와 매우 흡사하다. 진(秦)은 융에 대한 대비를 목적으로 그 땅을 부여받았다. 자연스럽게 융처럼 변해, 의심 많은 역사가들은 진이 곧 융일지도 모른다고 주장하고 있다.

중국에서 최초로 기마군단을 조직한 것은 전국 시대의 조(趙)나라였다. 전국 시대에 진(晉)나라는 조·위(衛)·한(韓)나라 삼국으로 분열되었다. 조는 진의 혈통을 이어받은 나라였다.

전설시대야 어찌 됐건 춘추 시대의 진나라는 무력으로 탈취한 나라였다.

주나라의 유왕과 같은 시절에 진나라의 군주는 문후(文侯)라는 사람이었다. 그는 동생 성사(成師)를 곡옥(曲沃)에 봉했다. 이를테면 분가를 시킨 것인데, 분가를 한 쪽이 강해져서, 성사의 손자인 무공(武公) 시절에 결국 본가를 공격하여 멸망시키고 진나라의 주인이 되었다. 기원전 679년의 일이었다. 이해에 제나라의 환공이 첫 번째 회맹을 행했다.

무공은 본가를 멸망시켰을 때 전리품으로 손에 넣은 재보를 주나라 왕실에 헌상했다. 왕은 무공을 진나라의 정식 군주로 승인했다. 왕실이 뇌물을 받고 부정을 눈감아 준 셈이었다.

춘추 시대의 진나라는 그 성립 과정을 통해서도 피비린내 나는 군국주의적 국가였다는 사실을 알 수 있다.

무공을 시조로 본다면 진나라는 신생국이라고 할 수밖에 없다. 건국한 지 얼마 되지 않은 신흥국이었다. 그와 같은 나라는 한 가지 문제점을 안고 있다. 건국 원훈이 많다는 점이다. 원훈들은 특권을 가지고 있기 때문에 자칫 군주의 실권이 실추될 우려가 있다.

공로자와 그 일족의 힘을 어떻게 해서 약화시킬까, 그것은 무공의 아들인 헌공(獻公)에게 남겨진 숙제였다. 헌공은 적극적인 성격을 가진 사람으로 군주 일족의 공자(公子)들을 차례차례로 죽였다. 『사기』는 이를 대부인 사위(士蔿)가 진언한 것이라고 기록했다.

공자(公子)란 군주의 아들만을 의미하는 것이 아니다. 군주 일족의 남자들을 포함한 말이다. 군주의 형제, 사촌형제, 숙부와 조카 등도 공자다.

그리고 헌공은 도읍을 강(絳)으로 옮겼다. 이렇게 말하면 진나라가 흔들리고 있는 것처럼 들릴지도 모르겠지만 본가를 탈취한 기세를 몰아갔다. 공자들을 주살하고 천도한 것도 에너지의 물결에 올라 그때마다 비약한 것 같은 느낌이 든다.

진나라의 헌공은 개성이 매우 강한 인물이었던 듯하다. 즉위 5년 만에 여융(驪戎)을 쳤다. 여산(驪山)에 사는 융족이다.

융족에 대해서도 여러 가지 설이 있다.

동이, 남만, 북적, 서융이라고 주변 민족들을 동서남북으로 나눈 것은 나중의 일이었다. 이, 만, 적, 융이라는 말은 막연하게 비한족(非漢族) 계열의 민족을 가리킬 때 사용되었기에 문헌에서의 용법도 혼란스럽다.

융이라는 글자는 '과(戈)'와 '구〔十, 갑골문에서는 갑(甲)을 의미한다〕'로 이루어져 있으니 전투적인 무장집단이었을 것이다. 섬서, 감숙 부근에 살고 있었던 듯하며, 저(氐)나 강(羌)과 마찬가지로 티베트 계열 사람들이 아닐까 여겨진다.

헌공은 여융 토벌에서 여희(驪姬)와 그녀의 동생이라는 부산물을 손에 넣었다. 헌공은 이미 상당한 나이에 도달했을 텐데도 여희 자매를 끔찍하게 사랑했다. 미모도 뛰어났을 뿐만 아니라 그녀들은 굉장히 총명했기 때문에 헌공의 마음을 단단히 틀어잡고 있었다.

헌공 12년(기원전 665년)에 여희가 사내아이를 낳았다. 그가 바로 해제(奚齊)다.

진나라에서는 이미 태자를 세운 뒤였다. 신생(申生)이라는 유능한 사람이었다. 어머니는 제나라 환공의 공녀(公女)인 제강(齊姜)이었는데 이미 세상을 떠나고 없었다. 같은 어머니에게서 태어난 신생의 여동생은 진(秦)나라 목공(穆公)의 부인이 되었다. 신생은 패자인 동쪽의 제나라와는 외가로 인연이 닿아 있었고, 점점 강성해져 가고 있던 서쪽의 진나라와는 누이동생과의 연으로 닿아 있었다. 신생을 태자로 삼은 것은 진(晉)에게는 이상적인 일이었다고 할 수 있을 것이다.

헌공에게는 여덟 명의 아들이 있었는데, 그중에서 세 명의 아들이 현명했었다고 한다. 그중의 한 명은 물론 태자인 신생이었으며 나머지 두 사람은 중이(重耳)와 이오(夷吾)였다. 중이와 이오는 어머니들도 자매관계였다.

중이의 어머니는 적(狄)의 호(狐) 씨의 딸이었다고 한다. 융은 서쪽, 적은 북쪽에 있었을 것이라 여겨지는 주변민족이다. 그리고 진나라 군주의 집안에도 융과 적이 들어와 있었다. 융이 무장한 군단부족이었다는 점은 앞에서 이야기했다. 왕국유에 따르면, 적은 멀다는 뜻에서 온 말이라고 한다. 적(翟)이라고도 쓴다. 이것은 꿩의 깃털을 의미하는데, 남쪽 사람들과 마찬가지로 북쪽 사람들인 이 부족도 꿩의 기다란 깃털로 머리를 장식하고 있었는지도 모른다. 유목이나 수렵을 생업으로 삼고 있었기 때문에 기동력이 있고 용감한 사람들이었다.

춘추의 문헌에서는 융과 적이 분명하게 구분되어 있다. 왕국유는 융과 적이 같은 민족이라고 고증했지만 정설이라고는 할 수 없다. 일본의 동양사학자 시라토리 구라키치(白鳥庫吉, 1865~1942)는 융은 티베트 계열, 적은 몽고 계열이라고 생각했다. 그러나 적은 훗날의 철륵(鐵勒)이나 돌궐(突厥)과 마찬가지로 터키 계열이라고 주장하는 설도 있다. 앞머리에 T라는 음을 가지고 있고 바로 K음으로 이어진다는 공통점이 있기에 이 설도 상당한 설득력을 가지고 있다.

어쨌든 적의 여성이 어머니인 중이와 이오는 헌공의 아들 중에서도 태자인 신생과 어깨를 나란히 할 정도로 뛰어난 인물들이었다.

그런데 융의 미녀인 여희가 궁중으로 들어와 총애를 하게 되면서 헌공은 자신의 세 아들을 멀리하기 시작했다. 해제가 태어나자 장차 이 아이를 후계자로 삼고 싶다는 생각까지 하게 되었다. 물론 여희가 잠자리에서 자기 아들의 장래에 대한 헌공의 확실한 보증을 얻으려고 필사의 노력을 했을 것이다.

헌공은 태자인 신생을 곡옥으로 중이를 포(蒲)로 이오를 굴(屈)로 각각 부임케 했다. 곡옥은 무공까지의, 분가 시절의 도읍이었다. 어쩌면 너는 분가하라는 암시였을지도 모른다. 아니, 분가 같은 것은 용납할 수 없는 일이었을지도 모른다. 왜냐하면 그때의 진나라는 분가가 본가를 쳐서 멸망시킨 것이었기 때문에 분가는 방심할 수 없는 존재라는 사실을 스스로가 누구보다도 잘 알고 있었기 때문이었다.

패자의 나라인 진(晉)이라고 하면 반사적으로 문공의 이름이 머릿속에 떠오르지만, 사실 이 나라의 패업은 문공의 아버지인 헌공 시절에서부터 시작되고 있었다. 군비를 증강하고 곽(霍), 경(耿), 위(魏), 우(虞), 괵(虢) 등의 나라를 병합했다.

괵은 주 왕실의 친척이었는데 정(鄭)나라가 멸망시킨 것이 동괵(東虢)이고, 기원전 655년에 진(晉)나라의 헌공이 멸망시킨 것이 서괵이었다. 그 후예들은 극히 작은 나라를 유지하고 있었기에 소괵(小虢)이라고 불렸는데 후에 진(秦)나라에 의해 멸망하고 만다. 이 괵은 황하의 남쪽 기슭에 있던 나라였다. 진나라 헌공의 패업은 남하라는 형태를 취하고 있었다.

진(晉)나라의 분가인 무공이 본가를 공격했을 때, 괵은 본가의 편에 섰었다. 또 패한 본가의 공자들의 망명을 받아들였다. 이것이 진(晉)나라가 괵을 토벌한 이유였다.

이처럼 헌공의 패업이 활발하게 진행되고 있을 때, 태자 신생의 자살 사건이 일어났다.

진나라가 위(魏)나라와 곽(霍)나라를 멸망시킨 이듬해(기원전 660)에 태자 신생은 장군이 되었다. 진나라의 헌공은 증강한 군대를 둘로 나누어 상군(上軍)과 하군(下軍)으로 삼았다. 상군은 헌공 스스로가 통솔했으며 하군은 신생이 지휘하게 되었다. 이때 대부인 사위가 신생에게 망명을 권했다.

군주가 되느냐 죄인이 되느냐, 그 둘 외에 다른 길은 없었다. 사위는 헌공에게 공자들을 죽이라고 진언한 사람이었다. 권력의 구조를 알고 있는 사람이었다. 둘 중 하나였는데 사위가 보기에 신생이 군주가 될 가능성은 극히 낮았다. 그렇다면 도망치는 편이 훨씬 낫지 않겠는가?

> 오(吳)의 태백(太伯)이 되는 것 또한 가하지 않은가. 여전히 영명(令名, 소문난 훌륭한 이름)이 남아 있다.

이것이 사위의 조언이었다. 주나라 고공(古公)의 큰아들인 태백이 막내동생에게 위를 양보하기 위해서 집을 나갔다는 것은 유명한 이야기다. 모든 사람들이 오나라 태백의 깨끗한 행동을 칭찬하고 있다. 군주가 되는 것만이 인생은 아니다. 태백처럼 후세 사람들이 그 이름을 우러르게 하는 것도 좋지 않은가. 이렇게 설득했지만, 신생은 그 말에 따르지 않았다.

자살로 효도한 태자 신생

여희는 영리한 여자였다. 자신의 아들을 태자로 삼아 달라고 헌공에게 직접적으로는 얘기하지 않았다. 뿐만 아니었다. 헌공이 신생을 폐적(廢嫡)하고 해제를 태자로 삼겠다고 하자, 그녀는 눈물을 흘리며 거절해 보이기까지 했다.

태자 신생이 진나라의 후계자라는 사실은 제후 모두가 알고 있습니다. 장군으로서의 전공도 눈부신 것입니다. 백성들도 따르고 있습니다. 여희는 이런 식으로 신생을 칭찬하고,

> 어찌 천첩(賤妾) 때문에 적(嫡)을 폐하고 서(庶)를 세우겠습니까?

군(君)께서 이를 반드시 행하신다면 첩은 자살하겠습니다.

저 때문에 그렇게 하실 필요는 없습니다. 만약 무슨 일이 있어도 해제를 태자로 삼으시겠다면 저는 자살하겠습니다. 이 갸륵한 말에 헌공은 감동했을 것이다.

그러나 여희는 배후에서 착실하게 계획을 진행시켜 나가고 있었다. 일본의 소설가 야나기타 구니오(柳田国男, 1875~1962)는 여희가 신생을 함정에 빠뜨린 이야기를 놓고,

　　　여성의 할지(黠智, 간악한 지혜)에는 자유분방하고 또한 아름다운 것

　　이 있다.

라고 평했다.

헌공 21년(기원전 656)의 일이었다. 어느 날 여희가 신생에게,

　　　저희 군주가 꿈에서 제강(齊姜)을 보셨습니다. 부디 곡옥의 묘(廟)

　　에서 서둘러 제사를 올려 조(胙)를 우리 군주에게 올리기 바랍니다.

라고 말했다. 제강이란 신생의 죽은 어머니의 이름이었다.

그 무렵 고인을 꿈에서 보면 그 고인의 아들이 제사를 지내고, 꿈을 꾼 사람에게 제물을 보내는 풍습이 있었다. 제강의 묘는 곡옥에 있었다. 신생은 서둘러 어머니를 제사하고 제사에 올렸던 술과 고기를 아버지 헌공에게 보냈다.

여희는 그 술과 고기 속에 몰래 독을 넣었다. 사냥에 나갔다가 이틀(『춘추좌씨전』에는 6일) 만에 돌아온 헌공은 그 조(胙,제물)를 향(饗)하려 했다. 조를 먹는 것을 향이라고 한다. 곁에 있던 여희가, 곡옥은 먼 곳이니 확인을 한 뒤에 먹는 것이 어떻겠냐고 참견을 했다.

술을 땅에 부으니 흙이 일어났다. 고기를 개에게 주니 그것을 먹은 개가 죽어 버렸다. 소신(小臣, 환관)에게 먹게 하니 그도 죽어 버렸다.

여희는 울면서 태자의 잔인함을 탄식하고, 나이 든 아버지까지 죽이려 하니 자기 모자의 목숨도 없는 것이나 마찬가지이므로 국외로 가거나 자살을 하게 해달라고 청했다. 말할 것도 없이 헌공은 격노했다.

이 사실을 듣고 신생은 신성(新城)으로 달아났다. 헌공은 신생의 부(傅, 스승)인 두원관(杜原欵)을 주살해 버렸다. 어떤 사람이 신생에게,

> 여희가 독을 넣은 것이 뻔합니다. 태자는 어째서 변명을 하지 않으
> 십니까?

라며 해명할 것을 권했다.

> 우리 군주는 나이 들어서 여희가 없으면 하루도 살아갈 수가 없다.
> 변명을 해서 우리 군주가 여희에게 화를 내게 할 수는 없다.

고 신생은 대답했다.

망명을 권하는 사람도 있었지만 이런 악명(惡名)을 짊어지고 있으니 어디서도 받아 주지 않을 것이라며 신생은 자살을 택했다.

『사기』와 『춘추좌씨전』 중에서도 이 대목은 가장 소설적이다. 우리는 이 이야기를 읽은 뒤 이것이 과연 진실일까, 아니 누가 이 이야기 전체를 완성했을까 하는 근대인적인 의문을 품게 된다. 야나기타 구니오는 여희에 관한 이 이야기를 소개한 뒤, 다음과 같이 말했다.

> 이 한 줄기 이야기의 전반부는 태자 이외에 이야기할 사람이 없으
> 며, 후반부는 공 홀로 친히 실제로 본 것이기 때문에 일관되게 여기에
> 참여한 사람은 겉모습만 보살과 같은 사람(여희. 지은이)뿐인데, 그녀

는 그 기억을 영원히 속였을 것이다. 그런데도 악인도 아닌 좌구명(左丘明)이라는 맹인 역사가가 과연 어떤 힘으로 그 광경을 눈앞에서 본 것처럼 선려(鮮麗)하게 또 간결하게 쓸 수 있었는가 하면, 그가 사실(史實)에 충실했던 것과 마찬가지로 역시 시대의 전승이라는 것에 지극히 냉정하지 못했던 결과다. 또 실제로 좌 씨가 응시한 인생에는 여자, 소인 그리고 범용(凡庸)이 어떤 시대보다도 훨씬 더 민첩하게 활약한 것이라고도 생각된다.

　　－『정본 야나기타 구니오 전집』제7권『불행한 예술』중에서

　틀림없이 고개를 갸우뚱하게 만든다. 그러나 우리는 이 세부에 이르기까지 자세한 전승의 줄거리에서 신생에 대한 진(晉)나라 사람들의 진혼(鎭魂)의 기도가 담겨 있음을 느낄 수 있다. 여희가 낳은 아들은 즉위하자마자 살해되어, 어머니에게는 불명예스러운 이 전승을 고쳐 바로잡을 기회를 얻지 못했다.

　공자가 편찬한『춘추』는 극히 간결한 기술이 이어지고 있을 뿐이다. 연표를 읽고 있는 것과 같아서 그 항목에 대한 좀 더 친절한 설명이 있었으면 좋겠다고 생각하게 된다. 그런 소망에 답하기 위해서 저술된 것이「전(傳)」이다.『춘추』의 전은 좌구명, 공양고(公羊高), 곡량적(穀梁赤) 세 사람이 각각 저술했다. 그것을 각각『좌씨전』,『공양전』,『곡량전』이라고 불러왔다.

　좌구명의 해설은 역사적 사실을 자세하게 기술한 것으로 가장 상세하다. 예를 들어서 이 이야기만 해도 공자의『춘추』에는 노나라 희공(僖公) 5년 봄 항목에,

진후(晋侯)가 그 세자 신생을 죽이다.

라고만 기록되어 있다. 고사(瞽史)라고 해서 고대부터 전승을 직업으로 삼고 있던 사람들 중에는 맹인들이 많았다는 점은 앞에서도 이야기했다. 좌구명도 그런 사람 중 하나였다. 역사를 기술하려는 사람들은 세 가지 전 중에서도 『좌씨전』으로부터 가장 많은 은혜를 받고 있다.

목공과의 약속을 어긴 혜공

진나라의 문공(文公)은 패자가 되고 싶어서 된 것이 아니었다. 진나라의 군주가 되는 것조차 그다지 염두에 두고 있지 않았다. 어느 날 갑자기 진나라의 군주가 될 수밖에 없는 상황이 찾아왔으며, 진후(晋侯)의 자리에 오르고 보니 눈앞에 패자로 가는 길이 펼쳐져 있었다.

후에 문공이 되는 중이가 진나라에서 도망칠 수밖에 없었던 것은 물론 여희 때문이었다. 태자인 신생을 죽음으로 몰아넣은 것만 가지고 그녀는 안심을 할 수가 없었다. 해제는 아직 어렸고 헌공에게는 신생 외에도 중이, 이오라는 우수한 아들들이 있었다.

신생의 독살계획을 중이와 이오도 알고 있었습니다.

라고 여희는 헌공에게 참언했다. 그런 분위기를 감지하고 중이와 이오는 각자 자신의 성으로 돌아갔다. 인사도 하지 않고. 돌아가겠다는 인사를 하기 위해 궁중 안으로 터벅터벅 걸어 들어갔다가는 거기서 붙잡혀 구류당할 위험이 있었기 때문이었다. 그러나 인사도 하지 않고 돌아갔다는 사실 때문에 아버지 헌공의 의심은 더욱 깊어졌다. 그들도 역시 공모자였다고 판단해서, 두 아들의 성으로 군대를 보냈다.

위급한 상황에 처해서 진나라의 세 왕자는 각각 다른 행동을 취했다.

태자인 신생은 변명도 도망도 하지 않고 깨끗하게 자결했다.

이오는 자신의 성인 굴(屈)로 돌아가 방비를 튼튼히 하고 아버지가 파견한 진나라의 군대와 끝까지 항전을 펼쳤다. 진나라의 군대는 끝내 굴성을 떨어뜨리지 못했다.

중이는 재빠르게 달아났다. 헌공이 파견한 환관 발제(勃鞮)가 중이에게 자결을 권했다. 말할 나위도 없이 중이가 자결하지 않으면 죽이라는 명령이 있었던 것이다. "그럴 수 없다!"며 중이는 도망을 쳤고, 발제는 칼을 뽑아 들고 그 뒤를 쫓았다. 중이가 담을 뛰어넘으려 할 때, 발제가 칼을 휘둘렀지만 칼은 중이의 소맷자락만을 베었을 뿐이었다.

중이는 어머니의 고국인 적(狄)으로 망명했다. 그때 중이는 이미 43세였다. 이후 긴 망명생활이 시작됐다.

진나라의 헌공은 중이가 적으로 망명한 지 5년 만에 세상을 떠났다. 제나라의 환공이 소집한 규구의 회맹에 뒤늦게 참석하기 위해 가던 도중 주나라의 재공을 만나 그의 권유로 발걸음을 돌린 것이 죽기 직전의 일이었다.

여희가 과연 현명했던 것이라고 할 수 있을까? 군주의 자리에 오르는 것이 자기 아들의 참된 행복이라고 생각했을까? 인기가 좋았던 태자 신생을 살해했기에 그녀는 진나라의 국인들로부터 미움을 받고 있었다. 그녀는 자신의 영향력을 과신하고 있었는지도 모른다. 헌공의 존재만이 그녀의 힘이었다. 헌공이 세상을 떠나자, 그녀의 영향력은 물거품처럼 사라져 버리고 말았다.

규구의 회맹이 있던 해(기원전 651) 9월에 진나라의 헌공이 죽자 10월에 대신인 비정(邳鄭)과 이극(里克)이 반란을 일으켜 여희의 아들인 해제를 죽였다. 여희 쪽에 붙어 있던 대신 순식(荀息)은 여희의 동생이 낳은 도자(悼子)를 세우려 했지만, 11월에 이극이 그를 죽였으며 순식도 숨을 거두고 말았다.

이극 들은 적에 있는 중이에게 사자를 보내 귀국해서 즉위하라고 요청했다. 중이는 자기 아버지의 명령을 어기고 도망하여 아버지의 장례식에도 참석하지 못한 몸이라는 이유로 고사했다.

반여희파(反驪姬派) 사람들은 하는 수 없이 이오를 맞아들이기로 했다.

자신의 성에서 필사 항전을 외치던 이오도 헌공의 두 번째 공격 때 양(梁)나라로 탈출한 상태였다. 이오의 어머니도 적의 여인이어서, 그도 처음에는 적으로 망명할 생각이었다. 그런데 대부인 기예(冀芮)가 그것은 위험하다고 간했다. 적에는 이미 형인 중이가 망명해 있는 상태였기 때문에 형제 모두가 그곳으로 망명을 하게 되면 진은 틀림없이 그곳으로 대군을 보낼 터였다. 그랬기 때문에 진(秦)나라에서 가까운 양을 망명지로 택한 것이었다. 필요하면 진(秦)나라의 힘을 빌려야겠다는 속셈도 있었다.

진(晉)나라로부터 귀국을 요청받은 이오는 바로 달려가지는 않았다. 중이처럼 고사하지도 않았다. 신변의 안전을 꾀한 것이었다. 이오 자신은 병력을 거의 지니고 있지 않았다. 고국에도 이렇다 할 측근은 없었다. 측근을 만들어 놓을 필요가 있었다.

이오는 진(秦)나라로 사자를 보내 복귀에 성공하면 진(晉)나라의 하서(河西, 황하 서쪽의 땅)를 진(秦)에게 할양하겠다고 약속했다. 진나라의 목공은 군대를 동원하여 이오의 귀국을 경호하기로 했다. 패자인 제나라의 환공도 제후의 병사를 이끌고 이오의 복귀에 협력했다.

제나라의 환공은 세계 질서 유지라는 패자로서의 의무를 다한 것이었지만, 진(秦)나라의 목공은 약속한 하서 땅이 탐나서 출병했다.

이것으로 병력은 마련할 수 있었다. 이제 남은 것은 고국에 자기편을 만드는 일이었다. 이오는 이극에게 편지를 보내 복귀에 힘써 준다면 분양(汾陽)에 봉해 영주로 삼겠다고 약속했다.

이오는 이처럼 신중한 준비 끝에 귀국하여 즉위했지만, 그 후 약속을 전부 어겼다. 뿐만 아니라 이극을 죽여 버렸다.

> 당신은 이군(二君, 해제와 도자)과 일대부(一大夫, 순식)을 죽였다.

는 것이 그 이유였다. 이군을 죽이지 않았다면 이오는 즉위할 수 없었을 것이다. 이 이오가 바로 진나라의 혜공(惠公)이라 불리는 사람이었다.

혜공 4년(기원전 647), 진(晉)나라에 기근이 찾아왔다. 규구의 회맹에 의해서 이와 같은 때 제후들은 식량을 서로 융통하게 되어 있었다. 예전에 진(晉)나라에서 약속을 어긴 일이 있었기 때문에 진(秦)나라의 대신들 사이에서는 이번 기회에 진(晉)나라를 치자는 의견도 일었지만 목공은,

> 그 군(君)은 악하지만 그 민(民)에게는 아무런 잘못도 없다.

며 많은 양의 식량을 보냈다.

이듬해, 이번에는 기근이 진(秦)나라를 덮쳤다. 진(晉)나라에도 구원을 요청했지만 혜공은 이 기회에 진(秦)을 공격하기로 결정했다. 이보다 더한 배은망덕도 없었다. 크게 노한 진(秦)나라는 군대를 동원하여 진(晉)나라의 영내 깊숙한 곳까지 침공해 들어갔다. 그렇게 해서 혜공은 결국 포로가 되어 버리고 말았다. 이를 두고 자업자득이라 하는 것이리라.

진(秦)나라에서는 원한이 쌓여 있던 진(晉)나라의 혜공을 죽여 상제(上帝)를 제사하려 했지만, 진(秦)나라 목공의 부인이 사실은 진(晉)나라 혜공의 누이였다. 그녀는 최질(衰絰)이라는 상복을 입고 울며 목숨을 구해 달라고 빌었다.

혜공은 간신히 허락을 받아 귀국했지만 태자인 어(圉)를 인질로 진(秦)나라에 보낼 수밖에 없었다.

망명 공자 중이와 초나라 성왕의 만남

암군(暗君)은 어쩔 수 없는 모양이다. 혜공은 진(晉)나라에서 자신의 지위가 불안한 것은 형인 중이가 국외에 있기 때문이라고 생각했다. 패자를 칭하고 있는 제나라의 환공 등이 갑자기 중이를 진(晉)나라의 군주로 세우겠다고 말할지도 모를 일이었다. 혜공은 적(狄)으로 자객을 보내 형인 중이를 암살하려 했다.

그 사실을 눈치 챈 중이는 적에서 떠났다.

그는 적에서 12년 동안이나 망명생활을 했기에 이미 55세가 되어 있었다. 그는 제나라로 향했다. 앞에서도 이야기했듯이 관중이 죽었기에 제나라에서는 인재를 찾고 있을 것이라는 기대감도 있었다.

제나라로 가는 도중에 위나라를 지났는데 이 망명 공자 일행은 차가운 대접을 받았다. 오록(五鹿)이라는 땅을 지날 때는 그곳의 주민이 먹을거리라며 내민 그릇 안에 흙이 담겨 있던 경우조차 있었다. 유랑생활은 결코 편안한 것이 아니었다.

제나라에서는 그를 우대했으며 아내까지 주었다. 제나라의 환공은 자신도 거(莒)에서 망명 생활을 한 적이 있었기에 중이의 처지를 동정한 것이리라. 중이는 제나라에서 5년 동안이나 머물렀다. 그동안에 제나라에서는 다섯 왕자의 권력투쟁이 있었는데, 그는 가만히 그것을 관찰했다.

중이에게는 야심이라는 것이 없었다. 그의 아내가 된 제나라의 공녀가 오히려 남편의 담백함에 안달복달할 정도였다. 아무래도 중이는 제나라의 공녀가 마음에 들어 그대로 제나라에 눌러앉을 생각이었다. 제나라의 공녀가 그에게 분발할 것을 요구해도 인생은 안락한 것이 제일이니 나는 여기서 죽을 생각이라고 대답하곤 했다.

당신은 일국의 공자로서 궁지에 몰려 여기에 온 것입니다. 따르는 자들은 당신을 목숨으로 여기고 있습니다. 당신은 속히 나라로 돌아가 노신(勞臣)에게 보답하고 여덕(女德, 부인의 애정)을 생각하십시오. 당신 때문에 이를 남몰래 부끄러워합니다. 또 구하지 않으면 어느 때에 공을 얻겠습니까?

제나라의 공녀는 이렇게 말했다. 상당히 격한 말이었지만, 중이에게는 일어설 마음이 조금도 일지 않았다.

화가 난 공녀는 중이의 부하인 조쇠(趙衰) 등과 공모하여 중이에게 술을 먹인 뒤, 취해 쓰러진 그를 수레에 실었다.

한참을 가고 난 뒤에 중이는 수레 안에서 정신을 차렸다. 아직 취기가 남아 있던 그는 화를 내며 창을 잡아 구범(咎犯)을 죽이려 했다. 구범은 적(狄)의 사람으로 중이의 외삼촌이었다.

나를 죽인다 해도 너만 성공한다면 더 이상 바랄 것이 없다.

성공하지 못한다면 아저씨의 고기를 씹겠습니다.

성공하지 못한다면 내 고기는 썩어서 씹지 못할 것이다.

술 취한 사람과 그의 충실한 외삼촌 사이에 이와 같은 대화가 오고갔다는 사실을 『사기』는 생생하게 묘사했다.

중이 일행은 조(曹)나라를 지났다. 조나라의 공공(共公)은 중이를 예우하지 않고 호기심 어린 눈길로 바라보았다. 당시 사람들 사이에 진(晉)나라의 공자인 중이는,

변협(騈脅)

이라는 소문이 있었다. 변협이란 갈비뼈가 빽빽하게 늘어서 있어서 하나처럼 보이는 몸을 말한다. 갈비뼈가 하나로 된 사람은 매우 드물기에 조나라의 공공은 그것을 보고 싶다는 등의 실례가 되는 말을 했다.

그러나 조나라의 대부인 희부기(釐負羈)는 중이 일행을 정중하게 대접하고 식사를 보내기도 했는데 그 밑에 몰래 보옥(寶玉)을 넣은 적도 있었다. 중이는 식사만 받아들이고 보옥은 돌려보냈다. 일행은 조나라에서 송나라로 들어갔다.

마침 송나라의 양공이 홍수의 싸움에서 중상을 입은 뒤였다. 패전 후의 어려운 때였지만 양공은 일행을 따뜻하게 맞아 주었다.

중이의 이번 여행은 더 이상 목적지가 없는 유랑이 아니었다. 중이도 드디어 진나라로 복귀할 마음을 먹게 되었다. 약간 늦은 감이 있기는 하지만 분명한 목적이 있었다.

송나라는 준패자의 자리에까지 올랐지만 '송양지인'으로 인해 좌절을

맛보았다. 송나라의 국방부 장관인 사마고(司馬固)는 구범과 친분이 있었기에, 지금의 송나라는 초나라 때문에 고생을 하고 있어 타국을 도울 여유가 없으니 다른 대국에 의지하라고 솔직하게 조언해 주었다.

중이 일행은 송나라에서 정(鄭)나라로 향했다. 같은 희(姬) 성을 쓰는 나라였기에 조금은 기대를 하고 있었지만, 그것은 헛된 바람이었다.

> 우리나라를 지나는 망명 공자는 많다. 그 사람들에게 일일이 관여
> 할 수는 없다.

숙첨(叔瞻)이 예우하라고 권했을 때, 정나라의 문공은 이렇게 대답했다. 숙첨은,

> 예우하지 않을 거라면 모두 죽이기로 합시다. 그 사람들은 전부 보
> 통 사람들이 아닙니다. 후에 우리나라의 우환의 씨앗이 될 우려가 있
> 습니다.

라고 말했지만, 정나라의 문공은 비웃기만 할 뿐이었다. 망명 공자가 뭘 할 수 있겠느냐며 완전히 얕잡아 보았다.

신기하게도 중이를 냉대했던 위나라, 조나라, 정나라는 모두 희 성을 쓰는 나라였다. 그리고 중이를 잘 대접했던 제나라와 송나라는 다른 성을 쓰는 나라였다.

일행은 정나라를 지나서 초나라로 들어갔다. 초나라는 말할 나위도 없이 다른 성을 쓰는 나라였다. 중이는 여기서도 예우를 받았다.

> 적제후(適諸侯)의 예로 이를 대했다.

고 『사기』에 기록되어 있다. 적제후의 예란 초나라의 성왕이 중이를 같은

제후로 대우했다는 말이다.

중이는 그 예우를 사퇴하려 했지만 조쇠가 받으라고 권했다. 운이 트인 것일지도 모르니 그 운을 놓쳐서는 안 된다고 생각했다.

이때 벌인 중이와 초나라 성왕의 회견은 중국사상의 명장면 중 하나로 알려지고 있다.

> 자(子, 중이를 가리킴)가 만약 나라에 돌아간다면 무엇으로 과인에
> 게 보답하려는가.

라고 초나라의 성왕이 복귀 후원에 대한 보수를 물었다. 진(晉)나라의 혜공(이오)이 진(秦)나라에게 하서를 넘겨주겠다고 약속해 놓고, 그것을 지키지 않았다는 사실은 모두에게 알려져 있었다. 따라서 성왕의 이 질문에는 얼마간의 비아냥거림이 섞여 있었다. 당신 동생은 약속만은 꽤 거창하게 한 듯한데.

> 우모(羽毛, 공작의 털과 들소의 털 등으로 장식에 쓰는 귀중품), 치각(齒
> 角, 상아와 코뿔소의 뿔), 옥백(玉帛, 주옥과 비단)은 군왕에게도 넘칩니
> 다. 아직 무엇으로 보답해야 할지 모르겠습니다.

여러 가지 재보를 생각해 봤지만, 그것은 초나라에도 넘쳐 나는 것들이니 무엇을 드려야 할지 아직 알 수 없다는 답이었다. 물론 초나라 왕은 영지의 할양을 기대하고 있었다.

그렇다면 무엇으로 불곡(不穀, 나)에게 보답하려는가?

라고 초나라 왕은 거듭 물었다. 재보 외에도 토지가 있다는 사실을 은근히 암시한 것이다. 제후의 일인칭으로 불곡이라는 말이 쓰이는 경우도 있었다. 틀림없이 중이는 약간 당혹스럽다는 표정으로 답했을 것이다.

만약 어쩔 수 없이 군왕을 병거(兵車)와 함께 평원광택(平原廣澤)에 서 마주하게 된다면, 청하건대, 왕을 피해 삼사(三舍)하겠습니다.

만약 훗날 넓은 전장에서 적으로 만나게 된다면 삼사를 후퇴하겠다는 말이다. 사(舍)란 군대가 하루에 행군하는 거리로 30리라 정해져 있었다. 주나라의 1리는 405미터 정도였으니 1사는 12킬로미터 정도가 된다. 36킬로미터 정도 물러나겠습니다. 그것이 보수입니다, 라고 말한 것이다.

초나라의 장군인 자옥(子玉)이 화를 냈다. 들개처럼 여기저기 떠돌아 다니는 망명 공자 주제에 그 무슨 불손한 말인가. 죽여 버리자고 성왕에게 말했다.

성왕은 그 말을 듣지 않았다.

진나라의 공자는 어질지만 밖에서 오래 고생했다. 따르는 자들은 모두 국기(國器, 나라의 어진 인재)다. 이는 하늘이 둔 바이니 어찌 죽일 수 있겠는가. 그리고 말은 무엇으로 이를 바꾸겠는가.

성왕의 이 대답은 참으로 훌륭했다. 훗날 강적이 되어 초나라를 괴롭히는 상대가 될지도 모를 일이었다. 그러니 지금 죽이는 편이 낫겠다고는 생각지 않았다. 그것은 하늘이 정하는 일이기 때문에 어쩔 수 없는 일이다. 가만히 생각해보면 중이로서는 달리 대답할 말이 없었다. 『춘추좌씨전』에 따르면, 성왕은 다음과 같은 말로 이야기를 마무리했다.

> 하늘이 바야흐로 이를 흥하게 한다면, 누가 능히 그것을 막겠는가? 하늘에 거스르면 반드시 대구(大咎)가 있다.

같은 의미다. 하늘이 진나라를 흥하게 한다면 그것은 인간의 힘으로는 막을 수 없다. 하늘의 뜻을 막으려 한다면, 반드시 커다란 벌이 있을 것이라고 생각했다.

중이는 초나라에서 몇 개월간 머물렀다. 그동안 진나라의 정세에 커다란 변화가 있었다.

진(秦)나라에 인질로 가 있던 진(晉)나라의 태자 어가 탈출하여 귀국했다. 그는 아버지 혜공이 병에 걸렸다는 정보를 갖고 있었다. 진(晉)나라에는 혜공의 아들이 몇 명 있었다. 만약 혜공이 죽으면 태자가 있기는 하지만 진(秦)나라에 인질로 잡혀 있기 때문에 대부들이 다른 공자를 군주로 세울지도 몰랐다. 어는 무슨 일이 있어도 아버지가 세상을 떠나기 전에 귀국해야 했다.

인질이 탈출했기에 진(秦)나라에서는 화를 냈다. 그동안 여러 가지 일들이 있었다. 기근을 당했을 때 원조해 주었더니, 진(秦)나라가 기근에 시달릴 때는 군대를 보내 전쟁을 일으킨 일 등이 새삼스럽게 떠올랐다. 더 이상 용서할 수가 없었다.

진(晉)나라의 혜공은 즉위한 지 14년(기원전 637)이 되던 해의 9월에 세상을 떠났다. 앞에서 귀국해 있던 어는 자신이 바라던 대로 군주의 자리에 올랐다. 그러나 그것이 그의 운명에 행운으로 작용할지 불행으로 작용할지, 당시로서는 알 수가 없었다. 늦지 않아서 다행이라고 생각하고 있었을 것이다. 그러나 인질로 잡혀 있었는데 탈출을 했으니, 진(秦)나라가 화를 내고 있다는 사실은 쉽게 상상할 수 있었다.

진(晉)나라의 새로운 군주는 이미 환갑을 넘긴 큰아버지 중이의 그림자에 겁을 먹지 않을 수 없었다. 어가 즉위했다. 시호는 회공(懷公)이었다.

진(秦)나라가 진(晉)나라로 공격해 들어올 때는 반드시 중이를 끼고 들어올 것이라는 사실은 이미 알고 있었다. 회공은 중이가 복귀할 때 국내에서 내응하는 사람이 나오지 않도록 중이와 관계가 있는 사람들을 찾기 시작했다. 이는 공포정치와 마찬가지였다. 혜공은 인기가 없었으며, 사람들은 그의 뒤를 이은 회공에 대해서도 역시 기대를 품지 않았다.

중이와 관계가 있는 자들을 제거하기는 했지만, 나머지 진나라의 백성들 모두가 회공의 편이라고는 말할 수 없었다. 그 사실은 중이가 복귀하기 직전에 판명되었다.

초나라의 성왕은 중이를 진(秦)나라로 보냈다. 초나라와 진(晉)나라는 인접해 있지 않았기 때문에 여러 나라를 지나야 했다. 그런 면에서 진(秦)나라와 진(晉)나라는 서로 인접해 있기 때문에 복귀하기에는 여러 가지로 유리했다. 중이는 진(秦)나라의 빈객이 되었다. 중이를 예우한 것은 이번에도 다른 성을 쓰는 나라였다.

이는 희 성을 쓰는 각 나라가 주 왕실을 중심으로 한 동족이라는 연대감을 이미 상실했다는 사실을 이야기해 준다.

왕실의 번병(藩屛)을 만들려 했던 봉건의 정신은 이제 눈곱만큼도 남아 있지 않았다.

중이가 진(秦)나라로 들어갔다는 소식을 들은 진(晉)나라의 대신 중에는 사람을 파견하여 빨리 진나라로 복귀하라고 권한 사람도 있었다.

19년이나 국외에서 망명생활을 한 중이를 진(晉)나라 사람들이, 특히 젊은 사람들이 알 리 없었다. 그러나 진나라 사람들은,

　　　누가 됐든 혜공이나 회공보다 형편없는 군주는 없을 것이다.

라고 생각했다.

진(晉)나라의 기근 때 많은 식량을 보냈다는 사실을 통해서도 알 수 있듯이 진(秦)나라의 목공도 상당한 명군이었다. 눈앞뿐만 아니라 멀리까지도 내다볼 줄 아는 인물이었다.

예전에 진(秦)나라가 진(晉)나라의 혜공을 잡았을 때, 그를 죽여 상제에 제사하려 했지만 목공의 부인이 상복을 입고 울며 목숨을 구했다는 사실은 앞에서 이야기했다. 목공의 부인이 혜공의 누나였기 때문이었다. 그런데 중이는 혜공의 형이었다. 목공 부인에게는 중이도 사랑스러운 동생이었다. 게다가 그 동생은 혜공(이오)처럼 형편없는 인물이 아니었다. 참으로 야무진 인물이었다.

진(秦)나라의 목공은 자기 부인의 동생인 중이에게 병사를 주어 진(晉)나라로 복귀하는 것을 돕기로 했다.

은혜와 모욕을 갚은 진 문공

『시경』에서는 진의 민요를 '당풍(唐風)'이라고 불렀다. 국호를 진이라고

하기 전에 이 나라는 당(唐)이라 불렸다.「당풍」에 수록되어 있는 진나라의 민요는 중이의 아버지인 헌공 시절까지의 것으로 그 뒤의 것은 수록되어 있지 않다.

그런데 재미있는 것은 같은『시경』가운데서도 진(秦)나라의 민요를 소개한「진풍(秦風)」속에 귀국하는 중이를 보내는 노래라 알려진 것이 수록되어 있다는 점이다.

이는 〈위양(渭陽)〉이라는 제목의 노래다. 위(渭)란 강의 이름으로 위수(渭水)를 가리키는 것이고 양(陽)이란 산인 경우에는 그 남쪽을 가리키며 강인 경우에는 그 북쪽을 가리키는 말이다. 따라서 위양이란 위수의 북쪽을 뜻한다.

아송구씨(我送舅氏)	나는 아저씨를 보내려,
일지위양(曰至渭陽)	이곳 위양에 왔다.
하이증지(何以贈之)	그에게 무엇을 줄까.
노거승황(路車乘黃)	노거와 승황.

아송구씨(我送舅氏)	나는 아저씨를 보낸다.
유유아사(悠悠我思)	많고 많은 나의 생각.
하이증지(何以贈之)	그에게 무엇을 줄까.
경괴옥패(瓊瑰玉佩)	경괴와 옥패.

국모(목공의 부인)의 동생이었기에 진(秦)나라 사람들은 중이를 구씨(舅氏)라고 불렀다. 외삼촌임에는 틀림없지만 이 시를 읽어보면 진(秦)나라

사람들은 중이에게 친근감을 느끼고 있었던 듯하다. 귀국하는 아저씨를 배웅하기 위해 위양까지 나왔는데, 이별의 선물로 무엇을 준비할까를 노래하고 있다.

노거(路車)는 승용차를 말하며, 승황이란 네 마리의 누런 말이 끄는 마차를 말한다고 한다. 그것을 선물하기로 하자.

경괴란 옥 다음으로 귀한 돌이다. 그것과 옥으로 만든 장식. 그것을 선물하기로 하자.

진(秦)나라의 기근 때 공격해 들어온 아저씨도 있었고, 그 아저씨의 아들은 진(秦)나라에서 탈출했다. 진(秦)나라 사람들은 그런 아저씨와는 친숙해지지 못했지만, 이번에 온 중이라는 아저씨의 인품에는 완전히 매료되어 버린 모양이었다. 이런 민요가 남아 있다는 점에 주목해야 할 것이다. 그렇게 해서까지 진(晉)나라의 군주가 되고 싶지는 않다는 중이의 자세에 사람들은 신선함을 느꼈다.

그에 비해서 진(晉)나라의 회공은 아버지 혜공의 악평을 그대로 물려받아 민심을 잃었다.

애초부터 승부는 결정된 것이나 다름없었다.

중이가 진(晉)나라로 복귀했다. 회공은 일단 고량(高粱)이라는 곳까지 도망을 쳤지만 거기서 살해당하고 말았다.

망명 19년, 62세가 된 중이가 드디어 즉위하여 문공(文公)이라 불리게 되었다.

정권이 바뀌었다. 아무리 인망이 없었다 할지라도 혜공에서부터 회공까지 이 부자에 밀착해서 정권의 수뇌가 되었던 여성(呂省)이나 극예(郤芮) 등은 바로 문공 편에 붙을 수가 없었다. 그들은 반란을 일으킬 수밖에 없었다. 문공은 진(秦)나라의 힘을 빌려서 그 내란을 평정했다. 이때 진(秦)나라는 문공의 호위를 위해서 3천의 병사를 보냈다.

패자의 대명사처럼 여겨지는 문공도 복귀를 할 때는 진(秦)나라 목공의 힘을 빌렸다. 그런 의미에서는 진나라의 목공도 패자라 할 수 있을 것이다.

진(晉)나라의 문공이 복귀한 해에 주 왕실에서는 내란이 일었다. 주나라의 양왕(襄王)이 동생 대(帶)의 모반으로 인해 정나라로 도망을 갔다. 그리고 같은 성을 쓰는 대국인 진(晉)나라에 구원을 요청했다.

구원하고 싶은 마음은 굴뚝같았지만 정권교체 직후였기 때문에 진(晉)나라 국내 정세도 아직 완전히 평온하다고는 할 수 없었다. 그러는 동안 이듬해가 되자 진(秦)나라가 황하 부근에 군대를 집결시키기 시작했다. 주나라의 양왕을 위해서 팔을 걷어붙이고 나설 생각이었다.

진(晉)나라의 문공이 17세였을 때부터 그를 옆에서 모셨으며 19년 동안의 망명생활을 함께했던 조쇠가 어렵더라도 주나라의 양왕을 도와야 한다고 주장한 것이 바로 이때였다.

　　우리 군주를 패자로 만들고 싶다.

이것이 늙은 신하의 비원이었다.

이름뿐인 천자라고는 하지만 그를 돕는다는 것은 패자가 될 수 있는 절호의 기회이기도 했다.

왕실이라고 해봐야 실력은 가지고 있지 않았다. 제후의 나라 중 하나가 되어 버렸다. 그것도 이류 제후국이었다. 그런 곳의 내란이었으니 그리 대단할 것도 없었다.

같은 성을 쓰는 대국으로서 왕실을 구원하는 일에 다른 성을 쓰는 진

(秦)나라에게 뒤진다면 모양새가 좋질 않았다. 조쇠의 진언에 따라 문공은 병사를 동원하여 형을 내쫓은 주나라의 대가 있는 온(溫)을 포위했다. 이류 국가의 모반이었기에 대의 병력은 뻔했다. 양왕은 무사히 복귀하여 주 왕실의 주인이 되었고 대는 살해당했다. 그 공로로 진(晉)나라는 주 왕실의 직할령인 하내(河內)와 양번(陽樊)을 받았다.

진(晉)나라 문공 4년, 주나라의 양왕을 복위시킨 지 2년 뒤에 초나라가 송나라를 공격했다. 송나라는 진(晉)나라에 구원을 청했다. 송나라는 '송양지인' 덕분에 초나라에 패한 직후에도 망명 중에 있던 문공을 따뜻하게 맞아 준 나라였다. 지금 구원을 청해 온 송나라를 외면한다면 배은망덕한 나라가 되어 버리고 만다.

이때 구범이,

> 초나라는 조나라를 합병하고 위나라와 혼인관계를 맺은 지 얼마
> 되지 않습니다. 지금 우리가 조나라와 위나라를 공격한다면 초나라
> 는 구원하지 않을 수 없게 되는데, 그러려면 송나라를 포위하고 있는
> 군대를 돌릴 수밖에 없습니다. 그렇게 되면 송을 구할 수 있습니다.

문공은 구범의 진언을 받아들여 조나라를 공격하려 했다. 조나라의 공공은 망명시절의 문공에게 변협(하나로 된 갈비뼈)을 보고 싶다는 등 실례가 되는 말을 한 사람이었다. 위나라도 망명시절의 문공을 냉대했던 나라였다. 문공은 먹을 것이라며 흙덩이를 내민 오록이라는 땅도 유린했다. 다만 조나라의 대부로 문공에게 먹을 것을 주기도 하고 보옥을 주려고도 했던 희부기의 영지에만은 군대가 접근하지 못하도록 했다.

진나라의 문공은 망명시절의 은혜와 모욕을 깨끗하게 갚은 셈이다.

형세를 살핀 초나라의 성왕은 송나라의 포위를 풀고 군을 철수시키려

했다. 초나라는 강대국이지만 중원에서 패(覇)를 다투려면 본거지에서 멀리 떨어져 있기 때문에 병참선이 너무 길어져 다른 나라보다 불리했다. 그리고 초나라의 성왕은 적이기는 하지만 뛰어난 진나라의 문공에게 호의를 품고 있었다. 진나라 문공의 운세는 하늘이 열어 준 것이니 그것을 거슬러서는 안 된다고 생각했다.

삼사(三舍)를 물러나겠다고 대답했을 때, 격노하여 문공을 죽이려 했던 초나라의 장군 자옥은 철수에 반대했다. 성왕을 설득하여 초나라 군대의 일부를 지휘하게 되었다.

진(晉)나라는 이미 송, 제, 진(秦) 등 중원의 유력한 후보들과 연합을 했다. 제나라와 진(秦)나라의 군대는 장군들이 이끌고 있었지만, 송나라의 군대는 송나라의 성공(成公) 스스로가 이끌고 있었다.

북진하려는 강대한 초나라에 대해서 중원 제국이 연합하여 그것을 저지하는, 춘추 시대 전쟁의 가장 전형적인 모습이 바로 이 성복(城濮)에서의 전투였다.

이 전투에서 진(晉)나라는 공격을 받지도 않았는데 전군을 훨씬 뒤로 후퇴시켰다. 말할 나위도 없이 초나라 성왕과 약속한 '삼합'에 따른 행동이었다.

전투 결과 초나라는 패배했다.

패주(敗走)한 자옥은 자살로 생을 마감했다. 초나라의 성왕이 질책했기 때문이었다. 성왕이 질책한 것은 성복에서의 패전 때문이 아니었다. 성왕을 비롯한 초나라의 수뇌부들은 진나라 문왕을 맹주로 하는 중원연합군과의 전쟁을 가능한 한 피하려 했지만, 자옥 혼자만이 주전론을 주장했다.

그렇다면 초나라의 성왕은 전쟁을 피한다는 방침을 견지하여 자옥의 주전론을 물리쳐 버릴 수도 있었다. 성왕은 어중간한 태도를 취해 주력을 물리고 자옥에게는 소수의 병력만을 내주었다. 공명심에 불타오른 자옥은 만약 연합군을 물리친다면 커다란 공을 세우게 되는 것이라고 생각한 듯하다. 성왕은 결단력이 부족한 것이 아니었다. 전쟁을 피하겠다는 결단을 내렸으면서도 만일에 있을지도 모를 요행수를 바랐던 것이다. 장난이라고까지는 할 수 없지만 술수를 쓴 것이라고 해야 할 것이다. 군주가 술수를 좋아하여 이런저런 술수를 너무 많이 쓰다 보면 언젠가는 화를 당하기 마련이다. 깊이 헤아린 술수라면 모르겠지만, 충동적인 생각에 사로잡히게 된다. 군주의 뜻은 그것을 막기가 어렵다. 젊었을 때는 그나마 유연성이 있지만 나이를 먹게 되면 동맥경화와 같이 되어 무슨 일이 있어도 자신의 뜻을 관철시키려 한다.

자옥은 그런 성왕의 희생자라고 할 수 있을 것이다. 표면적으로 보자면, 자옥은 성왕의 뜻을 거역하고 자신의 주장을 관철시킨 것처럼 보인다. 그러나 성왕은 마음속으로 '잘만하면 일이 재밌게 되겠다'며 미소를 지었다. 알고 있었으면서도 부하를 죽음으로 내몰았으니 이는 군주의 충동적인 생각에 지나지 않는다. 결국은 성왕 스스로가 충동적인 자기 생각의 희생양이 되어 버리고 만다.

처음 성왕은 상신(商臣)을 태자로 삼았다가, 후에 상신을 폐하고 그의 서제(庶弟)인 자직(子職)을 태자로 삼으려 했다. 군주의 충동적인 생각이지만, 그 대상이 되는 쪽에서 보자면 거기에 목숨이 걸려 있다. 상신은 반란을 일으켜 궁전에 있는 부왕을 포위했다.

웅번(熊蹯, 곰의 발바닥)을 먹고 죽고 싶다.

포위당한 성왕이 자식에게 애원했지만, 상신은 아버지의 마지막 청마저 들어주지 않았다. 성왕은 자살했고 상신이 즉위했다. 그가 바로 초나라의 목왕(穆王)이다.

웅장(熊掌, 웅번)은 지금도 최고급 중국요리로 평범한 음식점에서는 그와 같은 요리를 할 수 없다. 굉장히 비싸기도 하다. 그렇다 해도 자식에게 한 마지막 부탁이 웅장을 먹고 싶다는 것이라니, 성왕은 대단한 미식가였을까? 웅장은 며칠 동안 삶지 않으면 먹을 수 없다. 그렇게 해서 시간을 벌어 그동안 구원군이 오기를 기다리려 한 것이 진상일 것이다. 그 정도의 생각은 아들인 상신도 이미 간파하고 있었다.

성복의 전투는 초나라 성왕 40년(기원전 632)의 일이었으며, 성왕이 아들에게 살해된 것은 그로부터 6년 뒤의 일이었다. 재위 46년으로 상당한 고령이었을 테니, 아직 태자의 신분이었던 상신은 조금만 더 기다리면 군주의 지위에 오를 수 있었을 것이다. 그런데 조용히 기다리고 있자니 나이 든 아버지는 서제인 자직을 태자로 삼으려 했다. 성왕에게는 총애하는 여성이 많았으며, 초나라에는 가능한 한 어린 아들을 태자로 세우는 관습이 있었다고 한다. 상신은 더 이상 기다릴 수 없었다.

패자라도 천자는 부를 수 없다

성복에서 개선한 진(晉)나라의 군대를 위로하기 위해서 주나라의 양왕은 천토(踐土)라는 곳까지 나갔다. 진나라의 문공이 그곳에 왕궁을 조영한 것이었다. 거기서 진나라의 문공이 맹주가 되어 제, 노, 송, 채, 정, 위, 거 등의 제후가 회맹했는데, 그때의 맹세가 『춘추좌씨전』에는,

모두 왕실을 도와 서로 해하는 일이 없도록 하라. 이 맹세가 바뀌
　　는 일이 있으면, 명신(明神)이 이를 극(殛, 주살)하고, 그 사(師, 군대)를
　　떨어뜨리고, 나라에 복(祚)이 없고, 그 현손(玄孫)에 이르기까지 노유
　　(老幼)가 없을 것이다.

　라고 기록되어 있다. 맹세를 어기면 너희 나라는 노유도 없다, 즉 모두 죽
게 될 것이라는 무시무시한 내용인데, 그 맹세의 내용은 왕실을 돕고 서
로 전쟁하지 말라는 것뿐이었다. 이것을 규구의 회맹과 비교해보면, 구
체성이 현저하게 결여되어 있다. 태자를 바꾸지 말 것, 기근이 있을 때는
식량을 서로 융통할 것이라는 등과 같은 규구의 회맹의 구체적인 약속
이 아직도 효력을 발휘하고 있었기 때문에 중복을 피하기 위해서 그랬던
것일까?

　어쩌면 약속을 하기는 했지만, 기록에는 남아 있지 않았을지도 모른
다. 규구의 회맹에서의 약속도 훨씬 후세에 저술된 『맹자』에 기재되어 있
을 뿐이다.

　그해 겨울, 진나라의 문공이 다시 제후들을 소집했다. 회맹의 장소는
온(하남성)이었다. 『춘추』에서는 그곳에 모인 제후들을,

　　공(公, 노나라의 희공(僖公)), 진후(晋侯), 제후(齊侯), 송공(宋公), 채
　　후(蔡侯), 정백(鄭伯), 진자(陳子), 거자(莒子), 주자(邾子), 진인(秦人)

이라고 열거했다. 제후들을 작위로 불렀으면서도 대국인 진(秦)나라를 가
장 마지막에 두었을 뿐만 아니라 진백(秦伯)이라 하지 않고 진인이라고

한 이유를 살피면, 진나라는 대신만을 파견했을 뿐 목공(穆公) 자신은 참석하지 않았기 때문이다.

『사기』에 따르면, 진나라의 문공은 맹주로서 참석한 제후들을 이끌고 주나라 왕실에 입조(入朝)하려 했으나, 아직은 힘이 부족해서 반대할 자가 있을까 두려워서 주나라의 양왕을 천토에서 하양(河陽)으로 불렀다고 한다. 틀림없이 정, 채, 진(陳) 등 예전에 초나라를 따르던 제후들도 포함되어 있었기에 배반을 할 우려가 있었는지도 모른다. 그러나 그곳은 모두 소국이었다. 진나라 문공의 본심은, 패자로서의 자신의 위엄을 보이려는 데 있었다. 『춘추』에서는 이 사실을,

천왕(天王), 하양에서 사냥(狩)을 했다.

고 기록했다. 천왕은 주나라의 양왕을 말하는 것인데, 진나라의 문공에게 불려 나간 것이지 특별히 사냥을 하러 간 것은 아니었다. 『사기』의 「진세가(晉世家)」에는,

공자는 사기(이는 물론 사마천의 『사기』가 아니라 역사의 기록이라는 정도의 의미)를 읽고 문공에 이르러 말하기를, "제후는 왕을 부를 수 없다"고 했다. '왕, 하양에서 사냥했다'는 것은 『춘추』가 이를 꺼렸기 때문이다.

라고 기록되어 있다. 제후가 천자를 불러내는 일 따위 윤리적으로는 있을 수 없는 일이기에 어쩔 수 없이 '수(狩)'라고 썼다는 말이다. 윤리적으

로는 있을 수 없는 일이지만 현실에서는 실제로 일어났다. 『춘추』를 현실의 역사에 대한 공자의 비판이라고 보는 사람은 이 대목을 '춘추의 필법'으로 문공을 비난했다고 해석한다.

패자인 제후의 부름을 받았을 정도이니 주 왕실의 권위도 땅에 떨어졌다고 할 수 있다.

성복에서 승리를 거둔 지 2년 뒤, 진(晉)나라는 진(秦)나라와 함께 정(鄭)나라를 공격했다. 성복에서의 전투 때 정나라가 초를 도운 것과 진나라의 문공이 망명 중에 정나라로부터 무례한 대우를 받았던 것이 토벌의 이유였다.

초나라가 북진을 할 때면 정나라는 그 길목이 되기 때문에 아무래도 초나라의 말을 듣지 않을 수 없었다. 그렇게 하지 않으면 나라가 파괴되고 말 것이다. 정성(鄭聲)이라는 음탕한 노래가 유행한 나라였으니, 정나라의 군대가 강했을 리 없다. 초나라가 후퇴하자 곧바로 천토의 회맹에도 참가했으며 하양의 회맹에도 참가했다. 반성의 마음을 보여 준 것이었다. 망명 중이던 문공을 냉대한 것은 7년이나 전의 일인데, 그것을 토벌의 이유로 삼다니 참으로 집착심이 강한 인물이었다고 할 수밖에 없다. 이유야 어쨌든 약육강식의 시대였다.

"중이(문공)를 후대하지 않을 생각이라면 차라리 죽여 버려라."라고 한 정나라의 대부 숙첨의 말은 진나라 문공의 귀에도 들어갔다. 그 사실을 안 숙첨은 자살을 했고, 정나라는 그의 목으로 용서를 빌었지만 진나라에서는 용서를 하지 않았다. 진나라의 문공에게 수치를 준 것은 정나라의 군주였으니, 원하는 것은 정나라의 문공이었다.

대국 사이에 껴 있고 강대한 초나라의 북진 코스이기도 했던 정나라는 당시의 역학관계에 민감했다.

> 정나라가 멸망하면 진(晉)나라의 판도가 될 것이다. 그보다는 정나
> 라를 남겨, 진(秦)나라의 동방의 우호국으로 삼는 편이 유리하지 않겠
> 는가?

정나라에서는 진(秦)나라로 사자를 보내 이렇게 얘기하도록 했다.

진(秦)나라에서도 머지않아 진(晉)나라와 대결할 수밖에 없는 날이 올 것이라고 예상했으므로, 정나라에 은혜를 베풀어 동방과의 관계를 남겨 두어야 한다고 생각했다. 진(秦)나라는 병사를 물렀다. 진(晉)나라도 병사를 물렀다.

2년 뒤(기원전 628), 같은 시호를 가진 진(晉)나라의 문공과 정나라의 문공이 같은 해에 세상을 떠났다. 19년 동안의 망명생활을 했던 진나라의 문공은 복귀하여 재위한 것이 9년에 지나지 않았다. 그러나 주나라의 양왕을 복위시키고 연합군의 맹주로 초나라를 격퇴하고 주나라의 양왕을 불러내어 회맹하는 등 눈부신 사적을 남겼으니 패자의 이름에 걸맞은 인물이었다고 할 수 있다.

제나라는 환공을 잃은 뒤에 패자의 나라로서의 힘마저 잃고 말았다. 그러나 진나라는 문공이 세상을 떠난 후에도 여전히 강국으로서의 지위를 유지했다.

『사기』에 기록되어 있는 진나라 문공의 이야기를 읽다 보면 아무래도 너무 잘 짜여진 이야기라는 생각이 든다. 망명 중이었던 그에게 무례했거나 냉대를 한 나라는 나중에 고난을 겪는다.

초나라는 성복에서 격퇴당하기는 하지만 문공을 따뜻하게 맞아 주었던 초나라의 성왕은 그 패전의 장소에 등장하지 않는다. 문공을 죽이려

했던 장군 자옥이 패전의 책임을 지고 자살했다. 주인(공공(共公))은 하나로 붙은 갈비뼈를 보여 달라는 등 무례한 행동을 했지만, 조(曹)나라의 대부인 희부기는 식사와 보옥을 보냈기 때문에 그의 영지는 안전했다. 성복에서 진나라의 군대가 약속대로 삼사를 물러났다고 하는 등의 일은 마치 만들어 낸 이야기처럼 앞뒤가 너무 잘 들어맞는다. 모든 복선이 철저하게 활용되는 추리소설을 떠올리게 할 정도다.

일종의 귀종유리담(貴種流離譚, 귀인의 유랑설화-옮긴이)이기는 하지만, 다른 이야기와 달리 이는 신화도 아니고 소설도 아니다. 연대가 분명하게 확정되어 있으며 각국의 사적에도 실려 있는 역사상의 인물에 관한 이야기다.

모든 복선이 지나치게 철저히 활용된 추리소설이 때로는 독자의 흥미를 잃게 하는 것처럼 문공의 이야기도 우리의 머리를 갸우뚱하게 만드는 요소를 가지고 있다. 연대나 그가 들어갔던 나라들은 문헌에 기록되어 있는 대로일 테지만, 그 세부적인 내용에는 나중에 만들어진 부분이 있을지도 모른다.

그러나 문공의 이야기가 이와 같은 형태로 전해졌다는 것은 그것을 전한 사람들, 특히 역대 사람들의 기질이 반영된 것이라고 생각해도 좋다.

좌우대칭을 좋아하는 중국인들의 기질이 여기에서도 나타나, 전후도 서로 대응되지 않으면 직성이 풀리지 않았던 모양이다. 그렇지만 앞뒤를 짜 맞추기 위해서 역사의 커다란 줄기를 왜곡할 수는 없다. 중국인들에게는 기록을 존중한다는 또 다른 일면이 있기에 앞뒤를 짜 맞추는 공작도 그 커다란 줄기 안에서 이뤄졌다. 초나라가 이겼는데 성복에서 졌다고 꾸밀 수는 없었을 것이다.

구정의 무게

초나라의 목왕(穆王)은 곰의 발바닥을 먹고 싶다는 아버지 성왕의 소망도 들어주지 않았을 정도로 냉혹한 인물이었다. 그는 지금의 하남성에 있는 강(江)이나 요(蓼), 안휘성에 있는 육(六) 등의 소국을 차례로 공격해 멸망시키고 초나라의 북진을 다시 시작했다.

목왕은 재위 12년 만에 세상을 떠났고, 그의 아들인 여(侶)가 위에 올랐다. 그가 바로 대부분의 사람들이 춘추 오패로 인정하는 초나라의 장왕(莊王)이다. 장왕은 재위 8년에 낙수 동쪽 기슭에서 육혼(陸渾)의 융을 쳐서 무명(武名)을 널리 떨쳤다.

주 왕실은 마침 정왕(定王) 원년(기원전 606)이었다. 주나라의 왕실은 제도(帝都) 주변에서 군사행동을 취해 승자가 된 초나라의 장왕에게도 시종을 파견하는 정도의 일은 하지 않을 수 없었다. 파견된 주나라의 대부 왕손만(王孫滿)에게 초나라의 장왕이 구정(九鼎)의 무게를 물었다는 것은 유명한 이야기다.

구정이란 제덕(帝德)의 상징이었다. 순(舜)에서 하(夏)로 전해졌으며 하에서 은(殷)으로 그리고 은의 덕이 쇠하자 주(周)로 전해졌다고 한다.

정(鼎)의 경중(輕重)을 묻는다.

는 말은 이 에피소드에서 나왔다.

국보나 신기(神器)와도 같은 구정의 무게를 물었다는 것은,

그 구정이라는 것을 우리 초나라로 한번 가져와 보고 싶은데, 그 무게는 얼마나 되는가?

라는 의미가 담겨 있다.

주나라 왕실을 한참 얕잡아 본 것이다. 왕좌를 위협하는 상태를 '정의 경중을 묻다'는 말로 표현하게 된 유래가 여기에 있다.

> 천명은 아직 바뀌지 않았다. 정의 경중은 아직 물을 만한 것이 못 된다.

왕손만은 필사적으로 이렇게 대답했다. 초나라의 장왕은 그대로 물러났다. 장왕의 눈에 그와 같은 심벌은 아무런 의미도 없었다. 실제로 주나라 왕실은 구정을 안고 있다고는 하지만 제왕으로서의 권위는 조금도 찾아볼 수 없었다. 장왕은 왕손만에게 다음과 같이 말했다.

> 그대는 구정을 걱정하지 말라. 초나라 절구(折鉤)의 훼(喙)로 구정을 만들기에 족하다.

이보게, 그런 상징에 지나지 않는 구정 따위에 연연할 필요 없네, 우리 초나라에는 끝이 구부러진 창날 조각(절구의 훼)이 얼마든지 있으니 그것을 모아다 주조하면 구정 정도는 바로 만들 수 있으니, 라고 위협을 했다. 무기의 파편으로 구정을 만들겠다는 말은 무력으로 천하를 취하겠다는 선언이라고 해석할 수도 있다.

초나라가 북진하면 정나라의 처지가 난처해진다. 3개월 동안의 포위 끝에 정나라의 양공이 '육단견양(肉袒牽羊)'하여 항복했다. 육단이란 윗도리를 벗는 것을 말하는데, 그 모습으로 양을 끄는 것은 제후들이 항복을 하겠다는 표시였다. 노예가 되어 복종하겠다는 것을 상징했다. 초나라 장왕 17년(기원전 597)의 일이었다. 진(晉)나라가 정나라를 구원하기 위해 군대를 동원하여 남하하던 중이었다.

남하 도중에 정나라가 항복했다는 정보가 들어왔기에 진나라의 군대 내부에 대립이 일었다. 구해야 할 상대가 항복해 버려 이제는 전쟁을 할 목적이 없어졌으니 돌아가야 한다고 주장하는 사람들과, 진나라는 패자이니 끝까지 초나라와 싸워야 한다는 주전론자들이 서로 대립한 것이었다. 주전론자들이 마음대로 군대를 전진시켰기에 그에 이끌려서 전군이 전진을 하게 됐지만 물론 전투태세는 갖춰져 있지 않았다.

초나라의 장왕은 스스로 병사를 이끌고 나가 제대로 통제가 되지 않은 진나라 군대를 황하 부근에서 격파해서 대승을 거두었다. 전장은 황하 남쪽 기슭에 있는 필(邲)이라는 곳이었다. 진나라는 황하의 북쪽 기슭에 있었다. 장병들은 도망치기 위해 앞다투어 배에 올랐다.

『춘추좌씨전』에 다음과 같은 기분 나쁜 묘사가 있다.

중군과 하군이 배를 다퉈, 배 안의 손가락을 건져 올릴 수 있었다.

먼저 배에 탄 사람이 나중에 타려고 뱃전에 매달린 사람들의 손가락을 잘라 버린 것이다. 사람이 너무 많이 타면 배가 전복해 버리고 만다. 그랬기에 배 안에는 사람의 손가락이 가득 떨어져 있어서 손으로 주울 수 있을 정도였다고 한다.

진나라 군대의 참패였다.

그런데 이 필에서의 전투에는 이미 항복한 정나라가 초나라 군에 가담하여 진나라와 싸웠다. 도움을 주러 간 상대와 싸웠으니 싸움이 될 리가 없었다.

이 전쟁의 승리로 초나라의 장왕은 패자로 인정받게 되었다.

정나라는 초나라에 항복을 하면 진나라 군대와 싸워야 했고 진나라에 복종하면 초나라의 공격을 받아야 했다. 그것의 연속이었다. 소국의 비애라 할 수 있을 것이다.

> 진과 초는 덕에 힘쓰지 않고 병(兵)을 다툰다. 그 오는 자에 가담하
> 면 된다. 진과 초에는 신(信)이 없다. 어찌 내게 신(信)이 있겠는가?

이는 『춘추좌씨전』에 정나라의 공자(양공의 동생) 자량(子良)의 말이라며 실려 있는 내용이다. 진나라와 초나라는 양쪽 모두가 덕에는 힘쓰지 않고 전쟁만 한다. 양쪽 모두에 신의 따위는 없으니 우리가 어찌 신의를 지킬 필요가 있겠는가. 공격해 들어온 쪽의 편을 들면 되는 것이다. 자량의 이 말이 소국의 비명처럼 들린다.

자량은 인질로 초나라에 보내진 인물이다.

진나라에 대승을 거둔 초나라의 장왕은 그로부터 6년 뒤(기원전 591)에 죽었으며 공왕(共王)이 왕위에 올랐다.

초나라의 압박으로 한동안 의기소침해 있던 진나라도 드디어 북방의 강적이던 적(狄)을 공격하여 얌전하게 만들고 예전의 세력을 되찾았다.

진나라의 여공(厲公) 6년(기원전 575)에 언릉(鄢陵)에서 진나라와 초나라가 싸웠는데, 초나라 공왕은 눈에 화살을 맞고 패주했다. 진나라는 패자가 되려 했지만 이 무렵에는 천하의 패자가 될 수 있는 사람은 더 이상 출현하지 않았다.

진(晉)나라와 초나라가 북쪽과 남쪽에서 대치하고 동쪽의 제나라와
서쪽의 진(秦)나라가 그들을 견제하고 있는 형국으로 결정적인 힘을 가진
나라는 없었다.

4강 시대가 되자 그 사이에 낀 소국들은 여기에 붙기도 하고 저기에
붙기도 하고, 우왕좌왕했다.

진(晉)나라와 초나라 사이에서 줄타기를 하던 정나라는 어느 사이엔가
두 나라에 복속하는, 이른바 양속(兩屬)의 나라가 되었다.

세금만 거두는 '커다란 쥐'

춘추 오패로 꼽히는 유력한 자들 가운데 제나라의 환공과 진(晉)나라
의 문공, 송나라의 양공, 진(秦)나라의 목공, 초나라의 장왕은 거의 동시
대 사람들이었다. 초나라의 장왕은 할아버지 성왕이 죽은 뒤 12년 만에
즉위한 사람이니 약간 젊었지만 청소년 시절에 다른 패자들의 활약을
보았을 것이다.

패자는 집중적으로 출현했다. 제나라의 환공이 규구에서 회맹했을 때
부터 헤아려보기로 하자. 기원전 651년의 일이었다. 초나라의 장왕이 필
에서 진(晉)나라 군대를 격파한 것은 기원전 597년이었다. 그 사이의 약
반세기를 패자의 시대라고 부를 수 있을 것이다.

패자란 유력한 제후를 일컫는 말이다. 그 이후 제후의 나라에서는 귀족, 혹은 대신이 힘을 얻기 시작했다. 대국이 패권을 다투거나 중소국이 그 틈바구니에서 재치 있게 살아남으려면 군주 혼자만의 힘으로는 부족하다. 전쟁이 많아지면 공로자에게 상을 줘야만 한다. 논공행상을 행하지 않으면 장병들은 전투에 힘을 다하려 하지 않는다. 상이란 곧 토지였고 주민들이었다. 그것은 군주의 것을 떼어 주는 것이 일반적인 형태였다. 군주의 힘이 약해지고, 귀족이나 대부라 불리는 중신 계층의 힘이 점차 강해지게 된다.

제후가 국내의 여러 세력을 누르기 위해 힘을 분산시킬 수밖에 없었다는 점도 패자가 나오지 않게 된 한 원인이었다. 어느 나라나 숨을 헐떡이고 있었다. 국내의 모순에 대한 대책을 세우기에 정신이 없었다. 다른 나라와 전쟁을 할 여력이 없어지기 시작했다.

그런 시대의 흐름 속에서 국제관계의 긴장완화를 요구하는 움직임이 일기 시작했다. 송나라의 대부인 향술(向戌)이 국제평화조약을 맺을 것을 제창하고, 우선은 두 개의 초강대국인 초나라와 진(晉)나라의 양해를 얻기 위한 노력을 기울였다. 그 노력이 결실을 맺어 기원전 546년에 14개국의 대부들이 송나라의 수도에 모인 가운데 초나라와 진나라의 정전협정이 이루어졌다. 대부분의 전쟁은 이 두 나라의 싸움이거나 그와 관련된 것이었기 때문이었다.

이 평화회의를,

미병지회(弭兵之會)

라고 부른다. '미(弭)'란 '그만두다'라는 뜻이니 그야말로 정전회의였다.

2강의 타협은 한쪽의 양보가 없으면 성립되기 어려운 법이다. 송나라의 수도에서 열린 미병지회는 진나라가 양보를 하고 초나라가 주도권을 쥔 형국이 되었다. 국내 유력 귀족의 문제는 대국이었던 만큼 진나라가 가장 심각했었기 때문이었다. 진나라의 여공(厲公)이 대부인 난서(欒書)와 중행언(中行偃)에 의해 살해되었을 정도였다.

초나라의 경우는 국내문제보다 같은 남방에서 새로이 일어난 오(吳)나라와의 대립이 점차로 심각해져 가고 있었다. 서로가 문제를 끌어안고 있었기 때문에 타협이 성립된 것이라 할 수 있다.

이 평화조약은, 예를 들자면 초나라의 영공(靈公)이 깬 경우도 있었지만, 그것은 예외적인 일이었으며 한동안은 소강상태가 계속되었다. 조그만 분쟁은 여기저기서 일었지만 적어도 '패자의 시대'와 같이 전쟁으로 날이 새고 날이 지는 일은 사라지게 되었다. 어느 나라에게나 '미병지회'의 맹약을 지키는 것이 유리했던 듯하다. 맹약에 대한 각국의 성실성보다 그것이 가지고 있는 효용성이 소강상태를 오래 지속되게 했을 것이다.

송나라의 수도에서 열린 '미병지회'에 모인 것이 14개국의 대부로 이전까지의 회맹과는 달리 제후들이 아니었다는 점에는 특별히 주목해야 할 것이다. 뿐만 아니라 송나라에서 행해진 회맹이었음에도 불구하고 주창자는 송나라의 군주가 아니라 대부인 향술이었다. 또 교섭의 사전공작 단계에서도 초나라의 자목(子木)과 진(晉)나라의 조맹(趙孟) 등과 같은 대부급 인물들이 활약을 했다.

군주가 국정을 전담하던 시대는 끝나고 실권은 그 밑에 있는 귀족이나 중신들의 손으로 옮겨가고 있었다.

『춘추』에는 이해 여름의 일이라며 다음과 같은 내용이 기록되어 있다.

숙손표(叔孫豹), 진(晋)의 조무(趙武), 초의 굴건(屈建), 채의 공손귀
생(公孫歸生), 위(衛)의 석악(石惡), 진(陳)의 공환(孔奐), 정의 양소(良
霄), 허인(許人), 조인(曹人) 등이 송에서 만났다.

『춘추』는 노나라의 역사서이니, 이 회맹에 참석한 인물 중 노나라의
대부인 숙손표를 가장 앞에 둔 것은 충분히 이해할 수 있다. 그러나 앞
에서도 이야기했듯이 맹주 격이었던 것은 초나라이고, 또 피를 가장 먼
저 마셨으니, 그 다음으로는 당연히 초나라의 굴건을 두어야 한다. 그런
데도 진(晋)나라의 조무를 먼저 썼다. 이것에 대해서 『좌씨전』은,

진을 먼저 쓴 것은 진에 신(信)이 있었기 때문이다.

라고 공자의 의도를 해석하고 있다.
진나라의 양보로 무사히 맹약이 성립되었기 때문에 공자가 그 사실을
높이 평가하여, 일부러 순서를 바꿔 진나라를 앞에 놓았다는 것이다. 바
로 이것을 '춘추의 필법' 중 한 예라고 할 수 있다. 이처럼 간결한 『춘추』
와 그에 대한 후세 사람들의 해설인 전(傳), 그것에 바탕을 둔 『사기』 혹
은 청동기의 명문 등의 기록이 이 시대의 주요 사료인데, 그 가운데 서민
들의 생활을 언급한 것은 극히 드물다. 배 안에 떨어진 손가락 이야기 등
에서 간신히 서민들의 핏방울을 볼 수 있는 것 같다는 느낌이 든다. 그런
점에서 『시경』은 역시 중요한 자료다. 그 안에서 우리는 서민들의 목소리
를 분명하게 들을 수 있기 때문이다.
여희(驪姬)를 사랑한 진(晋)나라의 헌공(문공의 아버지)에 의해 멸망한 소

국 위(魏)나라(이는 전국 시대의 위(魏)와는 다른 나라다)에 〈석서(碩鼠, 커다란 쥐)〉라는 제목의 노래가 있어, 그것이 『시경』에 수록되었다.

석서석서(碩鼠碩鼠)	큰 쥐야, 큰 쥐야.
무식아서(無食我黍)	내 기장 먹지 마라.
삼세관녀(三歲貫女)	삼 년 동안 너를 섬겼지만,
막아긍고(莫我肯顧)	나를 별로 생각지 않는구나.
서장거녀(逝將去女)	장차 죽어 너를 떠나리.
적피낙토(適彼樂土)	저 낙토로 가리라.
낙토낙토(樂土樂土)	낙토여, 낙토여.
원득아소(爰得我所)	거기에서 내 살 곳 얻으리.

『시경』 가운데서도 이것은 알기 쉬운 노래라고 할 수 있다. 석서가 실제의 커다란 쥐를 가리키는 것이 아니라 무거운 세금만 부과하고 서민들의 복지에는 전혀 무관심한 군주를 가리키는 것이라는 해석이 정설이다.

이런 곳에서 벗어나 낙토로 가고 싶다는 것이 서민들의 바람이었다. 그러나 낙토는 어디에 있는 걸까? 낙토여, 낙토여, 라고 반복한 것은 그들에게 있어서 낙토는 어디에도 없다는 사실을 한탄하고 있는 것이다.

공자 전후(前後)

전문가가 대우받는 시대

일찍부터 이름뿐인 존재가 되어 버린 주나라의 왕실이었지만, 각국의 대부들이 모인 '미병지회'에서는 예전처럼 주 왕실에 대한 근왕(勤王)이 더 이상 안건에 오르지 못했다. '미병지회'는 실무자들의 회담이었다.

우선 현실에 대한 추인(追認)이 있었다. 진(晉)나라와 초나라의 세력권을 인정하고 그것을 존중할 것을 약속했다. 소국은 양대 강국의 어딘가에 복속해야 했지만, 결국은 정나라처럼 양국 모두에 복속하게 되었다. 일종의 소국 정리인 셈이다.

전국 시대의 특색인 실력주의의 경향이 이 무렵부터 나타나기 시작했다. 실력자의 시대가 온 것이라 할 수 있는데, 그렇다면 실력자란 어떤 사람을 말하는 것일까?

우선 그는 실제적인 일을 할 줄 아는 사람이어야 한다. 말하자면 실무가(實務家)라고 할 수 있다. 지금까지의 신분으로 보자면 그다지 높지 않은 사람들이었다.

제후나 일류 귀족은 사냥을 하거나 궁정 내의 권력투쟁을 마치 스포츠처럼 즐기고 쾌락에 빠지는 것이 인생이라고 생각하고 있었다. 국가의 정치만 해도 자잘한 법률을 만들거나, 해마다 바치는 공물이나 세금을 할당하여 거두어들이거나, 소송을 해결하거나, 물자의 유통을 꾀하거나 하는 일은 그들의 일이 아니었다. 그들의 입장에서 보자면 그것은 하급 관리들의 일로 틀림없이 경멸의 대상이었을 것이다.

그러나 그런 일에 종사하는 사람들이 없으면 국가를 운영할 수가 없다. 상층부의 권력투쟁이 격화되거나, 부패가 심해지거나, 또는 외국의 침입 등에 의해서 국가의 기초가 흔들리게 되면, 현장의 실무 담당자들은 자신들의 존재가치를 깨닫게 되는 법이다. 자신들이 없으면 세상이 돌아가지 않는다는 사실을 알게 되면 자신감을 갖게 된다. 그와 같은 자신감이 그들을 영광스러운 무대로 끌어올린 듯하다.

그들은 귀족 중에서도 이류, 같은 대부 중에서도 실제 업무에 종사하는 그런 사람들이었다.

공자가 존경했던 정나라의 자산(子産)과 제나라의 안영(晏嬰) 등을 그와 같은 실무가형 신실력자라고 말할 수 있을 것이다.

정나라에는 칠목(七穆)이라고 해서, 목공의 자손들에서 갈라진 일곱 개의 귀족 가계(家系)가 있었다. 자산도 칠목 출신이었지만, 같은 칠목이라 할지라도 재상을 내는 가계는 정해져 있었는데, 그는 거기에 속하지 않았다.

제나라의 안영은 그런 자산보다 더 낮은 계층 출신이었다.

자산과 안영 모두 공자와 거의 같은 시대 사람이었다. 자산은 공자가 막 서른을 넘겼을 무렵에 세상을 떠났으며, 안영은 공자가 오십을 넘겼을 무렵에 세상을 떠났다.

뛰어난 제후는 보이지 않고 자산이나 안영 등과 같은 뛰어난 재상이 차례차례로 등장했기 때문에 이 시대를 '현상 시대(賢相時代)'라고 부르기도 한다.

제후들의 실권이 실력자들의 손으로 넘어갔으니, 이와 같은 현상은 당연한 결과다.

자산은 현실주의적인 정치가였다. 정나라처럼 진(晉)나라와 초나라 사이에 낀 소국의 재상이니 현실적일 수밖에 없었다.

『논어』「헌문편(憲問篇)」에 정나라의 공문서가 뛰어났다는 사실이 기록되어 있다.

> 공자가 말하기를, 명(命, 공문서)을 만드는 데 비심(裨諶)이 이를 초창(草創)하고, 세숙(世叔)이 이를 토론하고, 행인(行人, 외교관) 자우(子羽)가 이를 수식하고, 동리(東里)인 자산이 이를 윤색했다.

정나라에서는 공문서를 우선 비심이라는 대신이 초고를 만들었으며, 세숙이라는 대신이 그것을 검토, 음미하고, 외교담당대신인 자우가 수식, 첨삭하고, 마지막으로 동리에 있던 재상 자산이 마무리를 지었다는 것이다.

양대 강국 사이에 껴 있던 정나라가 특히 외교상으로 신중했다는 점은 새삼 말할 나위도 없다. 외교문서 하나라도 진나라나 초나라로부터 트집을 잡히지 않도록 주의를 기울일 필요가 있었다. 이처럼 여러 대신들의 손을 거쳐서 자산이 그것을 마무리 지었던 것이다.

자산은 현실적인 정치가였다. 북상하는 초나라와 남하하는 진나라 사이에서 정나라는 임기응변적인 조치를 취하지 않을 수 없었다. 그런 상황에서는 제 아무리 꿈꾸기 좋아하는 성격을 가진 사람이라 할지라도 현실주의자가 될 수밖에 없다.

정나라의 공문서 작성은 웅변가의 원고 작성이었다고도 말할 수 있다. 그 변설(辯舌)이 기대했던 대로의 성과를 거두고, 빈틈이 없는 것이 되도록 해야 했다.

전국 시대가 되자 중국에서는 종횡가(縱橫家)라는 그룹들이 나타났다. 변설로 제후들을 설득하는 유세가(遊說家) 무리이다. 가장 유명한 것이 합종(合從)을 주장한 소진(蘇秦)과 연횡(連衡)을 주장한 장의(張儀) 두 사람으로 종횡이라는 명칭도 그들에게서 유래했다.

소진과 장의 모두 귀곡자(鬼谷子)라는 인물에게서 배운 것으로 알려져 귀곡자를 종횡가의 개조(開祖)로 보는 설이 유력하다. 그러나 춘추 시대 때부터 군명(君命)을 띠고 각국에서 유세를 한 행인(行人, 외교관)이 있었다. 그들은 틀림없이 고전과 고사에 통달했으며, 수사학을 총동원하여 그 임무를 완수하려 노력했다. 외교문서를 최종 마무리한 정나라의 자산 등을 종횡가의 개조라고 봐도 별다른 문제는 없을 것이다.

그리고 자산은 법치주의자이기도 했다. 그는 '형정(刑鼎)'을 만들었다. 형법의 조문을 청동으로 만든 정(鼎)에 새겨 넣었다.

전통적인 덕치주의자들은 당연히 자산의 법치주의에 반대했다. 자산이 형정을 만들었다는 사실을 알고 진나라의 숙향(叔向)이 항의문을 보냈다. 그것은,

> 처음에는 나는 당신에게 바라는 바가 있었다. 지금은 곧 그쳤다.

라는 말로 시작된다. 나는 처음에는 당신에게 커다란 기대를 품고 있었지만, 지금은 그것을 버렸다는 뜻이다. 형정을 만들었다는 소식을 듣고 크게 실망했다고 말했다. 예전의 선왕들이 법률을 만들지 않았던 것은 백성들이 쟁심(爭心)을 일으키지 않도록 하기 위해서였다고 해석하는 것이 당시 귀족들의 상식이었다. 법률의 조문을 알게 되면 일반 백성들은 그것을 빠져나갈 궁리를 하게 될 것이다. 법률에만 저촉되지 않으면 된다고 생각하여 장상(長上)을 두려워하지 않게 된다. 그렇게 되면 사회질서가 붕괴될 것이라고 숙향은 말했다. 그들의 입장에서 보자면 백성은 아무것도 모르는 편이 나았다. 무슨 일에 있어서나 백성들이 전전긍긍하는 상태가 위정자들이나 지배층에게는 더 좋았다. 백성들이 알게 되면 조그만 일이라도 법률을 방패삼아 싸우게 될 우려가 있기 때문이다.

> 이를 막음에 의(義)로써 하고, 이를 바로잡음에 정(政)으로써 하고, 이를 행함에 예(禮)로써 하고, 이를 지킴에 신(信)으로써 하고, 이를 받듦에 인(仁)으로써 하고

라고 숙향은 덕치주의를 장황하게 설명한 뒤,

> 당신이 세상을 떠나면 정나라는 망할 것이다. 나는 이런 말을 들었다, 장차 나라가 망하려면 반드시 제(制)가 많다고. 그것은 이를 말함이다.

라고 끝을 맺었다.

그렇게 해서는, 당신이 집정하고 있는 동안에는 괜찮을지 모르겠지만 그 뒤에 정나라는 망할 것이다. 나라가 망하려면 법령규제가 많아진다더니, 옳은 말이다.

통렬한 말이다. 자산은 다음과 같은 답장을 보냈다.

> 당신의 말과 같습니다. 교(僑, 자산의 이름)는 부재(不才)하여 자손에게는 미치지 못합니다. 저는 세상을 구하려 할 뿐입니다. 이미 명을 받았으니, 그 큰 은혜를 어찌 잊겠습니까.

당신의 말이 틀림없이 옳습니다, 그러나 저는 재주가 없어서 자손들에게까지 득이 되는 일은 하지 못합니다, 저는 그저 눈앞에 있는 지금의 이 세상을 어떻게든 해보기 위해 대책을 생각하고 있을 뿐입니다. 당신의 말씀대로는 할 수 없지만 충고를 주신 커다란 은혜는 결코 잊지 않겠습니다.

초나라가 노리고 있고, 진나라의 공격을 받아야 하는 정나라로서는 눈앞의 역경을 어떻게 극복하느냐가 중요했지, 후세의 일까지는 생각할 틈이 없었다.

자산이 성문법(成文法)을 만든 것은 귀족들의 방자한 행동에 제한을 가하려는 것이 그 목적이었다. 정나라를 부강하게 만들기 위해서는 농업과 상업이 번성해야만 한다. 아무리 열심히 일해도 그것을 귀족들에게 착취당한다면 누구도 노력하려 하지 않을 것이다. 산업이 침체되어 국력은 더욱 약해져갈 따름이다. 성문법으로 여기까지는 이익이 보장된다고 명시를 해두면 사람들이 안심하게 될 것이라고 생각한 것이었다. 민중들의 활력을 이끌어내서 생산력을 높이는 것 외에도 민중을 절망시키지 않는 안전판으로서도 성문법이 필요했던 것이다.

자산은 젊은 시절에 정나라의 내란을 경험했다. 『춘추』의 양공 10년(기원전 563) 항에,

> 겨울에 도(盜)가 있어 정나라의 공자 비(騑), 공자 발(發), 공손(公孫) 첩(輒)을 죽였다.

라고 기록되어 있는 사건이다. 자산도 병사를 이끌고 그 난을 진압했다. 난이 진압된 후에 재상이 된 자공(子孔)은 '재서(載書)'라는 맹약서를 만들어 위계 순서대로 관직에 오르도록 하려 했다. 그러나 대부와 제사(諸司, 관리)들이 거기에 반대했다. 자공은 반대자를 죽이려 했지만, 그러면 내란이 재발하게 된다. 자산은 자공에게 그 재서를 불태우고 반대자들을 달래라고 진언했다.

> 중노(衆怒)는 범하기 어렵고, 전욕(專欲)은 이루기 어렵다.

이것이 자산의 말이었다. 군중이 미친 듯이 분노하면 그것을 막는다는 것은 극히 어려운 일이다. 그리고 혼자 독점하려는 욕심도 이루기 어려운 것이라고 간한 것이다.

자공은 그 말에 따라서 재서를 불태워 무사할 수 있었다.

옛 체제에 의한 귀족들의 전제는 중노(衆怒)를 부르는 시대가 되었다

는 사실을 자산은 꿰뚫어보고 있었다. 그 중노를 적당히 녹여서 쌓이지 않도록 하기 위해서는 성문법이 필요했다.

자산의 법치주의는 민중을 위한 것이 아니었다. 국가의 이익을 가장 먼저 생각했기에 나온 것이었다. 그러나 국가의 이익과 민중의 이익이 일치하는 경우가 적지 않았다. 공자가 자산에 대해서,

그 자신을 행함에는 공(恭). 그 위를 섬김에는 경(敬). 그 민을 기름에는 혜(惠). 그 민을 씀에는 의(義).

라고 찬미한 사실을 『논어』에서 볼 수 있다.

『사기』 「정세가(鄭世家)」에는,

공자는 일찍이 정나라를 지나다 자산과 형제처럼 지내기로 했다. 자산의 죽음을 듣자 공자 눈물을 흘리며 말하기를, 옛 유애(遺愛)다. 자산을 형으로 모셨다.

라고 되어 있다. 공자가 고국인 노나라에서 처음 다른 나라로 간 것은 노나라 소공(昭公) 25년(기원전 517)의 일로 자산은 그보다 5년 전에 죽었다. 공자가 정나라로 가서 자산을 만나 형으로 섬겼다는 것은 있을 수 없는 일이다. 그러나 그와 같은 전승이 있었다는 것은 틀림없는 사실로 그것은 공자가 자산을 얼마나 사숙(私淑)했는지를 말해 준다.

옛 유애란 자산의 인애는 요즘 사람들에게서는 찾아볼 수 없는 것으로 고대의 인애가 자산의 몸에 남아 있던 것이라고 밖에는 달리 생각할 길이

없다는 뜻이다. 공자의 말로써는 최고의 찬사라고 할 수 있을 것이다.

만난 적은 없었지만 당시 고명했던 자산의 언동은 노나라에도 전해졌고 공자는 거기에 감동했을 것임에 틀림없다. 예를 들어서 『사기』에 기록되어 있는,

> 정나라에 불이 나자, 공은 이에 푸닥거리(禳)를 하려 했다. 자산이
> 말하기를, 덕을 닦음만 같지 못하다.

라는 등의 말은 공자가 들었다면 무릎을 치며 옳거니, 했을 것이다.

정나라의 수도에 불이 나서 정나라의 정공이 푸닥거리를 하려 하자, 자산은 "그런 것을 하기보다는 덕을 닦는 편이 더 낫다"고 말했다. 『좌씨전』에는 큰불이 날 것이라는 예언이 있자, 정나라의 대부가 계옥(珪玉)으로 만든 술잔과 옥으로 만든 주기(酒器)로 푸닥거리를 하려 했지만, 자산이 허락하지 않은 것으로 되어 있다.

푸닥거리를 하기보다는 덕을 닦는 것이 재앙을 극복하는 길이 된다는 사상에 공자는 공감했을 것이다. 다만 자산의 법치주의와는 달리 공자도 역시 덕치주의를 견지했다.

사마천이 흠모한 안영

자산과 함께 공자에게 영향을 주었다고 여겨지는 어진 재상은 제나라의 안영(晏嬰)이었다. 『논어』에는 한 군데밖에 나오지 않는다.

공자가 말하기를, 안평중(晏平仲, 영을 말함)은 사람과 잘 사귀었다.
오래도록 이를 경(敬)했다.

안영의 교제술이 뛰어나서 오랫동안 사귀어도 상대에 대한 경의를 잃지 않았다는 것이다. 교제가 오래 지속되어 오랜 친구가 되면 그 사이에 상대방에 대한 결점도 알게 되고 또 거리가 너무 가까워져서 경의를 잃기 쉬운 법이지만, 안영에게는 그런 면이 없었다고 칭찬하고 있다.

안영에 대해서 이야기할 때는 아무래도 최저(崔杼)를 언급하지 않을 수가 없다.

환공이 세상을 떠나고 나자, 제나라는 그다지 국위를 떨치지 못했다. 여전히 대국이기는 했지만 진(晉)나라나 초나라와 같은 세력은 찾아볼 수 없었다. 공자가 노나라에서 태어난 것은 기원전 551년의 일이었는데, 그보다 2년 전에 제나라의 군주로 즉위한 장공(莊公)도 그다지 명군이라고는 말할 수 없는 인물이었다.

장공의 이름은 광이었는데 아버지인 영공(靈公)이 그를 진(晉)나라에 인질로 보낸 적이 있었다. 처음에는 그를 태자로 세웠지만 영공은 후에 총희(寵姬)의 청을 받아들여 그를 폐하고 다른 공자를 태자로 삼았다. 영공이 병에 들자 광은 최저의 후원을 얻어 즉위하고 태자를 죽여 버렸다.

이런 경위만 놓고 봐도 장공은 최저의 은혜를 입은 셈인데, 그럼에도 불구하고 장공은 최저의 아내와 밀통(密通)했으니 품격이 저열한 사람이라고 할 수밖에 없다.

최저의 아내는 원래 제나라 대부인 당공(棠公)의 아내였는데, 굉장한 미인이었기 때문에 당공이 죽은 뒤에 최저에게 시집을 갔다. 장공은 최저의 집을 오가며 그의 아내와 만났다. 최저는 당연히 화를 냈다.

거자[莒子, 거(莒)나라의 군주는 자작 집안]가 제나라를 방문했을 때, 연회가 열렸는데 최저는 병을 핑계로 연회에 참석하지 않았다. 장공은 무슨 구실을 대서라도 최저의 집에 가려 했었기 때문에 최저를 병문안한다는 것은 생각지도 않았던 좋은 구실이 되었다. 최저도 그 사실을 알고 있었다. 장공이 최저의 집에 들어서자 최저 부부는 방으로 들어가 문을 잠그고 대문도 닫아 버렸다. 최저의 부하들이 무기를 들고 장공을 공격했다.

장공은 대(臺)로 올라가 용서를 빌었지만, 최저의 부하들은 용서하지 않았다.

> 우리들은 배신(陪臣)으로, 최저의 명령에 따라서 음탕한 사람을 죽이려 하고 있을 뿐이다. 우리 주인의 명령밖에 듣지 않는다. 우리 주인은 지금 병환 중이다.

라고 그들은 대답했다.

장공은 맹약해도 좋으니 용서해 달라고 청했지만 받아들여지지 않았다. 심지어는 조상들의 묘(廟)에서 자살하고 싶다고 청했지만 그것도 받아들여지지 않았다. 그는 최저의 집에서 죽고 말았다.

급보를 전해들은 안영이 달려왔다. 그는 문 밖에 서서,

> 우리 군주가 사직(社稷)을 위해서 죽는다면 나도 죽을 것이다. 사직을 위해서 망명한다면 나도 함께 망명할 것이다. 그러나 자신을 위해서 죽거나 망명한다면 사닐[私暱, 개인적인 근신(近臣)] 외에는 따를 이유가 없다.

고 말했다.

문이 열리자 안영은 집 안으로 들어가 형식적으로 애곡(哀哭)을 한 뒤

그대로 집을 나와 버렸다.

군주보다 사직을 귀히 여기는 사상을 엿볼 수 있다.

사직 위에 천하를 두면 공자의 사상이 된다. 공자는 노나라 사람이지만 자신의 이상을 실현할 수 있는 나라가 따로 있다면, 고국인 노나라에 연연하지 않겠다고 생각했으며, 또 실제로 그렇게 행동했다.

제나라의 태사(太史, 기록관)가,

최저가 그 군(君)을 죽이다.

라고 기록하자, 최저는 화를 내며 그를 죽여 버렸다. 그런데 그의 동생이 똑같이 기록하자, 최저는 그 동생도 또 죽였다. 그 막내 동생 역시 똑같이 기록했기에 최저는 포기하고 그냥 두었다고 한다.

제나라의 기록관은 지방에도 있었다.

남사씨(南史氏)는 대사(大史)가 모두 죽었다는 말을 듣자, 간(簡, 기록하는 데 쓰는 죽간이나 목간)을 들고 갔다. 이미 기록했다는 말을 듣고 곧 돌아갔다.

『춘추좌씨전』의 이 대목은 중국 사관들이 기록에 얼마나 엄격했는지를 보여주는 예로 곧잘 인용되어 왔다. 남사씨라는 것은 지방에 재주하는 사관으로 틀림없이 평소에는 지방에 관한 일을 기록했을 것이다. 제나라 도읍인 임치(臨淄)의 대사가 모두 죽었다는 소리를 들었으므로, 그 남사씨는 기록용 죽간을 준비하여 도읍으로 갔다. 물론 죽음을 각오하고 갔지만, 대사의 막내 동생이 그 사실을 이미 기록했다는 사실을 알게 되었기에 안심하고 지방으로 돌아갔다.

장렬한 직업정신이라고 하지 않을 수 없다. 이는 또한 중국 사람들이 기록을 얼마나 중히 여기는가를 증명하는 일화라고도 할 수 있다.

대사라는 직업은 아무래도 세습하는 것이었으며, 그것도 온 가족이 관련하는 일이었던 듯하다. 지방의 사관 역시 동족이었을지도 모른다. 적어도 강한 연대의식을 가지고 있었던 것인 듯하다. 기록자 외에도 기록용 죽간이나 목간을 만드는 장인들도 사관 집단에 전속되어 있었을지도 모른다.

실력자의 시대가 되면 이처럼 강하게 결속된 집단이 눈에 띄게 되는 법이다. 그와 같은 집단의 우두머리가 자연스럽게 실력자로 대두하게 되는 경우도 있었을 것이다. 춘추 말기에서부터 전국 시대에 걸쳐서 많은 집단들이 역사의 무대에 모습을 드러냈다.

공자로 대표되는 유학자 집단도 그중 하나였다. 유학자 집단은 공자가 처음으로 조직한 것인지, 혹은 예전부터 어떤 형태의 모체가 있던 것인지, 지금으로서는 분명하게 알 수가 없다.

인간은 사회적인 존재다. 가족이나 씨족의 일원임은 물론, 직능적 집단에 소속되어 있는 사람도 있었을 것이다. 그 집단의 힘이 춘추 말기에서부터 전국 시대에 걸쳐서 강해진 것 같다는 느낌이 든다.

최저의 부하들이 제나라 장공을 죽였다는 사실은 그 집단의 독립성이 매우 강했다는 사실을 이야기해 주고 있다. 그들은 최저에게 속해 있었지만 최저의 군주인 장공과는 관계가 없었다.

난세에서 사람들은 집단의 생활자가 되어 가능한 한 힘을 모아 조금이라도 안정된 생활을 하고 싶어 한다. 이 시대에 종전부터 존재해 왔던 집단의 힘이 강해지고 또 새로운 집단이 태어난 것은 필연적이었다고 할 수 있을 것이다.

제나라의 뛰어난 재상이었던 안영도 자신의 배후에 강력한 집단을 가지고 있었을 것이라 여겨진다. 최저가 장공을 죽이자 안영이 최저의 집으로 들어가 애곡하고 떠나려 했을 때, 최저의 측근이 그도 죽여 버리자고 했지만,

민(民)이 우러르는(望) 자다. 그를 놓아두어 민을 얻겠다.

고 최저가 대답했다는 사실이 『사기』에 실려 있다. 백성들에게 인망을 얻고 있으니, 그대로 살려두어 민심을 얻자는 것이었다. 인망은 오로지 안영의 인품에 의해서만 얻은 것이었을까? 조금 더 구체적으로는, 안영이 강대한 집단의 대표자였기 때문에 그를 죽이면 그 집단의 지지를 잃게 될 것이라는 점을 우려했던 것일지도 모른다.

『사기』는 열전 제2권에 관중과 안영 두 사람의 전기를 두었다. 두 사람 모두 제나라의 재상이기는 했지만, 시대는 100여 년이나 떨어져 있었다. 관중은 환공을 패자로 만든 인물이었지만, 안영은 제나라를 특별히 강대하게 만들었다고는 말할 수 없다. 춘추 말기, 현상시대의 대표자로 든 것이라 여겨진다. 뛰어난 재상이라면 그 외에도 정나라의 자산, 진(晉)나라의 숙향, 오나라의 계찰(季札) 등이 있었지만, 한 사람을 뽑으라면 역시 안영이 시대를 대표하기에 가장 적합했을 것이다.

앞에서도 이야기했듯이 자산은 정나라의 군주와 관계가 있는 칠목(七

穆) 출신이었으며, 자산의 형정에 반대하여 편지를 보냈던 진나라의 숙향도 정후(靖侯)의 후예였으니, 공족(公族)의 일원이었다. 오나라의 계찰은 오나라 왕 수몽(壽夢)의 넷째 아들이었다.

안영은 제나라의 군주와 동족 관계가 아니었다. 『사기』 열전에서는 그를 내(萊)의 이유(夷維) 사람이라고 소개했다. 내란 산동반도의 북쪽 기슭으로 지금의 봉래현(蓬萊縣)에서 황현(黃縣)에 걸친 지방이다. 그곳에는 내이(萊夷)라고 하는 동이의 유력한 국가가 있었다. 제나라가 그 내이를 멸망시키고 영토를 합병한 것은 영공 15년(기원전 567)의 일이었다. 장공이 즉위하기 14년 전의 일에 지나지 않았다. 말하자면 새로운 영토였다.

안영의 집이 그런 새로운 영토로 옮겨진 것이었다.

『사기색은(史記索隱)』에 따르면, 그의 아버지는 안환자(晏桓子)로 그 이름을 약(弱)이라고 했다고 한다. 내이를 멸망시키는 데 전공을 세웠기 때문에 새로운 영토에 식읍(食邑, 영지)을 받은 것이었다. 안(晏) 씨 일족은 아무래도 무력을 가지고 있었던 듯하다.

제나라가 어업과 제염으로 커다란 이득을 얻게 된 것은 내이 땅을 합병한 뒤부터라는 설(범문란(范文瀾)의 주장)도 있다.

철(鐵)은 춘추 시대부터 등장했는데, 처음에는 '이(銕)'라고 기록했다. 제철은 동이부족이 발명한 기술이었다. 관중 시대에 제나라가 그 기술을 배워 청동을 양금(良金), 철을 악금(惡金)이라고 불렀다. 양금은 무기에 썼으며 악금은 농기구에 썼다는 기록이 있다.

안 씨 일족은 무력뿐만 아니라 어업, 염업, 제철업 등의 이권도 장악하고 있었기에 경제적으로도 뛰어났을 것이다. 그 실력이 대단한 것이었기 때문에 군주를 죽인 최저조차 안영을 죽이지 못했다.

안영은 경공 48년(기원전 500)에 죽은 것으로 되어 있다. 사적(史籍)에 그의 이름이 가장 먼저 등장하는 것이 영공 27년(기원전 555)이다. 진(晉) 나라와 제나라의 싸움에서 영공이 도망치려는 것을 안영이 말렸지만 그의 말을 듣지 않았다. 그때 안영은 영공에게,

군도 역시 용기가 없다.

는 매우 실례가 되는 말을 했다.

이때부터 죽음에 이르기까지 55년 동안 그는 제나라의 핵심에 있었다. 군주는 영공, 장공, 경공(景公) 등으로 바뀌었고, 실권파도 최저, 경봉(慶封), 그리고 전씨(田氏), 포씨(鮑氏) 등으로 옮겨갔지만, 안영의 지위만은 확고했다. 그야말로 부도옹(不倒翁, 오뚝이)이었다. 공족(公族)의 일원도 아니었고 군주를 옹립하기 위해 활약한 것도 아니었다. 그런데도 그에게 손을 댈 수 있는 사람이 아무도 없었다. 이는 추측에 지나지 않지만 그의 배후에는 역시 누구도 무시할 수 없는 집단이 존재하고 있었을 것이다.

장공이 살해되었을 때, 시역자(弑逆者)인 최저를 치지 않았다는 사실 때문에 당시부터 '그렇다면 의를 보고도 행하지 않음은 용기 없음이 아닌가'라는 비난이 있었던 듯하다. 안영은 용기가 없다며 과감하고 용감하게 주군을 질책한 적도 있는 인물이었다. 간언을 할 때는 주군의 눈치 따위는 전혀 살피지 않았다. 용기가 없었던 것이 아니었다. 재상의 아내와 밀통하다 죽은 장공을 한심하다고 생각했다.

사마천은 만약 안영이 아직도 살아 있다면 자신은 채찍을 들고 그를 위하여 마부가 되고 싶을 정도로 흠모한다고 높이 평가했다.

야합으로 태어난 공자

안영은 내이와의 전투에서 무공을 세워 식읍을 받은 집안 출신이었다. 당시 봉건사회의 신분제도는 제후 밑에 경대부(卿大夫)가 있었고, 그 밑에 사(士)가 있었고, 그 밑에 다시 서인(庶人)이 있었다. 안영의 집안은 틀림없이 사의 상층에 속하는 정도의 가문이었을 것이다. 원래는 경대부에게만 영지를 줄 수 있었지만, 전공이나 수훈(殊勳)이 있는 경우에 한해서는 사에게도 영지가 주어진 듯하다.

사 출신이었던 안영은 경대부와는 달리 군주의 사적인 가신(家臣)이 아니라는 의식을 가지고 있었을 것이다. 그랬기 때문에 군주 개인과 사직을 따로 떼어서 생각할 수도 있었다.

공자는 이 현상 시대를 발판으로 역사의 무대에 등장한 인물이다.

신분이라는 면에서 보자면 공자는 안영보다도 훨씬 더 낮은 계층 출신이었다.

전한(前漢) 무렵에 유교가 국교화되면서 공자는 2천 년 동안 국교의 시조로 숭상 받아 왔다. 그랬기 때문에 공자의 가계에도 후대의 미화 작업이 가해진 듯하다. 선조는 송나라의 귀족으로, 노나라에 망명한 자의 자손이라고 알려져 있다. 고국인 송나라에 있을 때 조상이 귀족이었는지 아니었는지는 알 수 없지만, 어떤 사정이 있어서 노나라로 이주한 것이다. 송나라는 은나라 후예들의 국가로 '송양지인'이나 '수주'라는 말에서 알 수 있는 것처럼 세상물정에 어두운 우직한 사람들이 많았다고 한다. 그리고 노나라는 주공이 봉해진 나라였다.

공자의 아버지인 숙량흘(叔梁紇)은 일단 사(士)의 신분이었던 것으로

알려져 있다. 『사기』의 「공자세가(孔子世家)」는 문제가 적지 않은 편이라고 알려져 있는데 거기에,

> 흘은 안씨(顔氏)의 딸과 야합(野合)하여 공자를 낳았다. 이구(尼丘, 산 이름)에서 기도하여 공자를 얻었다. 노나라 양공(襄公) 22년(기원전 551)에 공자를 낳았다. 수상(首相, 두상) 우정(圩頂, 가운데가 움푹하고 사방이 높은 모습)했다. 이런 연고로 이름을 구(丘)라 했다 한다. 자는 중니(仲尼). 성은 공 씨.

라고 씌어 있다. 『춘추공양전』 등에는 태어난 해가 1년 빠른 것으로 되어 있는데, 야합에 의해 태어났다고 하니 성인의 출생으로는 어울리지 않는 상태였다. 야합이라는 것은 정식으로 결혼한 부부가 아니라는 설과, 정식으로 결혼했지만 거기에 요구되는 예가 전부 갖추어져 있지 않았다는 설이 있다. 또 나이 차이가 많이 나는 결혼을 야합으로 보는 설도 있다.

공자가 태어나자마자, 아버지는 곧 세상을 떠났다. 아버지가 어디에 묻혀 있는지 공자는 오랫동안 알지 못했다.

> 어머니는 이를 꺼렸다.

묘소를 가르쳐주지 않은 이유를 『사기』는 이렇게 설명했다. 아무리 좋게 해석하려 해도 야합은 역시 바람직하지 않은 부부관계였던 듯하다.

어머니가 세상을 떠나고 난 뒤, 공자는 장례수레를 끄는 자의 어머니

에게서 아버지의 무덤이 있는 장소를 알아 내어 부모를 방산(防山)에 합장했다.

공자는 가난하고 천(賤)했다.

라고 『사기』는 기록했다. 사마천은 유학이 이미 국교화된 이후의 인물이었지만 죽음도 두려워하지 않고 최저의 시역(弑逆)을 끝까지 기록했던 사관들의 정신을 올바로 이어받고 있었다. 아무리 성인의 전기라 할지라도 전해진 내용을 정확히 기술하지 않으면 안 되었다.

집은 가난하고 신분도 낮았다. 어른이 된 그는 위리(委吏, 창고 관리)가 되기도 하고, 사직(司職, 목장 관리)이 되기도 했다. 보잘것없는 자리였지만, 그는 직무에 충실했고 저울은 공정했으며 목장에서는 우마들이 왕성하게 번식했다고 한다. 청년 공자는 틀림없이 성실하고 일 잘하는, 능력 있는 관리라는 평을 들었을 것이다.

그 무렵의 노나라는 하극상이 극심했기에 시대 풍조의 전형이라고 할 수 있는 나라였다. 노나라의 군주에게는 아무런 실권도 없었다. 계손씨(季孫氏), 맹손씨(孟孫氏), 숙손씨(叔孫氏)의 세 씨(氏)가 군주를 능가했다.

이 삼공(三公)은 환공의 후예였기에 삼환(三桓)이라고 불렀다.

노나라의 환공은 제나라 양공의 동생인 문강을 부인으로 맞았던 인물이었다. 오누이간의 불륜을 알았기에 제나라에서 갈비뼈가 부러져 죽어야 했던 비극의 주인공이었다. 그 비극은 공자가 태어나기 140년쯤 전에 일어난 일이었다.

노나라의 환공 자신은 비극의 주인공이 되었지만, 그의 피를 이어받은 자손들은 노나라에서 번영하여 공자 시대에는 삼환이라 불리며 노나라의 국정을 장악했다. 노나라의 군대 전부가 삼환의 지휘하에 있었으니, 군주는 단지 허위(虛位)만을 지키고 있었을 뿐이었다.

삼환의 전횡에 대한 반항은 그 이전에도 있었다. 장공의 피를 물려받은 공자인 양중[襄仲, 공자 수(遂)]과 그의 아들인 공손(公孫) 귀보(歸父)가 선공(宣公) 시절에 진(晉)나라와 손을 잡고 삼환을 칠 계획을 세우고 있었다. 그러나 그 계획이 선공의 죽음으로 실패로 돌아갔으므로 공손 귀보는 제나라로 망명할 수밖에 없었다. 이 사건으로 인해 삼환의 세력이 더욱 강성해져서 공자가 태어났을 무렵, 군주는 그저 이름뿐인 존재가 되어 버리고 말았다.

천하의 주인은 주나라의 왕이었지만 누구도 그의 존재를 알지 못했는데, 마치 그것의 축소판이라도 되는 양 노나라에서도 그 주인인 노후(魯侯)는 유명무실한 존재가 되어 버리고 말았다.

공자가 젊은 시절에 창고와 목장의 관리였다고 말했는데, 그것은 군주의 관리가 아니라 계씨(季氏)의 관리였던·듯하다.

노나라 소공 25년(기원전 517)에 소공은 더 이상 참지 못하고 삼환 토벌을 위한 병사를 일으켰으나 오히려 패배를 하고 말았다. 군대를 장악 당했으니 이길 리가 없었다. 소공은 제나라로 망명했다.

그 이후 노나라에서는 군주 부재의 시대가 계속되었다. 공자는 소공의 뒤를 따라서 제나라로 갔다. 공자는 34세였다. 공자는 소공에 직속된 부하가 아니었다. 안영이 말한 '사닐(私昵)'이 아니었기에 굳이 함께 망명할 필요는 없었다. 공자가 제나라로 간 것은 삼환이 횡포를 부리고 있는 노나라에서 살기 싫었기 때문이지 반드시 소공에게 충성을 다하기 위해서

간 것은 아니었다.

　제나라에서 망명생활을 하는 동안 공자는 제나라의 대부인 고소자 (高昭子)의 가신이 되었다. 그것은 제나라 경공(景公)에게 접근할 기회를 얻기 위해서였다. 그에게 두 임금을 섬겨서는 안 된다는 사상은 없었다. 제나라의 관직에 오르려는 희망은 이루지 못했지만, 거기서의 수확은 소 (韶)라는 옛 음악을 들을 수 있는 수확은 있었다. 『논어』에,

　　공자는 제에 있을 때 소를 들었다. 3개월 동안 고기의 맛을 몰랐다.
　　공자가 말하기를, 의외로 악이 이처럼 지극할 줄은 미처 몰랐구나.

라고 실려 있다. 음악에 대한 공자의 경도는 이상하게 느껴질 정도였다. 같은 『논어』 속에,

　　공자가 말하기를, 시로 일어나, 예로 서고, 악으로 이룬다.

라는 말이 있다. 인간의 교양은 『시경』을 읽는 데서 시작되어 그것에 흥분하고, 다음으로 예를 배워 질서를 지켜 안정되고, 마지막으로 음악을 배움으로 해서 인간성을 완성한다는 것이다. 음악 지상주의라 해도 좋을 정도다.

　소공은 망명 7년 만에 제나라에서 세상을 떠났다. 노나라는 소공의 죽음을 확인하고 나서 그의 동생인 정공(定公)을 세웠다. 공자는 그전에 이미 노나라로 돌아와 있었다.

　공자가 교단을 만들기 시작한 것은 제나라에서 돌아온 뒤라고 한다.

노나라의 삼환 시대도 점차 변질되어 가고 있었다. 군주를 능가했던 삼환도 하극상의 물결 속에 있었기에 그들의 유력한 부하가 그들을 대신하게 되었다. 계씨의 부하인 양호(陽虎)가 대두했다. 이 인물은『논어』속에서는 양화(陽貨)라는 이름으로 등장한다.

양호가 실력자였다는 점은 말할 나위도 없다. 그는 후에 실각했기 때문에 악당 취급을 받고 있지만, '이기면 관군, 지면 적군(賊軍)'이라는 말이 있지 않은가? 예를 들어서 만약 공자가 자신의 뜻을 천하에 펼쳐 보겠다고 생각했다면, 누군가를 섬기며 그 지위에서 여러 가지 경영을 해야 할 것이다. 때로 그것은 주군을 무시한 전제처럼 보이는 경우도 있다. 뜻을 품고 있으며, 또한 그 뜻에 자신을 가지고 있는 사람은 아무래도 독단적이 될 수밖에 없다. 성공하면 문제없지만 실패하면 전횡을 휘두른 인물이 되어 버린다.

양호도 뜻을 품은 인물이었던 듯하다. 그것을 달성하기 위해서는 인재를 모아야만 했다. 귀국 후 공자는 학숙(學塾)을 열어 문하생을 받았다. 그의 학숙은 뛰어난 인재들로 가득했다. 양호가 공자를 자신의 편으로 끌어들이려 했다는 것은 당연한 일이다.

빈부귀천을 안 따진 공자

『논어』의 「양화편(陽貨篇)」은 양호가 공자를 설득하는 장면으로 시작된다.

양호가 면회를 요청해도 공자가 만나려 하지 않았기 때문에 하루는 돼지를 보냈다. 그 당시의 관습으로는 선물을 받으면 스스로 상대방을 찾아가서 감사의 말을 해야만 했다. 그렇게 해서 양호는 공자가 오기를 기다릴 생각이었다. 그러나 공자도 보통은 아니었기에 양호가 집을 비운 틈을 이용해서 그의 집으로 갔다. 그런데 도중에 만나 버리고 말았다. 그 때의 일문일답은 다음과 같은 것이었다. 우선 양호가 공자에게,

> 자신의 보물같은 능력을 감춘 채 나라를 어지럽게 버려둔다면, 인(仁) 이라고 할 수 있겠습니까?

라고 물었다. 보물이란 공자가 가지고 있는 재능을 말한다. 그런 훌륭한 재능을 가지고 있으면서도, 자기 나라를 혼란 속에 두는 것을 과연 인이 라고 할 수 있을까?

> 할 수 없습니다.

물론 그럴 수는 없다, 라고 공자는 대답했다.

> 정치에 종사하기를 좋아하면서도 자주 그 시기를 놓친다면, 지(知) 라고 할 수 있겠습니까?

라고 양호는 다그치듯 물었다.

일에 따른다는 것은 정치를 말한다. 정치를 좋아하면서 종종 시기를 놓치는데 이는 지라고 할 수 있겠는가? 제나라로 망명했을 때, 제나라의 군주인 경공에게 접근하려 했다는 사실, 그리고 실패했다는 사실 등을

양호도 알고 있었다.

할 수 없습니다.

지(知)라고 할 수 없다고 공자는 똑같이 대답했다.

일월(日月)은 갑니다. 세월은 나와 함께하지 않습니다.

해와 달은 지나간다. 세월은 우리와 언제나 함께하는 것이 아니다, 뜻이 있다면 한시라도 빨리 내 막료가 되어라, 라고 양호는 넌지시 말했다.

알겠습니다. 제가 장차 섬기도록 하겠습니다.

라고 공자는 대답했다. 상대가 너무나도 끈질겼기에 "알겠다"고 대답했다. 그러나 장차 섬기겠다고 말한 대상이 과연 양호였는지는 알 수 없다. 공자는 그렇게 얼버무렸다.

양호는 어째서 그렇게 끈질기게 공자를 맞아들이려 했던 걸까? 문하생들은 많았는지 모르지만, 공자는 이상을 말하는 철학자로 수라장과도 같은 정치현장에서는 도움이 될 것 같지 않다. 이렇게 생각하는 것은 너무나도 현대적인 사고방법일지도 모른다.

글을 읽거나 쓸 줄 아는 사람이 극히 적었던 시대의 일이다. 그것은 특수한 기능이었다. 그런 기능을 가진 집단이었으니, 야망을 품은 양호가 공자의 학숙에 군침을 흘린 것도 이해 못 할 일은 아니다. 그러나 단지 그것만은 아니었을 것이라는 생각이 든다. 글을 읽고 쓰는 능력 이상으로 어떤 영력(靈力)을 가진 사람들의 집단이라고 생각했다.

그리스에서도 말, 즉 로고스는 인간의 입에서 나오는 음성을 넘어 인간의 이성 그리고 그 속에 있는 신과 연결되는 것, 심지어는 신 자체라고 인식되었다.

일본에서도 '언령(言靈)'이라고 해서 음성 이상의 신비한 힘이 말 속에 담겨져 있다고 생각했다. 주술을 믿고 있던 시대, 말을 능란하고 자유롭게 구사할 수 있을 뿐만 아니라 그것을 보존까지 할 수 있는 사람들은 평범한 사람이 아니라고 여겨졌다.

공자의 집단은 공자 자신이 귀신의 참가를 거부한 인간 중심의 집단이라 규정했음에도 불구하고 외부에서 보기에는 여전히 주술적인 색채가 농후한 집단이었다.

교단 우두머리로서의 공자의 입장도 있었다. 문하생들을 조건이 좋은 곳에 취직시키기 위해서는 영력을 무조건 부정할 수만은 없었다. 언제부턴가 공자는 자신의 왕국을 만들어 그 왕국의 국왕이 되어 있었다.

유(儒)가 '학(學)'이 된 것은 맹자 이후이며, 그 이전에는 학이 아니라 '예(禮)'였다고 보는 견해도 있다. 예란 인간사회의 질서다. 거기에 따르지 않으면 인간사회가 어지러워지니, '예'는 '학' 이상의 것이었다고 볼 수도 있다.

부모가 죽었을 때의 슬픔을 형태로 나타낸 '예'는 부모를 잃은 사람이 반드시 따르지 않으면 안 된다. 그러나 사람이 부모를 잃는 것은 평생에 두 번뿐인 일이기 때문에 평소 그 예를 배울 수는 없다. 그런 일을 당했을 때는 전문가의 도움을 받을 수밖에 없다.

고대부터 그런 쪽의 전문가는 직업으로서 성립되어 있었다. 상제(喪祭) 뿐만 아니라 관혼(冠婚)의 의식도 있다. 예를 다루는 전문가를 찾는 수요는 상당히 많았을 것이다.

『사기』「공자세가」에,

> 공자가 어려서 놀 때 언제나 조두(俎豆)를 늘어놓아 예용(禮容)을 마련했다.

라는 글이 있다. 조두란 제례 때 제물을 담는 그릇을 말한다. 공자는 어렸을 때 예기(禮器)를 늘어놓아 장례식이나 제례의 흉내를 내며 놀았다. 이는 그가 그런 환경에서 자랐음을 말해 준다. 사(士)였던 아버지는 일찍 죽었지만, 그와 야합한 공자의 어머니는 틀림없이 그런 사회의 사람, 즉 무당이었다는 일본 한문학자 시라카와 시즈카(白川靜, 1910~2006)의 설은 강한 설득력을 가지고 있다.

일생에 몇 번밖에 접할 기회가 없는 중대한 장면에서 지도자로 등장하는 '예의 장인'의 형식적인 신분이 어땠는지 모르겠지만, 정신적으로는 상당한 경외를 받았을 것이다.

공자의 집단은 그의 출신이기도 한 그러한 사람들의 집단을 모체로 조직된 것이라 여겨진다. 현세에 야망을 품은 사람에게는 그런 사람들이 가지고 있다고 믿어지는 영력은 매우 탐나는 대상이었다.

공자는 "그렇지 않다, 무서운 것이 아니다"라고 열심히 말했지만, 고대 사람들은 그렇게 생각하지 않았다. 『논어』에 있는 것처럼 공자는,

귀신(신령)은 공경하지만 멀리한다.

를 모토로 삼고 있었는데, 양호와 같은 사람들은 공자의 무리에게서 신령의 힘을 기대했다.

공자는 신령을 부정하지 않았다. 분명히 "공경한다"고 말했다. 경의를 표하기는 하되 그것에 너무 가까이 다가가서는 안 된다고 말했다.

이것은 곧 주(周)나라의 정신이었다. 그 이전의 은나라에서는 신과 사람이 함께 살았다고 해도 과언이 아닐 정도로 인간은 신에게 너무 많이 접근해 있었다. 은나라 사람들이 술을 많이 마셨던 것은 술이 신과 인간을 연결하는 매개라고 생각했기 때문이었다. 은나라를 대신한 주나라는 신에 대한 존경심을 잃지는 않았지만 너무 가까이 다가가지 않도록 조심했다.

공자의 이상은 주나라의 정신으로 되돌아가는 것이었다. 노나라의 시조인 주공이야말로 주나라를 건국함에 있어서 정신적인 면의 지도자였다. 그랬기 때문에 공자는 끊임없이 주공의 꿈을 꾸었다. 나이 들어 주공의 꿈을 꾸지 않게 되자 한탄을 했다는 사실은 앞에서도 이야기했다.

공자의 위대한 점은 신령을 가지고 있는 사람들이라고 여겨졌음에도 불구하고 겉으로는 그것을 드러내지 않고 인간주의를 내세웠다는 점에 있다.

신령을 가지고 있다는 것은 강력한 무기였지만, 그것은 자신의 이상에 맞지 않았다.

철이 들기 전에 세상을 떠난 아버지는 하급 사(士)였다고 추측된다. 그리고 어머니는 서민 출신, 그것도 틀림없이 가난한 집 사람이었을 것이다. 이런 공자가 교양을 익힐 수 있었던 것은 예의 장인이라는 직업상의 필요 때문이었을 것이다. 그런 환경에서 자란 공자는 인간을 신분으로 차별하는 일에 거부감을 느꼈을 것이다.

공자에게 문하생이 많았던 이유 중 하나는 출신을 따지지 않았다는 점에 있다. 온갖 계층의 사람들이 그의 학숙에서 배웠다. 글을 읽고 쓰는 법을 가르치는 것은 물론 『시경』, 『상서』, 예악에 대해서 연구하는 것이 공자 학교의 주요한 학과였다. 『논어』의 첫머리에,

> 공자가 말하기를, 배우고, 때때로 그것을 익히면, 또한 즐겁지 아니 한가.

라는 유명한 문장이 있다. 배운다는 것은 공부하는 것을 말하며 익힌다는 것은 되풀이해서 복습한다는 뜻이라고 보는 것이 정설이다. 그러나 익힌다는 '습(習)'은 '실습'이라고 생각할 수도 있다. 예악의 경우는 그에 관한 글을 읽는 것만으로는 부족하다. 아무래도 실습을 하지 않으면 안 된다. 예를 들어서 같은 배례(拜禮)라 할지라도 『주례』에 따르면, 계수(稽首), 돈수(頓首), 공수(空首), 진동(振動), 길배(吉拜), 흉배(凶拜), 기배(奇拜), 포배(襃拜), 숙배(肅拜)의 아홉 가지가 있다. 손의 위치도 남자는 왼손을 위로 해야 하고, 여자는 오른손을 위로 해야 한다. 매우 까다롭지만 예의 장인이기 때문에 이 모든 것을 구분해서 배례할 줄 알아야 한다. 따라서 책으로 읽는 것뿐만 아니라 실습도 필요했다.

예에는 음악이 따른다. 공자가 그처럼 음악에 민감했던 것은 그것이 예와 불가분의 관계에 있었기 때문이다. 음악도 교과 안에 포함되어 있었다. 공자는 문하생 중에서도 용기가 있는 자로(子路)를 아꼈지만,

유(由, 자로)가 거문고를 타는 것을 어찌 구(丘)의 문(門)에서 하는가?

라며 그 음악이 서툶에 넌덜머리를 냈다. 저 사람이 어째서 나의 문하에 서 서툰 거문고를 뜯는 것인가, 적당히 좀 해줬으면 좋겠다고 유머러스하 게 평하기도 했다.

이처럼 시, 서, 예, 악을 배우면 인격이 완성 단계에 가까워지기 때문 에 그와 같은 사람들의 지도를 받은 사회, 그리고 국가는 주공이 생각한 이상의 범위에 들 수 있다는 것이 공자의 생각이었다. 인격의 완성도는 신분의 높고 낮음과는 관계가 없다. 제후 중에도 품격이 저열한 사람이 있는가 하면, 서민 중에도 성(聖)에 가까운 사람이 있다. 국가의 지도자 는 빈부귀천에 관계없이 뛰어난 인격을 가진 인물이어야 한다.

당시의 사회 통념을 생각해 본다면 공자의 사상은 분명히 반체제적인 것이었다.

나를 써 준다면 황금시대를 만들어주겠소

소공이 도망쳐 버린 노나라는 삼환의 천하처럼 보였지만, 그 삼환은 양호의 통제를 받고 있었으니 노나라의 실질적인 주인은 배신인 양호였 다.

그런데 양호는 지나친 자신감에 빠져 있었던 것인지, 아니면 공산불 뉴(公山不狃)라는 사람의 꼬드김에 넘어간 것인지 삼환의 당주(當主, 주인) 들을 죽여 노나라를 완전히 제패해야겠다고 생각했다. 너무 서둔 듯했 다. 틀림없이 삼환의 수중에 있던 군대를 아직은 완전히 장악하지 못했

던 모양이다. 반대파의 공격을 받아 양호는 제나라로 망명했고, 노나라
는 다시 삼환의 수중에 떨어졌다.

배신(陪臣, 가신)의 대두는 계손씨의 양호뿐만이 아니었다. 맹손자(孟孫
子)의 공렴처보(公斂處父)와 숙손씨의 후범(侯犯) 등과 같은 사람들도 그
실력이 주인을 능가하고 있었다. 이와 같은 사람들은 실무가들이었다. 제
후들은 실무가인 대신에게 의존할 수밖에 없고, 실무가가 아닌 대신들은
실무가인 자신의 부하들에게 의존할 수밖에 없어 일종의 위에서부터 연
쇄충돌과 같은 현상이 일어났다.

50세 무렵, 공자는 그 교단의 우두머리로 명성이 높아졌다. 그 무렵
공자는 계손씨의 부하인 실력자 공산불뉴(公山不狃)의 초빙을 받았다.
『논어』에는 공산불요(公山不擾)라는 이름으로 등장하는 인물이다. 양호
도 이 사람의 꾐에 넘어가서 실각했다고 알려져 있다. 평판이 좋지 않은
인물이었다. 그럼에도 불구하고 공자는 초빙에 응해 그를 찾아가려 했다.
혈기왕성한 제자인 자로가, 문제가 많은 공산 씨를 찾아갈 필요는 없지
않겠느냐고 간언했다. 그때 공자가 한 대답은 널리 알려져 있다.

무릇 나를 부르는 자가 어찌 비범하겠느냐. 만약 나를 쓰는 자가
있다면, 나는 동주(東周)를 이루리라.

'동주를 이루다'는 말은 공자의 이상이었던 주나라의 황금시대를 동방
인 노나라에 재현하겠다는 뜻이다. 동주를 이루는 데 기회를 주는 자가
있다면 상대가 누구든 상관하지 않겠다고 잘라 말했다.

그런데 『논어』는 공산불요의 초빙을 그가 비(費)에서 모반했을 때라고

하고 있지만, 그 무렵 공자는 노나라의 관직에 있었을 때였으므로 연대적으로 맞지 않는다. 그러나 공자는 일관되게 기회를 준다면 상대가 누구든 상관하지 않겠다는 생각을 가지고 있었다. '동주를 이루겠다'는 커다란 이상 앞에서는 모든 것이 작게 보여 문제 삼을 가치도 없다고 생각했다.

노나라의 정공(定公) 10년(기원전 500), 이미 노나라의 관직에 있던 공자는 정공과 함께 제나라를 방문, 협곡(夾谷)에서 제나라의 경공(景公)과 회맹했다는 내용이 『사기』에 실려 있다.

이때 제나라가 회장에서 이적(夷狄)의 음악을 연주했기에 공자가 경공을 책망하여 멈추게 했다거나, 장난을 친 우창(優倡)과 주유(侏儒, 난쟁이)에게 형벌을 가했다는 등의 이야기가 전해진다. 제나라는 무례를 사과하고 침략해서 빼앗았던 노나라의 땅을 돌려주었다는 내용도 덧붙여져 있지만, 이와 같은 사실의 신빙성에는 문제가 있는 듯하다.

노나라의 대사구(大司寇, 법무부 장관)로 있었던 공자가 바란 것은 삼환을 억누르고 노나라의 군권(君權)을 강화하는 일이었다.

공산불뉴가 난을 일으킨 것이 바로 이때였다. 그 반란은 진압되었지만 그 후 공자도 실각하고 말았다. 삼환을 억누르려 했던 공자의 방침은 말할 나위도 없이 그들로부터 반발을 샀다. 공자는 노나라를 떠날 수밖에 없었다.

56세가 된 공자는 노나라를 떠나 위(衛)나라로 갔고, 조(曹), 송(宋), 정(鄭), 진(陳), 채(蔡), 초(楚)를 역유(歷遊)했다. 이는 망명이라고는 말할 수 없다. 공자에게는 '동주를 이루는' 일만 가능하다면 그것이 어느 나라든 상관없었다. 문하생들을 데리고 외유를 한 것인데 특히 위나라와 진나라에서 오래 머물렀다.

　많은 나라를 돌아다니며 제후들을 설득해봤지만, 공자는 목적을 이루지 못했다. 교양의 향상과 인격의 완성으로 '동주를 이루겠다'는 공자의 방법은 너무나도 비현실적인 생각으로 인식되었다. 이웃나라가 전쟁 준비를 하고 있는 상황에서 그 나라의 가장 시급한 문제는 어떻게 해서든지 보다 많은 병력과 무기를 모을 수 있는가에 있다. 또한 제후들의 관심은 어떻게 해야 세입을 늘리고, 산업을 일으킬 수 있을까 하는 점에 쏠려 있었다. 구체적인 문제를 해결해 주기를 바랐지만, 공자는 오로지 인(仁)에 대해서만 이야기했다.

　게다가 얘기를 잘 들어보니, 노나라의 삼환처럼 군주를 능가하는 자를 억누르지 않으면 질서가 잡히지 않는다고도 하지 않는가? 이는 제후의 대신 중 실력을 갖춘 자들이 좋아할 만한 이야기가 아니었다.

　공자의 각국 역유는 14년에 이르렀다. 그동안 수많은 간난신고를 겪었지만 평소 공자가 품고 있던 뜻은 변하지 않았다.

　노나라 애공(哀公) 10년(기원전 484), 공자는 위나라에서 고국인 노나라로 돌아왔다. 67세 때의 일이었다. 72세로 세상을 떠나기까지 그는 『시경』의 편찬과 다른 문화적 사업에 몰두하면서 연찬(研鑽)의 나날을 보냈다.

　공자는 자신이 살았던 시대보다 후세에 더욱 커다란 영향을 주었다. 14년간에 걸친 각국 역유는 각지에 공자 사상의 씨앗을 뿌리고 교단의 지반을 다진 기간이었다.

　이와 같은 집단은 그 외에도 있었다.

방어술에 뛰어난 묵가

공자가 죽었을 무렵에 묵자(墨子)라는 인물이 태어났다. 『사기』에 따르면, 공자는 노나라 애공 16년(기원전 479년)에 죽었다. 묵자는 기원전 480년 무렵에 태어났다고 알려져 있다. 성은 묵, 이름은 적(翟)인 듯한데, 일설에 따르면, 묵(墨)이란 문신을 말하며, 형을 받은 사람을 의미한다고 한다. 그가 실제로 형여(刑餘, 전과자)였는지, 또는 묵자의 집단에 하층민들이 많았기에 일종의 멸칭(蔑稱)으로 '묵'이라는 말을 썼는지는 분명하지 않다.

묵자는 송나라 사람이라고도 하며, 혹은 공자와 같은 노나라 사람이라고도 한다. 그리고 처음에는 유(儒)를 배웠다고 한다. 그런데 결국에는 유가와 대립되는 사상체계를 만들어 냈다. 그 대강을 들어보면 '겸애(兼愛)', '절용(節用)', '상현(尙賢)', '비공(非攻)' 등이다.

겸애란 무차별적인 인류애를 일컫는다. 공자가 주장한 유(儒)에서는 부모를 사랑하고 자식에게 자애롭고 그것을 가족과 친족에게 이르게 하여 점차 타인에게 넓혀 간다는 순서가 있었다. 사랑은 부모와 자식 간에 가장 농밀하며 형제, 자매, 친척 등으로 자신과의 관계가 멀어질수록 점점 옅어지는 것이 자연스러운 것이라고 여겨졌다. 그러나 묵자는 그것을 '별애(別愛)'라고 비난했다. 사랑은 무차별적인 것이어야만 한다. 모든 사람들을 공평하게 사랑해야만 비로소 이상사회를 실현할 수 있다. 이러한 박애주의를 묵자는 겸애라고 했다.

절용이란 검약(儉約)을 중히 여기는 것이다.

쓸모가 없는 비용을 없애는 것은 성왕(聖王)의 길이며, 천하의 대리
(大利)다.

라고 묵자는 말했다. 그에게 있어서 사치는 적이었다. 예의 전문가 집단
이었던 유가는 후장주의(厚葬主義)였지만, 묵자는 장례는 가능한 한 간
단히 하고 복상기간도 짧게 해야 한다고 주장했다. 공자는 이상할 정도
로 음악을 중히 여겨서, 인격은 음악에 의해서 완성된다고 생각했다. 그
러나 묵자는 사람들이 음악을 즐김으로 해서 생산적인 활동을 하는 시
간이 줄어들기 때문에 유해하다고 규정했다.『묵자』에는「비악(非樂)」이라
는, 음악을 좋지 않은 것이라 이야기하는 편이 있는데, 망실된 부분도 있
지만 일부는 현존하고 있다.

　겸애가 됐든 절용이 됐든, 묵자는 유교에 대립하는 것을 강하게 의식
하고 있었던 듯하다.

　상현이란 현자를 숭상하는 것으로 유가와 같은 생각이었지만, 보다
철저하게 혈통을 부정하는 사상을 가지고 있었다.

　　관(官)에 상귀(常貴)가 없고, 민에 종천(終賤)이 없다. 유능하면 곧
　　이를 올리고, 무능하면 곧 이를 내린다.

　관직의 세습을 인정하지 않을 뿐만 아니라, 왕, 공(公) 등과 같은 사람
들도 현명하고 유능한 정도의 높이에 따라 정해져야 한다는 주장이다.

　묵자와 그의 추종자, 즉 묵가 사람들은 전국 시대 제후들 사이를 유세
(遊說)했지만, 그들의 설은 거의 채용되지 않았다. 그도 그럴 것이 묵가의

설을 채용하면 제후와 대신들은 그 지위를 자신의 자식에게 물려줄 수 없을 뿐만 아니라, 자신들도 그 자리에서 언제 물러나야 할지 알 수 없었기 때문이다.

비공(非攻)이란 공격을 비난하는 것으로 전쟁 부정론이다. 그런데 묵가의 비공은 극단적일 정도로 적극적이었다. 아무리 비공을 주장한다 할지라도 공격해 들어오는 적은 있기 마련이다. 자기 방어를 위한 전쟁은 당연히 인정을 받았다. 전국 시대에서 묵가 사람들은 방어의 전문가로 불렸다. 침략을 받은 나라가 있다는 소리를 들으면 묵가 집단은 그 나라로 가서 방어를 도왔다.

성벽을 비롯한 방어설비 건설에 묵가 사람들은 뛰어난 능력을 발휘했다. '묵수(墨守)'라는 말은 지금도 예전의 관습을 완고하게 지킨다는 의미로 쓰이고 있지만, 원래는 묵가 사람들의 뛰어난 방위력에서 온, 견고한 수비를 표현한 말이다.

묵자와 관련된 유명한 일화가 있다.

대국인 초나라가 송나라를 공격했을 때, 묵가 사람들은 자신들의 주의에 따라서 송나라의 방위를 돕기 위해 갔다. 묵자는 수제자인 금활희(禽滑釐)라는 사람에게 300명의 제자를 주어 송나라로 가게 하는 한편, 자신은 초나라로 가서 초나라의 왕에게 송나라를 공격하는 것은 잘못된 일이라고 설득했다. 초나라에서는 송나라를 침공하기 위해서 공수반(公輪盤)이라는 사람이 운제(雲梯)를 만들고 있었다. 성을 공격할 때 쓰는 높은 사다리를 말한다. 대송 작전에서는 이 공수반이라는 사람이 참모장이었다. 묵자는 도면으로 공수반과 모의전을 펼쳤다고 한다.

묵자는 허리띠를 풀어서 성의 모양을 만들고, 첩〔牒, 목찰(木札)〕으로는 성루와 같은 방위시설로 만들었다. 공수반은 공계(攻械, 공격 기계)로 아홉 번이나 공격을 했지만, 묵자는 그것을 전부 막아냈다. 공수반의 공계는 전부 없어져 버렸지만, 묵자의 방어 설비는 아직도 남아 있었다. 공수반이 그 모의전에서 졌으면서도,

사실 나는 이길 방법이 있지만, 그것은 말하지 않겠다.

고 말하자 묵자도,

나도 당신의 그 방법이라는 것을 알고 있지만, 말하지 않겠다.

라고 대답했다. 초나라 왕이 묻자 묵자는 다음과 같이 설명했다.

공수반이 말한 수단이란 나를 죽이는 것입니다. 그러나 제 제자인 금활희가 300명의 동지를 이끌고 제가 발명한 방어 병기를 가지고 이미 송나라를 지키고 있습니다.

이에 초나라는 송나라 침략을 그만두었다고 한다.

이처럼 묵자는 송나라를 위해서 초나라의 침공을 미연에 방지했지만, 송나라로 돌아갔을 때 비가 왔는데 비를 피하려 하다가 문을 지키는 병사에게 쫓겨나고 말았다.

노신은 이 이야기를 바탕으로 『비공(非攻)』이라는 단편소설을 썼다. 이는 『고사신편(故事新編)』에 수록되어 있는데, 순라병(巡邏兵)에게 쫓겨나

온몸이 흠뻑 젖은 묵자는 감기에 걸려 열흘 이상이나 코가 막혔다는 내용으로 결말을 지었다.

송나라 사람들은 묵자가 자신들을 위해서 커다란 공을 세웠다는 사실을 모르고 있었다. 겸애를 믿는 묵자의 무리는 자신들의 공적을 알아주든 알아주지 않든 크게 연연하지 않았다. 틀림없이 전쟁을 미연에 방지했다는 사실에 만족했을 것이다.

이는 종교적 정열이 없으면 할 수 없는 일이다. 전국 시대에 등장한 수많은 사상적 집단 중에서도 종교적 색채가 가장 농후했던 것은 묵자의 교단이었다.

침략 받은 쪽의 편에 서서 방벽 등을 만든 묵가는 공장(工匠)들의 집단이었을 것이라 여겨지고 있다. 목수는 도면을 그리기 위해서 언제나 묵(墨)을 가지고 다녔기 때문에 그 집단을 '묵가'라 불렀다는 설이 있을 정도다. 건축 관계자들은 목수, 석공, 목공, 미장이 등으로 분업화되어 있으며 조직력이 강한 사람들이다.

유가가 예의 장인들 집단을 모체로 했을 가능성이 있듯이, 묵가도 공장의 집단을 모체로 했으리라고 추측되는 부분이 있다.

묵가는 종교적 성질을 가지고 있었으며, 그와 동시에 경전이라 여겨지는 『묵자』 속에 과학적 기술이 포함되어 있다는 사실에도 주목을 해야 한다. 수학이나 물리학과 관계된 기재가 있어, 이런 점에서도 제자백가 중 이채로움을 띠고 있다고 할 수 있다. 이것도 묵가를 공장의 집단이라고 생각하면 수긍이 가는 부분이다.

유교는 중국 사상계의 주류였다. 그리고 도교가 그 주류 곁에 바싹 붙어 있었다고 할 수 있다. 공맹에 대해서 언제나 노장이 의식되고 있다.

그러나 유(儒)와 도(道)는 가치관이 서로 달랐기 때문에 대립했다 할지라도 같은 씨름판에서는 승부를 가릴 수 없는 관계에 있었다. 그러나 묵가는 유가와 같은 씨름판에서 승부를 가려 왔다.

전국 시대가 끝나고 진한(秦漢) 시대에 접어들자 승부는 거의 판가름 났다. 묵가의 사상은 임협(任俠)의 세계에 간신히 그 흔적을 남기는 정도로 쇠미해져 버렸다. 그리고 유가의 천하가 되었다.

현세에 이상적인 사회상을 내걸고 그것에 다가가기 위해 노력했다는 점에서 유와 묵은 같은 씨름판에 서 있었다. 묵가의 힘이 약해진 이유로는 몇 가지 사실들을 들 수 있다.

첫 번째로 종교적 색채가 농후해서 그 문하생들에게 엄격한 헌신을 요구했다는 점을 들 수 있을 것이다. 송나라의 성문에서 빗속으로 쫓겨나 감기에 걸렸어도 불평 한마디 하지 않는다는 것은 그리 쉬운 일이 아니다. 그렇게 엄격했으니 이탈자가 생기는 것은 당연했으며, 유가의 무리처럼 많은 사람들이 모이지는 않았다.

두 번째로 묵자가 주장한 '상현'이 지나치게 철저해서 세습제도에서부터 신분제도까지 부정했기 때문에 제후를 비롯한 특권계층이 받아들일 수 없었다는 점을 들 수 있다. 유세의 상대는 제후였다. 특권계급을 없애자는 운동을 특권계급에게 주장했으니 그것이 채용될 리가 없다.

유가는 적어도 글을 읽고 쓰는 정도는 가능했기 때문에 하급 서기 정도의 직에는 문하생을 보낼 수가 있었다. 묵가는 제후들이 경원시했기 때문에 좀처럼 일자리를 얻기가 어려웠다. 입신출세를 바라는 사람이라면 이왕 입문할 바에는 유가를 택했다. 묵가에 입문한 사람들은 굉장한 이상주의자들이었다.

묵가에서는 신화 속의 성왕(聖王)인 우(禹)를 숭배했다. 공자가 주공을 숭상한 것처럼 묵자는 치수공사에 헌신하여 13년 동안이나 자신의 집 앞을 지나면서도 들어가 쉬지 않았던 우를 이상적인 성자로 보았다. 그리고 자신들의 교의를 '대우(大禹)의 유교(遺敎)'라고 생각했다.

묵가의 문하생들은 이상한 모습을 한 사람들이었다. 머리는 둥그렇게 말았고 맨발, 혹은 거친 짚신을 신었으며 짧은 윗도리를 입고 있었을 뿐이었다. 당시도 형벌을 받은 사람들은 머리를 전부 밀었다. 문신을 새긴 죄인과 비슷했기 때문에 '묵'이라 불렸다고도 한다. 세속의 신분제도를 부정했지만, 묵가 교단 내의 계급은 엄격해서 명령에는 절대 복종해야만 했다. 묵자가 죽은 뒤에도 이 집단에는 교주가 있었는데 그를 '거자(鉅子)'라고 불렀다. 교단 사람들은 대대로 거자를 위해서 목숨까지도 버리곤 했다.

이상사회의 실현을 바라면서도 제후의 힘에 의지하려 했다는 점이 묵가의 약점이었다. 침략 받은 제후의 편에 가담하기는 했지만, 서민의 반항운동을 조직하거나 지도한 적은 없었다.

서민들 속에서 일어난 반체제 사상은 다시 서민들 속으로 잠겨 들어갔다. 후세 종종 일어났던 하층민의 무장봉기에서는 때로 묵가의 영향을 엿볼 수 있다.

춘추와 전국의 경계선

젊은 시절의 공자가 노자(老子)에게 예에 대해서 가르침을 받으려 했다는 사실이 『사기』에 기록되어 있다. 그러나 노자는 난 해와 죽은 해조차 분명하지 않아 이 전설은 노장(老莊)을 섬기는 후대 사람들이 만들어 냈다는 의심을 받고 있다. 그야 어찌 됐든 공자와 묵자처럼 세상 사람들을 위해서 동분서주하는 사람들에 대해서, 그러한 것은 덧없는 일이며 '무위자연(無爲自然)'이야말로 인간의 본성에 합당한 길이라고 생각하는 사상이 일찍부터 있었던 것은 사실이다.

공자가 살았던 시대는 거의 확실하다. 인도의 석가와 거의 같은 시대였다. 석가가 공자보다 몇 년 일찍 태어나서 몇 년 일찍 죽었지만, 중국과 인도의 두 사상계의 거인은 자신들 70년 정도의 생애를 거의 같은 시기에 보냈다.

노자에 대해서는 전혀 알 수가 없다. 노자가 저술했다는 『도덕경(道德經)』은 전국 시대의 냄새가 짙게 풍겨서 공자와 같은 시대라고는 생각되지 않는다. 160세까지 살았다는 둥, 200세까지 살았다는 둥, 그에 대한 전설은 제각각이다. 그의 실재조차 의심을 받고 있다. 실재했다 하더라도 공자보다 훨씬 더 후대의 사람일 것이라는 설이 유력하다.

곽말약은 『십비판서(十批判書)』에서 『도덕경』은 틀림없이 후대의 것이지만, 노자라는 인물은 공자와 같은 시대에 살았다고 봐야 한다고 말했다. 인간과 저작을 따로 떼어서 생각한 것인데, 그렇다면 공자와 같은 시대 사람이었던 노자를, 『도덕경』을 통해서 생각해서는 안 된다는 말이 된다.

『논어』에 노자는 등장하지 않는다. 딱 한 곳, 「술이편(述而篇)」에,

삼가 노팽(老彭)에 비(比)한다.

라는 글이 있는데, 후한 시절 정공(鄭公)의 주석에서는 노자와 팽조(彭祖)

두 사람을 가리킨다고 해석했다. 팽조란 신화시대인 요임금 시절에 수백 년 동안 장수했다는 사람이다. 그러나 이 주해는 약간 억지스럽다는 생각이 든다. 노팽을 은나라 시절의 뛰어난 정치가 중 한 사람의 이름이라고 보는 설이 더 자연스럽다는 생각이 든다.

『사기』는 노자를 초나라 사람으로 성은 이(李) 씨, 이름은 이(耳), 자는 담(聃)이라고 기록했다.

초나라는 후에 굴원이라는 상상력이 풍부한 시인을 낳은 남방의 나라다. 근직(謹直)해서 '기록할 뿐 만들지 않는다(이어받기만 할 뿐 창작은 하지 않는다)'는 북방의 노나라 사람인 공자에 대해서, 사상적으로 반대편 극에 있는 노자가 남방 사람이라 여겨졌다는 점은 흥미진진한 부분이라고 하지 않을 수 없다.

초나라는 공자도 순력한 적이 있는 나라다. 초나라의 광인(狂人)인 접여(接輿)라는 사람이 다음과 같은 노래를 부르며 공자 앞을 지나갔다는 내용이 『논어』의 「미자편(微子篇)」에 실려 있다.

> 봉(鳳)아, 봉아, 어찌 덕이 쇠했느냐. 지나간 것은 다시 말할 수 없고, 앞으로 다가올 일은 쫓아갈 수 있다네. 그만두어라, 그만두어라. 지금의 정치를 하는 사람들은 위태롭다네!

봉이란 뛰어난 인물인 공자를 부르는 말이다. 봉이라고 불렀으면서도, 너는 어찌 덕이 쇠했느냐고 비방하고 있다. 지난 일은 다시 말해도 소용이 없지만 앞으로의 일은 아직 늦지 않았다. 그만두어라, 그만두어라. 이런 세상에서 정치를 하려는 것은 위험한 일이니.

광인이라고 했지만 미친 척하고 은둔하고 있는 사람인 것 같다. 공자가 정치를 위해서 동분서주하고 있는 것을 덧없고 위험한 일이라고 경고하고 나처럼 은자가 되라고 권했으리라. 공자는 수레에서 내려 그 사람과 이야기를 나누려 했지만 그 사람은 달아나 버렸다.

이 시절에는 접여처럼 세상을 피한 사람들이 적지 않았다. 어쩌면 격한 기질을 가진 사람이 많았던 초나라였던 만큼 다른 지방보다 은자가 더 많았는지도 모른다. 노자는 그런 계보에 속한 인물이었다.

접여가 말했듯이 틀림없이 정치 따위에 관여하면 위험하기 짝이 없는 시대가 되어 버렸다. 그 때문에 공자도 고국을 떠나서 유랑생활을 할 수밖에 없었다. 앞에서 이야기했듯이 노나라의 실권은 군주에게서 삼환으로 넘어갔고, 그조차도 배신인 양호에게 위협을 받게 되었다.

이웃 나라인 제나라에서는 환공(桓公) 무렵에 진(陳)나라에서 망명해 온 전(田) 씨가 군주를 폐립(廢立)했다. 전상(田常)이 간공(簡公)을 죽이고 그 동생인 평공(平公)을 세운 것은 공자가 죽기 2년 전의 일이었다.

대국 중의 대국인 진(晉)나라에서는 호족인 지(知) 씨가 전제정치를 펼치고 있었다. 압박을 받던 다른 호족, 즉 위(魏), 한(韓), 조(趙)의 세 집안이 연합하여 지 씨를 쓰러뜨린 것은 공자가 죽은 지 26년이 지난 뒤의 일이었다. 진나라의 군주는 주 왕실과 마찬가지로 유명무실해졌고, 나라는 삼국으로 분열되어 있었다. 위, 한, 조 삼국을 삼진(三晉)이라고도 부르는데, 주나라에서 이 세 나라를 각각 제후로 공인한 것은 그보다 50년 뒤인 기원전 403년의 일이었다. 주나라의 공인과는 상관없이 삼진은 이미 분명한 독립국이었다.

삼진이 제후가 된 지 17년 뒤(기원전 386), 전상의 증손자인 전화(田和)

가 제후로 인정을 받았다. 그로부터 7년 뒤에 전 씨가 제나라를 병합하여 태공망 여상의 후예인 제나라는 멸망을 하고 만다. 똑같이 제(齊)라는 국호를 사용했지만 구별할 때에는 전제(田齊)라고 부른다. 그로부터 3년 뒤, 삼진도 유명무실한 진나라를 멸망시켰다. 이름뿐이었던 진나라의 군주 정공(靜公)은 서민이 되었다. 죽음을 면했으니 그나마 다행이라고 할 수 있을 것이다.

삼진 중 한 나라였던 한(韓)나라는 그 뒤를 잇듯 정(鄭)나라를 멸망시켰다. 이렇게 해서 유력한 희성(姬姓)의 나라가 모두 모습을 감추게 되었다.

앞에서도 이야기했듯이 춘추와 전국의 경계를 어디에 둘 것인가에 대해서는 여러 가지 설이 있으며, 또 춘추전국을 하나의 시대라고 봐야 한다는 견해도 있다.

노나라의 연대사인 『춘추』는 노나라 애공 14년(기원전 481)에 있었던 이른바 '획린(獲麟)'에서 끝이 났으며, 공자는 그로부터 2년 뒤에 죽었다. 『사기』의 「십이제후연표(十二諸侯年表)」는 공자 사후 2년(기원전 477)에서 끝을 맺었다. 위·한·조 삼진이 지 씨를 진양(晉陽)에서 격파하고 사실상 독립한 기원전 453년을 경계로 봐야 한다는 것도 유력한 설이다.

사마광의 『자치통감』은 위·한·조가 정식 제후로 인정을 받은 주나라 위열왕(威烈王) 23년(기원전 403)부터 기술을 시작하고 있다.

눈에 띄는 정치적 사건이 일어난 해를 경계로 삼는 시대구분법과는 달리 시대풍조에 주목한 구분법도 있다. 나는 사상이 집단을 필요로 하기 시작했을 무렵, 즉 공자의 등장 전후에 시대가 크게 움직였다고 해석해보고 싶다. '지금의 정치에 따르는 자는 위험한' 시대임이 틀림없다.

춘추 시대에는 크고 작은 것을 합치면 200개 이상의 나라가 있었다.

사마천은 그중 유력한 제후들의 연표를 만들고 「십이제후연표」라는 제목을 붙였는데, 헤아려 보면 열세 제후가 된다. 열세 나라를 늘어놓았으나, 그중에서 오(吳)나라는 만이(蠻夷)의 나라이기 때문에 그 숫자에서 일부러 뺐다는 설도 있다. 그러나 사마천은 오나라를 세가(世家)의 앞머리에 두었고 태백(太伯)의 자손이라며 경의를 표했으니, 이 이유는 근거가 희박하다.

노, 제, 진(晋), 진(秦), 초, 송, 위(衛), 진(陳), 채, 조(曹), 정, 연, 오.

이들 열세 제후들인데, 여기에는 유력한 월(越)나라가 빠져 있다. 열네 제후라 했어야 할 것이다.

전국 시대에 접어들면 칠웅(七雄), 즉 진(秦), 위(魏), 한(韓), 조(趙), 초(楚), 연(燕), 제(齊)가 되니 반으로 줄어든 셈이다. 게다가 위, 한, 조 삼국은 춘추 시대의 진(晋)나라가 분열한 나라다. 물론 칠웅 이외에도 주나라를 비롯한 소국들이 존재했었지만, 발언력(發言力)은 거의 가지고 있지 못했다. 약육강식이 한층 더 심해졌다.

『자치통감』에 따르자면, 550년 동안의 춘추전국 시대 중 전국에 해당하는 시대는 180여 년에 지나지 않는다.

남풍(南風)

오자서의 복수

이 과도기에 남쪽에서 커다란 변화가 일었다. 오(吳)나라와 월(越)나라의 등장이다.

중원 사람들의 입장에서 보면 그 나라들은 갑자기 나타난 것 같다는 느낌이 들었을 것이다. 그러나 중원 사람들에게 있어서 오월(吳越)의 등장은 다행스러운 일이었다.

중원의 초강대국이었던 진(晉)나라는 춘추 말기에 정치가 혼란스러워져 육경(六卿)이라 불리는 유력한 가신들이 권력투쟁을 벌였다. 평공(平公) 19년(기원전 539), 제나라의 안영이 진나라에 사절로 갔을 때, 진나라의 대부였던 숙향이,

　　진은 계세(季世, 말세)다. 공(평공)이 부(賦, 세금)를 무겁게 하고 대

지(臺池, 누각과 정원)를 만들어 정(政)을 근심하지(恤) 않는다. 정(政)
은 사문(私門, 대신의 집)에 있다. 그것이 오래갈 수 있겠느냐.

라고 한 말이 『사기』에 실려 있다. 우리 진나라도 이제 오래가지 않는다
는 말이다. 그보다 5년 전에 오나라의 계찰(季札)이 사자로 진나라를 방
문했을 때, 조문자(趙文子), 한선자(韓宣子), 위헌자(魏獻子)라는 세 대신을
만나보고,

　　　　진나라의 정치는 결국 이 세 집안에 돌아갈 것이다.

라는 감상을 흘렸다는 것은 사적(史籍) 속에서 앞뒤 얘기를 맞추기 위해
깔아 놓은 복선일지도 모른다. 어쨌든 진나라의 정치가 어지러웠다는 점
만은 분명하다.

　진나라가 탄탄하지 못하면 남방의 초강대국인 초나라가 맹렬하게 북
진하여 중원을 손에 넣을 우려가 있었다. 이와 같은 중원의 위기에 임해
서 강적인 초나라의 새로운 적인 오(吳)나라가 등장했다. 같은 장강 유역
에 위치한 오나라의 힘이 초나라의 북진을 막은 셈이다.

　형만의 땅이라 불리며 문명인은 살고 있지 않을 것이라 여겨졌던 지방
에서 어떻게 갑자기 강국이 등장하게 된 것일까? 역시 중국 전토에서 전
쟁까지도 포함한 교류가 활발하게 진행되고 있었기 때문이었다. 장강 하
류지역은 양저(良渚) 문화와 청련강(靑蓮崗) 문화 등 신석기 시대부터 자
신들의 문화를 가지고 있었다. 그것이 외래의 문화를 받아들이면, 서로
가 섞여서 뜻밖으로 강한 에너지를 낳는 경우가 있다.

난세였다고는 하지만 사람들의 왕래에 커다란 제약은 없었던 듯하다. 공자와 묵자는 넓은 지역을 여행한 사람들이기도 했다.

　　　　공석(孔席)은 따뜻해지지 않고, 묵돌(墨突)은 검어지지 않는다.

라는 말이 있었다. 공자는 여행을 자주했기 때문에 자리가 따뜻해질 틈이 없었다. 그리고 묵자도 각지를 돌아다니며 유세하거나 혹은 방위를 돕기 위해 가서는 집에 거의 돌아오지 않았기에 그의 집의 굴뚝은 좀처럼 거뭇해지지 않았다는 말이다. 이런 사람들은 확실한 의식을 가지고 각지에 문화를 전파한 것이라 할 수 있다. 무의식중에 문화를 전파한 사람들도 적지 않았을 것이다.

　　사마천이 열세 제후의 연표를 열둘이라 헤아려 오나라를 무시한 것 같은 느낌이 드는 것은 만이(蠻夷)이기 때문에 얕본 것이 아니다. 「십이제후연표」는 공화 원년(기원전 841)에서부터 주나라의 경왕(敬王)이 죽은 해(기원전 477)에 이르기까지의 364년 동안의 기록이다. 그중에서 열 한 명의 제후는 연표가 시작되었을 때부터의 제후로 처음부터 내용이 기록되어 있다. 열두 번째인 정(鄭)은 선왕(宣王) 22년(기원전 806)에 새로이 제후로 봉해졌기 때문에 35년 동안은 공백으로 남아 있었다. 그런데 열세 번째인 오(吳)는 256년 동안이나 공백이 계속되다 주나라의 간왕 원년(기원전 585)에 드디어,

　　　　오의 수몽(壽夢) 원년

이라고 기록되어 있다. 전체의 3분의 2 이상이 공백이기 때문에 사마천도 이를 번외(番外)로 생각하고 헤아리지 않았을 것이다. 그것도 주의 왕실에 의해 봉해진 것이 아니라 자기 멋대로 그 주위를 쳐서 복종시켜 영주가 된 것이었다. 수몽이라는 이름만을 적었을 뿐 무슨 공(公)이라는 등의 시

호는 적지 않았다. 『사기』 본문에는 '왕수몽(王壽夢)'이라고 되어 있다. 초나라와 마찬가지로 만이이기 때문에 중국의 시호를 무시한 것이다.

의후적궤에 대해 이야기할 때도 이야기했지만, 중원 계열의 소제후(小諸侯)가 일찍부터 장강 유역에 봉해져 있었다. 그와 같은 모체를 바탕으로 패자 다툼에 참가할 수 있을 정도의 나라가 태어났다고 생각된다. 『사기』는 태백(太伯)에서 수몽에 이르기까지 19대였다고 말했다.

수몽 2년에 신공 무신(申公巫臣)이라는 자가 진(晉)나라에서 파견되어 왔다. 이 무신은 원래 초나라의 대부였는데, 초나라의 장군 자반(子反)과 대립하여 진나라로 망명한 인물이었다. 초나라와 진나라는 숙적이었다. 적국의 대신이 망명해 왔기 때문에 진나라는 초나라의 비밀 정보를 알수 있었다. 초나라의 동쪽에 오라는 나라가 있는데, 그것이 상당히 강성해서 초나라의 입장에서 보자면 옆구리에 비수를 들이댄 것과 같은 형국이라는 사실을 무신이 진나라에 알렸다.

진나라의 입장에서 보자면 오나라가 더욱 강성해진다는 것은 바람직한 일이었다. 초나라에 대한 오나라의 압력을 강화하기 위해서 무신이 오나라로 파견된 것이었다. 무신의 역할은 기술 제공이었다. 전쟁방법 등과 같은 것은 역시 중원이 앞에서 있었다. 이 시기에 오나라는 병술을 중심으로 한 중원의 선진문화를 열심히 흡수했다.

수몽과 그의 아들인 제번(諸樊) 시절에 오나라는 초나라와 종종 전쟁을 했다. 제번 13년(기원전 548)에 초나라와 전쟁을 하던 제번이 화살에 맞아 전사했다.

수몽에게는 아들이 네 명 있었다. 제번, 여제(餘祭), 여매(餘昧), 계찰(季札)의 순서였다. 그 가운데서도 넷째인 계찰이 특히 뛰어났다. 수몽이 죽자 위에 오른 장남 제번도 바로 계찰에게 양위(讓位)하려 했을 정도였다. 계찰을 후계자로 삼는 것은 수몽의 유지(遺志)이기도 했다. 오나라 사람들도 그것을 바랐지만 계찰은 절대로 위에 오르지 않으려 했다.

제번은 죽기 전에 왕위를 동생인 여제에게 물려주겠다는 뜻을 표명했다. 계찰이 고사한 것은 순서를 중히 여겼기 때문이니 형제가 계승해 나가면 언젠가는 계찰에게 왕위가 돌아갈 것이라 생각했다.

왕위는 여제에서 여매로 순조롭게 이어졌다. 그동안 계찰은 제후의 사절로 제후의 나라에 파견되어 있었다. 제나라에서는 안영과 만났으며, 정나라에서는 자산과 만났다. 진(晉)나라에서 세 대신과 만나 진나라는 장래에 이 세 집안의 것이 될 것이라고 예언했다는 사실은 앞에서 이야기했다.

여매가 즉위한 지 4년 만에 세상을 떠나자, 드디어 현인인 계찰이 왕위에 오를 날이 온 것처럼 보였다. 그러나 계찰은 끝까지 즉위를 거부하다 결국에는 도망을 쳐 버렸다. 국인은 하는 수 없이 마지막 왕이었던 여매의 아들인 요(僚)를 세워 왕으로 삼았다.

납득할 수 없었던 쪽은 제번의 아들인 광(光)이었다. 아버지가 자신에게 위를 물려주지 않았던 것은 넷째 동생인 계찰에게 위를 물려주기 위해서였다. 그런데 셋째 동생까지 온 뒤 계찰이 고사를 했기 때문에 셋째 동생의 아들에게 왕위가 돌아가 버리고 말았다. 계찰이 고사한 시점으로 순서를 다시 되돌려 맏형의 아들인 자신이 왕위에 올랐어야 했다고 광은 생각했다.

사촌동생인 요의 신하가 되어 광은 굴욕의 나날을 보냈다. 장군으로서도 종종 초나라와 싸워 무공을 세웠다. 점점 실력도 붙기 시작했기 때문에 왕인 요도 경계를 하게 되었다. 바로 그때 초나라에서 오자서(伍子胥)가 망명해 와서 공자 광의 빈객이 되었다. 공자 광은 뛰어난 참모를 얻은 셈이었다.

오자서가 천거한 자객 전제(專諸)가 구운 생선 안에 비수를 숨겨 왕 요를 찔러 죽이고, 광이 즉위한 것이 기원전 515년의 일이었다. 그가 바로 오나라 왕 합려(闔閭)다.

오자서가 망명한 것은 그의 아버지인 오사(伍奢)와 형 오상(伍尙)이 초나라와 평왕(平王)에게 살해되었기 때문이었다. 평왕은 두 왕을 시해하고 왕위에 오른 인물이었다. 오사는 태자 건(建)의 대부(大傅, 후견인)의 자리에 있었다. 평왕은 대부 비무기(費無忌)의 참언을 믿고 태자를 주살하려 했지만, 태자는 송나라로 망명해 버렸다. 대부인 오사와 아버지를 도우려 했던 오상이 평왕에 의해 살해되었다.

오자서는 복수심에 불타올랐다. 단순한 도망이 아니었다. 아버지와 형의 원수를 갚기 위해 오나라의 힘을 이용해야겠다고 생각했다. 복수를 위해서는 무슨 짓이든 하겠다고 마음속으로 맹세했다.

태자 광의 빈객이 되고 그의 참모가 되었지만 한시도 복수를 잊은 적이 없었다. 태자 광을 왕위에 앉히기 위해서 여러 가지 일을 한 이유도 초나라를 멸망시켜 아버지와 형의 원한을 씻기 위해서였다.

오자서가 초나라에서 오나라로 망명하여 복수를 획책한 대목은 〈어장검(魚藏劍)〉이라는 제목의 경극으로도 유명하다.

이 무렵 오나라에는 이 격정적인 오자서 외에도 또 한 사람의 명배우라 할 수 있는 인물이 있었다. 후세에 병법의 신처럼 숭상 받게 되는 손무(孫武), 즉 손자(孫子)다. 병법서인 『손자』 13편의 저자로 이름이 알려져 있다. 손무는 제나라 사람이다. 오나라는 합려 시대에 초나라를 공격하여 한때는 초나라의 수도인 영(郢)으로까지 공격해 들어갔다. 자신의 손으로 왕위를 되찾은 적극적인 왕 밑에 오자서와 손무와 같은 뛰어난 인물들이 있었다. 또 나라 바깥에서는 현인 계찰이 제후들과의 우호관계를 유지하는 데 커다란 공헌을 했을 것임에 틀림없다.

초나라 토벌전에서는 복수심에 불타오르던 오자서가 당연히 강경한 주전론자였고 손무가 적당히 제어를 한 듯하다. 합려 3년(기원전 512)에 오나라는 초나라의 서(舒)를 함락하고 수도인 영으로까지 공격해 들어갈 기세였지만, 손무가 이를 막았다.

민(民)은 지쳤다. 아직 불가하다. 이를 기다려라.

라고 손무는 말했다.

그로부터 6년 뒤, 오나라는 멀리 원정하여 초나라의 수도인 영을 함락시켰다. 초나라의 평왕은 이미 세상을 떠난 뒤였으며 그의 아들인 소왕(昭王) 10년의 일이었다. 도읍을 잃은 소왕은 운몽(雲夢)으로 숨어들었다. 운몽에 대해서는 여러 가지 설이 있지만 호북에 위치한 늪지(沼澤)의 이름으로 운택(雲澤)은 강북에 해당하며, 몽택(夢澤)은 강남에 있었다고 한다.

오자서의 아버지가 섬겼던 초나라의 태자 건이 어째서 아버지인 평왕에게 주살당했느냐 하면, 문제는 바로 이 소왕의 어머니에게 있었다. 태자 건의 비로 진(秦)나라의 공녀를 맞아들이기로 했을 때, 그 공녀가 너무나도 아름다워서 평왕은 자신의 것으로 삼아 버리고 말았다. 아들의 여자가 될 사람을 빼앗아 놓고 아들이 그 일 때문에 원한을 품고 있을

것이라 생각하여 죽여 버리려 했던 것이다. 경극 〈어장검〉에서 오자서의 대사 중에,

원망스러운 것은 평왕이 무도해서 강상(綱常)이 어지러움이니

라는 말이 있는데 참으로 그대로였다. 평왕의 비가 된 진나라의 공녀가 낳은 이가 바로 도망친 소왕이었다.

소왕이 없었기 때문에 오자서는 평왕의 무덤을 파헤쳐 유골을 끄집어내 300번의 채찍질을 가했다.

오자서가 초나라에 있었을 때 사이좋게 지냈던 신포서(申包胥)는 오나라 군대가 침공해 들어오자 산속으로 피난해 있었다. 오자서의 이와 같은 소행을 들은 그는 사자를 보내,

그건 너무 하지 않은가? 예전에 북면하고 섬긴 적이 있는 사람인데.

라고 책망했다. 이에 대해서 오자서는,

나는 일모도원(日暮途遠)하다. 이에 나는 도행(倒行)하여, 이를 역시 (逆施)했을 뿐.

이라고 대답했다. '일모도원'이란 나이 들어서 죽을 날이 멀지 않았는데 해야 할 일이 많아 초조하다는 뜻이다. 초조해서 도리에 어긋나는 일을 했다는 것이 오자서의 변명이었다.

오자서가 초나라에서 도망칠 때,

　　나는 반드시 초를 뒤집겠다.

라고 말한 것에 대해서 신포서는,

　　나는 반드시 이(초)를 있게 하겠다.

고 대답했다는 얘기가 있다. 일단 산속으로 피난했던 신포서는 진(秦)나라로 가서 원병을 청했다. 실종된 소왕의 어머니는 진나라의 공녀였다. 그런 관계에 의지하여 원병을 요청한 것이었지만, 진나라는 원래부터 초나라를 좋지 않게 생각하고 있었기 때문에 이를 받아들이지 않았다.

　신포서는 진나라 궁정에 서서 주야로 곡을 했는데 7일 밤낮 동안 그 소리가 끊이질 않았다. 이에 진나라의 애왕도 마음이 움직여 신포서의 뜻을 가엾게 여기고, '초나라는 무도(無道)하지만 이런 충신이 있으니'라며 전차 500승의 원군을 파견했다.

　오나라 왕 합려가 초나라에 진을 치고 머물러 있을 때, 동생인 부개(夫槪)가 가만히 군에서 이탈하여 귀국하여 자립해서 왕을 칭했기에 오나라는 초나라를 포기하고 군대를 되돌렸다. 합려는 동생의 모반을 바로 진압한 뒤, 초나라와의 다음 전쟁에는 직접 나서지 않고 태자인 부차(夫差)를 총사령관으로 파견했다.

와신상담

초나라는 오나라의 침공을 두려워하여 수도를 영에서 약(郢)으로 옮겼다. 자타가 패자로 공인하고 있던 초나라를 이처럼 괴롭혔으니, 오나라가 얼마나 강했는지를 알 수 있다. 오패 중에 오나라 왕인 합려, 혹은 부차를 넣는 경우도 있는데, 이런 기세를 보면 그것은 결코 잘못된 판단이 아니었다.

초나라의 동쪽에 갑자기 오나라라는 강국이 나타난 것처럼 이번에는 초나라를 공격하여 전성기를 자랑하던 오나라의 남쪽에 제3의 강국이 출현했다. 말할 나위도 없이 구천(句踐)이 이끄는 월(越)나라였다.

기록상으로는 갑자기 등장한 것처럼 보이지만, 강성해지기까지 그전에 기초를 다지던 시대가 있었을 것이다. 다만 그것이 기록되지 않았을 뿐이다.

월나라의 왕 구천의 조상은 우(禹)의 후예로 하후제(夏后帝) 소강(小康)의 서자(庶子)라고 한다. 회계(會稽, 절강성)에 봉해진 뒤 20여 세대가 지나 윤상(允常)의 시대가 되었다. 물론 이 계보는 나중에 만들어진 것이다. 몸에 문신을 했으며 단발을 했다고 하니 바다와 가깝게 지내던 민족이 아니었을까 생각한다.

문신을 하는 풍습은 연해(沿海) 지방에 많은 듯하다. 해변에서 생활하는 사람들은 상어나 그 밖의 악어(惡魚)로부터의 해를 피하는 데는 문신이 효과적이라고 생각했다. 또 잠수를 할 때 머리가 길면 불편하기 때문에 단발을 하게 되었다고 한다.

월나라에 대해서는 동남이(東南夷) 계열의 부족이라는 설이 유력하다.

신석기시대의 양저 문화를 낳은 부족의 자손이 절강(折江)의 해안 일대에 정착한 것이 틀림없다. 역사 무대에의 등장이 오나라보다 약간 늦다. 중원문화가 오나라로 들어갔다는 이유도 있었겠지만, 소주(蘇州)를 중심으로 한 오나라 지방보다도 회계를 중심으로 한 월나라 쪽이 통일되기 어려웠다는 이유도 있었을 것이다. 해안선이 복잡하게 들락거리고 산이 가까이에 있는 지세에서는 통일보다도 분열을 지향하게 되었는지도 모른다. 구천 때 강대국이 되었던 월나라가 그 이후 어떻게 되었는지 사실은 분명하게 알 수가 없다. 중원 각국의 멸망 연대와 경위는 대부분 분명하게 알려져 있다. 그에 비해서 월나라의 경우는 극히 애매하다. 아마도 구천의 왕족이나 대신 등이 각지에 할거하여 약소 정권이 산재한 상태가 되었다고 생각할 수 있다.

전국 시대가 되면 오나라와 월나라의 땅은 초나라의 판도에 들어가 버린다. 그리고 초나라는 자신만만하게 이 지방을 지배하고 있었다. 어쩌면 초나라가 의식적으로 오나라와 월나라의 소추장(小酋長)들을 분산시키는 정책을 썼을지도 모른다.

얘기를 다시 되돌리기로 한다. 월나라의 윤상이 죽고 아들 구천이 위에 오른 해에 오나라의 합려가 월나라를 공격했다.

윤상은 뛰어난 수장으로 규합하기 어려운 월 계열의 부족들을 규합하여 상당한 힘을 가진 나라로 키워 냈다. 오나라가 윤상의 상중에 병사를 냈다는 것은 월나라가 이미 경계해야 할 정도의 세력을 가지고 있었기 때문이다.

그런데 월나라의 새로운 수장인 구천도 역시 아버지에 뒤지지 않을 정도로 유능한 인물이었다. 결사대를 잇달아 내보내 오나라 군대를 크게 격파했다.

이 전쟁에서 구천은 이상한 작전을 썼다고 한다. 3열(三列)의 자살부대였다. 오나라 진영 앞까지 행진해서 전원이 목을 베어 자살했다. "뭐야, 뭐야" 하며 오나라 군사들이 어이없어 하며 그것을 구경하는 사이에 결사대가 공격해 들어갔다는 것이다. 자살부대는 죄인들이었다고도 하는데 참으로 신기한 동화 속 이야기 같은 작전, 과연 믿어도 되는 건지 망설이게 된다. 그렇지만 『사기』는 이 이야기를 수록하고 있다.

월나라는 꿈인지 현실인지 모르게 나타났다가 그대로 사라져 버린 나라인데, 이 작전뿐만 아니라 전반적으로 동화 속 나라 같다는 느낌이다. 동화 속 주인공은 말할 나위도 없이 구천의 패업을 도운 범려(范蠡)였다.

오나라가 흥성할 수 있었던 데는 오자서, 손무, 혹은 무신 등과 같은 선진 지역 사람들이 와서 여러 가지로 지도한 것이 커다란 힘으로 작용한 듯하다. 월나라의 경우도 마찬가지였을 것이다. 아마도 범려가 그랬을 듯한데 이 인물은 출신이 확실하지 않다. 후에 배를 타고 제나라로 망명했으니 어쩌면 제나라 사람일지도 모른다.

월나라 결사대의 공격으로 오나라는 패주(敗走)하게 되었는데, 이때 부상을 입은 오나라 왕 합려는 머지않아 숨을 거두고 말았다.

너는 구천이 네 애비를 죽였다는 사실을 잊어서는 안 된다.

고 유언했고, 부차는 3년 안에 보복할 것을 맹세했다. 오나라가 착실히 보복전을 준비하고 있다는 소식을 들은 구천은 기선을 제압하여 오나라를 공격하려 했다. 범려는 그것을 막으려 했지만 구천은 듣지 않았다. 아니나 다를까, 월나라 군대는 대패했고 오나라 군대가 추격해 왔다. 오나라 군대는 회계를 포위했고 월나라 왕 구천의 운명도 여기서 끝나는가 싶었지만, 뇌물 작전으로 간신히 목숨만은 건질 수가 있었다. 그러나 굴욕적인 항복이었다.

이번에는 구천이 굴욕에 대한 보복을 맹세했다.

오나라 왕 부차가 보복심을 불태우며 그 원한을 잊지 않기 위해 장작 위에서 잤다는 이야기가 있다. 그리고 구천은 쓴 쓸개를 곁에 두고 먹고 마실 때도 그것을 핥으며 '너 회계의 치욕을 잊지 말라!'며 스스로를 다 잡았다. 설욕을 맹세하고 온갖 괴로움을 참는 것을,

　　　와신상담(臥薪嘗膽)

이라고 하는데, 바로 이 일화에서 온 말이다.

구천을 용서하려 했을 때 오자서는 반대했다고 한다.

　　　하늘이 월을 오에게 주셨다. 용서하지 말라.

하늘이 주었으니 받아두자라고 하며, 그는 월을 멸망시키고 그것을 합병할 것을 권유했다. 그러나 대신인 태재비(太宰嚭)가 월나라로부터 뇌물을 받았기에 거기에 반대했다. 월나라가 죽기를 각오하고 저항하면 오나라에게도 손해이니 복종을 맹세하게 하는 것만으로도 족하다고 주장했다.

사서에는 실려 있지 않지만, 구천이 오를 타락시키기 위해서 월나라의 미녀인 서시(西施)를 오나라의 왕 부차에게 주었다는 이야기가 민간에서 전해 내려온다. 연극으로도 자주 상연되었는데, 경극의 명배우인 매란방의 〈서시〉는 그의 대표작 중 하나다.

토사구팽

오나라의 왕 부차는 평소 다짐했던 복수를 이루고 난 뒤에 더욱 커다란 야심을 품게 되었다. 북방으로부터 남방의 만이(蠻夷)라며 멸시 받아온 것에 대해서 따끔한 맛을 보여줘야겠다는 마음이 있었을 것이다. 월나라를 공격하여 수많은 재보를 손에 넣고 보니 전쟁이란 유리한 사업이라는 생각이 들었는지도 모른다. 북쪽으로 군대를 거듭 보내게 되었다. 오자서는 북벌에 반대했기 때문에 오나라 왕 부차와의 관계가 점점 거북해지게 되었다.

손을 길게 뻗어서 북방의 제나라나 노나라를 토벌하기보다는 바로 옆구리에 있는 월나라를 처리해야 한다는 것이 오자서의 주장이었다. 그러나 오나라의 궁정에서는 월나라의 우호공작이 효력을 발휘하고 있었던 듯하다. 서시 등과 같은 월나라의 미녀들도 왕에게 은근히 손을 써서 월나라에 유리한 정세를 만들어 냈는지도 모른다.

오자서는 사절이 되어 제나라에 파견되었을 때, 아들을 제나라의 대부인 포(鮑) 씨에게 맡겼다. 그 일 때문에 오나라 왕 부차의 의심을 사게 되었고, 결국에는 속루(屬鏤)의 검으로 자살을 할 수밖에 없는 처지에 놓이게 되었다. 죽기 직전에 그는 자신의 부하에게 다음과 같은 유언을 남겼다.

내 무덤 위에 반드시 가래나무를 심어라. 그렇게 함으로써 기(器, 관을 말함. 오나라 왕 부차의 관을 만들기 위한 것이라는 뜻을 품고 있다)를 만들게 하라. 그리고 내 눈을 도려내 오나라의 동문 위에 걸어 두어라. 그렇게 함으로 해서 월구(越寇, 월나라의 침공군)가 들어와서 오나라를 멸망시키는 것을 보리라.

오자서가 죽은 것은 오나라 왕 부차 11년(기원전 485)의 일이었다. 부차
는 때때로 북벌군을 보내서 노나라를 속국 취급했으며 제나라를 공격할
때도 그것을 돕게 했다. 북벌을 위해 부차는 운하를 파서 장강과 회하(淮
河)를 연결했고, 기수(沂水)와 제수(濟水)를 연결했다. 오나라의 수도인 소주
에서 배를 탄 채로 제나라에 들어갈 수 있었다. 당시로써 이는 획기적인
대공사였다. 그러나 이 놀라운 규모의 토목공사는 틀림없이 백성들을 피
폐하게 만들었을 것이다. 오자서의 간언에는 단순한 북벌 반대뿐만 아니
라 백성을 괴롭히는 대공사에 대한 반대도 포함되어 있었는지도 모른다.

오자서가 죽은 이듬해, 나이 든 공자가 14년간의 유랑을 마치고 노나
라로 돌아갔다. 그리고 그해에 노나라는 오나라의 강요에 못 이겨 제나
라와 전쟁을 치렀다. 제나라는 도공(悼公)이 포 씨에 의에서 살해되고, 어
린 간공(簡公)이 즉위한 직후였다. 상대방의 상중에 군대를 보내는 것은
아무래도 오나라의 상투전법이었다.

오나라는 새롭게 만든 운하를 이용해서 속속 정병을 북쪽으로 보냈다.
월나라는 오나라의 본국이 텅 비어 버리기를 가만히 기다렸다.

오자서가 죽은 지 3년 뒤, 황지(黃池)라는 곳에서 제후들이 회맹했다.
황지는 하남성에 있으며 원래는 송나라의 영지 안이었다. 만이의 추장에
지나지 않았던 오나라의 군주가 중원의 제후들과 맹주의 자리를 다투기
까지에 이르렀다. 부차가 얼마나 우쭐댔을지는 짐작하고도 남음이 있다.
맹주의 자리를 다툰 상대는 말할 나위도 없이 중원의 대국인 진(晉)나라
의 정공(定公)이었다. 대국이라고는 하지만 이 무렵의 진나라는 육경(六卿)

이라는 여섯 귀족이 실권을 쥐고 있는 상태였다.

맹주의 자리를 놓고 펼친 오나라와 진(晉)나라의 싸움이 어떤 결과로 끝났는지 『사기』의 기술에 혼란이 있다. 「오태백세가(吳太伯世家)」에서는 오나라 왕 부차가,

> 우리의 원조(遠祖)인 태백은 문왕(文王)의 형이다. 주나라 왕실은 문왕에서 나온 것이니, 오나라는 그 형의 가계에 해당한다. 맹주는 내가 되어야 한다.

고 주장한 데 대해서 진나라의 정공은,

> 같은 희성(姬姓)이라고는 하지만 오나라는 자작에 불과하며, 우리 진(晉)나라는 백작이니 내가 맹주가 되어야 한다.

며 양보하지 않고 무력을 사용해서라도 맹주가 되려 했기 때문에 오나라에서 양보하여 진나라를 맹주로 삼았다고 되어 있다.

한편 「진세가(晉世家)」에는 정공이 오나라 왕 부차와 황지에서 맹주의 지위를 놓고 다투었지만, 결국에는 오나라 왕을 맹주로 삼았다고 기록되어 있다.

오나라 왕 합려를 오패 중 하나로 꼽는 것은 남방의 대국인 월나라의 국도를 유린했다는 실적이 근거가 되고 있다. 그리고 부차를 꼽는 근거는 황지의 회맹에서 맹주가 되었다는 사실에 있다.

자만심의 절정에 올라 있던 오나라 왕 부차가 머물고 있던 황지의 진

영으로 충격적인 전갈이 날아들었다.

월나라 군, 오나라에 난입!

부차는 설마, 싶었을 것이다. 회계를 포위했을 때, 오자서의 진언을 무시하고 월나라 왕 구천의 목숨을 살려준 것은 월나라에 대단한 힘이 없다고 생각했기 때문이다. 항복한 뒤 구천의 태도는 극히 공순했다.

부차는 과시욕이 강한 부분이 있었다. 맹주 자리를 놓고 펼쳐진 다툼에 열중한다는 것은 허영이라고 해야 할 것이다. 천하의 패자가 되겠다는 대망을 품는 것은 좋지만, 아무래도 거기에 모든 힘을 쏟아 부은 듯하다. 그동안 구천은 몸을 낮추며 때가 오기만을 기다리고 있었다. 오나라의 수도로 자주 문안을 갔다. 부차는 이를 구천이 공순함을 내보인다고 생각했다. 구천에게 있어서 그것은 속임수였다. 회계에서의 치욕을 씻기 위해서 내정을 정비하고 산업을 진흥하고 군비를 증강하고 있었다. 그것을 오나라가 깨닫지 못하도록 하기 위해서 마음속으로 입술을 깨물고 오나라의 궁정에 입궐했던 것이다.

월나라는 기다리고 기다리던 설욕전에 모든 힘을 쏟아 부었다. 동원한 병력은 습류(習流, 수영을 잘 하는 자) 2천 명, 교사(教士, 교련을 받은 사병) 4만 명, 군자(君子, 근위군과 같은 것) 6천 명, 제어(諸御, 경리와 그 외의 사무관) 1천 명으로 거의 5만 명이었다. 그런데 오나라에는 장정(壯丁)이 없었다. 나이 든 자와 어린 자밖에 없었기 때문에 월나라는 오나라의 수비군을 간단하게 격파하고 태자를 사로잡아 죽였다.

회맹 중에 이러한 전갈을 받은 오나라의 왕은 물론 그 사실을 극비에 부쳤다. 이 사실을 누설한 자는 참형(斬刑)에 처했다. 나라를 비운 중에 습격을 받아 태자가 살해당하다니 맹주에게 어울리지 않는 일이다.

부차는 회맹을 마친 뒤 월나라로 사자를 파견하여 화친을 요청했다. 북벌을 위한 정예군이 돌아가 일전을 벌인다면 월나라의 실력으로 막을 수 있을지, 구천도 범려도 자신이 없었다. 이에 월나라도 강화에 동의했다.

강화 후, 월나라는 더 이상 속임수를 쓸 필요가 없게 되었다. 당당하게 군비를 확대했다. 오나라는 북벌에 지친 군대를 쉬게 하는 것이 고작이었다. 전쟁을 치르고 왔기 때문에 당연히 많은 병력을 잃었다.

4년 뒤, 월나라는 다시 출병하여 오나라를 공격했다. 월나라 군대는 각지에서 오나라 군대를 격파하여, 오나라의 수도를 3년에 걸쳐서 포위했다.

천하에 패자임을 주장했던 오나라 왕 부차도 월나라의 군문에 항복하고 말았다. 구천은 가엾이 여겨 부차의 항복을 받아들이려 했지만 범려가 용납하지 않았다.

> 회계에서의 일은, 하늘이 월을 오에게 주셨는데도 오는 취하지 않았다. 지금 하늘이 오를 월에게 주셨다. 이에 월은 하늘을 거슬러서는 안 된다.

그래도 구천은 오나라 왕을 살려 주려 했지만, 오나라 왕 부차가 자살을 해 버리고 말았다. 죽을 때 그는 얼굴을 감싸고,

> 나는 자서(子胥)를 볼 면목이 없다.

라고 말했다고 한다.

천하의 패자의 비참한 최후였다.

오나라를 평정한 월나라는 군대를 이끌고 북진, 회하를 건너 서주(徐州)에서 제후를 만났다. 마침내 오나라를 대신하여 월나라가 패자가 되었다.

범려는 그 화려한 무대에서 조용히 퇴장했다.

> 나는 새가 다하면 양궁(良弓)이 장(藏) 되고, 교토(狡兔)가 죽으면
> 주구(走狗)를 팽(烹)한다.

라는 속담이 있다. 새가 없어지면 훌륭한 활도 치우고 돌아보지 않게 된다. 재빠른 토끼가 죽으면 사냥개는 도움이 되지 않기 때문에 삶아 죽여 버린다는 말이다.

범려는 월나라가 오나라를 멸망시킨 뒤, 재산을 거두어 일족과 함께 배에 올라 바다로 나간 이후 돌아오지 않았다.

제나라에서 치이자피(鴟夷子皮)라고 성과 이름을 바꾸고 큰 부자가 되었지만, 제나라 사람으로부터 재상이 되어 달라는 청을 받았기에 재산을 다른 사람들에게 나눠주고 다시 도(陶)라는 곳으로 몰래 떠나 버렸다고 한다. 도라는 곳의 대부호인 도주공(陶朱公)이 바로 범려라는 말도 있지만, 이 대목은 신화의 냄새를 풍기고 있다.

오월의 천하 명검

오월의 싸움은 마치 한 편의 소설 같다. 너무 소설적이라고 해도 좋을

것이다. 어쩌면 후세 사람이 이야기를 만들어 낸 부분이 있는지도 모른다. 이야기를 바꾸거나 삽입한 부분이 있을지는 모르겠지만, 굵은 줄기까지 바꾸지는 않았을 것이다. 역사의 흐름에 따라서 그 시대 사람들의 소망을 담은 이야기가 여기저기에 새겨져 있는 것이라고 해석할 수 있다.

역대의 수많은 사람들이 이 이야기를 공유해 왔다. 글을 읽을 줄 아는 사람들뿐만이 아니었다. 연극이나 이야기를 통해서 글을 읽지 못하는 사람들도 이 이야기를 알고 있었다. 그리고 사람들은 이것을 역사로 평론해 왔다.

오자서가 초나라 평왕의 시체에 300번의 채찍질을 가했다는 사실에 대해서 사마천은,

> 사람에게 있어서 원독(怨毒, 원한이라는 해독)이란 참으로 심하구나.

라고 한탄했다.

명나라 말기의 이단(異端) 사상가인 이탁오는 진(秦)나라의 궁정에서 7일 밤낮을 통곡한 신포서와 죽은 자에게 채찍질을 한 오자서를 비교하여,

> 절효(絶孝)와 순충(純忠)은 경천진지(驚天震地, 크게 세상을 놀라게
> 함)로다.

라고 찬미했다.

사람들은 불타오르다 스스로를 완전히 태워 버린 오자서와 명철보신(明哲保身)으로 천수를 누린 범려를 곧잘 비교하곤 한다. 아주 평범한 사

람들은 처신을 잘하여 천수를 누렸을 뿐만 아니라 커다란 부자가 된 범려를 더 동경할 것이다. 그러한 동경심이 이야기에 더해져 세 번이나 대성공을 거둔 인물이 만들어졌는지도 모른다. 그러나 자신의 정열로 스스로를 불태워 버린 오자서에게 신비한 매력을 느끼는 사람도 있다.

은나라가 주나라에 의해 멸망당한 것은 동방원정을 나가 있는 동안 허점을 찔렸기 때문인 듯하다는 사실은 앞에서 이야기했다. 오나라가 월나라에 의해 멸망당한 것도 패자가 된 양 북벌을 거듭한 오나라의 빈틈을 월나라가 노렸기 때문이다. 우리는 역사의 패턴이 되풀이된다는 사실을 오월의 이야기 속에서 읽어 낼 수 있다.

오와 월의 쟁패전(爭霸戰)만을 놓고 보자면 운하를 파서 하천을 연결한 오나라의 대공사는 실패였다고 할 수 있다. 그러나 그 운하는 오나라의 군대뿐만 아니라 많은 사람들이 오랜 기간 동안 이용했다. 후세 사람들에 대한 공헌이라는 면에서는 오나라가 월나라를 이긴 셈이다.

장강에서 황하로의 교통은 이전까지 초나라가 주로 이용하여 익숙해진 장강 중류에서 정나라로 들어가는 길 외에도 장강 하류에서 제나라로 들어가는 길을 오나라가 개척한 셈이다.

전국 시대가 지나면서 중국은 통일되는데, 그 통일에 대한 공헌도 역시 오나라가 월나라보다 높다고 할 수 있다.

그러나 월나라는 바다를 항해하던 민족으로 우리들의 눈에 띄지 않는 공헌을 했을지도 모른다.

오나라를 평정한 뒤, 범려는 월나라를 떠나 제나라로 들어갔는데 배를 타고 바다로 나갔다고 한다. 조선이나 항해기술 그리고 어업이라는 면에서 월나라는 커다란 역할을 수행했을 가능성이 있다. 그러나 그와 같은 일들은 기록되는 경우가 극히 드물다.

문화의 전파나 교류라는 면에서도 바닷길은 매우 중요했다. 월나라를 제외하고는 그 길을 개척한 사람은 없을 것이다. 월나라는 오나라가 만든 운하에 필적할 만한 커다란 유산을 바다에 남겨 두었다.

기록되어 있지는 않지만, 월나라가 강성해졌다는 것은 해양에서의 활동도 활발해졌다는 사실을 의미한다고 생각해도 좋다. 오나라를 평정한 뒤, 월나라는 주 왕실로부터 조(胙)를 하사받았으며 정식 제후로 인정을 받았고 나아가서는 패자로 인정을 받게 되었다. 바다에 접한 국가가 패자가 되었으니 바다의 백성들의 사기가 이상할 정도로 고양되었다고 봐야 한다. 문신을 새기고 단발을 한 월나라 사람들은 정신적으로도 약동하는 것을 가지고 있었을 것이다. 바다에 익숙한 사람들이니 배를 더욱 멀리까지 보내야겠다는 의욕이 생겨났다고 봐도 좋을 것이다. 나라가 부강해지면 배도 더 좋은 것을 만들 수 있다. 나는 기록되지 않은 월족(越族)의 해양 활동을 머릿속에 가만히 그려보는 경우가 있다.

월나라가 오나라를 멸망시킨 것은 기원전 473년의 일이었다. 앞에서 이야기했듯이 월나라가 멸망한 분명한 연대는 알 수 없다. 월나라가 패자로서의 관록을 잃게 된 것은 아마도 초나라에게 대패한 기원전 334년, 혹은 기원전 306년이었을 것이라 여겨진다. 월나라의 민심이 약동한 것은 그 1백수십 년 동안이었다.

일본에 벼농사가 전파된 것은 기원전 400년에서 기원전 300년 사이라고 한다. 이는 오월 쟁패의 동란기에서 월족의 의욕이 고양되었던 기간에 해당한다. 이 시대에 벼농사가 월나라에서 일본으로 전해졌다는 사실에 대한 증거는 아직 없지만 그랬을 가능성은 상당히 높다.

춘추의 종언을 오나라와 월나라의 싸움으로 봐야 한다는 견해도 있지만, 나는 오히려 오나라와 월나라의 등장을 전국의 개시라고 봐야 한다고 생각한다.

진(晋)나라의 분열은 틀림없이 커다란 역사적 사건이었다. 그러나 새로운 방향에서부터 바람이 불기 시작했다는 사실이 구국(舊國)의 분열보다 더욱 중요한 의미를 가지고 있는 것이라 여겨진다.

오나라와 월나라가 위치했던 지방이 천하 속으로 편입되었다는 점뿐만이 아니다. 오나라의 운하와 월나라의 해로가 중국을 한층 더 긴밀하게 연결시켰다.

어느 사이엔가 나타났다가는 눈 깜빡 할 사이에 무대에서 사라져 버렸다. 오나라와 월나라의 흥망은 그야말로 일장춘몽과도 같다. 그런 만큼 그 짧았던 시대의 역사는 시인들의 마음을 움직이고 있다.

당나라의 대시인이었던 이백(李白)은 오나라의 국도였던 소대[蘇臺, 고소대(姑蘇臺), 소주(蘇州)를 말함]와 월나라의 국도였던 월중[越中, 회계(會稽), 오늘날 소흥(紹興) 부근]을 찾아 아름다운 시를 지었다. 그것은 지금도 사람들에게 애송되고 있다.

소대람고(蘇臺覽古)

옛 동산의 황폐한 대에 수양버들 새롭건만,
능가(菱歌)의 청아한 소리, 봄을 이기지 못하네.
다만 지금 서강(西江)의 달만 남아,
예전부터 비추던 오왕 궁궐 속의 사람을 비추네.

舊苑荒台楊柳新 菱歌清唱不勝春 只今惟有西江月 曾照吳王宮裡

오왕 궁궐 속의 사람이란 월나라에서 오나라에 헌상한 절세미녀 서시를 가리킨다. 능가란 마름을 뜯으며 부르는 노래다.

월중람고(越中覽古)

월왕 구천이 오를 깨고 돌아오고,
의사(義士)는 집으로 돌아감에 모두 금의(錦衣)를 입었다.
궁녀 꽃처럼 춘전(春殿)에 가득했건만,
지금은 오직 자고(鷓鴣)만이 날고 있네.

越王勾踐破吳歸 戰士還家盡錦衣 宮女如花滿春殿 只今惟有鷓鴣飛

시가(詩歌)를 소개한 뒤에 약간은 지나치게 산문적인 얘기가 될지도 모르겠지만, 오나라와 월나라가 일시적으로 강성할 수 있었던 원인 중 하나로 어쩌면 이전까지 악금이라 불리던 철을 강철로 단련하는 기술이 이 지방에서 개발되었다는 점을 들 수 있을지도 모르겠다. 이 시대에 철검을 만든 명장(名匠)의 이름이 『오월춘추(吳越春秋)』에 실려 있다. 월나라의 구야자(歐冶子), 오나라의 간장(干將)과 그의 아내인 막야(莫耶) 등과 같은 사람들의 이름이다.

지금까지는 중원을 선진지역으로 취급해 왔지만 모든 면에서 그랬던 것은 아니다. 강철을 단련하는 기술에 있어서는 오월이 더욱 앞에서 있었다. 또 유약을 사용한 도자기가 이 지방에서 활발하게 만들어졌는데, 이것도 중원보다 앞선 기술이었다.

청동은 틀림없이 중원에서 기술이 전파되었지만, 이 시대의 오월에서는 그것을 훌륭하게 저작(咀嚼)했다는 사실을 출토문물을 통해서도 알 수 있다. 특히 청동검에서는 뛰어난 점을 찾아볼 수 있다.

일본에서도 전시된 적이 있어 사람들을 감탄하게 했던 '월왕 구천의 검'은 구천이 만들게 했다. 그것은 호북성 강릉의 망산(望山)에서 발견되어 1965년부터 이듬해에 걸쳐서 발굴된 세 기의 전국 초기의 무덤 제1호 묘에서 출토되었다. 날의 아래쪽 부분에,

월왕 구천(鳩淺), 자작용검(自作用劍)

이라는 여덟 글자의 조전(鳥篆) 명문이 새겨져 있다.

조전이란 글자 중간 중간에 새의 머리가 있는 장식적인 글자를 말한다. 이 글자체는 주로 장강 일대에서 사용되었다고 하는데, 중원문화에 대해서 독자성을 주장하고 있는 것처럼 느껴진다. 구천(鳩淺)이란 구천(句踐)을 말한다.

칼코등이의 양면에는 남색 유리와 공작석이 상감되어 있고, 검신은 전면이 마름무늬로 장식되어 있는 참으로 훌륭한 검이다. 발굴 보고에 따르면 그 검은 출토되었을 당시부터 매우 예리했고, 부식도 되지 않았고, 녹도 슬지 않았었다고 한다. 이미 겉면을 도석(鍍錫)하는 방법이 사용되었으며, 매우 높은 수준의 합금기술도 가지고 있었다.

1976년, 호북성 양양(襄陽)에서 발굴된 채파(蔡坡) 12호 묘에서 오나라 왕 부차의 검이 출토되었다. 그해에 발간된 「문물(文物)」 11월호에 실린 사진은 너무 작아서 날의 무늬까지는 잘 보이지 않았지만, 마름무늬는 새

겨져 있지 않은 듯하다.

초나라의 판도였던 지역의 전국 시대 무덤에서 이름이 뚜렷하게 새겨진 구천의 명검과 부차의 검이 출토되었다는 점에 주목해야 한다. 선물을 한 것이라는 설도 있지만, 기원전 4세기, 초나라가 월나라를 합병했을 때 전리품으로 가져갔을 가능성이 훨씬 더 높다. 오나라 왕 부차의 검은 일단 월나라의 수중에 들어갔다가 다시 초나라로 넘어갔다고 하는 편력이 있다.

구천과 싸우다 입은 상처가 원인이 돼서 목숨을 잃은 오나라의 왕 합려는 해용산(海湧山)에 매장되었다. 소주(蘇州) 교외에 있는 호구(虎丘)가 그것이다. 10만 명이나 되는 인부를 동원하여 조영한 묘로, 3중의 곽(郭)을 만들고, 무덤 안에 3천 개의 검을 묻고, 수은으로 연못을 만들고, 금은주옥으로 세공한 물새를 거기에 띄워 놓았다고 한다.

270년 뒤에 천하를 통일한 진나라의 시황제가 그 검이 탐나서 합려의 묘를 파게 했다. 그런데 발굴 도중에 맹호(猛虎)가 나타나는 사건이 일어나 발굴을 중단했다. 그 이후부터 해용산은 호구라 불리게 되었으며, 도굴 공사를 위해 팠던 커다란 구멍에 물이 고여 연못이 되었다. 사람들은 그 연못에 검지(劍池)라는 이름을 붙였다.

천하의 부를 손에 넣은 시황제였지만 그래도 오월의 명검에는 군침을 흘렸다. 출토문물전 회장에서 그 검을 바라보고 있자니 내가 그때까지 생각했던 것보다 월나라의 문화가 훨씬 더 고도의 것이었다는 생각이 들었다.

이 검의 모습은 결코 시대의 종언을 알리는 것이 아니다. 시대의 개막을 알리는 박력과 아름다움을 가지고 있다.

오월의 흥망은 이미 새로운 시대에 벌어진 사건이었다. 지역적인 사건처럼 보이지만, 거기에는 이미 통일의 태동이 있었던 것이다. 그것은 전국 시대의 고동이기도 했다.

지도

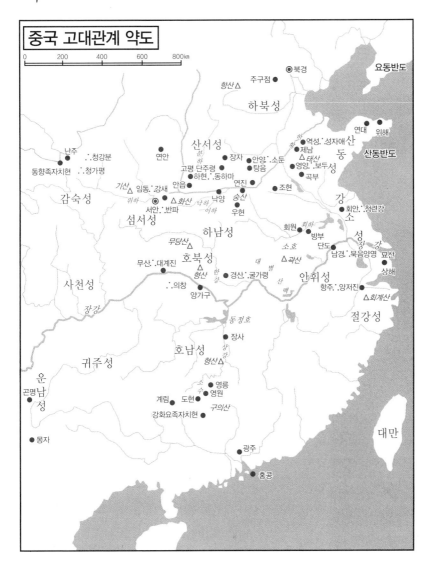

중국 고대관계 약도

0 200 400 600 800km

요동반도

주구점 · ◉북경

항산△

하북성

연대 · ●위해

산서성

역성 · 성자애산 · 동

황하 · 제남

장자 · 안양 · 소둔 · 태산△

고평 · 단주령 · 탕음 · 영양 · 보두성

난주 · 청강분 · 하현 · 동하마 · 곡부

동향족자치현 · 청가평 · 연안

연진 · 소

기산△ · 임동 · 강새 · 안읍 · 조현

감숙성 · 위하 · ◎서안 · △화산 · 낙양 · 숭산

섬서성 · 반파 · 이하 · 우현 · 회하

하남성 · 회원 · 방부 · 성 · 장강

무당산△ · 소호 · 단도 · 강

무산 · 대계진 · 호북성 · 대 · △곽산 · 남경 · 북음앙영 · 묘산

사천성 · 형산△ · 경산 · 굴가령 · 별 · 안휘성 · 상해

의창 · 한강 · 산 · 항주 · 양저진 · △회계산

양가구 · 맨 · 절강성

장강 · 동정호

귀주성 · 호남성 · 장사

상강

형산△

운 · 소 · 영릉

곤명남 · 계림 · 도현 · 영원

성 · 강화요족자치현 · 구의산

●몽자 · 대만

광주

홍콩

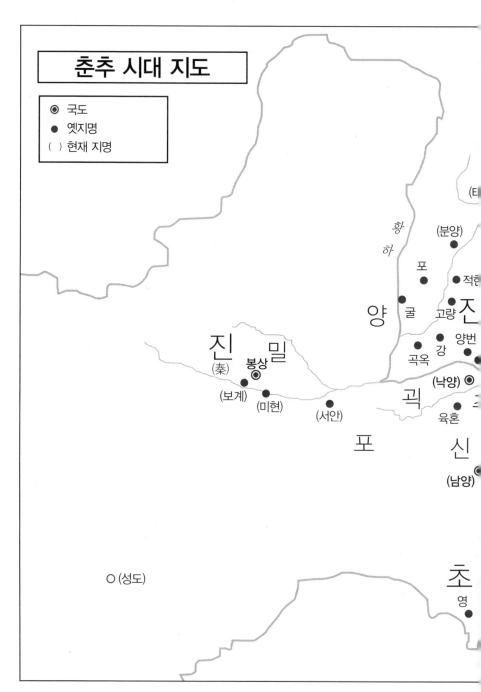

춘추 시대 지도

◎ 국도
● 옛지명
( ) 현재 지명

황하

(분양)

포

적헌

양

굴

고량

진

진
(秦)

밀

봉상

양번

강

곡옥

(보계)

(미현)

(서안)

(낙양) ◎

곡

육혼

포

신

(남양)

O (성도)

초

영

연
◎ 계(북경)

제
◎ 임치

○ 내

이유 ●

노
◎ 곡부
거 ●

오록 ●
위
성복 ●
견 ●
채구 ●
조
주 주(邾)
(비현) ●
(조장)
담

상 경 ● ● 필
(신정) ◎
우 ●
수지 ●
◎상구
송
협곡 ●

정 ● (언릉)
(허창) ●
소릉 ●
진
박 ●

채
● 약

강
요
(양주) ●

육
오
(진강)
(소주) ●

수
◎(수주)
(무한) ●
(의흥) ●

(항주) ●

월
둔계 ●

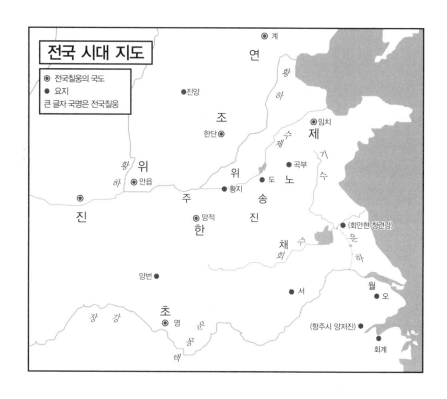

전국 시대 지도

◎ 전국칠웅의 국도
● 요지
큰 글자 국명은 전국칠웅

계

연

황하

진양

조

한단◎

제수

◎임치
제

곡부

기수

황하

위

위

안읍

도

노

진

주

황지

송

양적

한

채수

회수

(회안현 청련강)

운하

양번

초

서

월

오

장 강

영

운

몽

택

(항주시 양저진)

회계

연표

서기 기원전	왕조 연호	사항
1751	은(殷)	은 성립.
1398		반경(盤庚), 즉위.
1384		반경, 안양(安陽)으로 도읍을 옮김.
1050	주(周)	이 무렵 무왕, 은을 멸하고, 주를 건국, 호(鎬, 종주[宗周])를 도읍으로 삼음.
		성왕(成王), 동방의 난을 진압, 성주(成周, 낙읍[洛邑])를 건설. 봉건제를 실시.
		강왕(康王), 주의 최고 전성기.
		소왕(昭王), 남쪽으로 순수 중 강상(江上)에서 죽음.
		목왕(穆王), 제후(諸侯)와 관계 악화.
		공왕(共王), 밀(密)을 멸함.
		의왕(懿王), 왕실 약화.
841	공화(共和) 원년	제후가 반란을 일으켜, 여왕(厲王)은 체(彘)로 도망감, 공백화(共伯和) 집정. 『사기』 이해부터 연표를 만듦.
828	공화 14년	공화 10년 이후 해마다 흉작. 여왕 죽음. 태자 정(靜), 선왕(宣王) 즉위.
825	주 선왕(宣王) 3년	서융(西戎)을 침.
824	주 선왕 4년	회이(淮夷)와 서(徐)의 융을 침.
823	주 선왕 5년	험윤(玁狁), 형만(荊蠻)을 침.
789	주 선왕 39년	강(姜)의 융과 싸워 대패.
785	주 선왕 43년	선왕, 대신 두백(杜伯)을 죽임.
782	주 선왕 46년	선왕 죽고, 아들 열(涅), 유왕(幽王) 즉위.
781	주 유왕(幽王) 원년	강 씨(姜氏, 신후[申侯]의 딸)를 왕후로 책립하고, 의구(宜臼)를 태자로 삼음.
779	주 유왕 3년	포사(褒姒)를 총애.
777	주 유왕 5년	왕후 강 씨와 태자 의구를 폐하고, 포사를 정후(正后)로 삼음.
774	주 유왕 8년	포사가 낳은 백복(伯服)을 태자로 삼음.
771	주 유왕 11년	신후, 견융(犬戎)과 결탁하고 종주를 공격하여, 유왕·백복을 죽임. 제후(諸侯), 원래 태자였던 의구를 평왕

		(平王)으로 옹립.
770	(동주(東周)) 평왕(平王) 원년	성주(낙읍)로 도읍을 옮김. 진(秦)이 제후에 봉해져, 종주 땅을 받음.
767	주 평왕 4년	정(鄭), 괵(虢)을 멸함.
751	주 평왕 20년	진(秦), 서융을 무찌르고, 기서(岐西) 땅을 빼앗음.
741	주 평왕 30년	초(楚)의 분모(蚡冒) 죽음. 웅통(熊通), 수장이 됨.
722	주 평왕 49년	노(魯)의 은공(隱公) 원년.『춘추』이해부터 기록을 시작.
715	주 환왕(桓王) 5년	정, 노와 영지를 교환.
710	주 환왕 10년	송(宋)의 화독(華督), 군주인 여이(與夷) 등을 죽임. 노·제(齊)·정·진(陳), 송(宋)의 난을 평정. 제의 문강(文姜), 노로 시집감.
707	주 환왕 13년	환왕, 제후의 군대를 이끌고 정과 싸워 패배.
704	주 환왕 16년	초의 웅통(熊通), 무왕(武王)을 칭하고 왕호(王號)를 회복. 초, 남방 제후를 규합하고, 수(隨)를 공격하여 맹약을 맺음.
697	주 환왕 23년	정에서 옹규(雍糾)의 제중(祭仲) 암살 계획 실패. 여공 돌(厲公突), 약(櫟)으로 가서 자립. 제중, 소공 홀(昭公忽)을 국도 신정(新鄭)으로 맞아들임.
695	주 장왕(莊王) 2년	고거미(高渠彌), 정의 소공을 사살, 자미(子亹)를 세움. 제의 양공(襄公), 제후와 회맹.
694	주 장왕 3년	제의 양공, 정의 자미와 노의 환공(桓公)을 죽임. 정의 공자 영(嬰), 정자(鄭子) 즉위.
686	주 장왕 11년	제의 양공을 죽임.
685	주 장왕 12년	제의 소백(小白), 환공(桓公) 자립. 제의 공자 규(糾)를 죽이고, 관중(管仲)이 재상이 됨.
684	주 장왕 13년	초, 채(蔡)의 애공(哀公)을 사로잡음.
682	주 장왕 15년	제중 죽음. 여공, 희왕(僖王) 복귀.
679	주 희왕(僖王) 3년	제의 환공, 송·진(陳)·위(衛)·정과 회맹, 패자가 됨.
678	주 희왕 4년	곡옥(曲沃)의 무공(武公), 진후(晋侯)를 칭함. 초가 등(鄧)을 멸함.

673	주 혜왕(惠王) 4년	정의 여공 죽임.
672	주 혜왕 5년	전완(田完. 진완(陳完)), 제로 망명.
667	주 혜왕 10년	제의 환공, 송·진(陳)·정과 회맹, 백(伯)이 됨.
661	주 혜왕 16년	진(晋), 위(魏)와 곽(霍)을 멸함.
660	주 혜왕 17년	노의 경보(慶父)가 그 군주 민공(湣公)을 죽이고, 계손 씨인 우(友)가 희공(僖公)을 옹립하고 경보를 죽임. 이후 삼환 씨(三桓氏) 일어남. 적(狄), 위(衛)를 공격하고, 의왕(懿王)을 죽임. 진(晋)의 태자 신생(申生, 헌공[獻公]의 아들), 장군이 됨.
656	주 혜왕 21년	제의 환공, 제후를 이끌고 채(蔡)를 침입하여, 초를 침.
655	주 혜왕 22년	진(晋)의 헌공, 태자 신생을 죽이고, 공자 중이(重耳, 문공[文公]), 적(狄)으로 달아남. 진(晋), 괵과 우(虞)를 멸함.
652	주 혜왕 25년	제의 환공, 제후와 조(洮)에서 회맹하고, 주의 양왕(襄王)을 옹립.
651	주 양왕(襄王) 원년	제의 환공, 제후와 규구(葵丘)에서 회맹하고, 패업을 이룸. 진(晋)의 헌공 죽고 나라가 어지러워짐.
648	주 양왕 4년	관중, 주 왕실의 내분을 평정.
647	주 양왕 5년	진(晋)에 기근.
646	주 양왕 6년	진(秦)에 기근.
645	주 양왕 7년	관중 죽음.
643	주 양왕 9년	제의 환공 죽음.
642	주 양왕 10년	진(晋)의 공자 중이, 제로 감.
639	주 양왕 13년	송의 양공, 녹상(鹿上)에서 제후와 회맹. 초, 양공을 사로잡음. 제후, 양공을 석방.
638	주 양왕 14년	송의 양공, 정으로 출병, 초와 싸워 패배.
637	주 양왕 15년	진(晋)의 혜공 죽음. 태자 어(圉), 진(秦)에서 귀국하여 회공(懷公) 즉위.
636	주 양왕 16년	중이, 진(晋)으로 돌아와, 회공을 죽이고 문공(文公) 즉위. 주 왕실에서 내분 일어남.
635	주 양왕 17년	진(晋)의 문공, 주의 양왕을 복위시킴.

632	주 양왕 20년	진(晉)의 문공, 제·송·진(秦)을 이끌고 성복에서 초에 대승, 제후와 천토에서 회맹, 패자가 됨.
628	주 양왕 24년	진(晉)의 문공 죽음. 정의 문공 죽음.
627	주 양왕 25년	진(晉)의 양공, 진(秦)을 효(殽)에서 무찌름.
626	주 양왕 26년	초의 성왕을 태자 상신이 죽이고 목왕(穆王) 즉위.
624	주 양왕 28년	진(秦)의 목공, 진(晉)을 무찌르고, 주 왕실에 공인받음.
623	주 양왕 29년	초가 강(江)을 멸함.
614	주 경왕(頃王) 5년	초의 목왕 죽고, 아들 여, 장왕(莊王) 즉위.
606	주 정왕(定王) 원년	초의 장왕(莊王), 육혼(陸渾)의 융을 침. 주의 사자에게 '정의 경중(輕重)'을 물음.
597	주 정왕 10년	초가 정을 포위하고, 구원하러 온 진군(晉軍)을 필(邲)에서 무찌름.
591	주 정왕 16년	초의 장왕 죽고, 공왕(共王) 즉위.
589	주 정왕 18년	진(晉)의 경공(景公), 노·위(衛)·조(曹)를 이끌고 제에 대승.
585	주 간왕(簡王) 원년	오왕(吳王) 수몽(壽夢), 처음으로 주(周)에 입조.
575	주 간왕 11년	진(晉), 언릉(鄢陵)에서 초에 대승.
557	주 영왕(靈王) 15년	제, 내이(萊夷)를 멸하고 영토를 합병.
551	주 영왕 21년	공자(孔子), 노에서 태어남.
548	주 영왕 24년	오의 제번(諸樊), 초와 싸우다 죽음.
546	주 영왕 26년	송·초·진(晉)의 정전협정 성립(미병지회(弭兵之會)).
536	주 경왕(景王) 9년	정의 재상 자산(子産), 성문법을 정(鼎)에 새김.
517	주 경왕(敬王) 3년	노의 소공, 삼환 씨(三桓氏) 토벌에 실패하여 제로 망명. 공자는 제로 감.
515	주 경왕 5년	오의 공자 광(光), 오왕 합려(闔閭) 즉위.
512	주 경왕 8년	오, 서(徐)를 멸함.
510	주 경왕 10년	노의 소공, 제에서 죽고, 동생 정공(定公)이 즉위.
506	주 경왕 14년	오, 초의 수도인 영(郢)을 점령. 초의 소왕, 수도에서 도망.
505	주 경왕 15년	월, 오에 침입. 초의 신포서(申包胥), 오를 무찌름. 노의 양호(陽虎), 정권을 쥠.

494	주 경왕 26년	오왕 부차(夫差), 월왕 구천(勾踐)을 회계(會稽)에서 항복시킴.
485	주 경왕 35년	오자서 죽음. 제의 도공(悼公), 포 씨(鮑氏)에게 죽고, 간공(簡公) 즉위.
484	주 경왕 36년	오왕 부차, 노를 이끌고 제를 애릉(艾陵)에서 무찌름.
482	주 경왕 38년	오왕 부차, 황지(黃池)에서 제후와 회맹.
481	주 경왕 39년	노의 애공(哀公), 서쪽 교외에서 사냥하다 기린을 잡고, 이에 감동하여 공자가 『춘추』를 마침. 제의 전상(田常), 간공을 죽이고, 동생 평공(平公)을 세움.
479	주 경왕 41년	공자 죽음.
473	주 원왕(元王) 3년	오왕 부차, 월왕 구천에게 포위되어 자살. 오 멸망.

진순신 이야기 중국사 1

펴낸날	초판 1쇄 2011년 7월 29일
	초판 6쇄 2019년 11월 27일

지은이	진순신
옮긴이	박현석
펴낸이	심만수
펴낸곳	(주)살림출판사
출판등록	1989년 11월 1일 제9-210호

주소	경기도 파주시 광인사길 30
전화	031-955-1350 팩스 031-624-1356
홈페이지	http://www.sallimbooks.com
이메일	book@sallimbooks.com

ISBN	978-89-522-1609-0 04910
	978-89-522-1616-8 (세트)

※ 값은 뒤표지에 있습니다.
※ 잘못 만들어진 책은 구입하신 서점에서 바꾸어 드립니다.